U0924131

厦门大学人文社会科学提升计划资助出版

妇女/性别研究

2023年卷（总第十卷）

Women/Gender Studies

主　　编◎邓朝晖
执行主编◎潘　越

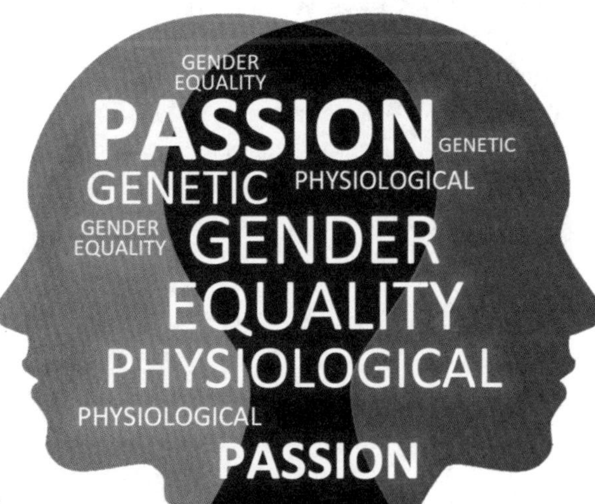

厦门大学出版社
XIAMEN UNIVERSITY PRESS
国家一级出版社
全国百佳图书出版单位

图书在版编目（CIP）数据

妇女/性别研究．2023年卷：总第十卷 / 邓朝晖，潘越主编．-- 厦门：厦门大学出版社，2023.11
ISBN 978-7-5615-9198-7

Ⅰ．①妇… Ⅱ．①邓… ②潘… Ⅲ．①妇女问题-研究-中国②性别差异-研究-中国 Ⅳ．①D669.68 ②D669.1

中国版本图书馆CIP数据核字(2023)第220840号

责任编辑 高 健
美术编辑 李夏凌
技术编辑 朱 楷

出版发行 厦门大学出版社
社 址 厦门市软件园二期望海路39号
邮政编码 361008
总 机 0592-2181111 0592-2181406(传真)
营销中心 0592-2184458 0592-2181365
网 址 http://www.xmupress.com
邮 箱 xmup@xmupress.com
印 刷 厦门市金凯龙包装科技有限公司

开本 787 mm×1 092 mm 1/16
印张 17.75
插页 1
字数 425千字
版次 2023年11月第1版
印次 2023年11月第1次印刷
定价 89.00元

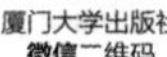
厦门大学出版社
微信二维码

厦门大学出版社
微博二维码

编 委 会

刊首寄语

2023年10月23日，中国妇女第十三次全国代表大会胜利召开。10月30日，习近平总书记同全国妇联新一届领导班子成员集体谈话并发表重要讲话，强调："要坚定不移走中国特色社会主义妇女发展道路，激励广大妇女自尊自信、自立自强，奋进新征程、建功新时代，为中国式现代化建设贡献巾帼智慧和力量。……要激励广大妇女在贯彻新发展理念、构建新发展格局、推动高质量发展、实现高水平科技自立自强、全面推进乡村振兴中发挥自身优势和积极作用。"为切实把习近平总书记重要讲话精神落实到妇女研究工作各方面，厦门大学妇女/性别研究与培训基地发挥各学科的专业优势，聚焦中国特色社会主义妇女理论研究和实践发展中的新问题，以研究助力落实中国妇女十三大确定的目标任务，助力新时代新征程妇女事业高质量发展。

厦门大学学术集刊《妇女/性别研究》一向致力于从多学科、跨学科、学科交叉等角度关注妇女/性别研究的理论成果和实践交流，从马克思主义理论、哲学、政治学、教育学、经济学、社会学、法学、文学文化、管理学、历史学等多学科角度，深入探讨女性的主体地位、使命任务、作用担当，以及发展面临的挑战、问题和解决方案等。性别研究是理解经济发展的重要视角。2023年10月，诺贝尔经济学奖授予美国哈佛大学教授克劳迪娅·戈尔丁(Claudia Goldin)，以表彰她"增进了我们对女性劳动力市场结果的理解"，这是性别经济学研究的里程碑。与此同时，有关性别的各方面研究正在进入主流学界的视野。本刊致力于从多学科等角度探讨妇女/性别研究的相关议题，也是对当今国际社会关注热点的生动呼应。

本刊2023年卷（总第十卷）设立“乡村女性发展”“女性职业发展”“性别与法学”“性别与文史哲”四个栏目，刊发13篇文章，分别讨论了农村女性社会救助体系建构、乡村女性在乡村旅游业发展中的积极优势和可能挑战、医疗卫生健康事业和法学教育事业发展中的“她力量”、以女性企业家协会为代表的现代社团组织的影响作用等议题，从多学科视角进行深入的理论分析和实证研究，为制定与改进妇女事业相关政策提供了翔实的数据和建议。

未来，本刊将持续关注妇女/性别研究的前沿议题，立足中国特色，拓展国际视野，努力打造为妇女/性别研究领域有影响力的平台，为妇女事业高质量发展贡献独特的智慧和见解。

厦门大学副校长、《妇女/性别研究》主编　邓朝晖

2023年10月31日

目 录

乡村女性发展

页码	作者	篇名
3	吴宏洛 李羿枝	福建省农村低收入女性社会救助体系建构研究
17	彭丽芳 张 娜 黄 凌 吕闻君	乡村女性赋能的玫瑰之路：通过社交媒体参与乡村旅游业——以漳州市华安县仙都镇大地村为例
36	范向丽 覃海丽 张加梅	家庭支持对乡村女性旅游创业意愿的影响研究

女性职业发展

页码	作者	篇名
57	袁满琼 郎浩翔 林舒静 顾宸铭 方 亚	医疗卫生健康事业发展中的“她力量”研究——以福建省为样本
97	潘 越 陈佳宁 梁伟娟	女性企业家协会能否助力女性职业发展？——来自中国上市企业的证据
126	张书颖 崔家胜	数字文旅对女性发展的赋能价值

性别与法学

页码	作者	篇名
137	孙笑涵	性别平等与法学教育事业中的“她力量”发展研究——以福建省高等院校法学院女教师为例
158	王亚丽 陈鹤	女性平等就业权问题研究——从检察机关公益诉讼的视角分析
166	雷莉琳	夫妻一方对外侵权之债的责任归属研究
192	李恩民 童 谣 徐维咛 陈琳蓉 李志鸿 刘鸿艳 杨弋戈 薛赵琴	家庭暴力及其司法干预实践调查研究——以人身安全保护令制度为对象

性别与文史哲

页码	作者	篇名
230	乔玉红	明清岭南闺秀文化交流圈的建构
249	舒馨煜 胡国鹏	历史视域下中国身体观演变对女性体育参与的影响
260	李思倩 柳雨春	两种生产理论中国化时代化进程中的发展、构建与反思
271		本刊征文启事

Contents

Development of Rural Females

Page	Authors	Title
3	Wu Hongluo Li Yizhi	The Construction of Social Assistance System for Low-income Rural Women: A Study in Fujian Province
17	Peng Lifang Zhang Na Huang Ling Lyu Wenjun	The Rose Road to Rural Women's Empowerment: Engaging Rural Tourism through Social Media ——A Case Study of Dadi Village, Xiandu Town, Hua'an County, Zhangzhou City
36	Fan Xiangli Qin Haili Zhang Jiamei	The Effect of Family Support on Rural Women's Tourism Entrepreneurial Intention in China

Female Career Development

Page	Authors	Title
57	Yuan Manqiong Lang Haoxiang Lin Shujing Gu Chenming Fang Ya	Research on the She-power in the Development of Medical and Health Care ——Taking Fujian Province as a Sample
97	Pan Yue Chen Jianing Liang Weijuan	Can Women's Entrepreneur Associations Assist in Women's Career Development? ——Evidence from Chinese Publicly Listed Companies
126	Zhang Shuying Cui Jiasheng	The Empowering Value of Digital Cultural Tourism for Women's Development

Gender and Law

Page	Authors	Title
137	Sun Xiaohan	Research on Gender Equality and Development of She-power in Legal Education ——Taking Law School Female Faculties in Fujian as an Example
158	Wang Yali Chen He	Research on Women's Equal Employment Rights: An Analysis from the Perspective of Public Interest Litigation by Prosecutorial Authorities
166	Lei Lilin	A Study on the Attribution of Liability for One Spouse's External Tort Debts
192	Li Enmin Tong Yao Xu Weining Chen Linrong Li Zhihong Liu Hongyan Yang Yige Xue Zhaoqin	Investigation on Domestic Violence and Its Judicial Intervention Practice ——Taking the Personal Safety Protection Order System as the Object

Gender and Literature, History, & Philosophy

230	Qiao Yuhong	The Construction of Cultural Exchange Circle of Lingnan Talented Girls in Ming and Qing Dynasties
249	Shu Xinyu Hu Guopeng	The Influence of the Evolution of Chinese Body View on Women's Participation in Sports from a Historical Perspective
260	Li Siqian Liu Yuchun	The Development, Construction and Reflection of Two Production Theories in the Process of Sinicization and Modernization
271	**Call for Papers**	

乡村女性发展

Development of Rural Females

Women/Gender Studies

福建省农村低收入女性社会救助体系建构研究

吴宏洛　李羿枝*

内容摘要：农村低收入女性是社会救助中需要特别关注的群体。本文对福建省9个地市11214个农村低收入家庭的抽样调查发现，农村低收入女性及户主存在健康状况堪忧、家庭支出结构性失衡、养老抚幼压力明显、发展机会受限等突出问题。究其原因，除了性别劣势的掣肘，摆脱贫困后的她们在生产生活资源获取、家庭供养、就业创业服务以及金融贷款支持等方面仍然存在困难和阻碍。受返贫风险、社会环境变迁、帮扶性别盲区等多因素影响，农村低收入女性的救助帮扶工作在激发性别主体意识、分层分类帮扶、建立健全求助网络方面亟待加强。

关键词：福建省；农村低收入女性；社会救助体系；建设建构

一、问题的提出

加强对低收入群体的帮扶是后小康时代巩固脱贫成果工作的重要任务。《国民经济和社会发展第十四个五年规划和2035年远景目标纲要》明确提出，要为这类人群“健全分层分类的社会救助体系，构建综合救助格局”。从社会性别视角审视，低收入问题更容易发生在以农村留守女性为代表的女性弱势群体中，因此构建并不断完善农村低收入人群特别是低收入女性的社会救助体系，是抵御返贫风险实现共同富裕的关键一环。

中国特色女性减贫道路始于党和国家对于女性生存困境的重视，性别平等思想在帮扶事业中不断获得新的内涵和外延。党的十八大以来，关注女性能力提升的扶贫工作通过妇女思想解放、教育培训等方式让脱贫女性深入了解自身能力，用自己的方式来建构新生活，使农村广大贫困女性从“男主外、女主内”的传统生活状态中解放出来。2016年以来的精准扶贫工作针对不同类别的贫困女性进行分类施策，其中的社会救助政策为她们在政治、经济等方面提供了兜底保障，提升了贫困女性的社会经济地位。2020年，我国脱贫攻坚战取得全面胜利，但随之而来的发展不充分、返贫风险、低保兜底瞄准度不高、社会救助不到位等问题有所显现。后小康时代，帮扶工作需要注重改善农村低收入女性的生存质量，通过建立更精准的社会救助体系，为广大女性筑牢帮扶的社会保障网。

* 吴宏洛，福建师范大学马克思主义学院教授，博士生导师，福建师范大学女性学研究所所长；李羿枝，福建师范大学马克思主义学院在读博士生。

女性贫困是世界性问题。发展经济学家刘易斯的贫困文化理论、霍布斯的社会救助思想为缓解女性贫困问题提供了理论解释。20世纪70年代，美国社会学家皮尔斯(Diana Pearce)首次提出"贫困女性化"概念，并将性别意识引入贫困研究领域①，此后各国就低收入女性贫困的成因、识别方法以及救助策略展开诸多讨论。与国外贫困问题不同的是，我国低收入女性陷于贫困的原因更加复杂，国外的理论和研究对理解我国低收入女性的发展困境虽有启示，但在实际操作层面缺乏针对性。就我国而言，针对低收入女性的研究更多集中于发展能力及其影响因素方面。黄粹在辽宁等地的调查发现，农村留守女性的非正式支持网络能够增强认同感进而有助于摆脱生存困境②；汪淳玉等通过对四省田野调查发现，在农村人口不断外流的背景下，将女性发展寄希望于非正式网络的支持不可持续，需要正式制度的介入③；学者对残疾女性、女性失能老人的调查也得出类似的结论。④ 由此，学界普遍认为正式支持制度是改善低收入女性生存困境的关键因素。基于此，黄桂霞指出城乡低保、临时救助等城乡社会救助体系显著降低了我国女性贫困人口比例。⑤ 张浩淼基于成都市的实践发现通过实施"物质＋服务"的社会救助能够提高低收入女性的劳动参与。⑥ 既有文献总结了现行社会救助制度的必要性与积极意义，但尚未关注到在"少子高龄化"背景下，农村留守女性、单亲妈妈、独居老人等低收入女性群体仍然面临贫困风险。由于农村低收入群体的社会救助缺失性别视角，社会救助的精准性面临新挑战。本文基于福建省的调查数据，一方面，系统梳理农村低收入女性的生存状况、获取社会救助时所面临的新挑战以及帮扶诉求，为完善社会救助政策提供实证支撑；另一方面，基于调查结果，反思在社会救助体系建构中如何突破既有的保障模式，使社会救助政策更具精准性和性别意识。

本文将农村年均收入的后10%人口认定为低收入人群⑦，以2021年的调查数据为依据深入剖析农村低收入女性现实的发展难题，力图通过构建后小康时代的社会救助体系，为福建省低收入人群帮扶工作从性别视角提供决策参考。

---

① PEARCE D. The feminization of poverty: women, work and welfare[J]. The urban and social change review, 1978, 11(1): 28-36.

② 黄粹.农村留守妇女生存困境：身份认同与组织化发展[J].华南农业大学学报(社会科学版)，2018，17(5)：49-56.

③ 汪淳玉，吴惠芳.乡村振兴视野下的困境留守女性[J].中国农业大学学报(社会科学版)，2020，37(4)：93-100.

④ 康琛宇，胡日东，白先春.残疾人就业与扶贫需求的性别差异研究：基于非线性 Blinder-Oaxaca 分解方法[J].西北人口，2019，40(6)：83-92；乐昕，黄剑焜.我国老年长期照护体系构建中的性别议题研究：基于老年自理预期寿命的实证分析[J].云南民族大学学报(哲学社会科学版)，2020，37(1)：66-73.

⑤ 黄桂霞.中国社会保障缓解女性贫困的经验与挑战[J].山东女子学院学报，2020(6)：63-71.

⑥ 张浩淼.共同富裕背景下社会救助体系创新：基于成都市的实践经验[J].兰州学刊，2022(6)：78-86.

⑦ 郭玉辉.福建省农村低收入人口常态化分类帮扶机制探索[J].中共福建省委党校(福建行政学院)学报，2021(4)：138-147.

二、福建省农村低收入女性现状调查

(一)调查的基本情况

本文所使用数据来源于福建师范大学“福建省农村相对贫困问题研究”课题组于2021年10—11月在福建省内9个地市的调查。调查覆盖全省9地市和平潭综合实验区,面向省内农村低收入家庭,采用分层抽样的方法,利用STATA 14.0对回收的问卷进行有效性分析。共发放问卷11500份,回收有效问卷11214份,有效率97.5%。具体如表1所示。

表1 问卷调查的地区分布情况

<table>
<tr><th colspan="2">地区</th><th>有效问卷(份)</th><th>占比(%)</th><th colspan="2">地区</th><th>有效问卷(份)</th><th>占比(%)</th></tr>
<tr><td rowspan="6">沿海</td><td>福州</td><td>1376</td><td>12.3</td><td rowspan="5">山区</td><td>三明</td><td>1031</td><td>9.2</td></tr>
<tr><td>厦门</td><td>227</td><td>2.0</td><td>南平</td><td>920</td><td>8.2</td></tr>
<tr><td>漳州</td><td>1403</td><td>12.5</td><td>龙岩</td><td>2327</td><td>20.8</td></tr>
<tr><td>泉州</td><td>1463</td><td>13.0</td><td rowspan="2">宁德</td><td rowspan="2">975</td><td rowspan="2">8.7</td></tr>
<tr><td>莆田</td><td>1136</td><td>10.1</td></tr>
<tr><td>平潭</td><td>356</td><td>3.2</td><td></td><td>总计</td><td>11214</td><td>100</td></tr>
</table>

为更好地反映福建省农村低收入女性的实际情况,本文对受访者的个体特征作描述性统计,如表2所示。调查发现,农村低收入女性主要分布于中老年人、长期患病者,以及低学历群体,其中绝大多数为无业或以务农为主,个人年收入不足万元。从婚姻状况看,约40%的受访者处于离异或丧偶状态。这在一定程度上解释了这个群体社会资源较少,对政府的帮扶存在强黏性,难以通过自身努力改变现状的问题。

表2 农村低收入女性个体特征

<table>
<tr><th>特征变量</th><th>变量描述</th><th>占比(%)</th><th>特征变量</th><th>变量描述</th><th>占比(%)</th></tr>
<tr><td rowspan="3">年龄</td><td>≤30岁</td><td>5.4</td><td rowspan="3">常驻地</td><td rowspan="2">县城</td><td rowspan="2">12.5</td></tr>
<tr><td>31～59岁</td><td>65.4</td></tr>
<tr><td>≥60岁</td><td>29.2</td><td>农村</td><td>87.5</td></tr>
<tr><td rowspan="3">教育程度</td><td>小学及以下</td><td>79.5</td><td rowspan="3">婚姻状况</td><td>已婚</td><td>52.6</td></tr>
<tr><td>初中</td><td>15.6</td><td>独居</td><td>7.3</td></tr>
<tr><td>高中及以上</td><td>4.9</td><td>离异/丧偶</td><td>40.1</td></tr>
<tr><td rowspan="4">政治面貌</td><td>党员</td><td>1.1</td><td rowspan="4">劳动参与情况</td><td>务农</td><td>23.9</td></tr>
<tr><td>团员</td><td>1.9</td><td>打工</td><td>17.7</td></tr>
<tr><td rowspan="2">群众</td><td rowspan="2">97.0</td><td>自主经营</td><td>0.3</td></tr>
<tr><td>无业</td><td>58.1</td></tr>
</table>

续表

特征变量	变量描述	占比(%)	特征变量	变量描述	占比(%)
家庭主要生活来源	土地收入	41.3	个人年均收入	≤1200 元	31.1
	非农收入	49.0		1201~6000 元	35.1
	他人资助	5.2		6001~10000 元	27.9
	其他	4.5		10001~20000 元	4.9
				≥20001 元	1.0

(二)农村低收入女性的现实困境

后小康时代,健康问题以及劳动力短缺仍然是低收入女性主要的现实困境。如图 1 所示,受访女性存在生存困境的主要成因依次为因病(48%)、因残(17%)、缺劳力(15%);有部分女性受困于资金、教育、技术以及各类社会风险;性别劣势也是低收入的突出成因。这一结果与吴存玉在我国中西部的访谈情况相似,农村困境女性往往面临着疾病、劳动力短缺、照料压力等交叠困境①,课题组在福建的调查印证了该现象在农村低收入女性群体中尤为明显。总体上,农村低收入女性不仅需要经济政策的持续跟进,更需要救助政策的兜底保护。

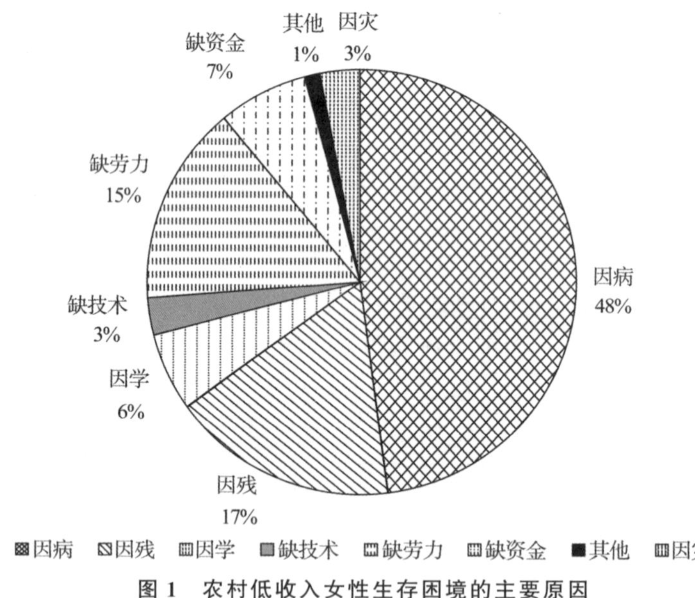

图 1 农村低收入女性生存困境的主要原因

1. 农村低收入女性身心健康状况堪忧

健康作为基础性人力资本,直接影响个体在劳动力市场的参与行为和劳动报酬率,能够

① 吴存玉.打工经济背景下农村婚姻脆弱性与留守家庭困境[J].中国农业大学学报(社会科学版),2020,37(4):112-123.

直观反映受访者的生活状况。①。问卷通过“自评健康”以及“患病情况”对受访女性的健康水平进行测量。众所周知，农村家庭中女性承担了诸多事务，女户主的责任更加繁重，不仅要照料全家人的日常生活，还要承担生计重任，长期辛劳之下健康水平自然受到影响。如图2所示，自评健康状况为“差”的低收入女性占比为48.3%，这部分人群普遍患有一种或多种疾病，总体上健康状况不佳。图3显示，在不同健康自评下的患病情况，健康自评“一般”和“差”的低收入女性中无病人群分别占58.4%和44.3%，这说明有半数受访者即使没病也依旧不认为自己是“健康”的。课题组的调查结果与汪淳玉等对中西部农村留守女性健康状况的个案分析基本一致，并进一步发现农村低收入女性群体普遍存在心理状况不佳的问题，心理抑郁成为影响该群体健康的突出问题。② 可能的解释在于，自评健康是综合生理、心理等因素的主观性指标，焦虑、抑郁等因素同样会造成健康方面的主观性负面评价。③ 调查发现，心理问题在农村留守女性群体中反映更为突出，她们因长期得不到情感慰藉和社会认同更易陷入抑郁、焦虑的消极情绪中，加剧身心健康问题。

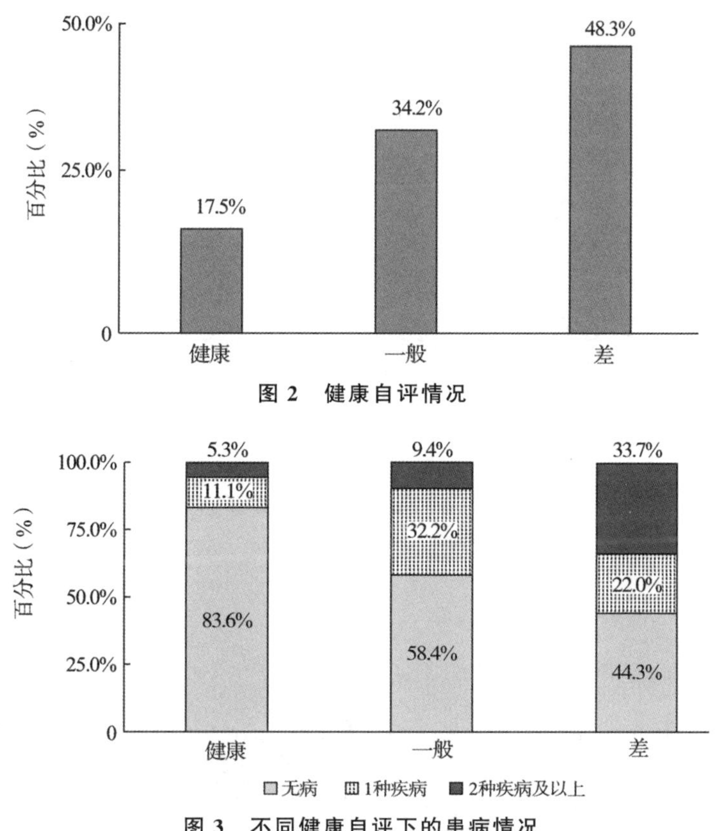

图2　健康自评情况

图3　不同健康自评下的患病情况

① 于大川，赵小仕.健康对农民劳动参与的影响：基于CHNS数据的实证研究[J].农业现代化研究，2015，36(6)：1038-1043.

② 汪淳玉，吴惠芳.乡村振兴视野下的困境留守女性[J].中国农业大学学报(社会科学版)，2020，37(4)：93-100.

③ BOMBAK A E. Self-rated health and public health：a critical perspective[J].Frontiers in public health，2013(1)：15.

2. 家庭养老抚幼压力大

在农村，女性承担着抚育子女、赡养老人的双重重任，家务劳动成为影响农村女性外出就业的重要因素。王维等关于中西部四省农村低收入女性的深度访谈发现，她们在家庭照料中承担了远远超出传统性别规范所要求的角色，但在实际照料程度方面缺少数据支撑。① 为直观反映低收入女性照料压力，调查问卷通过询问“子女数”以及“赡养老人情况”等指标进一步展开评估。调查发现，受访者中 30～45 岁的低收入女性，多处于“上有老、下有小”的困顿阶段，一方面，子女的教育支出和家庭管教，加剧了她们的经济负担和精神压力；另一方面，家中老人的赡养及医疗负担可能累及家庭。如图 4 所示，约 40％的低收入者需要抚育至少 1 个子女，37％的人要赡养至少 1 名老人，其中超过半数受访者表示家中老人生活无法自理。养老抚幼的双重压力限制了女性外出就业的可能，拉低了这个群体的收入水平。

受访者中有 29％的老年女性属于低收入人口，随着年龄的增长，农村女性高龄老人失能问题突出，她们中多数面临“谁来养老”的难题。如图 5 所示，仅有 43.4％的老年女性能够自理，对于老年照护者而言，照顾孙子女进一步加剧了她们的精神和经济负担。

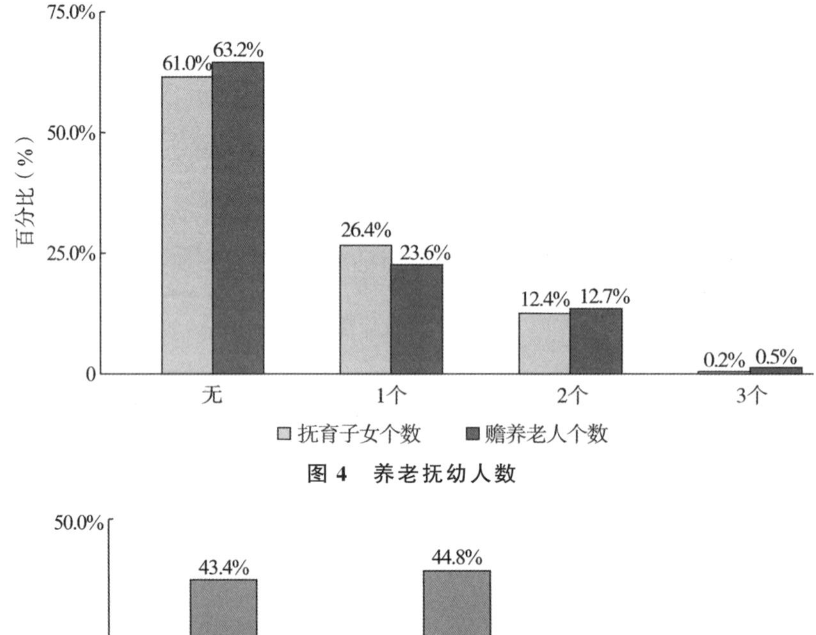

图 4　养老抚幼人数

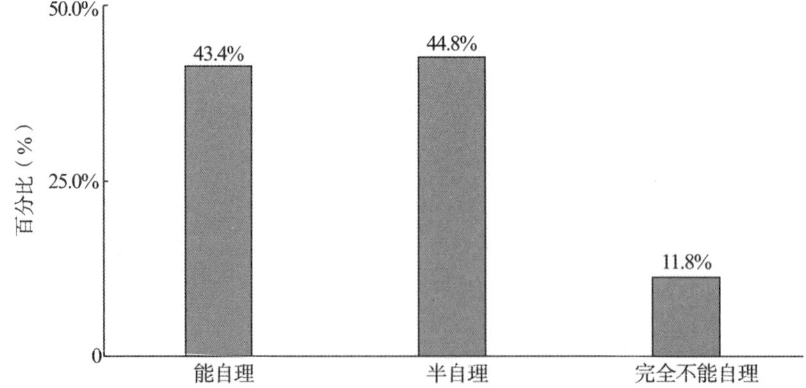

图 5　老年女性生活自理能力

① 王维，胡可馨.社会性别视角下的农村留守女性生命史[J].中国农业大学学报(社会科学版)，2020，37(2)：114-123.

3. 家庭支出结构性失衡

家庭支出是基于可支配收入下的家庭消费安排。它既要满足家庭成员的生存需要,也要满足发展的需要,一旦发生支出失衡就容易陷入生存困境。尹志超等指出支出水平不仅能反映当前物质生活水平,更能综合体现家庭经济福利。① 本文通过询问医疗、教育等方面的支出状况来评估受访家庭的实际经济状况。图 6 显示,有超过半数的受访家庭年总支出在 1 万元以上,收不抵支的情况明显;图 7 显示,与普通家庭相比较,女性低收入家庭仅在医疗和教育方面的支出就大幅超过平均水平,支出分别占到 54.1%和 22.0%,这两笔刚性支出极大地压缩了其他消费预算,再加上近年来生活成本持续攀升,尽管精准扶贫帮助她们维持了最低生活水平,但超额的医疗和教育支出仍然影响到家庭的经济状况。

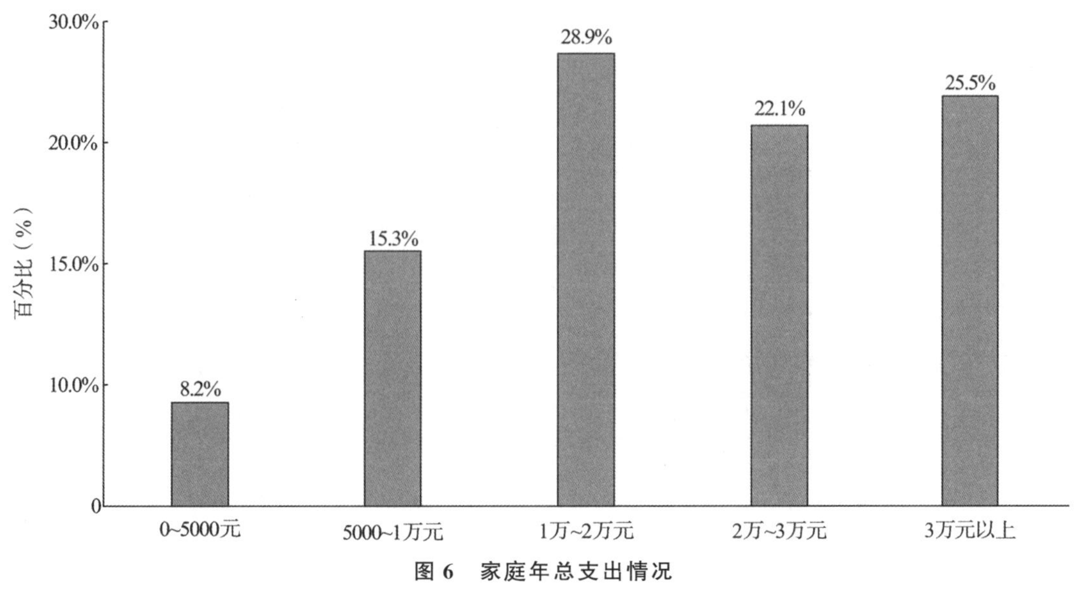

图 6 家庭年总支出情况

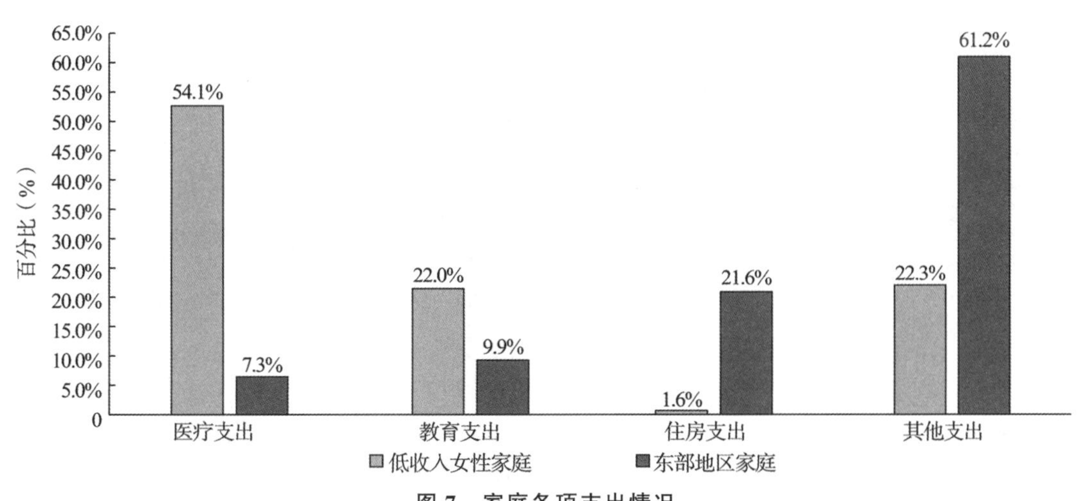

图 7 家庭各项支出情况

① 尹志超,郭沛瑶.精准扶贫政策效果评估:家庭消费视角下的实证研究[J].管理世界,2021,37(4):64-83.

4. 自我发展机会受限

对农村低收入女性而言,能否在社会经济生活中获得参与机会是衡量其发展权利的重要指标。李卓等认为社会环境会影响微观个体的发展权利,是造成农村女性生活困境的重要因素。① 基于此,本文通过询问"是否参与公共活动"和"获取就业信息渠道"展开调查。图 8 显示,约 60%的受访者表示基本不参加镇、村的公共活动,是乡村公共生活的旁观者。对就业状况的调查发现,超过半数受访者通过"熟人告知"获取就业信息。可见,低收入群体的就业支持具有明显的"熟人社会"特征,并且由于非正式就业岗位的临时性和不稳定性,她们中的多数基本上只能从事薪酬低、缺乏保障的工作。而社会参与度不高直接影响了她们在乡村的角色,使其社会资源越发匮乏、自我发展机会越发受限。

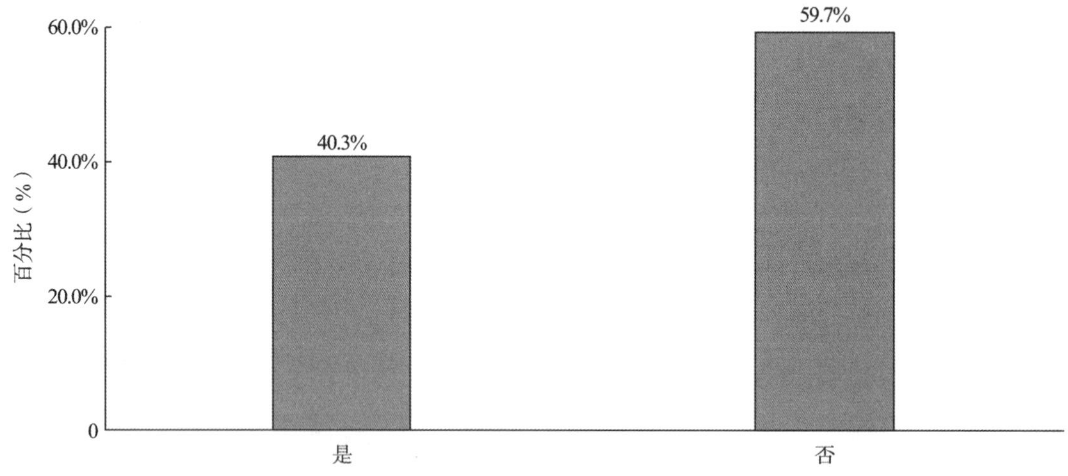

图 8 参与镇/村公共活动情况

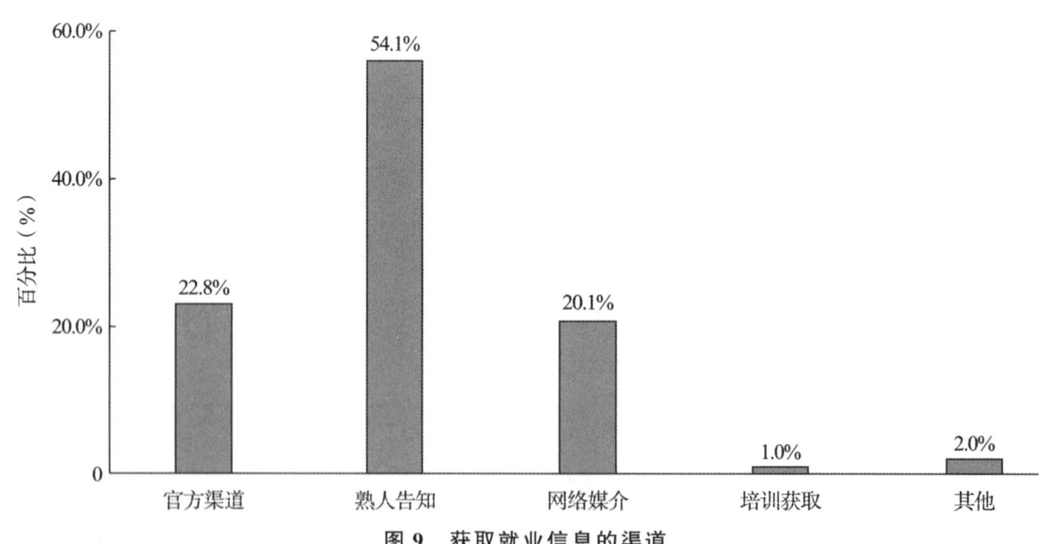

图 9 获取就业信息的渠道

---

① 李卓,左停.深度贫困地区妇女反贫困的逻辑路径探析:基于社会性别视角的分析[J].山西农业大学学报(社会科学版),2018,17(9):1-5+17.

三、农村低收入女性面临的挑战与发展诉求

面对低收入人群救助帮扶工作，中国政府不断瞄准帮扶对象并取得阶段性攻坚胜利。现阶段，国家救助帮扶工作对女性的关注也随着帮扶政策的整体推进而不断加强，构成了针对女性的多层面、社会多主体联动“大帮扶”格局。“春蕾计划”“低收入妇女‘两癌’救助”“智慧巾帼”“数字木兰”“追风计划”等多个帮扶项目相继推出，从基础保障、就业支持、多元发展三个核心议题出发帮助农村低收入女性及困境家庭发展。诚然，后小康时代，女性帮扶工作仍面临一些新的挑战。

（一）低收入女性帮扶面临的主要挑战

1. 多种致贫因素交织使低收入女性更具返贫风险

家庭成员罹患疾病、照料责任大、自我发展机会少等是农村低收入女性返贫的主要风险。调查显示，“因病”（48%）、“因残”（17%）、“缺劳力”（15%）是福建省低收入女性主要的返贫原因，此外，有部分女性受困于资金、教育、技术以及突发灾害等叠加因素，尤以性别劣势为突出问题，传统开发式帮扶措施对“老、弱、病、残”女性存在性别盲视。值得注意的是，婚姻破裂问题已成为农村低收入女性的潜在返贫因素。绝大多数农村低收入女性的日常开销依赖丈夫务工维系，婚姻关系成为重要保障，生活来源存在脆弱性。调查发现，农村低收入女性群体还存在一种隐性离婚现象，即婚姻关系存续，但外出务工的丈夫长期不归家，为家庭提供的经济支持有限，此类家庭按照收入状况达不到申请低保的标准，但实际状况属于困难家庭。

2. 社会变迁中“熟人关系”弱化导致低收入女性难获社会支持

受市场经济影响，“什么都需要钱”已是社会常态，既让农村低收入女性承担了更重的经济负担，无形中也减少了她们获得非正式支持资源的可能性。如前所述，市场经济下农村的雇工和机械租赁替代了过去传统帮工互助形式，长期的人口流动也弱化了熟人网络，农村低收入女性获得的“熟人”帮扶资源在减少。这说明，在正式社会支持系统尚未完全建立的情况下，农村低收入女性依赖的社会非正式支持资源正持续减少。

此外，数字经济时代下的农村低收入女性更容易遭遇“数字鸿沟”。随着互联网的普及，公共服务、就业信息等都逐渐数字化，但低收入女性的数字素养普遍较低，难以享受数字红利，被隔离在数字普惠金融、线上社交等帮扶资源之外，成为数字社会的排斥对象。调查发现，仅有20.1%的低收入女性能够通过网络媒介获取就业信息，数字素养劣势阻隔了她们分享数字红利、平等获得社会资源的机会。

3. 实践中性别盲视降低了对女性的帮扶效果

近年来，性别意识在帮扶实践中有所体现，仍然存在一些问题。具体来说，首先，缺少对分性别收入人群的监测。《中国妇女性发展纲要（2021—2030年）》中设置的指标如金融信贷、土地权益、灵活就业等关键信息并未对分性别的低收入人群进行统计；各地帮扶政策也多以家庭为单位，尚未关注到家庭成员间的资源分配不均，对内部性别贫困问题存在盲视。

其次，一些帮扶政策和项目缺乏性别考量。调查发现，部分地区为追求帮扶效益，将为低收入女性设立的小额信贷还款次数进行缩减并提高单次还款金额，变相提高了女性获得金融支持的门槛；在低保资源分配中，以户为单位的政策基本不考虑低收入女性家庭的实际状况；农村土地分配中的“外嫁女”、“丧夫女户”、离异女性问题被长期搁置。这些政策盲点因缺乏性别意识，削弱了对低收入女性的帮扶效果。

(二)农村低收入女性的帮扶诉求

1. 基本生活诉求

现阶段，有相当比例的低收入女性在自身健康不佳的情况下仍然承担着照护老人、抚育子女等繁重的家务劳动，这导致她们的基本生活质量不高。如表3所示，低收入女性主要的基本生活需求依次为“生活资金帮扶”(56.3%)、“家庭照料支持”(26.0%)以及“子女教育帮扶”(11.1%)。可能的解释在于，低收入女性家庭支出呈现结构性失衡造成了支出型贫困，这是出现生活资金帮扶高比例需求的重要诱因，而养老育儿的压力未能得到缓解则导致了供养支持需求升高。这一结果说明可支配收入的不足以及供养支持的缺位是造成低收入女性生活困境的深层次原因。可见，当前低收入女性帮扶要更关注低收入女性家庭的支出型贫困和供养压力，从提高补贴标准、建立面向低收入女性家庭的供养支持体系等方面展开行动。

表3　农村低收入女性基本生活帮扶需求

基本生活帮扶需求	频率	应答百分比(%)	个案百分比(%)
生活资金支持	7271	56.3	65.4
家庭照料支持	3357	26.0	30.2
法律援助	203	1.6	1.8
子女教育帮扶	1438	11.1	12.9
生活帮扶	393	3.0	3.5
提高文化素养	220	1.7	2.0
其他	40	0.3	0.4

2. 就业创业需求

如前所述，农村低收入女性由于就业技能欠缺，且就业渠道狭窄，呈现劳动参与率偏低的特征，急需重点帮扶。表4显示，低收入女性的创业帮扶需求与就业帮扶需求比例相近，分别为43.2%、56.8%，但其个案占比不高。可能的原因在于，她们受到家庭照料角色、健康资本以及对劳动力市场的悲观预期影响，未做出劳动力转移决策。可见，低收入女性的内生发展动力不足，就业创业帮扶机制和政策难以真正惠及低收入女性。

进一步的分析发现，存在就业创业意愿的低收入女性更需要正式就业信息渠道以及金融贷款的支持。如图10、图11所示，主要的就业帮扶需求是“提供就业岗位”(70.6%)，而“专业技能培训”和“就业权益维护”则位居其后；主要的创业帮扶需求为“资金贷款”(71.7%)，其次是技术培训等。前述结果反映出现阶段低收入女性在获取就业信息、经济权利方面存在严重不足，这是她们进入劳动力市场的最大掣肘，也将进一步弱化低收入女性自我发展的积极性。综上所述，就业创业帮扶应注重低收入女性内生动力的培育，以打通就业信息渠道、强化金融支持为手段展开。

表 4　农村低收入女性的就业创业发展需求

就业创业需求	频率	应答百分比(%)	个案百分比(%)
创业帮扶	1249	43.2	11.1
就业帮扶	1645	56.8	14.7

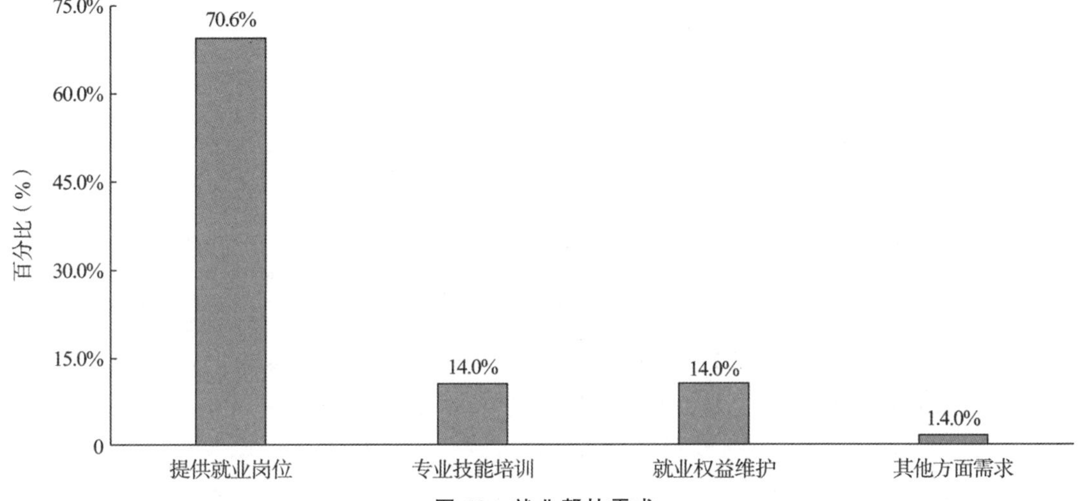

图 10　就业帮扶需求

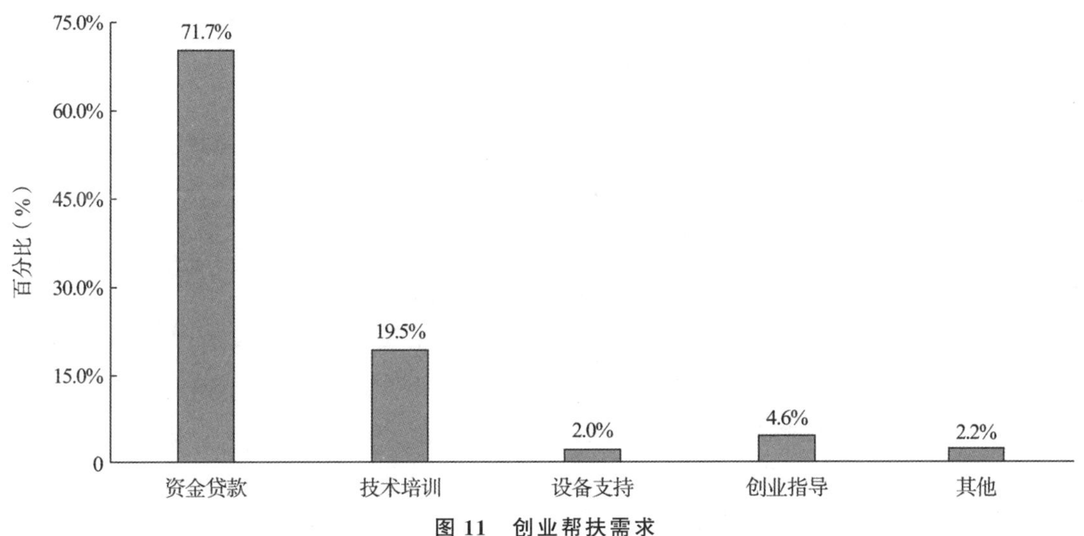

图 11　创业帮扶需求

四、构建保护低收入女性的社会救助体系

《中国妇女发展纲要(2021—2030年)》将社会救助列为困难女性帮扶工作的核心组成部分①,为构建具有兜底作用的低收入女性的社会救助体系提供了政策指导。福建作为沿海开放省区,其农村低收入女性生存状况及其政策举措,对广大中西部欠发达地区应对女性返贫风险的复杂性和帮扶需求的多样性具有实践参考意义。本文基于对福建省9个地市11214份低收入女性的问卷调查,从现实困境、主要挑战和帮扶诉求等三个方面分析了农村低收入女性的生存状况,发现农村低收入女性存在自身人力资本存量低、照料压力重、生计支出型困难、发展机会少等问题,现有社会救助政策虽对低收入女性群体有所帮助,仍然难以应对返贫风险、社会环境变化等新挑战。基于此,本文提出如下政策建议。

(一)激发低收入女性的性别主体意识

女性的主体意识缺失导致的社会排斥是客观存在且不容忽视的现实问题。农村低收入女性不仅受制于物质资源的匮乏,也受困于发展机会有限,包括性别政策缺位、就业渠道狭窄等。激发低收入女性的性别主体意识,需要从以下几个方面进行努力。

一是增强社会性别意识。大力倡导现代性别观念,尊重女性在"工作—家庭"中的独立选择权以及公共事务的参与权,鼓励低收入女性从家庭走向社会。

二是在社会救助体系构建中关注性别因素,促进资源分配公平。我国现行社会救助政策主要以家庭经济状况作为实施依据,未能将女性在家庭资源分配的弱势地位纳入考量视角。我们认为,性别平等目标绝非简单地在政策或帮扶项目中添加"女性成分",而是要通过政策不断改善女性在家庭内部、劳动力市场中的弱者地位。具体来说,通过完善统计制度,建立涵盖个人特质、家庭特征、社会支持网络等指标的性别统计体系,常态化开展专项调查,为救助政策的设计和调整提供性别依据;建设好社区(村)"妇女之家"等基层女性工作阵地,实现救助受理、心理疏导等一站式服务;增设女性网格员,打通社会援助和精准救助的"最后一公里"。

(二)以低收入女性需求为导向,分层分类帮扶

构建分层分类的社会救助体系,强调社会救助的层次性和特殊性,有利于精准帮扶,扩大社会救助的覆盖面,提升救助成效。

一是转变帮扶思维,多方了解低收入女性的实际需求,帮扶受助者摆脱困境。我国现行救助政策强调兜底性的物质保障,如低保政策、政府"送温暖工程"等,尚未能精准缓解低收入女性在社会排斥、家庭照料等方面的困难;一些低收入女性对社会救助的差异化诉求也未能得到满足,例如,特困残疾女性需要专项医疗救助和照料救助等托底保障型救助,农村留守女性则更需要就业支持、技术培训等支持型救助措施。

① 国务院.关于印发中国妇女发展纲要和中国儿童发展纲要的通知[EB/OL].(2021-09-08)[2023-10-05]. https://www.gov.cn/zhengce/content/2021-09/27/content_5639412.htm.

二是转变救助方式,实施"未雨绸缪"型救助,为低收入女性群体提供可行的就业创业机会。建立低收入女性动态监测机制,可以通过建设动态监测平台与跨部门信息共享机制,加强对支出型困难女性、易返贫致贫女性、特困女性的摸排工作,做到及时发现、精准帮扶、多维救助;考虑到低收入女性多有家庭照料负担,可以通过开发社区(农村)养老、托幼、助残等公益性岗位,辅以护理培训,推动低收入女性就近择业;通过数字赋能,推动发展农村电商拓展残疾女性的生计空间。

三是丰富帮扶方式。单一的资金帮扶不仅难以满足低收入女性群体的生存需要,也容易导致福利依赖。政府需要积极转变救助思维,丰富补助方式,针对低收入女性群体的物质贫困、机会贫困、权利贫困、精神贫困等问题实施对应的救助项目,通过政府购买服务、增加社会支持、实行司法救助等,以提高救助实效。

(三)建立健全农村低收入女性家庭的求助网络

社会救助的有效供给需要政府引领和社会共同参与。韩克庆等指出,多元主体共治既减轻社会救助财政负担,又能够提高效率,培育良好的社会互助氛围。[①] 农村低收入女性存在照料支持、法律援助、就业培训等多样化帮扶诉求,发达国家的实践也表明由社会组织参与的社会救助能够补齐服务型救助的短板。[②] 由此,应建设多元参与的低收入女性求助网络。

一是完善社会救助政策的性别视角,做到兜底线、补缺漏、可持续、保尊严。重点是完善医疗与教育救助,根据动态监测结果,实现对女性非低保困难家庭和支出型困难女性的精准覆盖,实施资助参加城乡居民基本医疗保险、长期护理保险、重特大疾病救助、老年女性营养膳食补助项目等,落实求职创业补贴、公益性岗位补贴等支持性就业帮助,增强低收入女性自助自救能力。为低收入女性提供必要的访视照料、心理疏导、社会融入等帮扶服务。

二是突破基层自治组织既有运行方式,提升农村地区自我服务与自我救助能力。一方面,创新发展农村社区与社工、社会组织、社会慈善组织、农村社区志愿者的"五社联动",减轻农村自治组织的资金、专业人才负担,提高运行效率,为其发挥社会救助作用提供资源支持。另一方面,要充分挖掘社区基层自治组织的自我服务功能潜力,积极为困难女性提供支持,设置公益性服务岗位,鼓励她们积极参与社区内的互助活动。

三是促进女性专业社会救助组织的发展。完善政府购买服务机制,引导女性专业公益慈善组织开展女性专业救助活动,从子女教育、老人照料、就业创业、心理慰藉多层次为低收入女性提供帮扶。促进农村地区女性专业社工组织发展,建立邻里互助支持网络和互助网络、志愿者支持网络、社区伙伴网络,增进低收入女性的社区认同感和归属感。

---

① 韩克庆,郑林如,秦嘉.健全分类分层的社会救助体系问题研究[J].学术研究,2022(10):90-100+177.

② 田蓉,周晓虹.社会救助服务:欧盟经验与中国选择[J].学习与探索,2018(11):43-50.

The Construction of Social Assistance System for Low-income Rural Women: A Study in Fujian Province

Wu Hongluo　Li Yizhi

(The College of Marxism of Fujian Normal University, Fuzhou, 350117)

Abstract: Rural low-income women are a group that requires special attention in social assistance. A sample survey of 11214 low-income households in 9 cities of rural Fujian Province found that rural low-income women and heads of households have outstanding problems, such as worrying health conditions, structural imbalances in household expenditures, obvious pressures on old-age care and children, and limited opportunities for development. The reasons for this are that, in addition to the constraints imposed by gender disadvantage, they still face greater difficulties and obstacles in accessing productive and living resources, family support, employment and entrepreneurial services, and financial and loan support after they have escaped from absolute poverty. Influenced by factors such as the risk of returning to poverty, changes in the social environment, and gender blindness in the provision of assistance, the work of providing assistance to low-income women in rural areas needs to be strengthened urgently.

Key Words: Fujian Province; low-income women in rural areas; social assistance system; measures for improvement

乡村女性赋能的玫瑰之路:通过社交媒体参与乡村旅游业*

——以漳州市华安县仙都镇大地村为例

彭丽芳 张 娜 黄 凌 吕闻君**

内容摘要:旅游业具有赋予妇女权利的潜力,特别是在乡村地区。但很少有研究探讨社交媒体(包含短视频和直播)对乡村女性参与旅游业的影响。已有的研究大部分探讨社交媒体作为营销工具对游客决策和体验的影响,鲜少研究对景区当地乡村女性的影响。在乡村地区传统社会和文化结构限制了妇女通过传统经济活动增强自身的能力时,社交媒体为她们打开了一扇窗。本文以福建省漳州市华安县仙都镇大地村为例,基于对在当地土楼景区担任兼职导游的女性居民进行的访谈,运用扎根理论定性地探讨了乡村女性通过社交媒体参与乡村旅游业的影响,考察了通过新媒体参与农业旅游开发在增强妇女权能方面的作用。研究结果表明,在政府支持和一些与新媒体有关的外部培训加持下,乡村女性参与旅游业有助于对女性在经济、社会、心理和政治方面赋能,从而实现乡村女性的自我成长,并能在乡村发挥带头作用,真正让乡村女性撑起当地的"三分之二天"。这些发现也帮助乡村旅游目的地管理者适应社交媒体带来的乡村社会变化,并把性别相关的文化因素纳入乡村旅游业的发展中以克服障碍,最高限度提高妇女的权能。

关键词:社交媒体;乡村旅游;扎根理论;女性;华安土楼

一、引言

世界旅游组织(UNWTO)等机构于2019年11月发布的《全球女性参与旅游业报告》显

* 基金项目:国家自然科学基金(72171199);中央高校基本科研基金(2072021066);厦门大学妇女/性别研究与培训基地(2020FNJD07);福建省高校人文社科研究基地互联网创新研究中心(闽江学院)(IIRC20200101;IIRC20200104)。

** 彭丽芳,女,厦门大学管理学院教授、博士生导师,主要研究方向为电子商务、信息系统、现代服务;张娜,女,厦门大学管理学院在读博士生,主要研究方向为性别研究、电子商务;黄凌,女,漳州职业技术学院经济管理学院讲师,主要研究方向为电子商务;吕闻君,男,厦门大学管理学院在读博士生,主要研究方向为性别研究、电子商务。

示，旅游从业者有54%为女性，女性参与旅游业也促进了性别平等和女性赋能。[①] 自我国乡村振兴战略部署后，旅游业也积极启动“乡村旅游振兴”计划，并因为其良好的扶贫功效得到政府多方面关注和支持。2022年初，国家发布中央一号文件就明确提出应持续推进乡村一二三产业融合发展，乡村旅游等产业作为重点发展对象。对于许多地区，特别是偏远山区的乡村地区来说，旅游业是产生经济、社会和环境效益的机会。然而，这些福利并不总是公平分配的。男性往往在旅游开发、营销和媒体活动方面享有特权[②]，尽管女性由于其本身的性格特质，在旅游业具有与生俱来的优势，更能凸显旅游生态品质和当地人文关怀。[③]

不管现实如何，旅游业仍然被视为赋予女性权利的一种手段。[④] 旅游业为那些无法外出工作的女性创造了就业机会，使她们能够为家庭创造额外收入，并减少了对男性的经济依赖。[⑤]

社交媒体兴起后，也为乡村居民提供了自下而上参与乡村旅游发展的机会[⑥]，并有效促进乡村旅游的内生发展、乡村自治和可持续的地方品牌化。[⑦] 一方面，社交媒体充当一个虚拟空间，乡村居民通过在线社交互动赋予其意义。[⑧] 另一方面，乡村社区被用作其居民的在线社交标签[⑨]，它决定了居民的在线社交身份。[⑩] 此外，居民的在线行为决定了他们所代表

---

① WORLD TOURISM ORGANIZATION. Global report on women in tourism[M/OL].2rd Edition. Madrid：UNWTO，2019[2021-06-29]. https://www.unwto.org/publication/global-report-women-tourism-2-edition.

② FIGUEROA-DOMECQ C，PRITCHARD A，SEGOVIA-PEREZ M，MORGAN N，VILLACE-MOLINERO T. Tourism gender research：a critical accounting[J].Annals of tourism research，2015(52)：87-103.

③ 吴巧红.女性在乡村旅游助推乡村振兴中的作用[J].旅游学刊，2018，33(7)：10-13；杜忠潮，高霞，金萍.关中地区乡村旅游的社区参与与妇女作用[J].安徽农业科学，2008(28)：12413-12416+12419.

④ INTERNATIONAL FINANCE CORPORATION. Women and tourism：designing for inclusion[M].World bank，2017. https://documents1. worldbank.org/curated/en/401321508245393514/pdf/120477-WP-PUBLIC-Weds-oct-18-9am-ADD-SERIES-36p-IFCWomenandTourismfinal.pdf.

⑤ BARBIERI C，SOTOMATOR S，GIL-ARROYO C. Sustainable tourism practices in indigenous communities：the case of the Peruvian Andes[J]. Tourism planning & development，2020(2)：207-224. GENTRY K M. Belizean women and tourism work[J].Annals of tourism research，2007(34)：477-496.

⑥ LUNDGREN A S，JOHANSSON A. Digital rurality：producing the countryside in online struggles for rural survival[J].Journal of rural studies，2017(51)：73-82.

⑦ RYU K，ROY P A，KIM H，RYU H B. The resident participation in endogenous rural tourism projects：a case study of Kumbalangi in Kerala，India[J].Journal of travel & tourism marketing，2020，37(1)：1-14.

⑧ GUSTAFSON P. Meanings of place：everyday experience and theoretical conceptualizations[J]. Journal of environmental psychology，2001，21(1)：5-16.

⑨ AMES M，NAAMAN M. Why we tag：motivations for annotation in mobile and online media[C]. Paper presented at the proceedings of the SIGCHI conference on human factors in computing systems，San Jose，CA，2007.

⑩ MCCLELLAN A. A case of identity：role playing，social media and BBC sherlock[J].The journal of fandom studies，2013，1(2)：139-157.

社区的地方形象。[①] 同时,社交媒体在重塑乡村意识形态、形成新的乡村文化表达和促进乡村居民社区参与方面发挥着重要作用。[②] 先前的研究已经认识到社交媒体作为旅游发展营销工具的重要性[③],并探讨了其在旅游决策中的重要性[④],但很少有研究探讨社交媒体(包含短视频和直播)对乡村女性参与旅游业的影响。

基于此,本文运用扎根理论定性地探讨了乡村女性通过社交媒体参与乡村旅游业的影响,考察了通过新媒体参与农业旅游开发在增强这些妇女权能方面的作用。这些发现也帮助乡村旅游目的地管理者适应社交媒体带来的乡村社会变化,并把性别相关的文化因素纳入农业旅游业的发展中以克服障碍,最高限度提高妇女的权能。

本研究以福建省漳州市华安县仙都镇大地村为例。首先,该村是一个成熟的乡村旅游目的地,因此可以更集中地观察到居民通过社交媒体参与乡村旅游的现象。其次,该村是一个典型的土楼村庄,保留了相对传统的土楼建筑和文化氛围,了解乡村女性在社会媒体影响下参与旅游发展的社会变化将具有重要价值。最后,现象学研究要求研究人员无障碍地进入该领域,该村为本文其中一位研究成员的家乡,该成员协助研究人员进行田野调查和进行反身思考。[⑤]

二、文献综述及理论基础

(一)旅游赋权理论

赋权(empowerment,也译作增权、充权、赋能、增能等)与权力有关,权力一般指人们所拥有的能力以及可以增进人们的自我概念、自尊、尊严感及福祉感的权力感,既是一种能力也是一种主观感受。赋权理论强调个体或组织在权力和无权之间进行过渡协调。旅游赋权理论最早是由 Scheyvens[⑥] 开发的一个框架,以确定旅游业如何影响社区成员中的四种类型的赋权——经济、心理、社会和政治,强调需要解决乡村社区旅游发展中的性别角色问题。

经济赋权指旅游业给个人或组织带来的就业机会和创收能力,经济赋权的结构很多元,一般通过收入、就业情况等直观数据衡量。心理赋权与态度有关。旅游业的发展让当地居

---

① UCHINAKA S, YOGANTHAN V, OSBURG V S. Classifying residents' roles as online place ambassadors[J].Tourism management,2019(71):137-150.

② ZHOU L. Online rural destination images:tourism and rurality[J].Journal of destination marketing & management,2014,3(4):227-240.

③ HARB A A, FOWLER D, CHANG H J J, BLUM S C, ALAKALEEK W. Social media as a marketing tool for events[J].Journal of hospitality and tourism technology,2019,10(1):28-44.

④ SCHROEDER A, PENNINGTON-GRAY L. The role of social media in international tourist's decision making[J].Journal of travel research,2015,54(5):584-595.

⑤ HYCNER R H. Some guidelines for the phenomenological analysis of interview data[J].Human studies,1985,8(3):279-303.

⑥ SCHEYVENS R. Ecotourism and the empowerment of local communities[J]. Tourism management,1999(20):245-249.

民从心理上产生文化自豪感，还可以通过社会互动获得更积极的心态。研究表明，心理赋权也与主客交流、精神文明、社区荣誉感有关。① 社会赋权指旅游业对社区凝聚力的影响程度。在一些社区，旅游业促进了社会发展项目或团体的创建，从而加强了社区团结。社区个人和家庭在旅游业中获益后又反馈给社区建设。② 政治赋权指社区成员参与决策过程的程度。它还包括社区内权力的集中及其成员支配旅游业发展的能力。

(二)社会性别理论

社会性别理论是妇女运动发展和妇女理论研究到一定阶段的产物。③ 在此理论出现之前，“两性差异完全由生理决定”的生理决定论在很长一段时间里影响广泛，直到世界妇女运动鼻祖玛丽·沃斯通克拉夫特(Mary Wollstonecraft)率先提出“社会性别”的概念，促成最早的社会性别概念萌芽，认为“社会塑造了妇女”。④ 随后，波伏娃(Simone de Beauvoir)在其著作《第二性》中对社会性别概念进一步进行完善，第一次用“他者”(the other)的身份来描述女性在男权社会的地位，即妇女是被社会构建成他者的人，提出“女人并不是生就的，而宁可说是逐渐形成的”。⑤ 20 世纪 60 年代，罗伯特·斯托勒(Robert J. Stoller)和精神分析学家马尼(J. Money)通过对“性别认知障碍”的形成原因进行实证研究，正式引入了“社会性别”(gender)这个概念。⑥ 1975 年，美国人类学家盖尔·卢宾(Gayle Rubin)在其《女人交易——性的“政治经济学”初探》真正把社会性别作为一个专业术语提出，并第一次提出了“性别/社会性别制度”(the sex-gender system)的理论。⑦ 20 世纪 80 年代，琼·瓦拉赫·斯科特(Joan Wallach Scott)在其著作《社会性别：历史分析中的一个有效范畴》中对“社会性别”做了最全面的论述，提出“社会性别是组成以性别差异为基础的社会关系的部分”。⑧

社会性别理论是学者的集体智慧的结果，尽管没有明确的定义，但有其核心观点，即反对生理差异决定女性从属地位。社会性别是在社会和文化的影响下而形成的两性差异，这些差异体现在社会角色、行为、思想和情感方面。⑨ 社会性别理论认为，传统性别观念可以通过社会文化因素去改变，并消除性别歧视，缩小性别差距。

---

① 王进，周坤.旅游扶贫中贫困人口的权力认知研究：基于“赋权—限权”角度[J].旅游科学，2017，31(5)：32-45.

② 李锦宏，金彦平.喀斯特乡村旅游的社区参与与社区赋权[J].特区经济，2008(6)：162-163.

③ 王毅平.社会性别理论：男女平等新视角[J].东岳论丛，2001(4)：59-61.

④ 周培勤.社会性别视角下的人地关系：国外女性主义地理学研究进展和启示[J].人文地理，2014，29(3)：63-68.

⑤ 西蒙娜·德·波伏娃.第二性[M].陶铁柱，译.北京：中国书籍出版社，1998.

⑥ STOLLER R J. Sex and gender: the development of masculinity and femininity[M]. London hogarth press，1968. 张成华.论社会性别理论视域下的女性研究及其争论[J].文艺理论研究，2017，37(2)：141-147.

⑦ 杜洁.女性主义与社会性别分析：社会性别理论在发展中的运用[J].浙江学刊，2000(2)：94-98.

⑧ SCOTT J W. Gender: a useful category of historical analysis[J].American historical review，1986，91(5)：1053-1075.

⑨ 刘霓.社会性别：西方女性主义理论的中心概念[J].国外社会科学，2001(6)：52-57.

(三)社交媒体在旅游中的作用

社交媒体和4G网络的移动设备的普及极大程度地改变了地方生活方式。[①] 社交媒体突破了物理的空间距离,并减少了信息的不平衡。[②] 社交媒体塑造的新社交空间再现了生活中的社交方式,扩大了现实中的社会资本,同时让人们认识到,社区的归属感和文化认同超越了感知的时空。[③]

旅游是一个实现主客互动的过程。[④] 在过去十年中,研究人员一直重视社交媒体在旅游研究中的作用。有研究将社交媒体作为分析旅游现象的重要数据来源。[⑤] 有研究探讨了社交媒体对不同旅游利益相关者,尤其是游客的影响[⑥],并探索了社交媒体作为有效营销工具的重要性。[⑦] 也有研究人员逐渐关注到社交媒体对游客体验的负面影响,比如社交媒体过载。[⑧]

对于乡村地区的旅游研究,学者充分讨论了旅游业发展对乡村居民的影响。[⑨] 社交媒体为乡村居民提供了自下而上参与乡村旅游发展的机会,并促进了乡村旅游发展决策的民主化。[⑩] 探索乡村社区居民在虚拟和现实中的角色变化与相互嵌入的行为,将有助于解释

---

① BUCHI M, FESTIC N, LATZER M. Digital overuse and subjective well-being in a digitized society[J].Social media and society,2019,5(4):205-211.

② GIDDENS A. Time-space distanciation and the generation of power[M]. London: macmillan education,1995.

③ MORLEY D, SILVERSTONE R. Domestic communication-technologies and meanings[J].Media, culture & society,1990,12(1):31-55.

④ JIANG L, YU L. Consumption of a literary tourism place: a perspective of embodiment[J]. Tourism geographies,2019,22(1):127-150.

⑤ MCCREARY A, SEEKAMP E, DAVENPORT M, SMITH J W. Exploring qualitative applications of social media data for place-based assessments in destination planning[J].Current issues in tourism,2019,23(1):1-17.

⑥ LYU S O. Travel selfies on social media as objectified self-presentation[J].Tourism management, 2016(54):185-195. NARANGAJAVANA Y, FIOL C, JOSE L, et al. The influence of social media in creating expectations:an empirical study for a tourist destination[J].Annals of tourism research,2017(65): 60-70.

⑦ HARB A A, FOWLER D, CHANG H J J, BLUM S C, ALAKALEEK W. Social media as a marketing tool for events[J].Journal of hospitality and tourism technology,2019,10(1):28-44. SHI C, YU L, WANG N, CHENG B, CAO X. Effects of social media overload on academic performance: a stressor-strain-outcome perspective[J].Asian journal of communication,2020,30(2):179-197.

⑧ CHEN C C, HUANG W J, GAO J, PETERICK J F. Antecedents and consequences of work-related smartphone use on vacation: an exploratory study of Taiwanese tourists[J].Journal of travel research,2018, 57(6):743-756.

⑨ RYU K, ROY P A, KIM H, RYU H B. The resident participation in endogenous rural tourism projects: a case study of Kumbalangi in Kerala, India[J].Journal of travel & tourism marketing,2020,37(1):1-14.

⑩ ABUBAKAR A A. Political participation and discourse in social media during the 2011 presidential electioneering[J].The nigerian journal of communication,2012,10(1):96-116.

社交媒体对乡村居民参与旅游业的影响。

而妇女参与旅游业是社区发展的潜在驱动力，尤其是在乡村地区。① 这种参与既有积极的影响，也有消极的影响。旅游业为妇女提供就业机会，也提高了其在社区中的社会地位，并可以促进性别平等。除了经济收益，旅游业还可以通过提高女性的自尊、身份和独立性来增强她们的能力，因为它鼓励她们从事家庭以外的活动，并促进她们的教育。但也有消极的一面，比如家庭和社会结构中的性别角色被破坏，或女性被降级到低收入和低技能的岗位上，这些岗位被视为家庭角色的延伸。② 那么，在诸多社交媒体的加持下，乡村女性通过其参与旅游业是否能带来积极的影响呢？

基于此，本文以福建省漳州市华安县仙都镇大地村为例，通过对当地土楼景区的女性居民也是兼职导游进行访谈，运用扎根理论定性地探讨了乡村女性通过社交媒体参与乡村旅游业的影响，考察了通过新媒体参与农业旅游开发在增强这些妇女权能方面的作用。

三、研究过程

（一）研究设置

大地村地处仙都镇东部，与安溪龙涓乡毗邻，是漳州市第二批社会主义新乡村示范村，闻名遐迩的“土楼之王”——二宜楼就坐落于此。全村有 3 个自然村，17 个村民小组，811 户，人口 3001 人，村“两委”8 人，党员 72 人，拥有大地土楼群、土楼齐家馆、汤晓丹艺术文化中心、玄天阁等旅游文化资源，系全国文明村、中国传统村落、国家级美丽乡村、省级乡村振兴试点村。该村建立了乡村党组织“三级核心网络”站 5 个，充分发挥了乡村党员的带头、引导和示范作用。2019 年 6 月 6 日，大地村列入第五批中国传统村落名录。全村总面积 24284.6 亩，其中耕地面积 2174.9 亩，林地面积 14644.1 亩，园地面积 1151.4 亩。二宜楼位于大地村，它是我国圆土楼古民居的杰出代表，也是福建省唯一国家重点保护的文物建筑，始建于清朝的乾隆年间，有着近 300 年的历史，素有“土楼之王”“国之瑰宝”之美誉，它以规模宏大、设计科学、布局合理、保存完好闻名遐迩。“二宜楼”楼匾已收入《中华名匾》一书。

---

① ACHARYA B P，HALPENNY E A. Homestays as an alternative tourism product for sustainable community development：a case study of women-managed tourism product in rural Nepal[J]. Tourism planning & development，2013(10)：367-387.

② DUFFY L N，KLINE C S，MOWATT R A，CHANCELLOR H C. Women in tourism：shifting gender ideology in the DR[J].Annals of tourism research，2015(52)：72-86. ÇICEK D，ZENCIR E，KOZAK N. Women in Turkish tourism[J]. Journal of hospitality and tourism management，2017(31)：228-234. PAHL J. Family finances，individualisation，spending patterns and access to credit[J]. The journal of socio-economics，2008(37)：577-591. KNIGHT D W，COTTRELL S P. Evaluating tourism-linked empowerment in Cuzco，Peru[J]. Annuals of tourism research，2016(56)：32-47. SCHEYVENS R. Ecotourism and the empowerment of local communities[J]. Tourism management. 1999(20)：245-249. BARBIERI C，STEVENSON K T，KNOLLENBERG W. Broadening the utilitarian epistemology of agritourism research through children and families[J].Current issues in tourism，2018：1-4.

近年来，大地村的基础设施建设在村“两委”的共同努力下得到极大改善，全村道路硬化率已达95%，互联网普及率也比较高。种植茶叶是大地村村民的主要经济来源，现在以茶叶为主的电子商务也逐渐形成了产业链。

(二)研究方法

研究人员遵循解释主义范式，承认参与华安土楼旅游业的女性导游的独特见解。这有助于研究参与者和研究人员之间以协作方式创建知识①，使研究人员能够扩大赋权框架的范围。② 鉴于这一范式的特点，采用了一种定性的数据收集方法，通过对在线(问卷)和离线数据(半结构化访谈)的同步收集，从现象学的整体视角了解华安土楼女性导游利用社交媒体参与旅游业的现状及其带来的影响。然后运用扎根理论的方法进行编码，其中编码分自动编码和手动编码，自动编码采用NVivo Plus 11软件，结合手动编码后形成影响模型。

(三)资料采集与处理

2022年7月15日，与华安县仙都镇大地村旅游集散中心的对接人进行交流，提前了解村内女性居民参与旅游业的情况，明确主要访谈对象。第一次调研了解到目前大地村的兼职导游一共有90名，其中女性导游87名，男性3名。大地村拥有丰厚的绿色生态资源和极具特色的土楼文化资源，其旅游业态主要有美食型旅游、观光型旅游、研学旅游、党政学习、旅游产品销售等。大地村村民基本还是沿袭“男主外、女主内”的观念，所以大部分大地村女性都无法获得较高话语权和地位，一般负责配合男性做辅助工作和家庭内的照料事务，或是男性外出打工，女性在家照顾家庭。而大地村开发旅游后，由于当地的自然环境与女性气质更为相配，村内推出了强化女性色彩的旅游名片，女性居民们逐渐开始扮演重要推动角色，通过兼职导游、自创旅游产品、经营住宿和茶吧等方式参与进来，当地政府与管理者也有效动员、组织农村妇女积极参与，使巾帼提素增能、巧手致富。

2022年9月底、10月下旬，项目组成员初步探访大地村，考察村内旅游资源、建筑布局、村内事务管理、旅游集散中心等了解村内土楼景区和文化习俗，并初步考察了当地开展短视频和直播的情况。调研得知，为了实现规范化、可持续化发展，2017年12月1日福建华安土楼旅游发展有限公司应运而生，全面负责大地土楼群景区的管理、建设和运营，公司联合漳州职业技术学院开发了一系列针对性的培训和考核，选出在文化讲解、游客接待、场所经营、产品开发、宣传推广、规划管理等方面表现突出的精英女性导游作为核心团队，以此吸引更多不同年龄段乡村女性加入旅游业，积极发挥多方面作用，激发女性潜能，带来更多的机遇。

2022年12月2日，项目组再次深入大地村，结合关键个案抽样法寻访15位女性精英导游和5位管理者进行每人半小时的半结构化访谈，并让其填写一份关于大地村女性导游社交媒体平台使用情况的初调查问卷。最终因新冠疫情原因，实际采访女性导游12人，管理者3人，共15人。选择精英导游作为研究对象，是因为精英导游注重通过社交媒体参与

① PHILLIMORE J, GOODSON L. Qualitative research in tourism: ontologies, epistemologies and methodologies[M]. New York: Routledge, 2004.

② SCHEYVENS R. Ecotourism and the empowerment of local communities[J]. Tourism management, 1999(20): 245-249.

旅游业，且在社交媒体的应用成绩方面比较突出，更具代表性。

1. 大地村女性社交媒体平台使用情况初调查

通过问卷数据，大部分女性导游使用微信和抖音，也有个别用快手 APP。在中国，微信、抖音等已成为最受欢迎的社交媒体应用，据腾讯目前披露，截至 2022 年第三季度，微信已拥有超过 12 亿用户，微信小程序日活账户数破 6 亿。与以“熟人社会”之间的社交互动为特征的微信不同，抖音通过发布和传播短视频或开直播的方式在陌生人之间建立了一个交流平台，通过准确的信息推送有效地传播信息。到 2022 年，抖音在中国有 8 亿多用户，已成为最受欢迎的个人品牌和官方发布平台。微信和抖音具有的不同信息传播和社会互动特征，通过社交媒体实践深刻影响了中国的生活方式和社会关系。① 因此，本研究的社交媒体平台以微信和抖音为主。

根据问卷结果，女性导游每天花在社交媒体上的时间约 3 小时，每天观看几十个至上百个视频，每周观看 5～6 场直播。同时，因为做兼职导游的关系，平均每人新增群组 2～3 个，新增好友数几百人次，每天至少在社交媒体平台上点赞或者评论数十次。一半的女性至少参与过短视频或直播的录制，一半女性有自己的短视频和直播账号，近半年都有直播或者短视频发布的经历，最高获得的点赞数有几百万，粉丝数最高有 8 万多。通过第一阶段的数据采集，本研究可以基本构建乡村女性使用社交媒体的情况。

2. 半结构化访谈

6 名研究人员邀请 15 名精英女性导游参加面对面深度访谈；12 名女性接受了邀请，3 名目的地管理者（镇长、村主任和景区集散中心对接人）作为乡村旅游发展的主要利益相关者接受了采访。每场采访持续 30～40 分钟。最终调研共获取约 5 万字访谈资料用于处理分析，为方便区分和展示受访人员信息，将女性导游使用“T-数字”的形式加以记载，用“M-数字”形式表示管理者。表 1 列出了部分访谈提纲示例，表 2 列出了被访者的概况。采访使用普通话，并进行了录音和纸质记录。

表 1　部分访谈提纲示例

范畴	问题
背景	您觉得目前本村乡村旅游业发展得怎么样？您个人感觉现在的短视频或者直播是不是一个机遇呢？
态度	和以前相比，女性参与这个导游计划有哪些好的方面呢？您觉得现在的短视频或者直播是怎么影响当地女性导游的？ 您觉得短视频或者直播的流行会怎样改变景区的形象？
赋能	现在您也是一名村庄重点培养的导游，一些重要的关于导游发展的项目是否会请您参加，提出一些建议或者意见？跟以前相比，是不是更有话语权？

① PAN J. Temporality alignment: how wechat transforms government communication in Chinese cities[J]. Chinese journal of communication, 2020, 13(3): 241-257. ZHANG Z. Infrastructuralization of TikTok: transformation, power relationships, and platformization of video entertainment in China[J]. Media culture & society, 2020(21): 25-37.

表 2 被访者概况

序号	年龄	原户(国)籍所在地	利用社交媒体参与旅游业时长	参与旅游业前职业	参与旅游业的行为方式
T1	35	本地	4 年	工厂打工	兼职导游,微信
T2	32	本地	4 年	微商	兼职导游,微信
T3	30	本地	4 年	农产品种植、售卖	兼职导游,微信
T4	33	本地	4 年	农产品种植、售卖	兼职导游,微信
T5	37	本地	6 年	家庭主妇	兼职导游,微信,抖音
T6	30	本地	5 年	工厂打工	兼职导游,微信,抖音
T7	32	本地	7 年	茶类种植、售卖	兼职导游,微信,抖音
T8	34	本地	7 年	茶类种植、售卖	兼职导游,微信,抖音
T9	33	本地	4 年	打工,茶类种植、售卖	兼职导游,微信,抖音
T10	42	本地	4 年	打工,茶类种植、售卖	兼职导游,微信,抖音
T11	51	本地	3 年	家庭主妇	兼职导游,抖音(跳舞)
T12	21	越南	3 年	自制土特产售卖	兼职导游,抖音
M1	32	外地	1.5 年	/	副镇长,集散中心
M2	45	本地	6 年	/	村支书,集散中心
M3	34	外地	3 年	/	基地对接负责人,微信、抖音(宣传拍摄)

(四)资料分析

首先整理所有的文本资料,通过 NVivo Plus 11 软件对所有文本资料进行词频分析,删除一些无意义的字符和数据,得到文本内容的词云图(见图 1),文本内容基本围绕导游、直播、视频、收入、客人、茶叶等关键词进行,与调研主题基本吻合。

接下来依据扎根理论对访谈文本进行处理。扎根理论适用于研究定量分析难以测量的变量间的复杂关系,与本文构建乡村女性通过社交媒体参与旅游业的赋能全过程的研究目的相契合。扎根理论需要从原本零散杂乱的材料中识别有效信息加以概念化和范畴化,也即“编码”的过程,并最终建立起理论模型,其中编码方式采用 Strauss & Corbin 编码,分为开放性编码、主轴编码和选择性编码。

1. 开放性编码

最初始的录音通过“飞书妙记”网页版转换成文本,逐句阅读并手动整理或删除一些错别字或者不必要的字符、数字或者无意义语句等;再借助 NVivo 软件,先对原始资料进行开放性编码,利用 NVivo 的自动编码功能先进行主题自动编码,以自动编码结果作为参考,再进行人工编码,在编码过程中要结合原始资料不断进行比较修正,精确每条概念的含义与指向,共计提取 33 个概念,接着分析概念之间的逻辑和语义联系,将相近概念划分到同一类属中并进行命名,形成范畴,最终得到的 20 个范畴分别是政府支持、外部培训、女性性别优势、

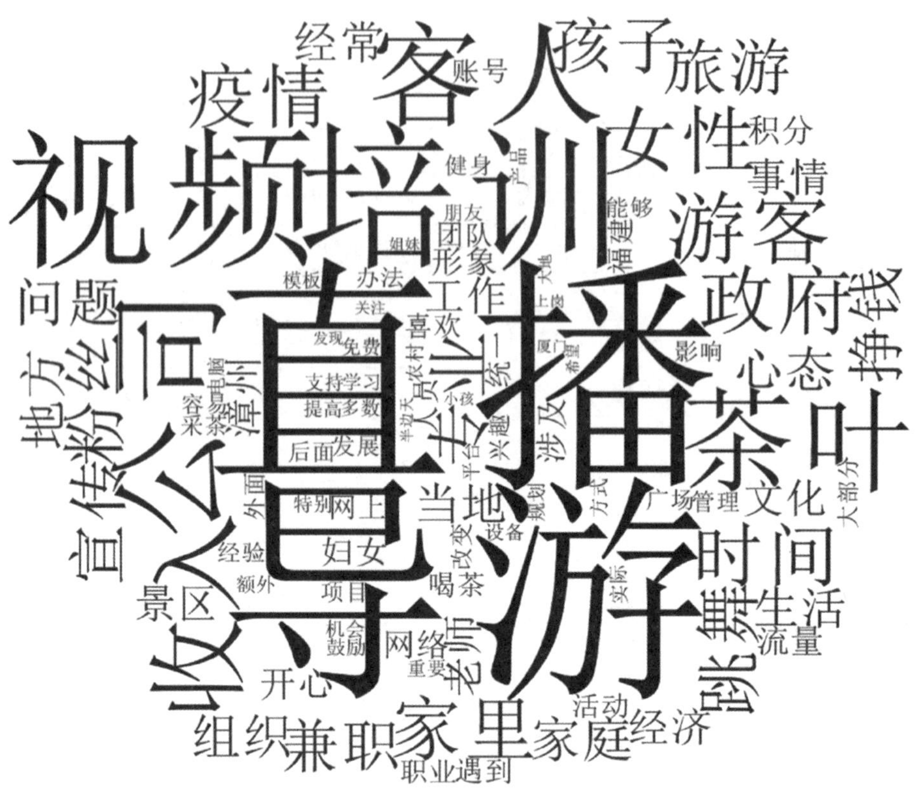

图1　采访材料的词云图

自主能力提升、收入提升、生活改善、经济发展、心理状态良好、社会性别观念、工作和家庭的平衡、助力教育、承担社会责任、事务决策参与、文化技能提升、个人形象提升、人际交往拓展、见识见闻增长、获得官方认可、对外正面效应、互帮互助。因篇幅所限，仅列出示例(见表3)。

表3　开放性编码示例

范畴	初始概念	原始语句例证
收入提升	游客收入	T1 经济收入肯定有改变，我们正常以前那个游客量至少每月有2000人，多的时候就更多了。
	线上收入	T11 因为这个我每天都有钱，跳舞都有钱，因为我流量高，然后一个视频就有30多元20多元这样子，每天我都发，那一个视频就是30多元20多元，然后挂个橱窗，那边多多少少卖一点衣服啥的，反正一个月有的时候1000多元。

2. 主轴编码

主轴编码主要对开放性编码阶段提取的范畴之间的联系进行分析挖掘，进而提出主范畴。通过对比挖掘不同范畴之间的语义和逻辑关系，将具有逻辑联系的相似范畴进行归类和抽象命名，最终得到8个主范畴：政府力量与外部培训、女性能力优势、经济赋能、心理赋能、社会赋能、政治赋能、实现自我成长和发挥带头作用。各主范畴、对应范畴和其包含概念如表 4 所示。

表 4 主轴编码结果

主范畴	对应范畴	包含概念
政府力量与外部培训	政府支持	政府支持
	外部培训	导游上岗培训、新媒体培训、公司培训管理
女性能力优势	女性性别优势	女性性别优势
	自主能力提升	自主学习网络媒体使用、具备各项综合技能
经济赋能	收入提升	游客收入、线上收入
	生活改善	生活水平提升、住房改善
	经济发展	基础设施完善、招商引资
心理赋能	心理状态良好	心态积极、内心满足
社会赋能	社会性别观念	女性地位提升
	工作和家庭的平衡	导游工作与照顾家庭
	助力教育	教育与导游
	承担社会责任	保护生态环境
政治赋能	事务决策参与	参与决策制定
实现自我成长	文化技能提升	文化素养提升、知识储备积累
	个人形象提升	个人外形修饰、个人才艺展示、个人生活分享
	人际交往拓展	认识高校师生、认识不同游客
	见识见闻增长	开阔眼界
发挥带头作用	获得官方认可	形成良好的口碑、赢得赞誉
	对外正面效应	成为宣传典型
	互帮互助	带动村民、互帮互助、传递好的经验

3. 选择性编码

选择性编码即在主轴编码的基础上,对主范畴进行进一步的分析,围绕主范畴之间的联系,找出典型关系①,并将这些关系汇总整合成理论框架或模型。② 通过对原始材料的反复阅读比较,深入分析之前步骤所获得的范畴和主范畴,最终提炼出“通过社交媒体参与乡村旅游业的乡村女性赋能模式”这一核心范畴,并构建出理论框架模型(见图 2)。使用原始文本资料进行饱和度检验,未发现新范畴,说明已达到理论饱和。

---

① 王君怡,吴晋峰,王阿敏.旅游目的地形象认知过程:基于扎根理论的探索性研究[J].人文地理,2018,33(6):152-160.

② 张天问,吴明远.基于扎根理论的旅游幸福感构成:以互联网旅游博客文本为例[J].旅游学刊,2014,29(10):51-60.

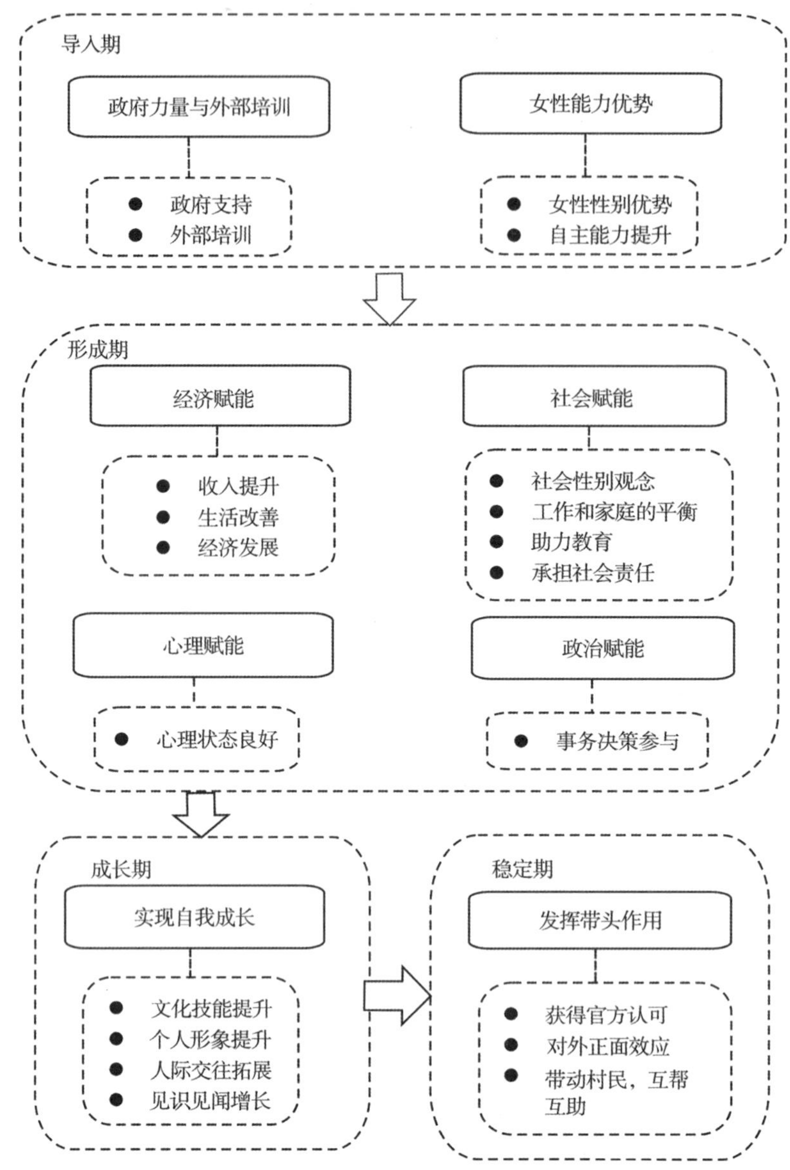

图 2 通过社交媒体参与乡村旅游业的乡村女性赋能模式模型图

四、研究发现

(一)政府力量与外部培训

中国的传统乡村旅游发展由政府和传统乡村精英自上而下主导，乡村居民作为旁观者和被动参与者存在。① 但通过信息的“开放、共享和互动”，社交媒体促进了多个主体参与旅游发展。对于乡村女性来说，政府的支持及机构举办的一些新媒体技能培训、礼仪培训是促进女性赋能的重要外部因素，地方政府一直重视女性参与旅游业的发展，其对旅游业的规范管理有助于帮助女性居民树立正确的就业观念，每次带团的固定补贴有助于女性享受经济利益，各种奖励制度也激励女性在参与旅游业中发挥主观能动性。乡村女性通过社交媒体习得了大量旅游相关知识，在政府引导及外部机构培训的帮助下，女性能快速学习各种新媒体技能，更重要的是女性自己能通过这种新事物的学习和加持提升自尊及自信水平，比如在村集散中心做直播的导游 T6 表示：“每直播 2 小时公司会给我们费用，几十元钱这样的，如果卖得好还有奖励，一天下来有时候也几百元，还是很愿意去做这个事情。”

(二)女性能力优势

当地女性导游首先需要考证才能成为一名合格的导游，不管是兼职还是专职都需要导游证，所以女性是需要凭借一定的能力和优势进入旅游行业的。基于社会性别理论，社会文化因素构建了性别差异，女性被认为具备亲切、温柔、有耐心等特质，就如村书记 M2 所说的一样：“当初为什么都要是女性导游，因为导游这个职业需要的特质能发挥女性性别优势，亲切、耐心、细心。”社交媒体兴起后，当地女性都自主学习社交媒体技能，只要有培训项目就去参加，基本在访谈中所有女性都能熟练掌握社交媒体软件，女性旅游从业者都能熟练地加客户微信，通过朋友圈、抖音短视频等发布土特产售卖信息，有能力的还开直播吸引流量。

(三)女性赋能

1. 经济赋能

我们发现乡村女性通过社交媒体参与旅游业产生了经济赋能，首先就是有了新的增收机会，与线下带团不同的是，这几年受新冠疫情影响，几乎没有太多线下的游客，很多女性导游通过微信和抖音上引流增加一些收入。爱喝茶的姐姐 T1 就说道：“经济收入还是可以的，线下确实受到影响，但线上有时候每月也有一两千元，我们用微信回头客就能做一些生意。”爱跳舞的 51 岁的 T11，经常以土楼为背景拍摄跳舞视频，目前粉丝 8 万多，她说：“我每天一个抖音视频就二三十元，挂橱窗还能卖点东西，也能挣钱。”最重要的是，收入的提升也能带来生活水平的变化。当地电子商务开展得如火如荼，直播基地也经常让导游们去直播。

2. 心理赋能

在线上传播当地土楼的宣传视频，或者是发布与自家土特产有关的视频，有助于妇女对自己的文化和家庭遗产感到自豪。她们的形容是“开心”“满足”等字眼，比如卖茶的 T2 说道：“因为我这个人很容易满足，感觉这样的生活就已经很 OK 了。”跳舞的大姐跟我们说得最多的就是“心态一定要好，积极的心态能让人看起来阳光”，她通过抖音发布的都是欢快易学的舞蹈。同时导游们也通过这些曝光提高自身在社区中的存在感，从而促进心理赋能。

---

① WANG L, YOTSUMOTO Y. Conflict in tourism development in rural China [J]. Tourism management, 2019(70): 188-200.

3. 社会赋能

在访谈中发现，女性导游基本秉持男女平等观念，当地的女性地位还是很高的，当地村支书和副镇长都有说道："我们这边妇女不存在没有话语权的问题，她们早就已经是'三分之二天'了。"尤其社交媒体兴起后，性别观念更是有了提升。尽管女性导游既要承担导游工作又要兼顾很多家庭责任，但她们都对家庭和工作的平衡有了更多的思考。性别观念的觉醒也能助力教育，女性独立自主，努力依靠自身正当劳动实现经济自由也会给孩子带来更多的榜样作用。同时，通过在微信、抖音上发布短视频，女性意识到生态环境的重要性，促进了女性的社会赋能。

4. 政治赋能

政治赋能评估了妇女在与社区事务相关的决策中的代表性，她们参与农业旅游等旅游项目的开发和实施，以及她们是否有渠道去反映遇到的问题和关切。[①] 新的社交媒体提供了快速便捷的渠道，她们可以通过线上渠道进行投票或者参与一些事务决策，也可以通过短视频自己设计宣传当地的一些活动。在访谈时了解到当地的"人居环境整治百村竞赛"活动就完全是由女性主导。作为政治主体的女性导游 T6 也经常配合政府人员开展活动，"前面有次搞茶叶的直播还是在我那个院子里弄的"。

(四)实现自我成长

乡村女性通过社交媒体参与旅游业促进了女性在社会、心理、经济和政治方面的赋能，女性自己也在文化技能、个人形象、人际交往和见识见闻方面都得到了提升与拓展。

首先，女性导游平时做解说，不管是线上还是线下都需要有非常丰富的文化知识，熟悉自家的文化底蕴——"文化背景像我们这里都是祖祖辈辈传下的，土楼里面还是要摆着的，我们要很熟悉。""要先把我们家乡的文化传播出去。""让我们家乡的文化走向世界，让更多的人来了解我们的土楼。"

其次，在个人形象方面，因为经常出镜，所以在接受培训后，导游们在仪容仪表方面都有了很大的改观，"她们统一服装，看起来非常养眼，而且她们都多才多艺，能歌善舞，新冠疫情前我们还搞过评比晚会，都非常棒！"这无形中提升了女性的自我价值感和自信心。而且在参与乡村旅游发展的过程中，女性通过社交媒体重建固有的社会身份，构建新的社会身份，它的本质是虚拟和现实之间的双重联系。[②] 在社交媒体上，地方形象和女性网络个人形象是相互嵌入的，女性通过保护村庄的地方形象来保护他们的网络个人形象。在这个过程中，女性加强了地方认同，产生了自尊和自我效能感。[③]

同时，在工作之余，她们也学会在社交平台上分享自己的生活状态，分享周边的景色，也分享自己的人生感悟和未来理想。再者，通过旅游参与，社交媒体加持，女性导游能够接触

---

① SCHEYVENS R. Promoting women's empowerment through involvement in ecotourism: experiences from the third world[J].Journal of sustainable tourism,2000(8):232-249.

② LIVINGSTONE S. On the material and the symbolic: Silverstone's double articulation of research traditions in new media studies[J].New media & society,2007,9(1):16-24.

③ WANG S,XU H. Influence of place-based senses of distinctiveness,continuity self-esteem and self-efficacy on residents' attitudes toward tourism[J].Tourism management,2015(47):241-250.

线上线下各行各业形形色色的人，包括游客、培训师生、同事、同行及管理者等，甚至有些建立长期联系，增加了社交资本，导游 T3 说："我觉得导游工作很好，让我接触不同的人。"最后，通过社交媒体，女性见识更多外面的世界，以前只有电视，现在网络发达，想看什么都可以，女性的见识见闻都有了快速的增长。

（五）发挥带头作用

当女性成为当地旅游发展的中坚力量后，一旦得到官方的认可，就会产生影响并发挥带头作用，稳定树立起女性的主体地位。一方面，对表现突出的女性进行奖励；另一方面，对个人特色鲜明的女性或是榜样女性进行重点宣传。社交媒体加速了信息的传播，会进一步促进女性的对外传播效应。

五、结论与展望

尽管已有的研究从不同的理论角度探讨了居民对乡村旅游的参与，但很少有专门针对女性的研究，并且忽略了社交媒体作为社会变革驱动力对居民参与乡村旅游的影响。本文以福建省漳州市华安县仙都镇大地村为例，通过对当地土楼景区的女性居民也是兼职导游进行访谈，运用扎根理论定性地探讨了乡村女性通过社交媒体参与乡村旅游业的影响，考察了通过社交媒体参与乡村旅游开发在增强这些妇女权能方面的作用，最终形成"通过社交媒体参与乡村旅游业的乡村女性赋能模型"，并得出了以下结论：(1)社交媒体和旅游都为女性赋能和自我成长创造了条件。首先，社交媒体的使用使得女性重塑了个人形象，从而在地方形象和虚拟形象之间形成了双重联系，是互相交织在一起的，在这个过程中，女性加强了地方认同，产生了自尊和自我效能感。其次，社交媒体和旅游都为女性在社会、心理、经济和政治上赋能，提升了女性地位，增加女性话语权。最后，社交媒体和旅游为女性增加了社会资本，扩宽了眼界、增长了见识，习得了更多的技能，提升了女性的自尊和自我价值感。(2)本研究通过扎根理论对原始资料进行开放性编码、主轴编码和选择性编码，形成了女性赋能模型，该模型由政府力量与外部培训、女性能力优势、经济赋能、心理赋能、社会赋能、政治赋能、实现自我成长和发挥带头作用 8 个维度构成。其中，政府力量与外部培训，还有女性的能动性及能力优势是基础，是女性赋能的导入期；接着就是为女性在社会、经济、心理和政治赋能促进女性的自我成长，然后是实现自我成长的成长期，最后在社区发挥带头作用就是女性通过社交媒体参与旅游业的赋能带来的最终影响。

这项研究有几个局限性。首先，尽管这项研究考察了华安县一个典型的乡村旅游目的地，但这些发现是否对其他类型的目的地具有同样的解释力还值得探索。大地村与那些相对偏远和闭塞的乡村相比，是存在差异的，其旅游资源本身就比较丰富，条件也相对优越，在这种生活、工作环境下，大地村的女性居民必然无法代表全部乡村女性居民。而乡村作为传统思想观念的集聚地，各个地区的乡村女性意识可能也存在差异。未来的乡村旅游和女性研究中应该扩展研究案例地，积累更多的实证经验从而丰富现有的理论体系。其次，本研究中数据收集的时间跨度很短，这妨碍了关于社交媒体嵌入对女性乡村旅游社区参与影响的纵向探索。未来的研究应该关注长期的变化。最后，本文采用的扎根理论的方法，方法比较单一，未来研究可以采用多元化的方式进一步进行探索和实证。

The Rose Road to Rural Women's Empowerment: Engaging Rural Tourism through Social Media ——A Case Study of Dadi Village, Xiandu Town, Hua'an County, Zhangzhou City

Peng Lifang　Zhang Na　Huang Ling　Lyu Wenjun

(Xiamen University, Xiamen, 361005)

Abstract: Tourism has the potential to empower women, especially in rural areas. However, few studies have examined the impact of social media (including short videos and live streaming) on rural women's participation in tourism. Most of the studies that have been conducted explore the impact of social media as a marketing tool on the decision-making and experience of visitors, while few have examined the impact on local rural women in scenic areas. At the same time, in rural areas where traditional social and cultural structures limit women's ability to empower themselves through traditional economic activities, social media has opened a window for them. Taking Dadi Village, Xiandu Town, Hua'an County, Zhangzhou City, Fujian Province, as an example, this paper qualitatively explores the impact of rural women's participation in rural tourism through social media by interviewing female residents of the local Tulou scenic spot who are also part-time tour guides, using grounded theory, and examines the role of participation in agro-tourism development through new media in empowering these women. The findings suggest that, with government support and some external training related to new media, rural women's participation in tourism can help empower women economically, socially, psychologically, and politically, leading to rural women's self-growth and leading roles in the countryside, truly like "Women hold up two thirds of the world". These findings also helped rural tourism destination managers to adapt to rural social changes brought about by social media and to incorporate gender-related cultural factors in the development of rural tourism, overcoming barriers and maximizing women's empowerment.

Key Words: social media; rural tourism participation; grounded theory; women; Hua'an Tulou

附录　开放性编码结果

范畴	初始概念	原始语句例证
政府支持	政府支持	T2 政府培训不是阶段性的，是延续性的。 T7 政府也看到这个新的渠道，政府鼓励她们学习然后用起来。 M1、M3 大部分还是鼓励和引导。
外部培训	导游上岗培训	T1 当时就有公司里面专门的人员培训，更多的是一个上岗培训。
	新媒体培训	T9 这种抖音短视频的培训，之前就是在漳州职业技术学院开展的，都可以去参加。
	公司培训管理	M2 村里会很好地将我们整个拉去培训，就可以避免这种野导游出现，把我们集合到一起，然后进行统一规范的培训管理。
女性性别优势	女性性别优势	M2、M3 当初为什么全部都是女性导游，因为导游这个职业需要的特质能发挥女性性别优势，亲切、细心、耐心等。
自主能力提升	自主学习网络媒体使用	短视频平台使用、社交平台使用、在线支付平台使用、电子商务平台使用等（通过问卷统一获取）。
	具备各项综合技能	T2 兼职导游带团采用轮流制。 T8 有时候需要导游们做重要接待，需要掌握不同的接待内容。 了解和掌握当地的旅游信息（通过问卷统一获取）。
收入提升	游客收入	T1 经济收入肯定有改变，我们正常以前那个游客量至少每月有 2000 人，多的时候就更多了。
	线上收入	T11 因为这个我每天都有钱，跳舞都有钱，因为我流量高，然后一个视频就有 30 多元 20 多元这样子，每天我都发，一个视频就是 30 多元 20 多元，然后挂个橱窗，那边多多少少卖一点衣服啥的，反正一个月有的时候 1000 多元。
生活改善	生活水平提升	T5 最直观的感受就是确实收入提高了，对，咱这肯定卖的东西多了，这个生活水平就上来了。
	住房改善	T12 我们现在旅游景点发展比较好一点，有了收入，就在外面建房了。
经济发展	基础设施完善	T5 我们通向村里的这条路搞电子商务，直播都没问题，仙都镇的经济物流这块绝对没有问题，是因为我们茶叶都已经是一个产业链了。
	招商引资	T8 茶都基地，一些企业也会在那直播带货。有一个电商直播平台，它就是整个像茶叶的一个批发零售的集散地，村里种植的毛茶被他们收走再加工包装，然后直播卖货。

续表

范畴	初始概念	原始语句例证
塑造个人形象	个人外形修饰；个人才艺展示	T6 她们身份上感觉有变化，像兼职导游，她们统一服装，看起来也是非常养眼，前年没有新冠疫情的时候搞了一场晚会，她们都多才多艺，能歌善舞，其实我们乡村里面的妇女只是缺少平台而已，你看别人看不出，她们平时都会唱。
	个人生活分享	T4 本身我这边也不是经常在喝茶，对那些爱喝茶的女孩子，然后就是平常喝茶我还把直播打开，我说大家来一起喝茶。
工作和家庭的平衡	导游工作与照顾家庭	T5、T11 也就是在家里边生活会自由，就不用出去外面。农闲的时候就出去导游带团，农忙的时候就先家里忙一下。
助力教育	教育与导游	M3 而且女性导游也给教育方面增添了助力。现在说真的在孩子教育方面还是女性为主，带娃都是她们一个人带。教育什么都是她们。
承担社会责任	保护生态环境	M2 我们景区生态保护得很好，只看那个大的土楼，包括它的设计，里面很精细。边上有一个 1939 年建的小学，很漂亮，1964 年建的人民会场，还有齐家馆。里面有几个粮食仓库，有供销动销站，都要活化利用，老年人也有特色活动区。
人际交往拓展	认识高校师生	T1 我们到漳州去培训，也是学会了很多东西，感谢那些老师、那些机构。
	认识不同游客	T3 我觉得导游工作很好，让我接触不同的人。
见识见闻增长	开阔眼界	T4 再就是能见到更多外面的世界了吧。对，以前只能通过电视，现在通过手机方便了。
心理状态良好	心态积极	T6 我做得非常开心。像我们做这些，觉得接触的客人很多，也比较会爱讲话。不要想那些七七八八，比较开心。 T9 主要就是心态好就好了，真的是不管年龄多大。
	内心满足感	T2 因为我这个人很容易满足，感觉这样的生活就已经很 OK 了。 T8 能兼顾家庭和收入，就像普通乡村妇女，就已经很满足。
文化技能提升	文化素养提升	T4 把我们家乡的文化传播出去。 T6 要先让我们家乡的文化走向世界，让更多的人来了解我们的土楼。
	知识储备积累	T11 文化背景像我们这都是祖祖辈辈传下的，里边还是要摆着，也要很熟悉这里的文化底蕴。
社会性别观念	女性地位提升	M1、M2 现在完全不会有那种女性没有话语权，对，在我们这边完全都是妇女说了算。 M1、M2 我们这边妇女都不只“半边天”了，现在是“三分之二的天”。

续表

范畴	初始概念	原始语句例证
事务决策主导	参与决策制定	M2 人居环境整治百村竞赛活动由女性主导，鼓励村民参与这些环境卫生整治或者志愿服务活动。
获得官方认可	形成良好的口碑	M2 你看以前的“土八路”现在变成“正规军”，一看架子就有对比，是不？才艺都很棒。
	赢得赞誉	T9 跑马拉松还得了奖金。因为我有跳舞，脚比较有力。
对外正面效应	成为宣传典型	T11 经常跳舞比赛，还得了很多奖状，我们特等奖、一等奖啥都有了，我们去表演，还去漳州、华安那边。
互帮互助	带动村民，互帮互助	T1 可以带客人去家里喝喝茶，如果我没有橘子地就带他们去村里摘橘子，我可以介绍一下我们的土特产，我们什么好的，就介绍给客人，客人有需要的话，可以买。 T11 要有自己的事情做，几个人聚在一起，赚多少钱都没关系，主要就是有伴。
	传递好的经验	T1 我如果带的客人哈，不管是哪里，都要服务好，要很亲切，要有诚信。 T12 第一要心态好。第二要健身，你待着都不动对身体也不好。第三就是人要比较阳光。我们有健身的人，不管你多大，就是比较有活力。

家庭支持对乡村女性旅游创业意愿的影响研究*

范向丽 覃海丽 张加梅**

内容摘要:本研究在我国提出乡村振兴的战略背景下,通过对相关文献的回顾和梳理,确定了研究的主题及目的,以乡村女性为主要研究对象,通过定性与定量相结合的研究方法,对创业事件模型、家庭支持、感知希求性、感知可行性、创业意愿以及社会性别观念等概念和理论进行了整理,就变量之间的关系构建了包括以家庭情感性支持、家庭工具性支持为前因变量,感知希求性、感知可行性为中介变量,创业意愿为结果变量,社会性别观念作为调节变量的研究模型。本研究采用了问卷调查的方式进行问卷的发放和回收,并使用了SPSS 24.0、AMOS 22.0软件对数据进行分析,进一步探究了研究模型的内在影响机理。通过理论与实证的研究分析,得出以下研究结论:家庭情感性支持对感知希求性和感知可行性的影响作用更为主要;家庭支持通过感知希求性和感知可行性多种路径共同作用于乡村女性的旅游创业意愿;社会性别观念是影响乡村女性创业意愿的重要调节变量。

关键词:家庭支持;乡村女性;创业意愿;社会性别观念

随着城市化进程的加快,中国乡村的衰退现象愈发明显,如何遏制乡村的衰退成为当下的突出问题。2017年党的十九大报告中指出,必须树立和践行绿水青山就是金山银山的理念,并首次提出了"实施乡村振兴战略",2022年党的二十大报告继续强调"全面推进乡村振兴"。2018年1月,中央一号文件又对乡村振兴战略进行了全面部署,并将乡村旅游作为实现乡村振兴的主要手段,使建设美丽乡村、发展旅游产业成为新农村建设的重要路径。但近些年来,中国农村的"空心化"现象日趋严重,留住人在农村成为乡村振兴战略的实现基点。2017年,中国旅游协会妇女旅游委员会发布了《乡村女性旅游创业问题与对策研究报告》,对乡村女性在旅游创业中发挥的作用给予了肯定。由此可见,女性是乡村的主要群体,留住年轻女性在乡村就业、创业,对于实现乡村振兴有重要的作用,农村女性、乡村旅游是实现乡村振兴的重要人力支撑和产业支撑。

相对于男性,乡村女性的创业活动具有明显不同的特点,也受到更多因素的影响。一方面,由于乡村女性自身受教育背景、性别角色认知等因素的影响,创业的意愿有可能没有男性强烈;另一方面,由于在中国人的传统观念中,女性的主要活动领域是家庭,女性所能获得

* 基金项目:福建省社科基金项目"数字赋能乡村旅游地女性创业研究"(FJ2022B053)的阶段性研究成果,主持人:范向丽。

** 范向丽,女,华侨大学旅游学院副教授,华侨大学女性研究中心副主任;覃海丽,女,梧州学院讲师;张加梅,女,华侨大学旅游学院在读硕士生。

的外部资源，如资金、人脉等也相对缺乏。在一些乡村旅游地却也不乏出色的乡村女性创业者。由此可知，乡村旅游创业是实现乡村振兴的新路径，女性作为乡村旅游创业的主要群体，其创业意愿是创业活动的开始，直接关系到乡村女性的去留，从而对乡村振兴战略的实现产生影响。

一、文献回顾

20 世纪 90 年代中后期开始，乡村旅游模式从国外传入我国。其后，国内外对于乡村旅游的研究不断深入，研究内容主要聚焦于概念与内涵界定、乡村旅游发展的供需矛盾问题[①]、乡村旅游发展模式[②]与特征研究[③]、驱动机制[④]与影响因素研究[⑤]、乡村旅游发展中的社区参与[⑥]及利益相关者研究[⑦]等方面。Getz 和 Carlsen(2000)主要以在农村地区的创业夫妇为研究对象，考察了在乡村旅游的酒店业中由家族和业主经营的企业，以创业或经营家庭等为目标。[⑧] 其研究表明，他们有着在农村生活和工作的强烈动机，生活方式目标及与家庭相关的目标占主导地位。在国外的乡村旅游发展研究中，女性问题是一个非常重要的组成部分。[⑨] 乡村旅游的出现影响了家庭中妻子的能力掌控范围。[⑩] 部分研究表明，妻子实际上占据了乡村旅游发展的中心地位，控制着乡村旅游业的发展[⑪]，但也有研究显示，农村家庭中妻子真正从事旅游业的比例并不高。[⑫]

女性创业对国家的经济增长具有重要影响，在生产性工作、实现性别平等和减少贫困等

① 杜江，向萍.关于乡村旅游可持续发展的思考[J].旅游学刊，1999(1)：15-18.

② 郭焕成，韩非.中国乡村旅游发展综述[J].地理科学进展，2010，29(12)：1597-1605；雷鸣，叶全良.日本乡村旅游发展的路径与启示[J].亚太经济，2008(5)：61-63.

③ 徐清.浙江省乡村旅游产品深度开发的研究[J].浙江农业科学，2009(2)：235-238；吴必虎，黄琢玮，马小萌.中国城市周边乡村旅游地空间结构[J].地理科学，2004(6)：757-763.

④ 朱璇.新乡村经济精英在乡村旅游中的形成和作用机制研究：以虎跳峡徒步路线为例[J].旅游学刊，2012，27(6)：73-78；杨军.中国乡村旅游驱动力因子及其系统优化研究[J].旅游科学，2006(4)：7-11.

⑤ 田卫民，王桀.乡村旅游经济机制设计研究[J].思想战线，2013，39(5)：59-62；黄震方，陆林，苏勤，等.新型城镇化背景下的乡村旅游发展：理论反思与困境突破[J].地理研究，2015，34(8)：1409-1421.

⑥ BRAMWELL B，SHARMAN A. Collaboration in local tourism policy making[J]. Annals of tourism research，1999，26(2)：392-415.

⑦ 李文军，马雪蓉.自然保护地旅游经营权转让中社区获益能力的变化[J].北京大学学报(哲学社会科学版)，2009，46(5)：146-154.

⑧ GETZ D，CARLSEN J. Characteristics and goals of family and owner-operated businesses in the rural tourism and hospitality sectors[J].Tourism management，2000，21(6)：547-560.

⑨ 何景明.国外乡村旅游研究述评[J].旅游学刊，2003(1)：76-80.

⑩ EVANS N J，ILBERY B W. Farm-based accommodation and the restructuring of agriculture：evidence from three english counties[J].Journal of rural studies，1992，8(1)：85-96.

⑪ NILSSON P K. Staying on farms：an ideological background[J].Annals of tourism research，2002，29(1)：7-24.

⑫ GASSON R，WINTER M. Gender relations and farm household pluriactivity[J].Journal of rural studies，1992，8(4)：387-397.

方面发挥着主导作用。① 但有学者认为，在创业领域至今仍然存在性别间的差异②，相较之下，女性表现出更低的创业行为倾向，对于女性创业的相关研究也较为缺乏。③ 且有研究表明，创业意愿作为创业行为的一种有效预测，女性也表现出更低的创业意愿。乡村女性一直是处于边缘的群体，其创业的影响因素包括农村妇女教育水平有限、创业机会识别能力欠缺、社会资本和先前经验少、收入水平低、缺乏旅游专业技能和知识等。④ 此外，罗明忠等(2011)认为农村女性创业者与男性最大的不同点在于，她们更加需要来自家庭成员的支持、理解及鼓励⑤，否则女性创业者将面临较大的角色冲突。

二、研究假设与理论模型

(一)理论模型构建

1. 创业意愿

创业意愿(entrepreneurial intention)指个体拥有的对开始创立一个企业的意图。在创业的研究领域，创业意愿一直被认为是发生创业行为的前提条件，表现了创业主体的主观态度，具有较高创业意愿的个体更有可能产生创业行为。⑥ 1982 年 Shapero 和 Sokol 提出了创业事件理论(theory of the entrepreneurial event)，该理论能够有力解释创业意愿的作用，认为当一个突如其来的事件让个人认为创业活动比其他选择更可取或更可行时，他们决定创建一个公司(发展他们的意图，成为潜在的企业家)。⑦ 在 Shapero 和 Sokol 的模型中，意愿是建立在感知可行性(perceived feasibility)与感知希求性(perceived desirability)两种感知之上的：感知希求性衡量某一特定行为(如成为企业家)对一个人的吸引力程度；感知可行性被定义为对自己执行特定行为(成为企业家)的能力的认知。个人的感知希求性和感知可

---

① HANAN H S E A，SAID H. Measuring the impact of tourism education on empowering women entrepreneurship in Egypt[M].Reading：Academic conferences international limited，2015：175.

② ATKINSON C，NETANA C，PICKERNELL D，DANN Z. Being taken seriously-shaping the pathways taken by Welsh female entrepreneurs[J]. Small enterprise research，2017；KOELLINGER P，MINNITI M，SCHADE C. Gender differences in entrepreneurial propensity[J].Oxford bulletin of economics and stats，2013，75(2).

③ GUTIÉRREZ P R，FERNÁNDEZ G A M，ROLDÁN L S. Entrepreneurship in higher education in tourism，gender issue? [J]. Electronic journal of research in educational psychology，2016，14(1)：45-66；OBSCHONKA M，SCHMITT-RODERMUND E，TERRACCIANO A. Personality and the gender gap in self-employment：a multi-nation study[J].PLoS ONE，2014.

④ 徐红罡，唐周媛.旅游发展背景下民族手工艺企业家创业过程研究[J].西南民族大学学报(人文社会科学版)，2014，35(9)：124-129；杨学儒，杨萍.乡村旅游创业机会识别实证研究[J].旅游学刊，2017，32(2)：89-103.

⑤ 罗明忠，邹佳瑜.影响农民创业因素的研究述评[J].经济学动态，2011(8)：133-136.

⑥ GARTNER W B，SHAVER K G，GATEWOOD E，KATZ，J A. Finding the entrepreneur in entrepreneurship[J]. Entrepreneurship theory & practice，1994，18(3)：5-10.

⑦ ULHØI J P. The social dimensions of entrepreneurship[J].Technovation，2005，25(8)：939-946.

行性受到外部环境的影响，比如社会和文化环境等。希求性认知不仅取决于创业者个人的价值体系，也取决于当时的社会体系。可行性认知取决于当时创业者所拥有的社会资本比如创业资金的支持及创业合伙人的支持等。Krueger 等（2000）的研究指出，创业事件模型能有效解释实际的创业意愿，并且在统计学上该模型也更加合理。[①] 一些学者在进行研究的过程中，对 Shapero 和 Sokol 提出的模型进行了改良。Krueger 和 Brazeal（1994）在创业事件理论的基础上，加入了“可信度”这一变量，并且认为，感知希求性和感知可行性均通过“可信度”对创业意愿产生影响。[②] Fitzsimmons 和 Douglas（2011）的研究中指出，感知希求性和感知可行性及其交互作用均会对创业意愿产生影响。[③] Schlaegel 和 Koenig（2013）把创业事件理论和计划行为理论进行了整合，在该研究中，认为态度、主观规范、创业自我效能及知觉行为控制会通过感知希求性影响创业意愿，另外创业自我效能和知觉行为控制会通过感知可行性影响创业意愿。[④] 绝大部分学者在研究创业事件理论时都考虑到感知希求性和感知可行性这两个变量对于创业意愿的影响，本研究在基于创业事件理论构建理论模型时也重点关注感知希求性和感知可行性这两个变量。

2. 家庭支持

家庭一直都被作为影响创业意愿的重要因素之一。家庭与事业之间的冲突可能会对企业家是否继续经营企业产生影响。Dan 等（2016）认为企业家可能会为了他们的事业而缩短他们的家庭生活，或者为了他们的家庭而改变他们的商业参与。[⑤] 在 Henderson 和 Robertson（2000）的研究中，家庭是影响个体职业选择的第二大因素，仅次于个人经历。创业者的家人和朋友经常被认为给创业者提供了资金的支持与角色榜样，因此他们对个人的职业选择具有重要的影响。[⑥] Pruett 和他的同事们对美国、西班牙和中国的大学生进行了一项研究，将社会、文化和心理因素作为创业意愿的预测因素，研究发现心理因素的强烈影响，同时也强调家庭支持和创业意愿之间的相关性。[⑦] Turker 等（2009）建立了创业支持模型（entrepreneurial support model，ESM），在该模型中，创业意愿受到教育、关系、结构性支持三个因素的影响。在其研究中，关系支持主要表现为家人和朋友的情感支持与金钱支持。

---

① KRUEGER JR N F, REILLY M D, CARSRUD A L. Competing models of entrepreneurial intentions[J]. Journal of business venturing, 2000, 15(5-6): 411-432.

② SCHLAEGEL C, KOENIG M. Determinants of entrepreneurial intent: A meta-analytic test and integration of competing models[J]. Entrepreneurship: Theory and practice, 2013, 38(2): 291-332.

③ FITZSIMMONS J R, DOUGLAS E J. Interaction between feasibility and desirability in the formation of entrepreneurial intentions[J]. Journal of business venturing, 2011, 26(4): 431-440.

④ SCHLAEGEL C, KOENIG M. Determinants of entrepreneurial intent: a meta-analytic test and integration of competing models[J]. Entrepreneurship: theory and practice, 2013, 38(2): 291-332.

⑤ HSU D K, WIKLUND J, ANDERSON S E, COFFEY B S. Entrepreneurial exit intentions and the business-family interface[J]. Journal of business venturing, 2016, 31(6): 613-627.

⑥ AMBAD S N A, DAMIT D H D A. Determinants of entrepreneurial intention among undergraduate students in Malaysia[J]. Procedia economics & finance, 2016, 37: 108-114.

⑦ PRUETT M, SHINNAR R, TONEY B, LLOPIS F, FOX J. Explaining entrepreneurial intentions of university students: a cross-cultural study [J]. International journal of entrepreneurial behavior & research, 2009, 15(6): 571-594.

对这种支持的感知会鼓励个体选择创业，同时对其创业意愿带来影响。① 家庭支持作为一种来自非工作领域的社会支持形式，一般包括情感性支持和工具性支持。家庭情感性支持主要指家庭成员对其表现出鼓励、理解、关心、正面的关注以及在解决问题方面提供的引导等态度和行为。家庭工具性支持指其他家庭成员分担家庭任务的意愿等减轻个体家庭责任和义务的态度和行为，从而使个体可以适应自己工作的需求。

3. 社会性别观念

美国女性主义史学理论家琼·斯科特于1988年提出，社会性别是权力关系的一种代表形式，是文化、经济、社会共同作用下的产物。② 90年代以来，社会性别理论强调把性别维度与政治、民族、家庭等因素进行交叉考察与分析，注重人们身份的多重性与差异性。在社会性别从作为分析工具的概念到理论化的推进过程中，社会性别理论得到不断充实。社会性别理论强调将人的多重身份结合起来做综合分析，关注社会文化塑造的两性关系。③ 尤其是不同场域下两性关系的变化过程、经济活动中的性别分工、性别秩序以及对于自身性别角色的认识等内容。家庭作为一个重要的场域，是与女性密切联系的。在家庭场域下，男性与女性之间的角色具有明显的性别差异色彩，这是在不同时代下社会文化不断演变，性别观念不断变化的结果。以"男主外，女主内"为主要特征的传统社会性别观念在很长一段时间里，主导着大众的思想。而基于社会性别的概念及理论可知：第一，社会性别是由社会文化建构的，也就是说，随着社会性别文化的变革，由社会性别制度等导致的各种问题可能发生改变，如性别不平等；第二，社会性别观念是能动的、可改变的；第三，社会性别观念所具有的由社会建构、可变化等本质特点使通过外部环境及手段促进社会性别观念的变革与解放成为可能，探索社会性别观念的影响因素及影响关系，可以为解决与社会性别观念相关的问题提供思路。

因此，本文以创业事件理论、社会性别理论为依据，把家庭支持引入模型中，并以社会性别观念作为调节变量，对乡村女性旅游创业意愿的影响因素及机制进行分析和探讨。

综上所述，本研究基于创业事件模型，融合社会性别分析工具，构建了包含家庭情感性支持、家庭工具性支持、感知希求性、感知可行性、创业意愿以及社会性别观念等构念的理论研究模型，具体如图1所示。

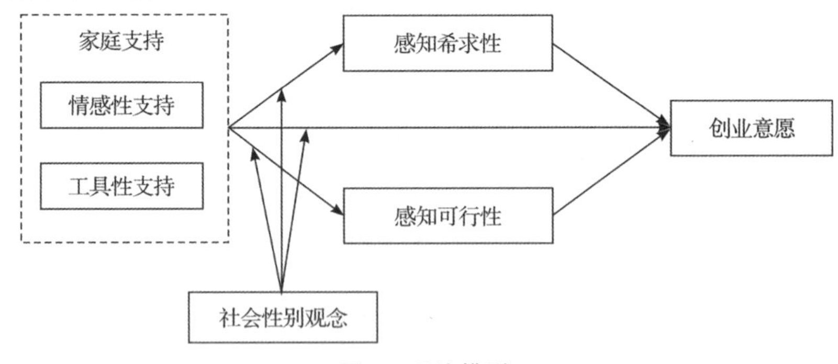

图1　理论模型

① TURKER D, SONMEZ SELCUK S. Which factors affect entrepreneurial intention of university students? [J]. Journal of European industrial training, 2009, 33(2): 142-159.

② 鲍晓兰.西方女性主义研究评介[M].北京：生活·读书·新知三联书店，1995:11.

③ 林小芳.社会性别理论与中国妇女史研究[J].赣南师范学院学报，2006(2):73-76.

(二)研究假设

1. 家庭支持正向影响乡村女性旅游创业意愿

农村女性创业由于其“农村”及“女性”的身份显现出特殊性。首先,中国是一个传统的关系型社会,与城市地区相比,农村社会家庭化程度往往更高,宗族等传统观念和乡土文化浓厚,因而家庭对创业者的情感支持更为重要,可以为创业者提供强大的精神支持,促使其产生创业的意愿,进行创业活动。[①] 其次,农村女性创业往往更需要家庭的经济支持。身居农村的区域约束使农村女性的收入来源以务农为主,易受自然条件影响,具有不稳定性。农村女性的身份对其创业意愿具有一定的影响,中国农村“重男轻女”的思想较为严重,不支持女性抛头露面。且有学者研究表明,女性在创业中会面临不同程度的性别歧视。女性被认为具有较低的风险承担能力、体力、人力资本和社会资本,因此,女性往往被认为不适合创业而得不到支持。[②] 董静和赵策(2019)以中国“千村调查”所得 4531 个农民创业者样本为基础,从家庭经济支持和情感支持出发,研究家庭支持对农民创业者的影响,研究结果表明,家庭的经济支持和家庭情感支持均对农民创业产生影响,家庭经济支持是农民创业初期的重要财务支撑。[③] 由于农村地区金融约束程度较高,农民创业更加依赖非正式融资渠道,家人则是该渠道中的核心组成部分。学者蒋剑勇和郭红东(2012)的研究指出,认识的人中成功创业的经验会对农民的创业意愿产生积极的正向的影响,农民所感知到的社会关系能提升其对于创业的信心,进而提升创业意愿。[④] 在俞旭等(2017)的研究中显示,家庭支持强度与子女创业意向显著正相关。这表明家庭支持对于被调查者的创业意向具有一定的积极作用。[⑤] Carr 等(2007)的研究也表明了感知到的家庭支持作用于创业意愿。[⑥]

从文献中可看出,家庭支持不仅体现在经济资金上,还包括了情感、关系资源等内容,这对农村女性的创业意愿具有重要的影响。因此,得出如下假设:

H1a:家庭情感性支持正向影响乡村女性旅游创业意愿。

H1b:家庭工具性支持正向影响乡村女性旅游创业意愿。

2. 感知希求性与感知可行性的中介作用

关于家庭支持对感知希求性和感知可行性的影响,很多学者进行了论证。Krueger(1993)的研究结果显示,家庭成员之间积极的创业经验分享对于被调查者的感知希求性有

---

① 董静,赵策.家庭支持对农民创业动机的影响研究:兼论人缘关系的替代作用[J].中国人口科学,2019(1):61-75.

② 居凌云,梅强.女性创业的现状与需求分析[J].软科学,2014,28(4):78-82.

③ 董静,赵策.家庭支持对农民创业动机的影响研究:兼论人缘关系的替代作用[J].中国人口科学,2019(1):61-75.

④ 蒋剑勇,郭红东.创业氛围、社会网络和农民创业意向[J].中国农村观察,2012(2):20-27.

⑤ 俞旭,周必彧,李明洙.家庭环境对大学生创业学习效果的影响研究[J].浙江工业大学学报(社会科学版),2017,16(1):108-112.

⑥ CARR J C, SEQUEIRA J M. Prior family business exposure as intergenerational influence and entrepreneurial intent: a theory of planned behavior approach[J].Journal of business research,2007,60(10):1090-1098.

显著影响。[①] Edelman 等(2016)和 Jaskiewicz 等(2015)的研究也表明,具有凝聚力的家庭可以成为家庭成员情感支持的来源,而在有凝聚力的家庭中进行创业经验、信息等交流分享活动,可以促进不同领域经验的积累,对个体的感知希求性产生影响,从而影响其创业意愿。[②] Drennan 等(2005)的研究显示,父母创业对于孩子的感知希求性有显著的影响,孩子感知到积极或者消极的创业经验对其感知希求性和感知可行性均会有显著的影响。Liñán 和 Santos(2007)的研究结果显示,家庭当中存在创业者对于感知希求性有显著的影响,经历过创业环境对于感知可行性有显著的影响。[③] 家人的支持为创业者提供自主选择的空间,给予其主动作为的自由,认可他们的创业观点,从而可以促进他们创业的激情。[④] 而当缺乏家庭的鼓励、理解和关注等情感支持时,创业者的创业满意度降低、生活压力加大,以至于他们难以发自内心地认同创业活动的价值。[⑤] 陶雅等(2018)的研究表明了,家人表现出的对创业者的理解、安慰和关爱,以及对创业者所从事创业项目的兴趣,表达了他们对创业者的关系性支持。在这种支持下,家人的鼓励和积极的反馈,可提升创业者实现创业目标的信心。[⑥] 因此,得出如下假设:

H2a:家庭情感性支持正向影响乡村女性旅游创业感知希求性。

H2b:家庭情感性支持正向影响乡村女性旅游创业感知可行性。

H2c:家庭工具性支持正向影响乡村女性旅游创业感知希求性。

H2d:家庭工具性支持正向影响乡村女性旅游创业感知可行性。

通过过往的研究可以看出,感知希求性和感知可行性的中介作用并不是简单的,在不同的条件下,其作用也不同。家庭提供的在情感以及工具性上的支持,可为农村女性创业提供帮助,一方面,家庭支持中关于创业信息、经验等部分可以丰富农村女性的创业理论知识,为其建立创业意识、激发成就动机,让女性对于创业更加渴望;另一方面,家庭支持中关于资金、人际关系资源的部分可以增加农村女性创业的信心,使其感知到更强的可行性。而对于创业的渴求和对于创业的信心,又能够激发女性的创业意愿。家庭支持的程度越大,越能诱发其对于创业的渴望、成就需要以及创业信心,从而产生更强烈的创业意愿。因此,得出如

---

① KRUEGER N. The impact of prior entrepreneurial exposure on perceptions of new venture feasibility and desirability[J].Entrepreneurship theory and practice,1993(18):5-21.

② EDELMAN L F, MANOLOVA T S, SHIROKOVA G, TSUKANOVA T. Student entrepreneurship in emerging markets: can family help overcome the institutional voids? [J].Academy of management annual meeting proceedings,2016,2(1):11966. JASKIEWICZ P,COMBS J G,RAU S B. Entrepreneurial legacy: toward a theory of how some family firms nurture transgenerational entrepreneurship[J].Journal of business venturing,2015,30(1):29-49.

③ LIÑÁN F,SANTOS F J. Does social capital affect entrepreneurial intentions? [J].International advances in economic research,2007,13(4):443-453.

④ ROCCHI M, PELLETIER L, CHEUNG S, BAXTER D, BEAUDRY S. Assessing need-supportive and need-thwarting interpersonal behaviours: the interpersonal behaviours questionnaire (IBQ) [J].Personality & individual differences,2017.

⑤ BEUTELL S P A Y. Work and family variables, entrepreneurial career success, and psychological well-being[J].Journal of vocational behavior,1996,48(3):275-300.

⑥ 陶雅,李燕萍.家庭嵌入视角下创业激情形成机理的跨域研究[J].管理学报,2018,15(12):1810-1818.

下假设：

H3a：感知希求性在家庭情感性支持与乡村女性旅游创业意愿之间起中介作用。

H3b：感知可行性在家庭情感性支持与乡村女性旅游创业意愿之间起中介作用。

H3c：感知希求性在家庭工具性支持与乡村女性旅游创业意愿之间起中介作用。

H3d：感知可行性在家庭工具性支持与乡村女性旅游创业意愿之间起中介作用。

3. 社会性别观念的调节作用

社会性别观念被社会学家用来描述在一个特定的社会中，由社会文化环境影响而形成的两性的角色、社会责任、活动分工等群体特征，指人们对两性社会性别存在的具体观点和看法。从传统社会和现代社会两个维度观察，可将社会性别观念分为两大类：一是遵循父权文化而建构的传统的社会性别观念，其核心观点主要体现为“男尊女卑”，认为男人是坚强、独立、冒险、理性的代名词，女人就该温柔、体贴、脆弱、感性，工作养家是男人的责任，操持家务则是女人的天职；二是随着现代化进程的推进而形成的现代社会性别观念，其核心观点是“男女平等”。

社会文化传统对女性的角色定位仍存在一定的刻板印象，倾向于将女性角色定位于家庭而非职场，特别是中国的传统文化一直存在“男主外，女主内”的主观印象。① Aldrich 和 Cliff(2003)认为家庭为创业提供了很多得天独厚的资源，应把家庭嵌入女性创业的整个过程中进行研究。② 家庭支持意味着家庭的角色分担、精神以及资金等的支持，当女性的社会性别观念越传统，越表现为服从于男性的刻板印象，即认为女性应该在家照顾孩子、完成家务活等。此时，家庭支持对女性的创业意愿的产生表现其重要的作用，家庭支持的程度不同，创业对女性的吸引力和自我创业的信心也会有所不同，即感知希求性与可行性会随之改变。社会性别观念越传统的女性，感知希求性和感知可行性越受到家庭支持的影响。反之亦然。由此，得出如下假设：

H4a：社会性别观念在家庭情感性支持与感知希求性之间起调节作用。即社会性别观念越传统，家庭情感性支持与感知希求性之间的作用越得到加强。

H4b：社会性别观念在家庭情感性支持与感知可行性之间起调节作用。即社会性别观念越传统，家庭情感性支持与感知可行性之间的作用越得到加强。

H4c：社会性别观念在家庭工具性支持与感知希求性之间起调节作用。即社会性别观念越传统，家庭工具性支持与感知希求性之间的作用越得到加强。

H4d：社会性别观念在家庭工具性支持与感知可行性之间起调节作用。即社会性别观念越传统，家庭工具性支持与感知可行性之间的作用越得到加强。

① 傅颖，王重鸣.女性继任家族企业研究回顾与展望[J].妇女研究论丛，2014(2)：119-125.

② ALDRICH H E，CLIFF J E. The pervasive effects of family on entrepreneurship：toward a family embeddedness perspective[J].Journal of business venturing，2003，18.

三、实证分析

(一)研究工具及变量测量

本研究把在创业中来自家庭的工具性支持分为资金以及社会资本两个部分内容,主要参考了 Edelman 等①研究中的量表。家庭支持中的情感性支持则主要参考了李永鑫等(2009)②的研究。在借鉴了 King 等(1995)③的研究结果基础上,开发编制了在中国情境下的工作—家庭支持量表。

表 1 家庭支持量表

变量	测量题项	主要来源
情感性支持	EFS1 对于我在创业上遇到的问题,家人会提供不同的意见和看法	李永鑫,赵娜.工作—家庭支持的结构与测量及其调节作用[J].心理学报,2009,41(9):863-874.
	EFS2 当我在创业上有烦恼时,家人会理解我的心情	
	EFS3 当我在创业上出现困难时,家人会和我一起分担	
	EFS4 当我感到创业很劳累时,家人会鼓励我	
	EFS5 当我在创业上遇到问题时,我会跟家人说	
	EFS6 当我在创业上出现问题时,家人会安慰我	
工具性支持	IFS1 如果我创业,我的父母/家庭会借钱给我	EDELMAN L F, et al. The impact of family support on young entrepreneurs' start-up activities[J]. Journal of business venturing,2016,31(4):428-448.
	IFS2 如果我创业,我的父母/家庭会入股投资	
	IFS3 如果我创业,我的父母/家庭能为我提供良好的、灵活的资金	
	IFS4 如果我创业,我的父母/家庭可帮助我接触到可能为我创业提供帮助的人	
	IFS5 如果我创业,我的父母/家人会向我介绍商业网络,提供给我潜在的商业伙伴或客户的联系方式	

① EDELMAN L F, MANOLOVA T, SHIROKOVA G, TSUKANOVA T. The impact of family support on young entrepreneurs' start-up activities[J].Journal of business venturing,2016,31(4):428-448. 蒋维君.基于创业事件理论的角色榜样对女性创业意愿影响机制研究[D].哈尔滨:哈尔滨工业大学,2017:78.

② 李永鑫,赵娜.工作—家庭支持的结构与测量及其调节作用[J].心理学报,2009,41(9):863-874.

③ KING L A,MATTIMORE L K,ADAMS K G A. Family support inventory for workers: a new measure of perceived social support from family members[J].Journal of organizational behavior,1995,16(3):235-258.

感知希求性与感知可行性的测量主要参考了 Krueger(1993)①的研究，具体测量题项如表 2 所示。

表 2 感知希求性和感知可行性量表

变量	测量题项	主要来源
感知希求性	PD1 我喜欢创业	KRUEGER N. The impact of prior entrepreneurial exposure on perceptions of new venture feasibility and desirability[J]. Entrepreneurship theory and practice, 1993, 18(1): 5-21.
	PD2 创业会让我感到精神紧张	
	PD3 我会对创业充满热情	
感知可行性	PF1 我认为创业会很困难	
	PF2 我认为我创业会成功	
	PF3 我感觉创业会很辛苦	
	PF4 我对创业有足够的了解	
	PF5 我对创业有信心	

创业意愿的测量主要参考 Liñán 等②的研究，Liñán 在其研究中指出，考虑到以往的学者也普遍存在用单项问题来测量创业意愿的情况，即直接通过询问被调查者是否准备创业来测量创业意愿。因此，在所设的七个题项中，其中有一个是直接回答是否有创业意愿的题项。但作者也指出，此问题主要是用于比较，而不是用来验证问卷。鉴于此，本研究的问卷去掉该题项，通过其余的六个题项对创业意愿进行测量。具体测量题项如表 3 所示。

表 3 创业意愿量表

变量	测量题项	主要来源
创业意愿	EI1 我的职业发展目标是成为企业家	LIÑÁN F, CHEN Y W. Testing the entrepreneurial intention model on a two-country sample[J]. Working paper, 2006,6(7).
	EI2 我会尽一切努力创办自己的企业	
	EI3 我认真考虑过有关创业的事情	
	EI4 我在未来会自己进行创业	
	EI5 我已经做好了成为创业者的所有准备	
	EI6 我坚信自己将来一定会创办企业	

本研究参考其他学者的研究③，具体测量题项如表 4 所示。

① KRUEGER N. The impact of prior entrepreneurial exposure on perceptions of new venture feasibility and desirability[J].Entrepreneurship theory and practice,1993,18(1):5-21.

② LIÑÁN F, CHEN Y W. Testing the entrepreneurial intention model on a two-country sample[J]. Working paper,2006,6(7).

③ 赵继伦，任曦玉.人口流动对农村女性社会性别观的影响[J].人口学刊,2014,36(5):72-79.

表 4　社会性别观念量表

变量	测量题项	主要来源
社会性别观念	XBGN1 女人的能力不比男人差	赵继伦，任曦玉.人口流动对农村女性社会性别观的影响[J].人口学刊，2014，36(5)：72-79.
	XBGN2 在领导岗位上男女比例应大致相等	
	XBGN3 男人也应该主动承担家务劳动	
	XBGN4 丈夫的发展比妻子的发展更重要	
	XBGN5 干得好不如嫁得好	
	XBGN6 男人应该以社会为主，女人应该以家庭为主	
	XBGN7 挣钱养家主要是男人的事情	

(二)数据来源与样本情况

本研究的正式调研时间为 2019 年 7 月 1 日到 11 月 1 日。采用便利抽样的方法进行问卷发放，调研对象为居住在乡村旅游地的潜在创业女性，问卷发放地点选择具有代表性的乡村旅游地，如桂林阳朔十里画廊景区周边村落、龙胜龙脊梯田景区周边村寨、桂林大圩古镇周边村庄以及泉州惠安大岞村、潮乐村和泉州樟脚村等村庄。共发放问卷 450 份，其中有效问卷 408 份，有效回收率为 90.67%。样本的人口统计变量情况如表 5 所示，主要包括了年龄、职业、婚姻状况、收入水平、教育水平。

表 5　样本人口统计变量情况

变量	类别	频率	百分比(%)	变量	类别	频率	百分比(%)
年龄	≤18 岁	37	9.1	婚姻状况	已婚已育	222	54.4
	19～24 岁	78	19.1		已婚未育	55	13.5
	25～34 岁	105	25.7		未婚	121	29.7
	35～44 岁	143	35.0		离异	4	1.0
	45～54 岁	36	8.8		其他	6	1.5
	55～64 岁	8	2.0	收入水平	≤2500 元	187	45.8
	≥65 岁	1	0.2		2501～5000 元	153	37.5
职业	公职人员	21	5.1		5001～10000 元	52	12.7
	专业技术人员	20	4.9		10001～20000 元	11	2.7
	商业、服务业人员	126	30.9		≥20001 元	5	1.2
	教师	22	5.4	教育水平	初中及以下	131	32.1
	军人	3	0.7		高中或中专	111	27.2
	学生	96	23.5		专科	87	21.3
	农民	17	4.2		本科	69	16.9
	渔民	8	2.0		硕士及以上	10	2.5
	其他	95	23.3				

(三)假设检验

运用 AMOS 24.0 绘制建立模型并进行数据的检验。首先,要对初始模型的拟合度进行验证。当渐进残差均方和平方根 RMSEA 小于 0.08 可接受,小于 0.05 良好;CMIN 越小越好;SMRM 小于 0.5 较好;GFI、NFI、RFI、IFI、TLI、CFI 的值一般大于 0.9 时,模型的拟合度较好。由表 6 可知,修正后的模型 SRMR 值为 0.0439,小于 0.5;RMSEA 值为 0.070,小于 0.08,良好;GFI、NFI、RFI、IFI、TLI、CFI 的值均大于 0.9,说明修正后的模型具有较好的拟合度。本研究构建的模型如图 2 所示。

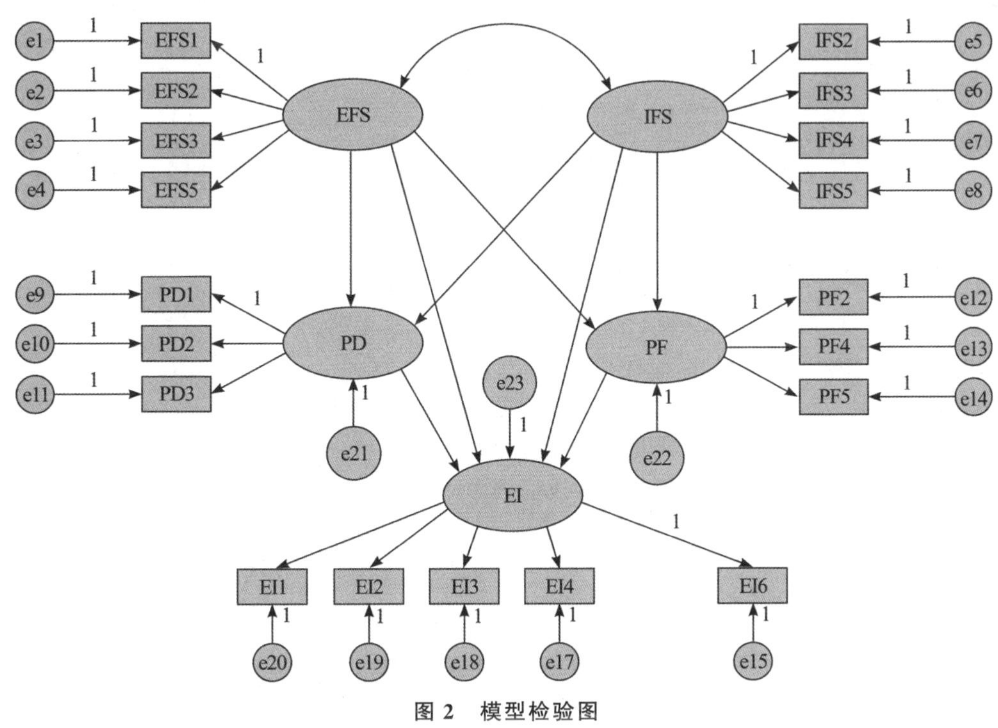

图 2 模型检验图

表 6 整体模型拟合指标结果

拟合指数	χ^2/df	GFI	NFI	RFI	IFI	TLI	CFI	SRMR	RMSEA
初始模型	5.099	.852	.879	.855	.900	.880	.900	.0917	.100
修正模型	2.967	.903	.931	.916	.953	.942	.953	.0439	.070
建议标准	[1,5]	>0.9	>0.9	>0.9	>0.9	>0.9	>0.9	<0.05	>0.08

(四)假设验证

1. 家庭支持与感知希求性、感知可行性、创业意愿的相关假设验证

通过 AMOS 24.0 对数据进行路径分析发现,家庭情感性支持对感知希求性有影响,p 值小于 0.001,因此假设 H2a 成立;家庭工具性支持对感知可行性影响显著,p 值小于 0.001,因此假设 H2d 成立;家庭情感性支持对感知可行性有影响,p 值小于 0.001,因此假

设 H2b 成立；家庭工具性支持对感知希求性影响显著，p 值小于 0.001，因此假设 H2c 成立；p 值小于 0.001，感知希求性对创业意愿有影响；p 值小于 0.001，感知可行性对创业意愿有影响；以上的 t 值均为正值，说明影响均为正向影响。

表 7　家庭支持与感知希求性、感知可行性、创业意愿的相关假设验证情况

研究路径	路径系数 β	S.E.	t	p
家庭情感性支持→感知希求性	0.462	0.092	5.029	***
家庭工具性支持→感知可行性	0.252	0.059	4.303	***
家庭情感性支持→感知可行性	0.433	0.081	5.377	***
家庭工具性支持→感知希求性	0.392	0.069	5.663	***
感知希求性→创业意愿	0.485	0.087	5.58	***
感知可行性→创业意愿	0.755	0.109	6.933	***

2. 中介效应相关检验

要检验感知希求性与感知可行性在家庭支持与创业意愿之间的中介作用，首先要检验家庭支持的两个维度：情感性支持、工具性支持对创业意愿是否存在直接影响，即主效应是否存在。如表 8 所示，显著性 p 值小于 0.05，上下限不包含 0，说明假设 H1a、假设 H1b 成立。家庭工具性支持的标准化系数为 0.4，家庭情感性支持的标准化系数为 0.222，标准化系数值越大，说明该自变量对因变量的影响越大。

表 8　主效应回归结果情况

DV	IV	B	S.E.	β	t	p	95%CI	VIF	R^2
EI	（常量）	1.120	.277		4.047	.000	[0.576－1.664]		.310
	EFS	.289	.065	.222	4.435	.000	[0.161－0.418]	1.475	
	IFS	.428	.054	.400	7.979	.000	[0.322－0.533]	1.475	

为了验证感知希求性与感知可行性在家庭支持与创业意愿之间是否存在中介作用，本研究通过 SPSS 23.0 中的 PROCESS 插件中的 model4 进行中介效应的检验。当置信区间的上限与下限之间不包含 0 时，说明 p 值小于 0.05，显著，反之，则不显著。结果如表 9 所示，家庭情感性支持对创业意愿的总效应为 0.289，直接效应置信区间上限和下限之间包含 0，p 值大于 0.05，不显著，说明感知希求性与感知可行性在家庭情感性支持与创业意愿之间存在完全中介效应，假设 H3a、假设 H3b 成立。家庭工具性支持对创业意愿的总效应为 0.428，直接效应置信区间上限和下限之间不包含 0，p 值为小于 0.05，显著，说明感知希求性与感知可行性在家庭工具性支持与创业意愿之间存在部分中介效应，感知希求性与感知可行性的路径系数 β 分别为 0.114、0.207，假设 H3c、假设 H3d 成立。

3. 社会性别观念的调节作用检验

通过 SPSS 23.0 中的 PROCESS 插件中的 model1 对社会性别观念的调节作用进行检验。结果如表 10 所示，在社会性别观念的调节作用检验中，置信区间上限和下限之间不包含 0，p 值均小于 0.05，说明社会性别观念在家庭情感支持分别与感知希求性、感知可行性、创业意愿之间的影响关系中起正向调节作用，假设 H4a、假设 H4b、假设 H5a 成立；社会性别观念在家庭工具性支持与感知希求性、感知可行性、创业意愿之间的影响关系中也起正向调节作用，假设 H4c、假设 H4d、假设 H5b 成立。

表 9 感知希求性与感知可行性的中介作用检验

路径		β	S.E.	t	p	95%CI
EFS→EI	Total effect	0.289	0.065	4.435	0.000	[0.161—0.418]
	Direct effect	0.004	0.045	0.087	0.931	[−0.084—0.092]
	PD	0.120	0.032			[0.066—0.189]
	PF	0.165	0.043			[0.085—0.254]
IFS→EI	Total effect	0.428	0.054	7.979	0.000	[0.322—0.533]
	Direct effect	0.107	0.038	2.838	0.005	[0.033—0.181]
	PD	0.114	0.027			[0.069—0.177]
	PF	0.207	0.046			[0.122—0.302]

表 10 社会性别观念的调节作用检验

路径	交互项	β	S.E.	t	p
EFS→PD	XBGN * EFS	0.098	0.028	3.502	0.001
EFS→PF	XBGN * EFS	0.104	0.029	3.581	0.000
EFS→EI	XBGN * EFS	0.069	0.033	2.054	0.041
IFS→PD	XBGN * IFS	0.121	0.022	5.465	0.000
IFS→PF	XBGN * IFS	0.132	0.030	4.486	0.000
IFS→EI	XBGN * IFS	0.070	0.027	2.611	0.009

由图 3 可知，当社会性别观念处于低水平时，家庭情感性支持和感知希求性的拟合曲线较为平缓，而当社会性别观念处于高水平时，家庭情感性支持和感知希求性的拟合曲线较为陡峭，说明当乡村女性具有现代的社会性别观念，思想观念较为开放时，家庭情感性支持对

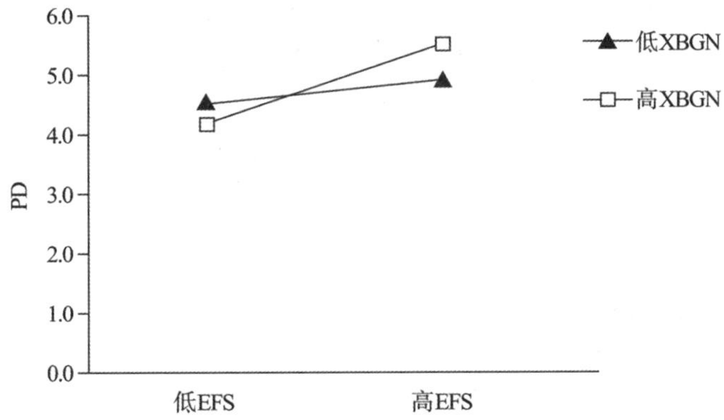

图 3 社会性别观念对家庭情感性支持与感知希求性关系的调节效应图

其感知希求性的影响不明显，反之亦然。由此可知，社会性别观念在家庭情感性支持对感知希求性的正向影响中有一定的调节效应，即具有越传统的社会性别观念，就越能增强家庭情感性支持对感知希求性的正向影响。

由图 4 可知，当社会性别观念处于低水平时，家庭情感性支持和感知可行性的拟合曲线较为平缓，而当社会性别观念处于高水平时，家庭情感性支持和感知可行性的拟合曲线较为陡峭，说明当乡村女性具有传统的社会性别观念，思想观念较为保守时，家庭情感性支持对其感知可行性的影响越明显，反之亦然。由此可知，社会性别观念在家庭情感性支持对感知可行性的正向影响中有一定的调节效应，即具有越传统的社会性别观念，就越能增强家庭情感性支持对感知可行性的正向影响。

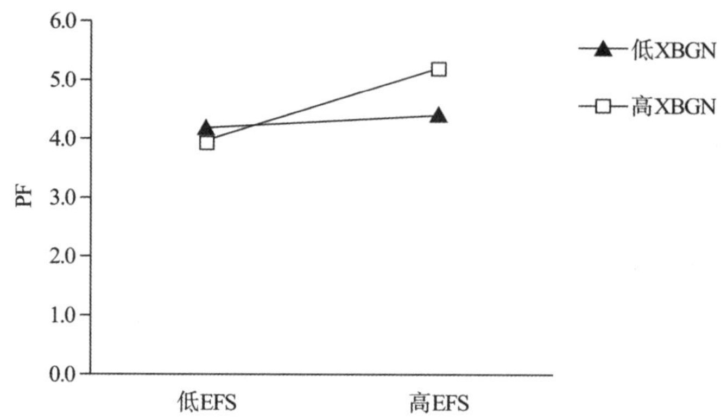

图 4　社会性别观念对家庭情感性支持与感知可行性关系的调节效应图

由图 5 可知，当社会性别观念处于低水平时，家庭情感性支持和创业意愿的拟合曲线较为平缓，而当社会性别观念处于高水平时，家庭情感性支持和创业意愿的拟合曲线较为陡峭，说明当乡村女性的社会性别观念较为传统，思想观念越保守，家庭情感性支持对其创业意愿的影响越明显，反之亦然。由此可知，社会性别观念在家庭情感性支持对创业意愿的正向影响中有一定的调节效应，即具有越传统的社会性别观念，就越能增强家庭情感性支持对创业意愿的正向影响。

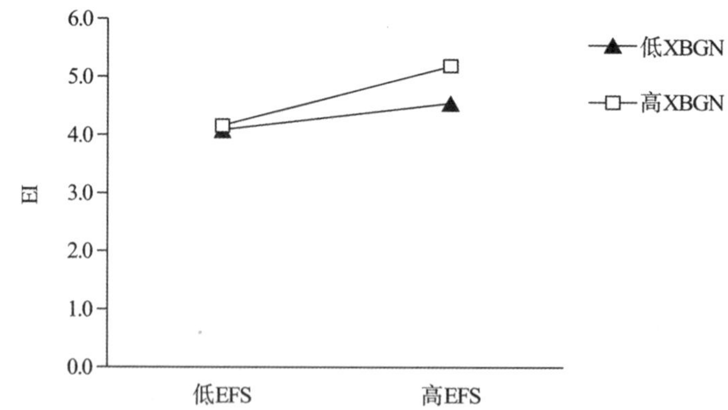

图 5　社会性别观念对家庭情感性支持与创业意愿关系的调节效应图

由图 6 可知，当社会性别观念处于低水平时，家庭工具性支持和感知希求性的拟合曲线较为平缓，而当社会性别观念处于高水平时，家庭工具性支持和感知希求性的拟合曲线较为陡峭，说明当乡村女性的社会性别观念较为传统、思想观念较为保守时，家庭工具性支持对其感知希求性的影响越明显，反之亦然。由此可知，社会性别观念在家庭工具性支持对感知希求性的正向影响中有一定的调节效应，即具有越传统的社会性别观念，就越能增强家庭工具性支持对感知希求性的正向影响。

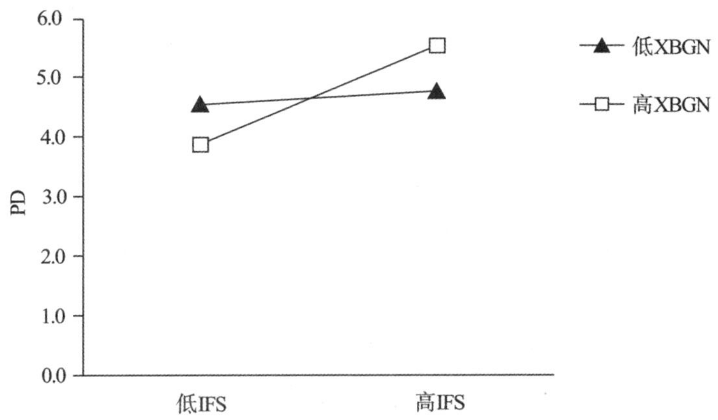

图 6　社会性别观念对家庭工具性支持与感知希求性关系的调节效应图

四、研究结论与讨论

结合表 11 可知，本研究主要得出以下几方面结论：

表 11　研究假设检验结果

路径		结果
主效应	家庭情感性支持→创业意愿	H1a 成立
	家庭工具性支持→创业意愿	H1b 成立
	家庭情感性支持→感知希求性	H2a 成立
	家庭情感性支持→感知可行性	H2b 成立
	家庭工具性支持→感知希求性	H2c 成立
	家庭工具性支持→感知可行性	H2d 成立
中介效应	家庭情感性支持→感知希求性→创业意愿	H3a 成立，完全中介
	家庭情感性支持→感知可行性→创业意愿	H3b 成立，完全中介
	家庭工具性支持→感知希求性→创业意愿	H3c 成立，部分中介
	家庭工具性支持→感知可行性→创业意愿	H3d 成立，部分中介
调节效应	家庭情感性支持→感知希求性	H4a 成立
	家庭情感性支持→感知可行性	H4b 成立
	家庭工具性支持→感知希求性	H4c 成立
	家庭工具性支持→感知可行性	H4d 成立
	家庭情感性支持→创业意愿	H5a 成立
	家庭工具性支持→创业意愿	H5b 成立

(一)家庭情感性支持对感知希求性和感知可行性的影响作用更为主要

在乡村女性旅游创业意愿的产生过程中,家庭在其情感上提供的支持与鼓励更为重要,相对之下,家庭提供的资金、人脉方面的支持在一定程度上也会影响乡村女性的旅游创业意愿,但影响程度相对要比情感、态度的支持低一些。在家庭的情感鼓励与资金人脉等的支持下,乡村女性对旅游创业可行性的感知以及创业对她们的吸引力都会增强,继而使其产生创业的意愿。因此,在女性成为乡村发展旅游带动经济振兴的主力军的背景下,不但要关注创业主体即乡村女性的自身,也要注重她们的家庭环境,做好家庭其他成员的引导工作,鼓励家庭给予女性创业更多的理解与支持。

(二)家庭支持通过感知希求性和感知可行性两种路径共同作用于乡村女性的旅游创业意愿

家庭情感性支持通过感知希求性与感知可行性两条路径的完全中介作用正向影响创业意愿,与 Edelman 等(2016)、Jaskiewicz 等(2015)和陶雅等(2018)等的研究结论一致。① 结果说明,家庭情感性支持需依托个体对希求性与可行性的感知过程,才会对旅游创业意愿产生作用。家庭工具性支持通过感知希求性和感知可行性的部分中介作用正向影响创业意愿。可知,在家庭支持对创业意愿影响过程中,家庭情感性的支持较难与创业意愿建立直接联系,需先对可行性、希求性产生感知才会影响创业意愿。而家庭资金、人脉等工具性的支持则可以直接作用于乡村女性的创业意愿,也可通过可行性、希求性的感知对创业意愿产生影响。

(三)社会性别观念是影响乡村女性创业意愿的重要调节变量

本研究考虑到乡村女性本身成长环境的特殊性,将社会性别观念引入旅游创业意愿的研究模型中。结果验证了社会性别观念在家庭支持对感知可行性、感知希求性、创业意愿的影响过程中的正向显著调节作用。本研究的结论与李春玲(1996)的研究结果相符②。研究显示,当乡村女性具有的社会性别观念越传统,家庭支持对感知希求性、感知可行性以及创业意愿的影响就越明显。说明在乡村女性创业意愿的产生过程中,当其社会性别观念越传统,对男女性别角色的认知越落后,就越依赖于家庭的情感理解、态度鼓励以及资金人脉的支持等,从而才会具有较强的创业意愿。反之,当乡村女性的社会性别观念越现代,对女性的性别角色认知越先进,个体的独立意识就越强,创业意愿的产生越取决于自身的考量和决定。因此,在乡村女性创业意愿的产生过程中,要关注性别观念、性别角色认知方面的内容,注重现代社会性别观念的培养。

---

① EDELMAN L F, MANOLOVA T S, SHIROKOVA G, TSUKANOVA T . Student entrepreneurship in emerging markets: can family help overcome the institutional voids? [J]. Academy of management annual meeting proceedings, 2016, 2(1): 11966. JASKIEWICZ P, COMBS J G, RAU S B. Entrepreneurial legacy: toward a theory of how some family firms nurture transgenerational entrepreneurship[J].Journal of business venturing, 2015, 30(1): 29-49. 陶雅,李燕萍.家庭嵌入视角下创业激情形成机理的跨域研究[J].管理学报,2018,15(12):1810-1818.

② 李春玲.性别观念与中国社会科学院女性的职业发展[J].社会学研究,1996(2):48-59.

The Effect of Family Support on Rural Women's Tourism Entrepreneurial Intention in China

Fan Xiangli[1] **Qin Haili**[2] **Zhang Jiamei**[3]

(1. 3. Huaqiao University, Quanzhou, 362021;
2. Wuzhou University, Wuzhou, 543002)

Abstract: Women entrepreneurs play a crucial role in rural revitalization in China. However, women entrepreneurs in rural areas have not been given adequate attention in research area. This paper explored the internal influence mechanism of family support to rural women's tourism entrepreneurial intention with mixed methods. A paradigm between family support and rural women's tourism entrepreneurial intention has been established. It concluded that gender perception is an important regulatory variable that affects the willingness of rural women to start a business; family supports the tourism entrepreneurial intentions of rural women through multiple pathways of perceptual aspiration and perceptual feasibility; the influence of family emotional support on perceptual aspiration and perceptual feasibility is more significant.

Key Words: family support; rural women; entrepreneurial intentions; gender perspectives

女性职业发展

Female Career Development

Women/Gender Studies

医疗卫生健康事业发展中的“她力量”研究*

——以福建省为样本

袁满琼　郎浩翔　林舒静　顾宸铭　方　亚**

内容摘要：改革开放以来，中国妇女事业的发展克服了诸多困难，“她力量”在医疗卫生事业中得到了蓬勃发展。本文首先梳理了2000年以来，福建省在卫生资源、医疗服务状况、居民主要死亡原因、居民健康水平等各项医疗卫生事业中的发展情况。进一步了解女性在福建省医疗卫生事业发展中的参与情况与突出贡献，通过梳理女性在医疗卫生领域科研论文的发表情况及医学科技奖获奖情况，透视女性在医疗卫生事业中的重要贡献。在医疗卫生事业中，女性就业人数不断上升、占比持续增加，女性贡献突出、成就卓著。最后，本文就女性参与医疗卫生健康事业发展中的痛点、难点、堵点，以福建省“十四五”规划纲要和2035年远景目标为依据，提出未来女性在该领域谋求更好发展的对策与建议。

关键词：医疗卫生事业；“她力量”；学术论文；医学科技奖

一、福建省医疗卫生事业的发展情况

改革开放以来，福建省卫生健康系统认真执行党的卫生健康工作方针，深入贯彻落实国家卫生健康委员会和省委省政府的工作部署，医疗卫生事业发展取得了斐然成绩，例如，医疗、医保、医药等服务行为进一步规范，医疗卫生服务质量不断提升；疾病预防控制体系深化改革，公共卫生安全机制不断完善；分级诊疗制度建设逐步推进，县域医共体建设基本覆盖；县域综合医改持续深化，基层诊疗人次不断提升；医疗保障制度改革稳步推进，医保基金使用效益不断提高等。①

* 本文是福建省政府采购项目“福建省女性多群体发展研究”（招标编号：【3500】0624【DY】2021003-1）的部分阶段性成果，该项目主持人为蒋月，厦门大学法学院教授、博士生导师，厦门大学妇女/性别研究与培训基地常务副主任。

** 袁满琼，女，厦门大学公共卫生学院工程师，硕士，主要研究方向为卫生统计方法及应用；郎浩翔，男，厦门大学公共卫生学院在读硕士生，主要研究方向为卫生统计方法及应用；林舒静，女，厦门大学公共卫生学院在读硕士生，主要研究方向为卫生统计方法及应用；顾宸铭，男，厦门大学公共卫生学院在读硕士生，主要研究方向为卫生统计方法及应用；方亚（通讯作者），女，厦门大学公共卫生学院教授，博士，主要研究方向为卫生统计方法及应用、卫生政策与卫生管理。

① 福建省卫生健康委员会.2019年福建省卫生健康事业发展情况[EB/OL].(2020-04-24)[2023-10-28].https://wjw.fj.gov.cn/jggk/csxx/ghyxxc/xxtj_41288/202012/t20201203_5471852.htm.

(一)卫生资源

1. 卫生机构数量

截至 2020 年年底,福建省卫生机构总数 28152 所,与 2000 年的 9807 所相比,绝对增长 18345 所,年平均增长速度 5.71%,五年平均增长速度 42.12%。其中,各级各类医院 695 所,绝对增长 362 所,年平均增长速度 3.95%,五年平均增长速度 27.79%;基层医疗卫生机构总数 26949 所,相比于 2000 年绝对增长 17890 所,年平均增长速度 5.91%,五年平均增长速度 43.82%;专业公共卫生机构总数 403 所,相比于 2000 年绝对增长 185 所,年平均增长速度 3.29%,五年平均增长速度 22.73%(见表 1、图 1)。①

2014 年 6 月 27 日,国家基层卫生健康司发布《关于印发〈村卫生室管理办法(试行)〉的通知》,进一步加强了村卫生室的管理,更好地为农村居民提供基本医疗卫生服务。② 因此,2015 年卫生机构数出现了大幅增加(新增村卫生室 19010 所)。③ 此外,遵循"全省统筹、顶层设计、统一标准、协同实施"的原则,福建省基层卫生信息系统末梢网络建设项目在 2014 年 9 月 30 日建设完成。全省 15164 个行政村卫生所全部接入信息系统,配备统一硬件设备和软件系统,打破独立现状,贯彻健康管理和档案共享主线,实现了全省乡村一体化卫生信息管理建设全覆盖。④

表 1 2000—2020 年福建省卫生机构数(所)

卫生机构类别	2000 年	2005 年	2010 年	2015 年	2020 年
总计	9807	7932	6999	27922	28152
一、医院	333	365	457	570	695
综合医院	—	—	293	348	—
中医医院	—	—	70	78	—
中西医结合医院	—	—	9	9	—
民族医院	—	—	2	1	—
专科医院	—	—	82	133	—
护理院	—	—	1	1	—
二、基层医疗卫生机构	9059	7220	6174	25875	26949

① 福建省统计局.福建统计年鉴 2021;2016;2011;2006;2001[EB/OL].(2021-09-23)[2023-10-28].http://tjj.fujian.gov.cn/xxgk/ndsj/.

② 中华人民共和国中央人民政府.关于印发《村卫生室管理办法(试行)》的通知[EB/OL].(2014-06-03)[2023-10-28].https://www.gov.cn/gongbao/content/2014/content_2765488.htm.

③ 福建省统计局.福建统计年鉴 2016[EB/OL].(2026-08-30)[2023-10-28].http://tjj.fujian.gov.cn/xxgk/ndsj/.

④ 中华人民共和国中央人民政府.卫生部办公厅关于推进乡村卫生服务一体化管理的意见[EB/OL].(2010-04-07)[2023-10-28].https://www.gov.cn/zwgk/2010-04/07/content_1575036.htm.福建省卫生健康委员会.福建省乡村一体化卫生管理信息系统建设实现全覆盖[EB/OL].(2014-11-13)[2023-10-28].https://wjw.fujian.gov.cn/jggk/csxx/ghyxxc/xxtj_41288/202012/t20201203_5471871.htm

续表

卫生机构类别	2000 年	2005 年	2010 年	2015 年	2020 年
社区卫生服务中心(站)	/	392	499	528	706
乡镇卫生院	990	953	868	880	890
村卫生室	/	/	/	19010	17173
门诊部	87	303	432	512	1409
诊所、卫生所、医务室	7982	5572	4375	4945	6771
三、专业公共卫生机构	218	276	296	1403	403
急救中心(站)	/	10	7	7	12
采供血机构	/	10	9	9	9
妇幼保健院(所、站)	11	89	87	87	95
健康教育所(站、中心)	33	7	1	0	/
专科疾病防治院(所、站)	73	34	25	23	22
疾病预防控制中心	101	93	94	96	98
卫生监督所(中心)	/	33	73	86	88
计划生育服务机构	/	/	/	1095	79
四、其他卫生机构	197	71	72	74	105

注:2014 年前各类卫生机构数不含村卫生室。“/”表示在统计当年未设立此项机构,“—”表示统计当年的数据未获得。

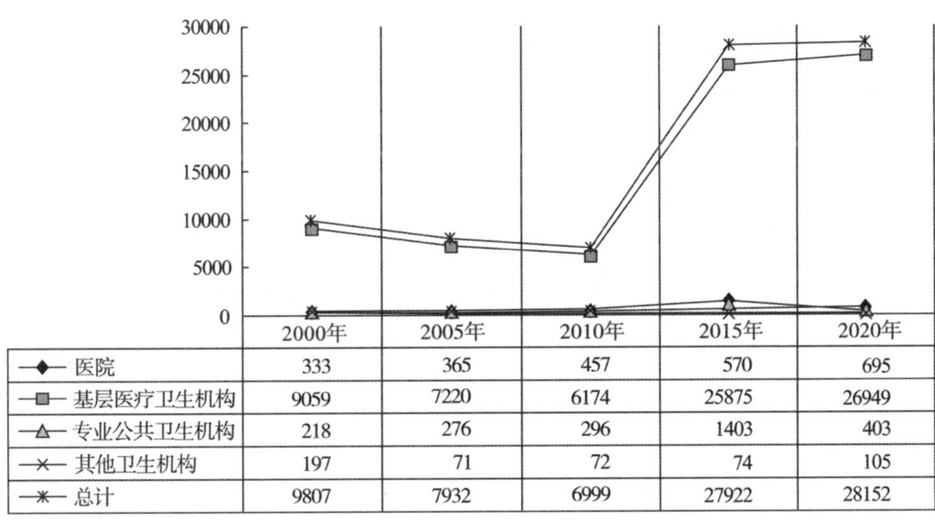

	2000年	2005年	2010年	2015年	2020年
医院	333	365	457	570	695
基层医疗卫生机构	9059	7220	6174	25875	26949
专业公共卫生机构	218	276	296	1403	403
其他卫生机构	197	71	72	74	105
总计	9807	7932	6999	27922	28152

图 1　2000—2020 年福建省卫生机构数(所)

2. 医疗机构床位情况

截至 2020 年年底,全省医疗机构床位总数 216753 张,相较于 2000 年全省医疗机构床位总数 90091 张,绝对增长 126662 张,年平均增长速度 4.73%,五年平均增长速度

34.00%。其中医院床位绝对增长110740张，年平均增长速度5.75%，五年平均增长速度42.49%；卫生院床位绝对增长9060张，年平均增长速度1.71%，五年平均增长速度11.32%(见表2、图2)①。此外，每千人口医疗机构床位数呈稳步增长趋势，由2000年的2.6张上升至2020年的5.22张，年平均增长速度3.73%，五年平均增长速度26.15%。②

表2　2000—2020年福建省各类卫生机构床位数(张)

卫生机构类别	2000年	2005年	2010年	2015年	2020年
全省医疗机构	90091	88239	112334	173199	216753
医院	58505	58694	80938	129609	169245
疗养院	/	2497	1769	2527	1300
社区卫生服务中心(站)	/	516	2426	3201	4334
卫生院	23884	22574	22995	30402	32944
门诊部	485	116	77	39	—
妇幼保健院、所、站	/	2107	3383	5709	7218
专科疾病防治院	/	1628	706	1681	1666

注："/"表示在统计当年未设立此项机构，"—"表示统计当年的数据未获得。

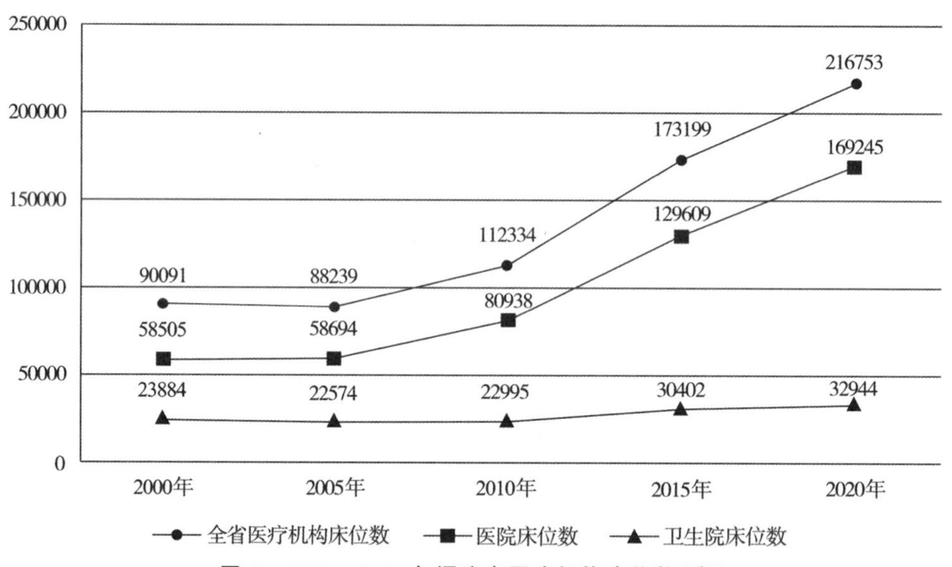

图2　2000—2020年福建省医疗机构床位数(张)

① 福建省统计局.福建统计年鉴2021;2016;2011;2006;2001[EB/OL].(2021-09-23)[2023-10-28].http://tjj.fujian.gov.cn/xxgk/ndsj/.

② 国家统计局.中国统计年鉴2021;2016;2011;2006;2001[EB/OL].(2023-10-28)[2023-10-28].http://www.stats.gov.cn/sj/ndsj/.福建省卫生健康委员会.2020年福建省卫生健康系统医疗机构床位情况[EB/OL].(2021-10-20)[2023-10-28].https://wjw.fujian.gov.cn/jggk/csxx/ghyxxc/xxtj_41288/202110/t20211020_5746355.htm.

3. 卫生人员情况

截至 2020 年年底，全省各级各类医疗卫生机构共有人员总数 351189 人，其中卫生技术人员 278397 人，占卫生人员总数的 79.27%，相较 2000 年卫生技术人员 97569 人，绝对增长 180828 人，年平均增长速度 5.67%，五年平均增长速度 41.84%。从卫生技术人员构成分析，执业（助理）医师 105546 人，占卫生技术人员的 37.91%，相较 2000 年绝对增长 64085 人，年平均增长速度 5.04%，五年平均增长速度 36.54%；注册护士 122476 人，占卫生技术人员的 43.99%，相较 2000 年绝对增长 91046 人，年平均增长速度 7.42%，五年平均增长速度 57.36%；药师（士）、检验人员 26525 人，相较 2000 年绝对增长 13549 人，年平均增长速度 3.83%，五年平均增长速度 26.91%（见表 3、图 3）①。

表 3　2000—2020 年福建省各类卫生技术人员数（人）

卫生技术人员类别	2000 年	2005 年	2010 年	2015 年	2020 年
合计	97569	100937	140133	213162	278397
执业医师	31966	36668	48789	66162	90384
执业助理医师	9495	7641	6613	12011	15162
注册护士	31430	34195	53820	90503	122476
药师（士）	9212	9128	10027	13865	15993
检验人员	3764	4620	7582	7720	10532

注：2014 年起各类卫生技术人员数含村卫生室卫生技术人员。

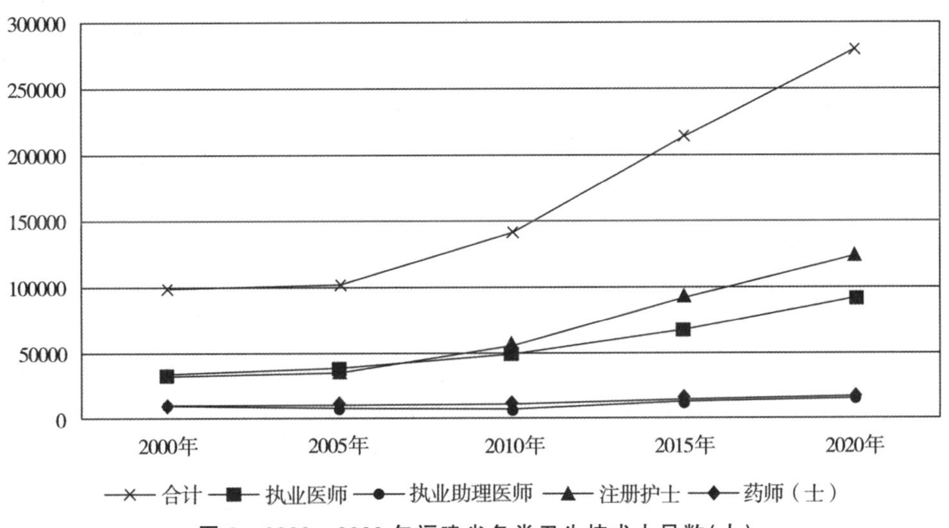

图 3　2000—2020 年福建省各类卫生技术人员数（人）

此外，每千人口执业（助理）医师数呈稳步增长趋势，由 2000 年的 1.25 人上升至 2020 年的 2.54 人，年平均增长速度 3.80%，五年平均增长速度 26.67%；每千人口注册护士数呈

① 福建省统计局. 福建统计年鉴 2021；2016；2011；2006；2001[EB/OL].（2021-09-23）[2023-10-28]. http://tjj.fujian.gov.cn/xxgk/ndsj/.

稳步增长趋势，由2000年的0.87人上升至2020年的2.95人，年平均增长速度6.64%，五年平均增长速度50.23%。①

4. 基层卫生机构

(1)乡镇卫生院。截至2020年年底，全省共有乡镇卫生院890所，床位32944张，卫生技术人员32944人。其中执业(助理)医师12373人，占卫生技术人员总数的37.56%；注册护士11865人，占卫技人员总数的36.02%。中心卫生院224所，床位15935张，占卫生院床位数的48.37%，平均每院拥有床位71.14张；卫生技术人员14618人，平均每院卫技人员65.26人。

(2)社区卫生服务中心。截至2020年年底，全省共有社区卫生服务中心(站)706所，床位4334张，卫生技术人员13781人。其中社区卫生服务中心231所，床位4334张，卫生技术人员11109人(含执业(助理)医师4321人、注册护士4056人)。

(3)村卫生室。截至2020年年底，全省共有村医疗点17173个，其中村办占61.96%。共有执业(助理)医师5107人，注册护士595人，乡村医生和卫生员19397人。②

(二)医疗服务状况

1. 门诊服务工作量

(1)诊疗人次。截至2020年年底，全省全年医疗机构诊疗人次24001.70万人次。其中医院诊疗人次9521.10万人次，占医疗机构诊疗人次的39.67%，相比于2000年医院诊疗人次3419.09万人次，绝对增长6102.02万人次，年平均增长速度5.54%，五年平均增长速度40.69%；社区卫生服务中心(站)诊疗人次2589.1万人次，占医疗机构诊疗人次的10.79%；卫生院诊疗人次3474.73万人次，占医疗机构诊疗人次的14.48%，相比2000年卫生院诊疗人次2389.71万人次，绝对增长1085.02万人次，年平均增长速度1.99%；其他基层医疗机构(含村卫生室、门诊部、诊所)诊疗人次7440.50万人次，占医疗机构诊疗人次的31%；妇幼保健院(所)诊疗人次873.74万人次，占医疗机构诊疗人次的3.64%，相比于2000年妇幼保健院(所)诊疗人次96.01万人次，绝对增长777.73万人次，年平均增长速度12.32%(见表4)。

(2)门急诊人次。截至2020年年底，全省全年医疗机构门急诊人次22774.30万人次，占总诊疗人次的94.89%；其中门诊人次数为21619.50万人次，占门急诊人次的94.93%。医院门急诊人次9416.75万人次，相较于2000年医院门急诊人次3176.08万人次，绝对增长6240.67万人次，年平均增长速度5.89%，五年平均增长速度43.66%；社区卫生服务中心(站)门急诊人次2323.30万人次；卫生院门急诊人次3120.82万人次，相较于2000年卫生院门急诊人次2294.51万人次，绝对增长826.31万人次，年平均增长速度1.63%；其他基层医疗机构(含村卫生室、门诊部、诊所)门急诊人次6950.2万人次；妇幼保健院(所)门急

① 国家统计局.中国统计年鉴2021；2001[EB/OL].(2023-10-28)[2023-10-28]. http://www.stats.gov.cn/sj/ndsj/.福建省卫生健康委员会.2020年福建省卫生健康系统卫生人员情况[EB/OL].(2021-10-20)[2023-10-28].https://wjw.fujian.gov.cn/xxgk/tjxx/tjxx/202111/t20211117_5775722.htm.

② 福建省卫生健康委员会.2020年福建省卫生健康系统基层医疗卫生组织情况[EB/OL].(2021-11-15)[2023-10-28].https://wjw.fj.gov.cn/xxgk/tjxx/tjxx/202111/t20211117_5775723.htm.

诊人次 860.88 万人次，相较于 2000 年妇幼保健院（所）门急诊人次 82.11 万人次，绝对增长 778.77 万人次，年平均增长速度 13.17%（见表 4）。①

此外，2016 年 8 月 20 日，全国首个"互联网＋家庭医生签约平台"在福建省上线，以社区卫生服务中心为基础，以线上签约代替线下签约为目的，力求实现"诊前咨询＋诊中治疗＋诊后健康管理"的个性化、一体化、专业化便捷医疗服务。

2. 入院人数及分级诊疗

（1）入院人数。截至 2020 年年底，全省医疗机构共入院 531.40 万人次。其中医院入院 448.60 万人次，占医疗机构总入院 84.43%，相较于 2000 年医院入院 100.05 万人次，绝对增长 348.55 万人次，年平均增长速度 8.22%，五年平均增长速度 64.90%；卫生院入院 57.54 万人次，占医疗机构总入院人次的 10.83%；妇幼保健院（所）入院 19.62 万人次，占医疗机构总入院人次的 3.69%，相较于 2000 年妇幼保健院（所）入院 1.70 万人次，绝对增长 17.92 万人次，年平均增长速度 13.73%（见表 4）。②

（2）分级诊疗。2015 年，随着"十二五"规划的完美收官，居民健康水平大幅度提升，基本医疗保障制度、基本医疗公共卫生服务、基层医疗卫生机构建设发展和公立医院改革等领域均取得了显著成效。③ 为此，党的十八大进一步提出医疗卫生资源的合理配置，提出了构建分级诊疗服务体系的要求。福建省深入贯彻落实《国务院办公厅关于推进分级诊疗制度建设的指导意见》，开展了一系列分级诊疗模式的探索，并取得实质成果。④

"十三五"期间，全省三级医院诊疗人次占比下降 0.66 个百分点，二级医院诊疗人次占比下降 2.5 个百分点，基层医疗卫生机构诊疗人次占比提高 5.26 个百分点。2015 年，基层医疗卫生机构诊疗人次 10794.1 万人次，占全省诊疗人次的 51.01%；2020 年，基层医疗卫生机构诊疗人次 13504.4 万人次，占全省诊疗人次的 56.26%。⑤

"十三五"期间，三级医院入院人次占比提高 10.83 个百分点，二级医院入院人次占比下降 4.48 个百分点，基层医疗卫生机构入院人次占比下降 6.09 个百分点。2015 年，基层医疗卫生机构入院 93.0 万人次，占全省入院人次的 17.79%；2020 年，基层医疗卫生机构入院

---

① 福建省卫生健康委员会.2020 年福建省卫生健康系统门诊服务工作量情况[EB/OL].(2021-10-20)[2023-10-28].https://wjw.fujian.gov.cn/jggk/csxx/ghyxxc/gzdt/202110/t20211020_5746294.htm.

② 福建省卫生健康委员会.2020 年福建省卫生健康系统住院人数及病床使用情况[EB/OL].(2021-10-20)[2023-10-28].https://wjw.fujian.gov.cn/jggk/csxx/ghyxxc/xxtj_41288/202110/t20211020_5746359.htm.

③ 福建省卫生健康委员会.福建省人民政府办公厅关于印发福建省"十三五"卫生计生事业发展专项规划的通知[EB/OL].(2016-11-22)[2023-10-28].https://wjw.fujian.gov.cn/xxgk/ghjh/zxgh/201612/t20161205_2376112.htm.

④ 中华人民共和国中央人民政府.国务院办公厅关于推进分级诊疗制度建设的指导意见[EB/OL].(2015-09-11)[2023-10-28].https://www.gov.cn/zhengce/content/2015-09/11/content_10158.htm.

⑤ 福建省卫生健康委员会.福建省人民政府办公厅关于印发福建省"十三五"卫生计生事业发展专项规划的通知[EB/OL].(2016-11-22)[2023-10-28].https://wjw.fujian.gov.cn/xxgk/ghjh/zxgh/201612/t20161205_2376112.htm.

62.2 万人次，占全省入院人次的 11.71%。①

表 4　2000—2020 年福建省部分卫生机构诊疗情况

年份	卫生机构类别	医院				卫生院	妇幼保健院
		综合医院	中医医院	专科医院	总计*		
2000	诊疗人次数(万)	1799.97	494.12	—	3419.09	2389.71	96.01
	门急诊人次数(万)	1746.27	449.20	—	3176.08	2294.51	82.11
	入院人次数(万)	66.53	10.46	—	100.05	84.84	1.70
	病床周转数(次)	24.07	17.03	—	20.77	45.05	49.19
2010	诊疗人次数(万)	4851.85	1107.42	451.62	6558.16	1815.4	627.60
	门急诊人次数(万)	4823.64	1104.24	450.99	6525.56	1788.73	625.33
	入院人次数(万)	214.57	32.42	18.17	271.45	106.51	14.86
	病床周转数(次)	37.34	31.38	18.47	34.08	47.04	45.84
2020	诊疗人次数(万)	6997.52	1528.19	800.00	9521.11	3474.73	873.74
	门急诊人次数(万)	6924.85	1503.35	797.60	9416.75	3120.82	860.88
	入院人次数(万)	336.75	52.79	49.51	448.60	57.54	19.62
	病床周转数(次)	33.20	26.70	14.90	28.40	18.30	32.70

注："*"医院总体情况，包括综合医院、中医医院、中西医结合医院、民族医院和专科医院。"—"表示统计当年的数据未获得。

(三)居民主要死亡原因

恶性肿瘤是 20 多年来福建省城乡居民的第一死因，2020 年在城乡居民死亡总数中的占比均超过 30%(见表 5)。② 由于恶性肿瘤治愈难度较大，现主要以预防为导向，开展相关防癌健康知识宣讲，改善居民不良健康行为，旨在降低恶性肿瘤发生率，促进居民健康水平，在提高期望寿命的同时尽可能避免"寿而不康"的现象。同时，心脑血管疾病死因顺位常年居于前列，同样为重点防治疾病；呼吸系统疾病死因顺位有所下降，可能是 2013 年我国施行清洁空气政策带来的有利影响。③ 此外，2020 年全省包括卫生机构数、卫生技术人员数、卫生机构床位数在内的卫生资源总量都得到了提升，卫生机构服务水平和效率大幅增加，就医环境和便捷程度得以改善，使得新生儿病、精神病、精神障碍等疾病死因顺位下降，但近些年

① 福建省卫生健康委员会.福建省人民政府办公厅关于印发福建省"十三五"卫生计生事业发展专项规划的通知[EB/OL].(2016-11-22)[2023-10-28]. https://wjw.fujian.gov.cn/xxgk/ghjh/zxgh/201612/t20161205_2376112.htm.

② 福建省统计局.福建统计年鉴 2021;2016;2011;2006;2001[EB/OL].(2021-09-23)[2023-10-28]. http://tjj.fujian.gov.cn/xxgk/ndsj/.福建省肿瘤医院.《2021 福建省肿瘤登记年报》正式发布[EB/OL].(2022-07-18)[2023-10-28]. https://www.fjzl.com.cn/xwzx/202207/t20220718_13712.htm.

③ 中华人民共和国中央人民政府.国务院关于印发大气污染防治行动计划的通知[EB/OL].(2013-09-10)[2023-10-28]. https://www.gov.cn/zhengce/content/2013-09/13/content_4561.htm.

新发和再发传染病频发，加重疾病负担的同时也使得传染病死因顺位提高。①

表5　2000—2020年福建省城乡前十位疾病死亡原因及构成

顺位	2000年				2010年				2020年			
	城市		农村		城市		农村		城市		农村	
	死亡原因	占死亡总人数(%)	死亡原因	占死亡总人数(%)	死亡原因	占死亡总人数(%)	死亡原因	占死亡总人数(%)	死亡原因	占死亡总人数(%)	死亡原因	占死亡总人数(%)
1	恶性肿瘤	29.98	恶性肿瘤	21.87	恶性肿瘤	32.12	恶性肿瘤	28.16	恶性肿瘤	30.25	恶性肿瘤	31.24
2	脑血管病	19.17	呼吸系统疾病	19.74	脑血管病	15.6	脑血管病	19.35	心脏病	18.65	脑血管病	16.59
3	心脏病	16.29	脑血管病	16.41	心脏病	18.05	呼吸系统疾病	12.94	脑血管病	17.10	心脏病	15.86
4	呼吸系统疾病	7.79	损伤和中毒	12.52	呼吸系统疾病	10.49	心脏病	12.71	损伤和中毒	9.07	损伤和中毒	10.79
5	损伤和中毒	6.58	心脏病	10.82	损伤和中毒	6.13	损伤和中毒	11.25	呼吸系统疾病	7.43	呼吸系统疾病	8.77
6	内分泌系统疾病	2.65	消化系统疾病	3.87	内分泌、营养和代谢	5.27	消化系统疾病	2.58	内分泌、营养和代谢	4.49	内分泌、营养和代谢	2.87
7	消化系统疾病	2.46	泌尿系统疾病	1.58	消化系统疾病	2.69	内分泌、营养和代谢	2.22	消化系统疾病	2.27	消化系统疾病	2.37
8	精神病	1.83	内分泌系统疾病	1.29	神经系统疾病	1.42	精神障碍	1.65	神经系统疾病	2.00	神经系统疾病	2.04
9	泌尿系统疾病	1.44	新生儿病	1.26	泌尿生殖系统疾病	0.86	泌尿生殖系统疾病	1.30	泌尿生殖系统疾病	1.17	泌尿生殖系统疾病	0.93
10	神经系统疾病	0.98	精神病	1.18	精神障碍	0.79	传染病	1.15	传染病	0.83	传染病	0.69
合计		89.17		90.54		93.42		93.31		93.26		92.15

① 福建省卫生健康委员会.2021年福建省医疗卫生资源及医疗服务情况[EB/OL].(2022-08-19)[2023-10-28]. https://wjw.fujian.gov.cn/jggk/csxx/ghyxxc/gzdt/202208/P020220819583053072755.pdf.

(四)居民健康水平

人均预期寿命、婴儿死亡率、孕产妇死亡率是反映一个国家和地区居民健康生活水平的重要指标。截至2020年年底,全省常住人口人均预期寿命达到78.49岁,婴儿死亡率降低到2.54‰,孕产妇死亡率降低到10.35/10万(见图4、图5)。改革开放以来,福建省婴儿死亡率及孕产妇死亡率逐年下降,居民健康水平持续提高,全省各地医疗卫生服务制度不断健全,医疗服务环境和条件得到巨大改善,卫生基础设施的建设持续推进和普及,农村居民的医疗卫生服务条件和水平显著提升,全省疾病预防控制能力、妇幼保健体系和突发公共卫生事件应急处置能力得到较大提高。①

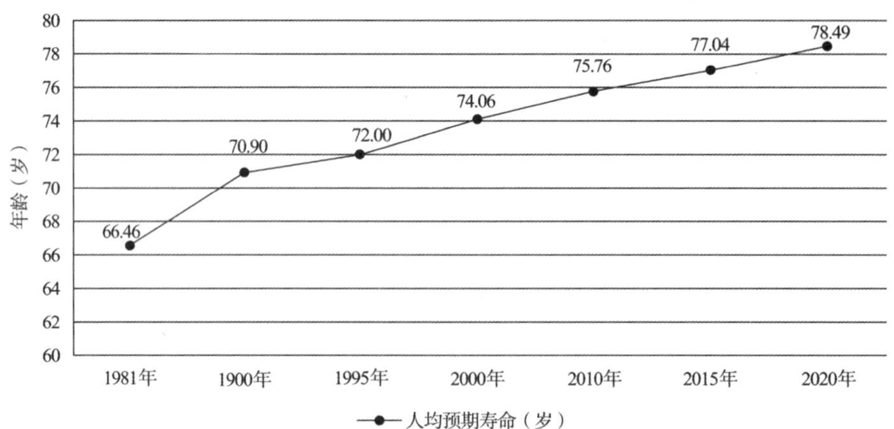

图4 1981—2020年福建省人均预期寿命情况

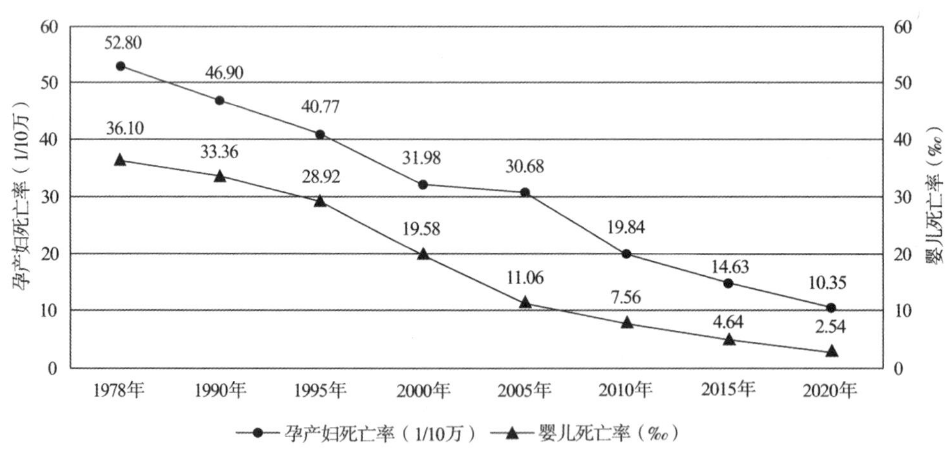

图5 1978—2020年福建省孕产妇死亡率及婴儿死亡率情况

① 福建省卫生健康委员会.数字变化看福建卫生健康事业70年成就[EB/OL].(2019-09-24)[2023-10-28].https://wjw.fujian.gov.cn/ztzl/qzzhrmghgcl70zn/fzcj/201909/t20190924_5034309.htm.福建省卫生健康委员会.发展中的福建妇幼卫生事业[EB/OL].(2019-10-16)[2023-10-28].https://wjw.fujian.gov.cn/ztzl/qzzhrmghgcl70zn/fzcj/201910/t20191016_5068330.htm.国家统计局.中国人口普查年鉴2020;2010;2000[EB/OL].(2023-10-28)[2023-10-28].http://www.stats.gov.cn/sj/pcsj/.

(五)小结

改革开放以来,福建省医疗卫生事业不断发展,卫生资源、医疗服务状况不断优化,居民健康水平不断改善。与此同时,女性在医疗卫生事业中的参与人数和占比也明显增加,为更深层次地了解女性在医疗卫生事业发展中起到的积极推动作用,本文特别针对女性在医疗卫生事业中的参与情况展开研究,表述女性的突出贡献,并致力于解决其在医疗卫生事业中遇到的问题,以福建省“十四五”规划纲要和2035年远景目标①中相关内容为依据,提出妇女未来在该领域谋求更好发展的制度、措施等方面的建议,以求更好地促进医疗卫生事业发展。

二、福建省医疗卫生事业中的“她力量”

(一)女性在医疗卫生事业中的参与情况

实现男女平等是我国的基本国策,也是衡量社会文明进步的重要标志。2001年,国务院颁布了《中国妇女发展纲要(2001—2010年)》,确定了妇女与经济、妇女参与决策和管理、妇女与教育、妇女与健康、妇女与法律、妇女与环境六个优先发展领域的主要目标和策略措施。其中,妇女参与原则强调“依法保障妇女参与经济社会发展的权利,尊重妇女的主体地位,引导和支持妇女在推动社会主义建设、政治建设、文化建设、社会建设以及生态文明建设中,实现自身的进步与发展”。为此,福建省深入贯彻落实男女平等基本国策,坚持“全面发展、平等发展、协调发展、妇女参与”原则,保障妇女合法权益,提高妇女社会地位,推动妇女平等参与社会经济发展,平等享有发展结果。

人民健康是社会文明进步的基础,卫生健康事业是事关广大人民群众安居乐业的重大民生工程。新中国成立70余年来,福建各级党委、政府大力发展卫生健康事业,全力保障人民健康,走过壮丽70年。这70年,是福建省一代代医疗卫生工作者筚路蓝缕、薪火相传、前赴后继的70年,也是见证妇女力量在医疗卫生事业中出谷迁乔、成就卓著、大有可观的70年。福建省在医疗诊治、疾病预防、药物研发、医疗制度改革等方面取得高质量发展,医疗卫生水平不断上升,卫生健康事业不断前进,人民群众改革获得感、就医安全感、健康幸福感不断增强。在这一切的发展中,越来越多的女性扛起重担,在医院、在实验室、在基层社区等场所,女性忙碌的身影随处可见,势如破竹的“她力量”开始绽放。女性在领导班子成员中所占的比例明显提高,女性党员占党员总数的比例也明显提高,从事岗位类型出现多元化,所处高等职级占比逐年攀升。

2015年,习近平在全球妇女峰会上发表的题为《促进妇女全面发展,共建共享美好世界》的重要讲话中系统地阐释了中国促进男女平等和妇女全面发展的四点主张。医疗卫生事业中对妇女权益的法律保障体系不断完善,妇女所担任职务显著提高,妇女受教育水平显

① 福建省人民政府.福建省人民政府关于印发福建省国民经济和社会发展第十四个五年规划和二〇三五年远景目标纲要的通知[EB/OL].(2021-03-02)[2023-10-28].https://www.fujian.gov.cn/zwgk/zfxxgk/szfwj/szfgz/202103/t20210319_5552893.htm?eqid=f28b5d3800040e0d000000026446811b.

著提升，不仅使得从事医疗卫生事业的女性占比增加，更减少了工资差异化和职场不公平等现象。此外，部分女性医师获得出国访问、交流合作、进修学习等机会，医疗单位针对女性的政策和福利也不断完善。

2020 年福建省女性在卫生技术和健康服务行业的从业人员数明显增加，相较于相关事业的男性从业者的比例也明显增大，而医药制造行业中的女性从业人员数存在下降趋势，男女比例接近 1∶1，可能由于医药制造隶属于制造业，受限于工作强度、工作时长和工作环境等因素，制造业女性参与情况明显低于卫生健康领域（见表 6）。

表 6　2000—2020 年福建省医疗卫生事业从业人员数(人)及性别比

年份	卫生技术人员			健康服务人员			医药制造人员		
	男	女	男女比例	男	女	男女比例	男	女	男女比例
2000	8364	8676	1∶1.04	256	299	1∶1.17	791	840	1∶1.06
2010	7779	10563	1∶1.36	500	756	1∶1.51	474	462	1∶0.97
2020	9711	19720	1∶2.03	457	912	1∶2.00	508	512	1∶1.01

数据来源：国家统计局.中国人口普查年鉴 2020;2010;2000[EB/OL].[2023-10-28].http://www.stats.gov.cn/sj/pcsj/.

(二)女性在医疗卫生事业中的突出贡献

百年来女性解放事业的推进极大地拓展了女性的发展空间，女性拥有了自我实现的能力与机会，她们活跃于各行各业，在商业、医学、法律等传统的男性权威领域取得了较大成就。然而，在科技领域，她们的效能与潜能尚未被充分发掘。对此，中国科技部等十三个部门联合印发了《关于支持女性科技人才在科技创新中发挥更大作用的若干措施》，从战略与全局的高度提出充分激发女性科技人才创新活力的重要举措。在医疗卫生领域，女性科技人才是“科技与性别”的重要关照对象，女性的科研贡献不容忽视。本研究从女性科研论文发表情况及相关奖项获奖情况对相关研究成果进行梳理，不仅是探究改革开放以来女性学者成长变化的重要方法，也是以学理研究的形式对相关政策的及时回应与有效落实。

1. 从学术论文发表透视“她力量”

随着高等教育的普及和深入，女性学者的数量及科研产出不断增加，在学术界的贡献与影响力不断提升。学术论文是科研成果的主要表现形式之一。在医药卫生领域，学术论文能反映该领域领先的科研进展，不论是基础研究还是临床实践的结果多数都以论文形式发表在学术期刊上，高质量的研究论文对于医疗卫生领域的发展至关重要。医药卫生领域的理论研究推动了医疗卫生实践的进步，而医疗卫生实践中的问题又为理论研究提供了新的思路，二者相互影响，共同促进医疗卫生行业的发展，论文在其中起到了良好的“桥梁”作用。

北京大学图书馆“中文核心期刊”（以下简称“北大核心期刊”）是我国核心期刊体系中较为权威的一种，是北京大学图书馆联合众多学术界权威专家鉴定，国内几所大学的图书馆根据期刊的引文率、转载率、文摘率等指标确定的，受到了学术界的广泛认同。北大核心期刊将医药卫生领域分为 18 类（见表 7）。为探讨福建省自改革开放以来医疗卫生领域中女性的突出学术贡献，在中国知网（https://www.cnki.net/）中采用高级检索，将期刊名称限制为北大核心中医疗卫生领域各期刊，将作者单位限制为“福建、厦门、莆田、泉州、三明、南平、龙岩、福州、宁德、漳州”，地名间、期刊名称间均采取逻辑“或”，检索福建地区医疗卫生领域发文情况，并将结果以 excel 形式导出，按期刊类别分别做出数据透视图，筛选发文数量前五十位(存在并列)的作者姓名，逐一搜索作者性别，统计各类别期刊发文数量前五十位作者中女性占比情况。由表 7 可见，女性人员占比最高前三类分别为一般理论、教育与普及类，妇产科学与临床医学/特种医学类，分别为 67.6%、65.2%、56.9%。

表 7 北大核心医药卫生期刊福建省发文前五十位女性作者占比情况

分类	女性人数(人)	女性占比(%)
R(除 R0、R4)综合性医药卫生类	8	16.0
R0、R4 一般理论、教育与普及类	46	67.6
R1 预防医学、卫生学类	15	28.8
R2 中国医学类	15	28.8
R3 基础医学类	11	22.0
R4/8 临床医学/特种医学	29	56.9
R5 内科学	6	11.8
R6 外科学	6	11.8
R71 妇产科学	43	65.2
R72 儿科学	23	43.4
R73 肿瘤学	13	23.6
R74 神经病学与精神病学	10	19.6
R75 皮肤病学与性病学	26	44.1
R76 耳鼻咽喉科学	22	35.5
R77 眼科学	19	33.3
R78 口腔科学	11	21.6
R8 特种医学	9	17.0
R9 药学	17	28.8

(1)妇产科学中的“她力量”。妇产科在临床属于一级科室，包括产科、妇科常规、妇科肿瘤、生殖等亚学科。福建省妇产科学技术紧盯国际、国内前沿，部分三级亚专科技术已走在国内前列。妇产科由于其工作的特殊性，在其发展史中，女性医务工作者占据着不可或缺的地位。在 1979—2022 年 10 月期间，福建省妇产科学类发文数量排在前五十位作者如图 6 所示(存在并列)，其中女性作者有 43 位，占比达到 65.2%(43/66)，可见女性对福建省妇产科学术发展方面做出了突出贡献。

妇科泌尿学方面，发文数量第一位(81 篇)的中国人民解放军联勤保障部队第九〇〇医院妇产科主任、主任医师宋岩峰教授在女性尿失禁和盆底功能障碍方面造诣高深，为医学新学科妇科泌尿学在我国的创建和发展起到了积极的开拓和推动作用，成为我国该领域著名创始人和奠基人。[①] 尤其是鉴于我国之前长期缺乏女性尿失禁流行病学资料，宋岩峰教授带领的研究团队首次采用国际规范方法在我国进行 33309 例女性尿失禁的大样本流行病学调查，初步摸清我国妇女尿失禁发病基本特征、患病率和危险因素，并发表多篇研究论文。在尿失禁病因学研究中首次运用生物力学研究技术证实盆腔器官脱垂程度在Ⅰ和Ⅱ度时，生物力学衰退具有可逆性，是非手术治疗最佳时期。宋岩峰教授带领的团队创新采用超声、MRI 影像诊断技术、虚拟人体可视化技术进行盆腔立体解剖研究，使诊断方法和手术安全性解剖学研究更为先进和直观，发表《肛提肌收缩功能的三维超声评估》《女性盆底脱垂 MRI 诊断进展》等多篇高质量论文。

在女性生殖医学方面，解放军福州总医院刘芸主任带领的团队于 2013 年正式开展胚胎移植前诊断技术，针对重型地中海贫血、马凡氏综合征、染色体平衡易位及罗伯逊易位等常见遗传疾病进行胚胎移植前诊断。[②] 此外，刘芸主任带领的团队结合当前环境污染的严峻形势，开展大气污染对个体早期发育影响的系列研究，先后获得国家自然科学基金、军区基金、省基金、美国健康影响研究院基金等多项资助。康跃凡、刘芸、任建枝、李萍、颜晓红等带领的不同团队先后运用卵子的玻璃化冷冻术，并已成功诞下健康的婴儿。李萍教授带领的团队着重从男性圆头精子症、无头精子症、短尾精子等畸形精子、少精子症和无精子症等疾病发病机制及辅助生殖技术结局等方面进行基础及临床研究工作，并且多次发布了遗传学的首次报道，丰富了染色体核型收录数据库，增加了患者基因的突变谱。

作为妇产科学极其重要的一个分支，福建省产科学有了长足的发展[③]。发文数量第二位的福建省妇幼保健院颜建英教授带领学术团队在 1994—2013 年开展促进阴道分娩的临床序贯研究，2009—2011 年开展子宫收缩在产后出血中作用机制的研究与产后出血的防治，2012—2014 年开展子痫前期脂质代谢异常的临床应用研究，2013—2016 年开展基于隐马尔科夫模型的胎盘植入机理研究，发表了《产后出血危险因素及高危评分系统临床价值研究》《孕产期血小板减少的预防》《基于隐马尔科夫模型的胎盘植入产前诊断方法》等多篇高质量文章。发文数量排在第五位的福建医科大学附属第一医院胡继芬教授带领的学术团队对子痫前期发病机制、预测、诊断、监测等进行基础和临床研究，发表《重度子痫前期产前风险评估及临床意义》等多篇核心期刊文章，在国内首次研究和报道子痫前期患者胎盘硫氧还蛋白还原酶、硫氧还蛋白 mRNA 的表达情况，对 5 年来 91 例重度先兆子痫患者资料进行分析，并提出重度先兆子痫个体化治疗的原则，2004—2014 年对子痫前期母体胎盘及血浆中氧化应激因子、炎症指标、脂代谢异常指标研究发现子痫前期孕妇胎盘氧化应激反应增加、炎症反应增加、脂代谢异常、免疫调节反应亢进、缺氧状态加重。福建省立医院杨茵主任团队对妊娠期高血压疾病的基础和临床进行了系列研究，探讨了血小板源性生长因子及受体与妊娠期高血压疾病的相关性以及妊娠期高血压疾病眼底改变情况，结合产前诊断，提出产科与多学科团队的协助制定凶险型植入性胎盘诊治方案。此外，与福建医科大学附属第一医院妇产科同期开展腹主动脉预置球囊阻断术及手术九步法，有效控制了Ⅲ型和Ⅳ型植入性凶险性前置胎盘患者的手术出血量，减少产后出血，降低子宫切除率，保障孕产妇的安全。

---

① 福建省妇产科学学科发展研究报告[J].海峡科学，2017(8)：98-109.

② 福建省妇产科学学科发展研究报告[J].海峡科学，2017(8)：98-109.

③ 福建省妇产科学学科发展研究报告[J].海峡科学，2017(8)：98-109.

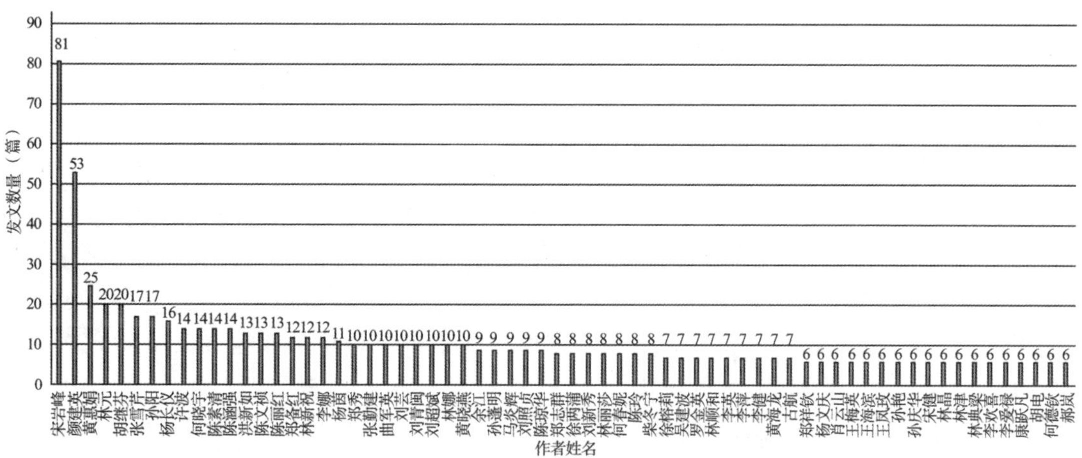

图 6　R71 妇产科学类福建省发文数量前五十位作者(1979—2022 年 10 月)

(2)护理学中的“她力量”。与妇产科学类似，护理学领域也是以女性工作者为主，女性扛起了护理学科的发展重担，对完善护理技术、方法及路径做出了突出贡献。顺应护理专业发展需要，福建省护理学科科研水平逐步提高，主要表现在研究范围不断扩大、研究问题逐渐深化、研究手段多样化，广大护理工作者从护理理论到实践开展了广泛的研究和探讨，形成了浓厚的学术氛围，使护理工作从功能制护理向责任制护理并逐步向整体护理推进。由于北大核心期刊无单独护理学分类，护理学科杂志集中在“R0、R4 一般理论，教育与普及类”与“R4/8 临床医学/特种医学”两类中，本研究从中筛选护理学科杂志，包括《中华护理教育》《中华护理学杂志》《护理学杂志》《护理研究》《护理学报》《解放军护理杂志》，统计女性作者发文情况。1979—2022 年 10 月期间福建省在护理学科杂志发文数量前五十位作者(存在并列)如图 7 所示，其中女性 48 位，占比 92.3%(48/52)，女性占据九成以上。

其中发文数量第一位(48)的福建医科大学护理学院姜小鹰教授，作为国内知名护理学科带头人，她深谙护理学教育与护理人才培养，以精湛的业务、优异的科研业绩在护理教育领域中做出了突出贡献。针对护理专业缺乏师资问题，她制定了护理专业兼职教师培养目标和计划，建立和培训了一支“双师型”教师队伍；看到广大在职护士学历偏低、专业技术亟待提高的状况，她克服种种困难，精心设计了高等护理教育自学考试教学计划和培养目标，先后创办了福建省在职护士高等护理教育本科、专科自学考试，护理函授本科、专科，护理专业证书班及各类护理培训班等，为广大在职护士培训和学历教育提供了多种渠道。由此福建省高等护理教育取得迅速发展，在原有大专护理教育基础上，先后开办了护理本科生、硕士研究生和博士研究生教育。她也成为福建省第一位护理专业硕士生导师和博士生导师，对护理教育模式和教学方法进行大胆改革与创新，获得累累硕果。发表《PDCA 循环在护理学专业认证教学管理中的应用》《高血压病人服药依从性的研究进展》等多篇高质量论文，尤其是《一例术中呼吸心跳骤停病人的抢救与护理》在当年的全国脏器功能衰竭及危重症护理学术会议上作报告时引起轰动，引发了护理学界的广泛关注。姜小鹰主编的研究生教材《护理管理理论与实践》(第 2 版)获首届全国优秀教材高等教育类一等奖，是全国护理学专业唯一获得一等奖的教材，她还在 2011 年获得了国际医学护理界的最高荣誉奖——南丁格尔奖章。作为国内护理学科的领军人物，她先后编写出版教材及专著 42 部，其中担任主编 30

部、担任副主编 6 部，带领福建医科大学护理团队先后获得国家级“护理管理学”精品课程、国家级护理学实验教学中心、国家级护理学人才培养创新实验区等 8 项教育部系列教改工程项目，获国家教学成果奖二等奖 2 项，成为国内护理界唯一入选“全国高校黄大年式教师团队”的带头人。①

发文数量第二位的是福建医科大学副校长李红教授，同时她也是第 47 届国际南丁格尔奖章的获得者和美国护理科学院院士。她在护理领域的研究主要涉及老年护理、急危重症护理和护理管理等方面。李红教授以她对护理领域的卓越贡献而备受瞩目，共发表 150 余篇学术论文，其中 SCI 论文 50 多篇，主编、主审专著 20 余部。李红教授通过测定医院病房护理工作的平均工时，为中国护理人力资源管理建立了评价指标体系。在重症护理和老年护理研究中，她建立了关键技术的临床评估体系，有效提高了护理质量。此外，她还推动创立了中国老年痴呆症患者进食护理适宜技术路径，创新了表达认知干预模式，为提高痴呆患者的生活质量做出了贡献。不仅如此，李红教授还在推动健康管理学科的创立和发展方面取得了显著成就。她领导团队在福州城郊进行了大型慢性病患者健康管理的流行病学调查，为慢性病领域提供了重要资料。基于这些调查结果而形成的《提高全民健康水平的对策研究报告》为福建省的健康促进和健康教育提供了诸多指导与帮助。②

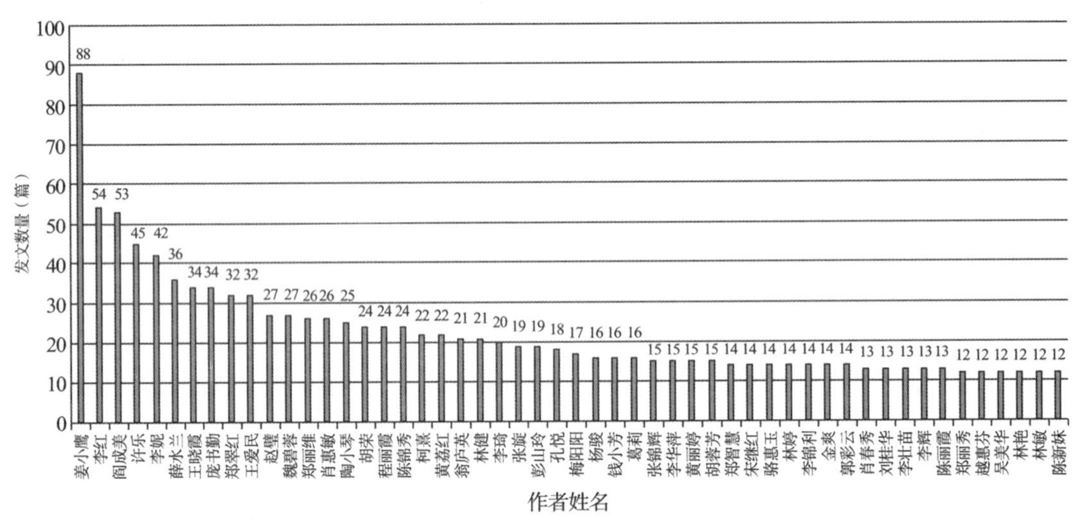

图 7　护理学科相关杂志福建省发文数量前五十位作者(1979—2022 年 10 月)

(3)临床医学/特种医学领域中的“她力量”。近年来，福建省临床医学发展迅猛。女性医务工作者在临床领域发挥着重要作用，对于推动临床学科发展做出了卓越贡献。临床医学/特种医学类期刊涵盖了从护理、医学技术到临床、康复等领域的文章，1979—2022 年 10 月福建省临床医学/特种医学类文章发文数量前五十的作者如图 8 所示(存在并列)。其中女性作者 29 名，占 56.9%(29/51)，超过半数。

发文数量排在第二位的漳州市医院超声科主任杨舒萍于 1985 年开始从事医学超声领

① 护士楷模　学者风范：中华护理学会副理事长、福建省护理学会理事长姜小鹰教授事迹[J].护理研究，2011，25(31)：2827.

② 福建医科大学护理学院.李红[EB/OL].[2023-09-02].https://www.fjmu.edu.cn/hlxy/lh/list.htm

域的诊断工作，在心血管超声、腔内超声、介入超声方面的工作得到同行一致认可，并发表多篇重要论文。其中，完成的《B 超检测技术在颅内占位性病变应用》获得市科技进步奖，《超声诊断技术在食管癌的应用》获得省工程学会优秀论文奖，《股动脉及颈动脉粥样硬化预测冠心病》获得漳州市科协优秀论文及科技进步奖二等奖，《实时彩色多普勒超声技术在神经外科手术中的应用》获得福建省卫生厅青年科研课题。①

同在发文前五十位名单中的廖建梅医生任中国超声医学工程学会生殖健康与优生优育超声专业委员会委员、福建省优生优育与妇幼保健协会妇产超声专业委员会常务委员、福建省医师协会超声医学科医师分会第一届委员会妇产学组委员，擅长妇产科超声诊断及介入。主持参与两项福建省自然科学基金，于国内核心专业杂志发表多篇论著，与前述杨舒萍主任合作开展多项研究，如评价经阴道实时三维超声子宫输卵管造影应用于不孕症的诊断价值，比较经阴道三维超声造影(3D-CEUS)与磁共振(MRI)检查在诊断卵巢肿瘤的价值，并主持开展了 3 项漳州市医院新技术，推动了超声诊断技术的发展。②

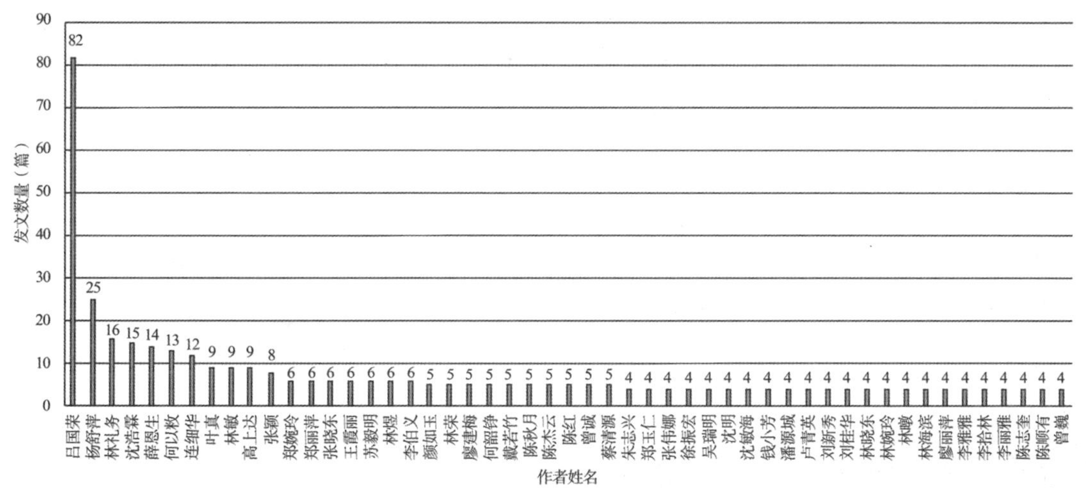

图 8　R4/8 临床医学、特种医学类福建省发文数量前五十位作者(1979—2022 年 10 月)

(4)公共卫生中“她力量”。2020 年，新冠肺炎病毒在全世界蔓延流行，再次将公共卫生推到国家发展前沿。病毒传染控制的好坏直接影响到人民生命安全和日常生活、经济发展、工人就业、国家治理以及社会安定。从全球范围看，一些亚洲国家在防控方面做得很出色，中国的控制成效尤其突出，人们的工作和日常生活从 2020 年 3—4 月起就逐步回归正常，国家和地方严控局部突发情况，确诊病例少，这使中国成为当年世界主要经济体中唯一实现正增长的国家。这在一定程度上也归功于中国人对社会负责的公共卫生行为意识，以及生物制药、医疗卫生领域通力合作进行病毒传染的防控与治疗。其中女性医务工作者在防控新冠肺炎病毒传染方面更是当仁不让。在新冠疫情暴发初期，全国各省心系湖北，纷纷派出医疗救援队赶赴武汉。2020 年 1 月 27 日上午，福建省首批医疗队从福州出发，乘专机驰援湖

① 专家详情 杨舒萍[EB/OL].[2023-09-02].https://news.chinasdc.cn/WebManage/StrokeProject/ExpertDetial? Eid=739.

② 福建省漳州市医院 福建医科大学附属漳州市医院.廖建梅 超声医学科[EB/OL].(2021-11-18)[2023-09-02].https://www.zzfh.com/cms/html/zzsyy/2021-11-18/515891654.html.

北，这是1月25日晚国家卫健委要求福建省组派医疗队援助湖北应对新型冠状病毒感染之后，短短24小时内即组建成的医疗“精锐部队”，共135人，其中有77名女性。① 福建省共计派出12批援鄂医疗队，共计1393名医护人员，其中女性占七成。

公共卫生领域女性所创下的科研成果更是不计其数，1979—2022年福建省预防医学、卫生学类期刊发文数量前五十位作者如图9所示(存在并列)，女性占据近三成，共15位，占比达到28.8%。其中发文数量排名第一的厦门大学公共卫生学院方亚教授，长期从事慢性病流行病学、老年健康与养老、健康医疗大数据、卫生技术评估与卫生经济政策等领域的研究，探索统计学在医学领域的应用，并采用统计学方法探究影响疾病的重要因素，以期对疾病实现早期干预。她在国内外公共卫生领域优质期刊发表论文200余篇，参编教材30余部，主持和参加国家级及省部级等各级课题100余项，并获多项奖励，她还荣获21世纪健康产业创变领导力——2023年度创变领军人，获聘美国公共卫生的最高荣誉团体——美国公共卫生协会(American Public Health Association)荣誉委员，为公共卫生领域的发展做出了突出贡献。② 发文数量排在第三位的福建医科大学肿瘤流行病学研究室主任蔡琳教授，主要从事肿瘤等慢性病分子流行病学研究，探索癌症危险因素及交互作用，分析恶性肿瘤流行趋势及其分子机制，在国内外预防医学领域优质期刊发表多篇高质量论文，为肿瘤防治做出了突出贡献。③

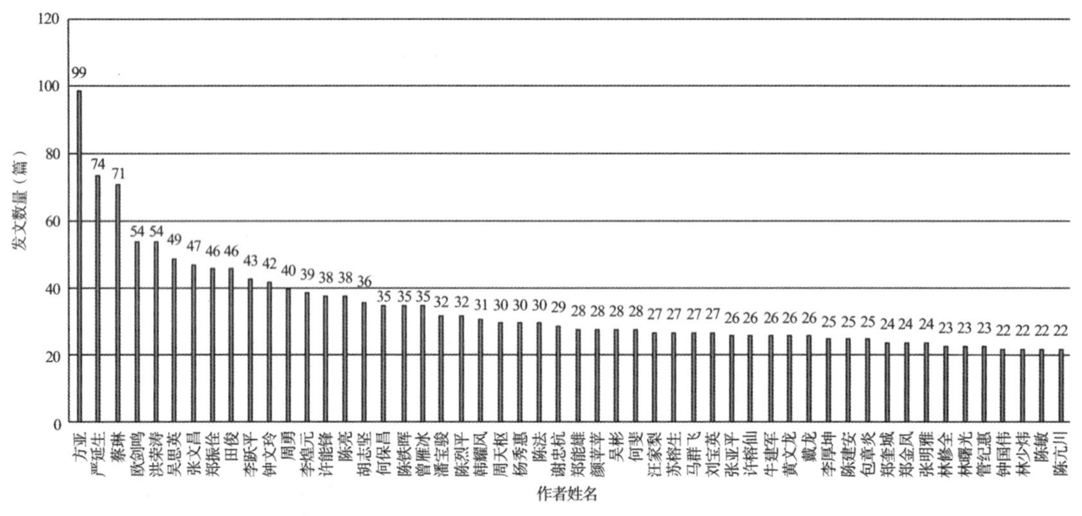

图9　R1预防医学与卫生学类福建省发文数量前五十位作者(1979—2022年10月)

(5)其他医疗领域中的“她力量”。由表6可以看出，发文数量前五十位的作者中女性人员的占比多在二成至三成，在当前整体医疗卫生行业，相较于男性，女性人员在数量与资源

---

① 高清组图：福建省首批医疗队今日启程“湖北人民，我们来了!”[EB/OL].(2020-01-27)[2023-09-02]. http://fj.people.com.cn/GB/n2/2020/0127/c181466-33746279.html.

② 厦门大学公共卫生学院.方亚教授[EB/OL].[2023-10-28].https://sph.xmu.edu.cn/info/1391/17604.htm.

③ 福建医科大学公共卫生学院.蔡琳副教授[EB/OL].(2022-10-08)[2023-10-28].https://www.fjmu.edu.cn/ggwsxy/2022/0222/c2969a163319/page.htm.

等方面还处于劣势。在内科学、外科学与特种医学领域，女性工作者比例均低于20%，可能是由于行业特殊性，如外科需要极强的体力、耐力，放射医学或一些职业医学所从事的研究对于女性生殖健康存在危害，该部分领域与女性工作者无法形成双向吸引。其他领域发文数量前五十位作者如图10～图23所示（存在并列）。

但在这些领域，依然可见女性工作者所做出的巨大贡献。福建省立医院主任医师、福建医科大学林丽香教授，发表论文130多篇，参加编写《中华内科学》《糖尿病学》《中华药理学》等8部专著，获中华医学科技奖、北京市科技进步奖、福建省科技进步奖等共16项。20世纪70年代末在国内率先应用小剂量胰岛素治疗糖尿病酮症酸中毒，明显降低该病的死亡率，并迅速在全国推广；1988年在国内率先发现T3优势型甲亢，为甲亢治疗提供方向；1992—1995年在国内较早建立谷氨酸脱羧酶自身抗体及胰岛素原测定，为糖尿病分型及发病机制提供依据，曾三次参加全国性糖尿病大普查，提供本省糖耐量低减及糖尿病流行病学资料；1994—1997年对糖耐量低减进行三年干预治疗，与国内外同步探索2型糖尿病预防。[①] 中国人民解放军联勤保障部队第九〇〇医院儿科研究所副所长、第一军医大学儿科专业硕士研究生导师叶礼燕，任中国中西医结合学会儿科分会副主任委员，中华医学会儿科分会感染消化学组委员，《中华儿科杂志》《中国实用儿科杂志》《小儿急救医学杂志》《人民军医》编委，业务专长为儿科感染和消化、中西医结合，尤其是腹泻病，相继进行小儿腹泻与锌、营养不良及胰腺外分泌功能的研究，并从分子生物学水平进行腹泻病原学研究，对乙型肝炎病毒相关性肾炎的诊断和治疗也进行了较深入的探讨，发表论文30余篇，出版专著12册。[②]

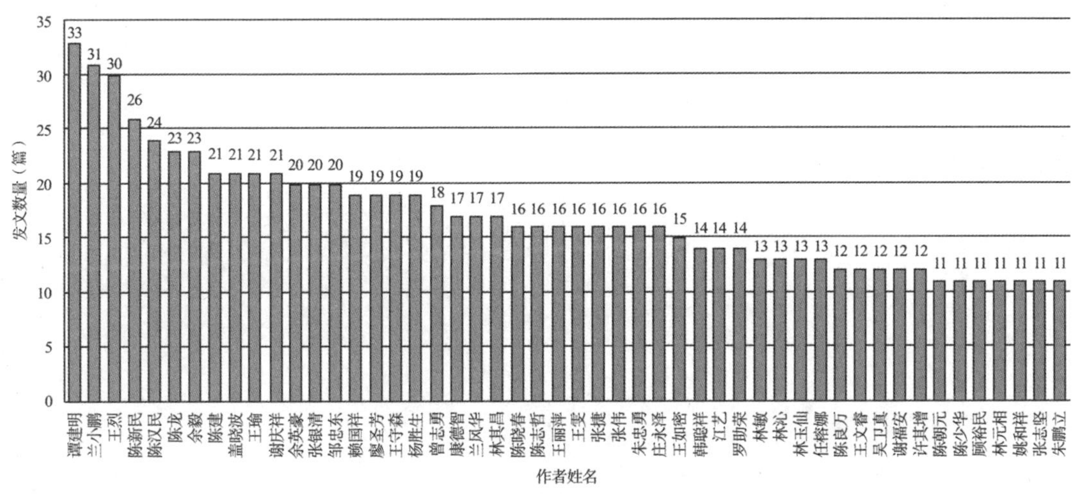

图10　R(除R0、R4)综合性医药卫生类福建省发文数量前五十位作者

① 福建省立内分泌腺体疾病学科群荣誉榜（十三）[EB/OL].（2019-10-08）[2023-09-02].https://www.sohu.com/a/345637799_120058711.

② 叶礼燕主任医师[EB/OL].[2023-09-02].https://ysk.99.com.cn/ys/introduction/226788.html.

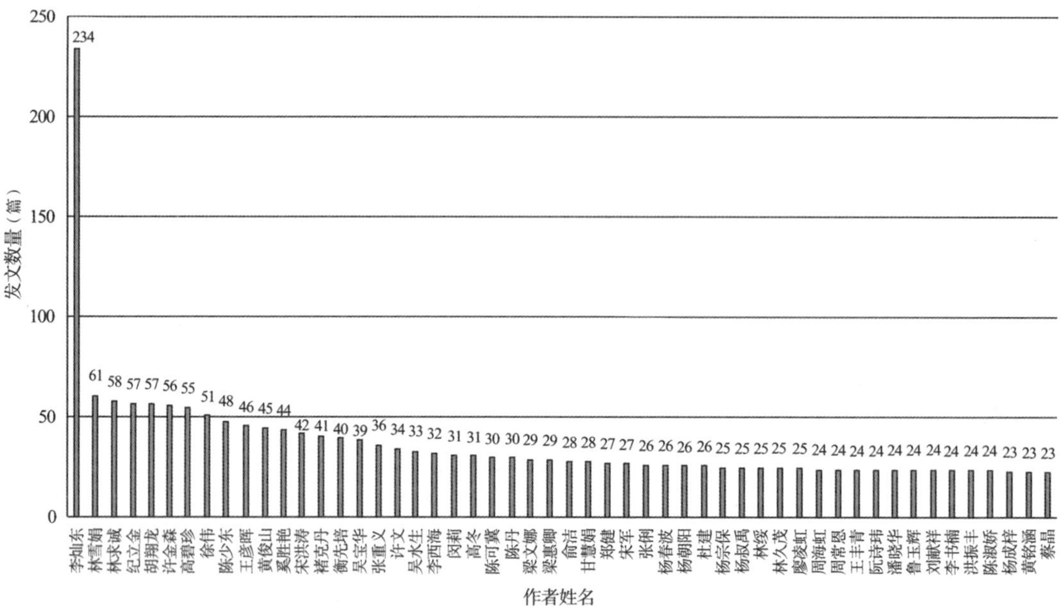

图 11　R2 中医类福建省发文数量前五十位作者

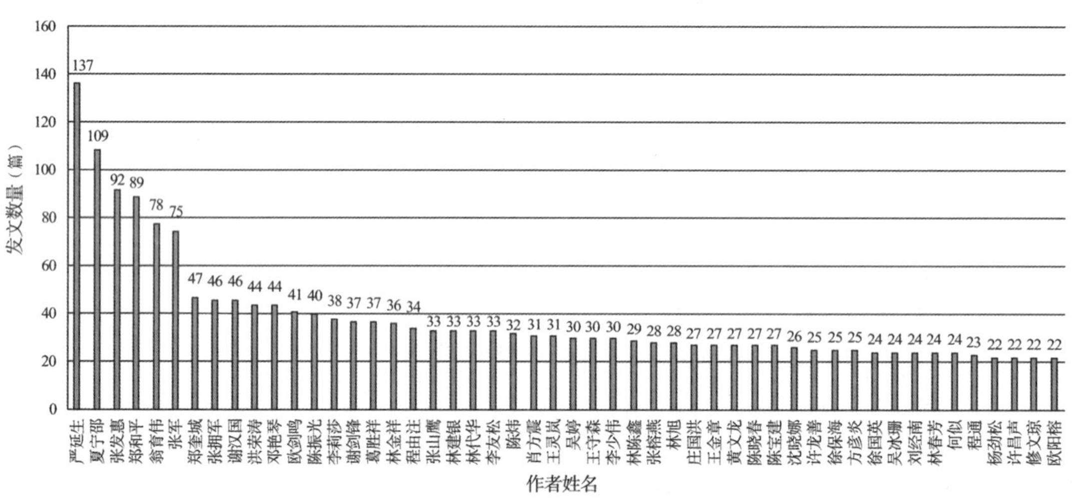

图 12　R3 基础医学类福建省发文数量前五十位作者

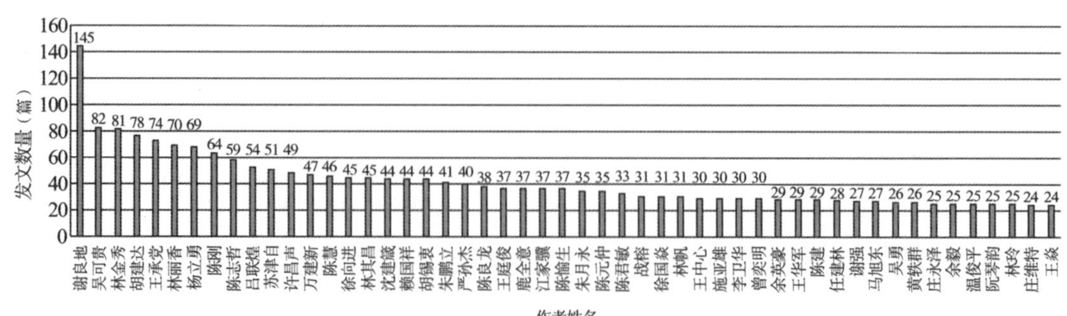

图 13　R5 内科学类福建省发文数量前五十位作者

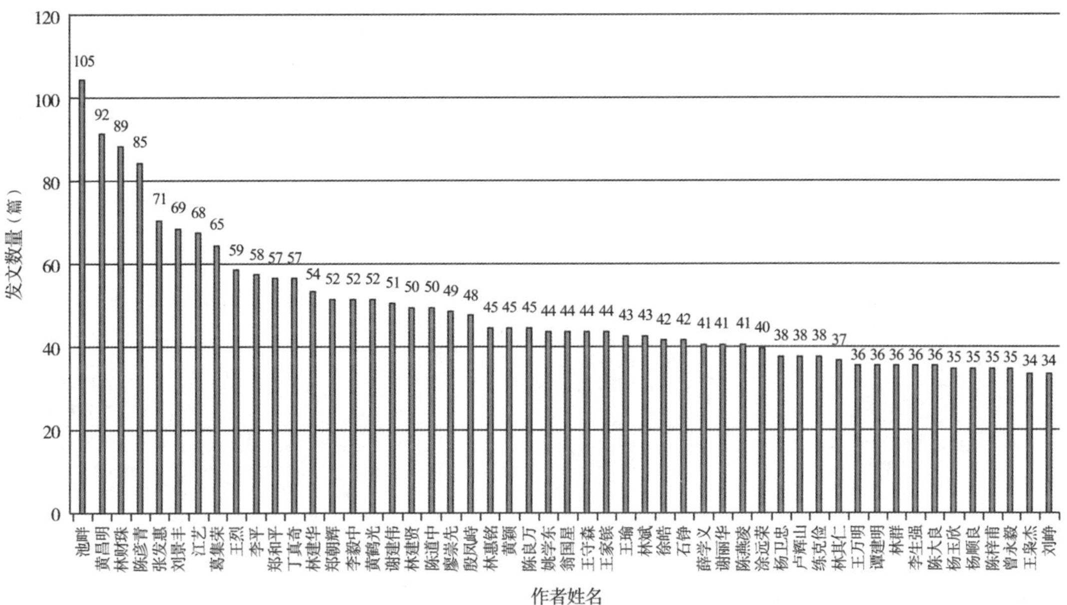

图 14　R6 外科学类福建省发文数量前五十位作者

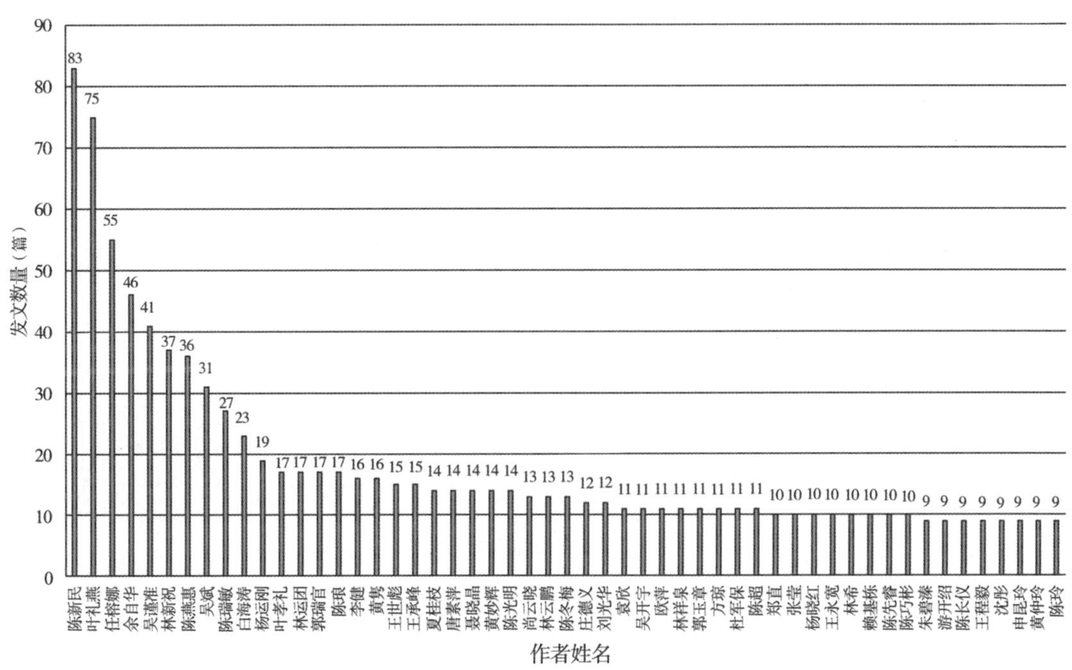

图 15　R72 儿科学类福建省发文数量前五十位作者

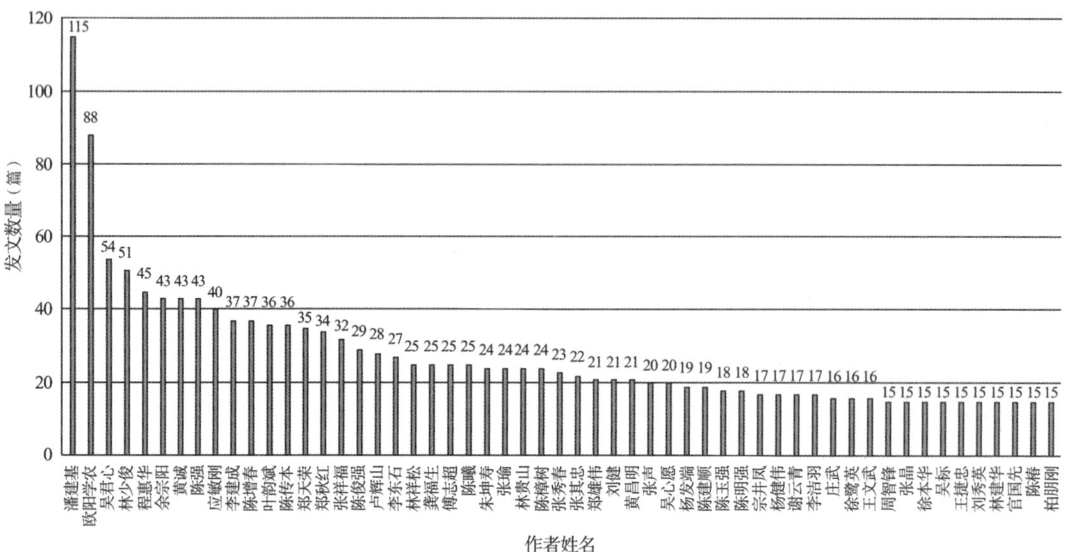

图 16　R73 肿瘤学类福建省发文数量前五十位作者

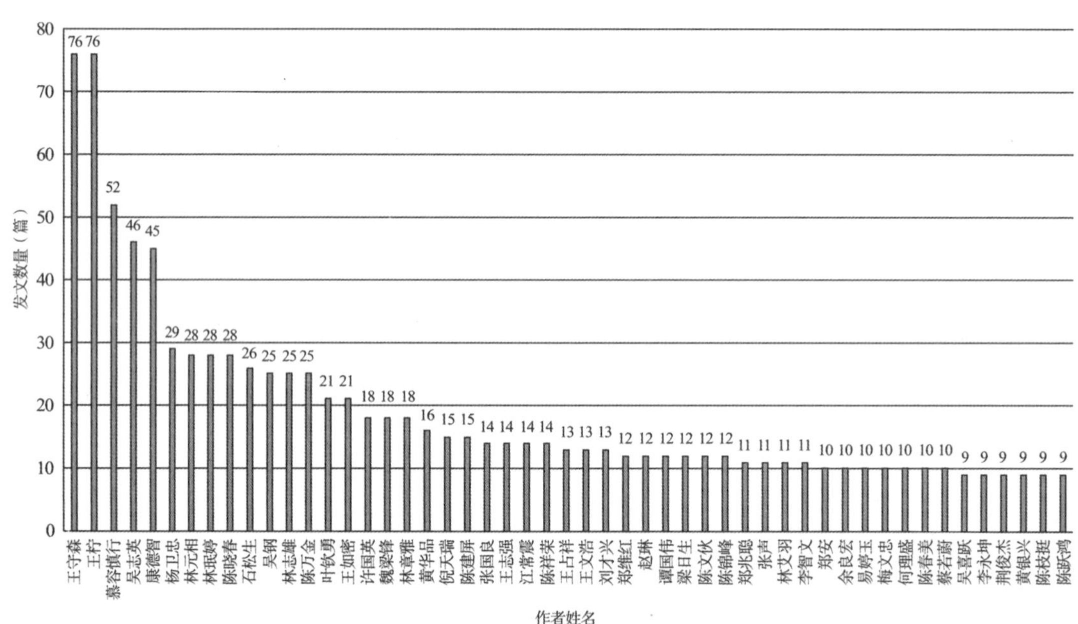

图 17　R74 神经病学与精神病学类福建省发文数量前五十位作者

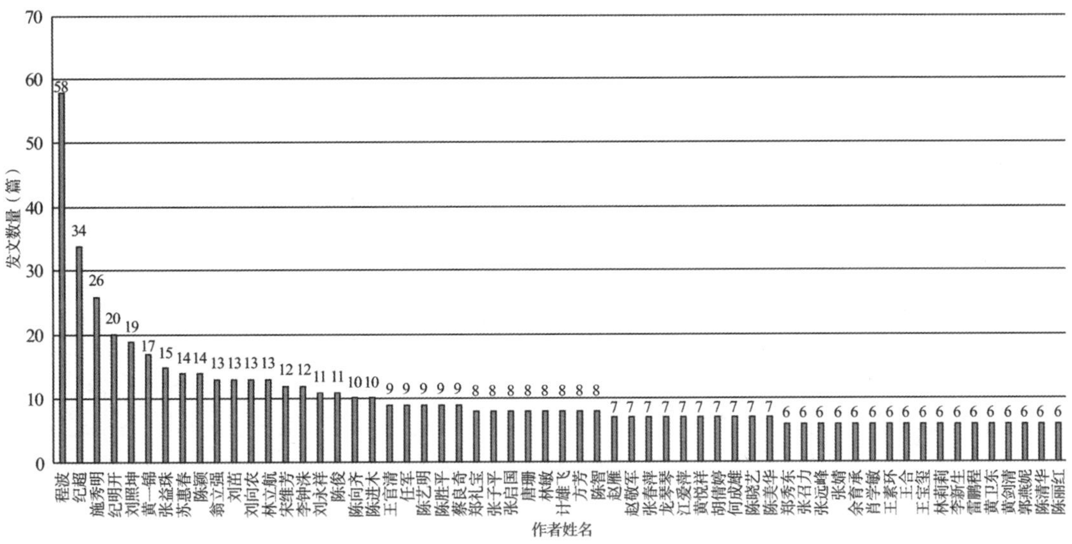

图 18　R75 皮肤病学与性病学类福建省发文数量前五十位作者

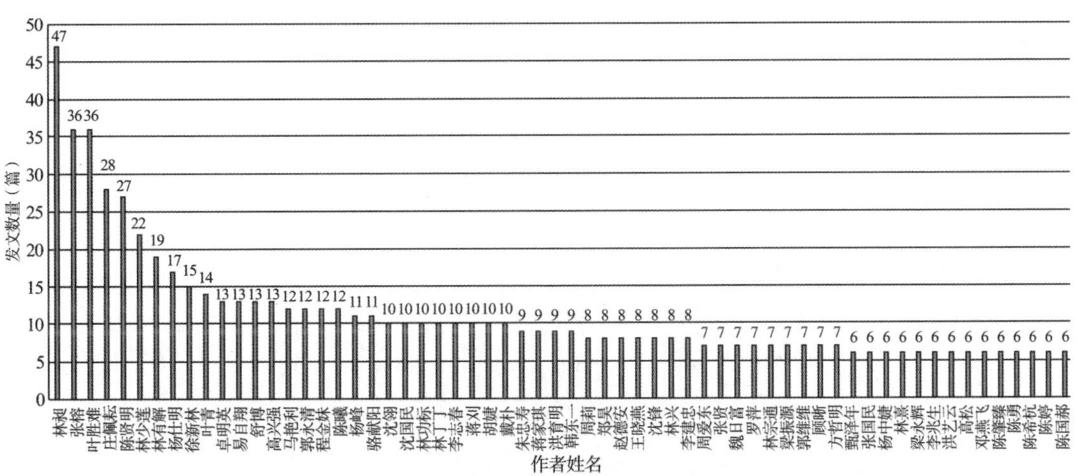

图 19　R76 耳鼻喉科学类福建省发文数量前五十位作者

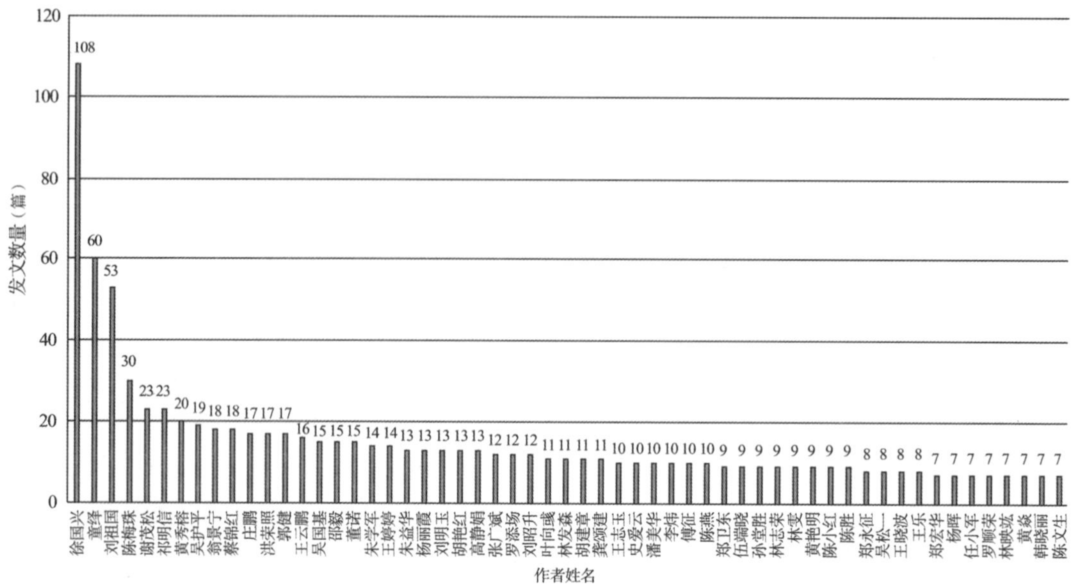

图 20　R77 眼科学类福建省发文数量前五十位作者

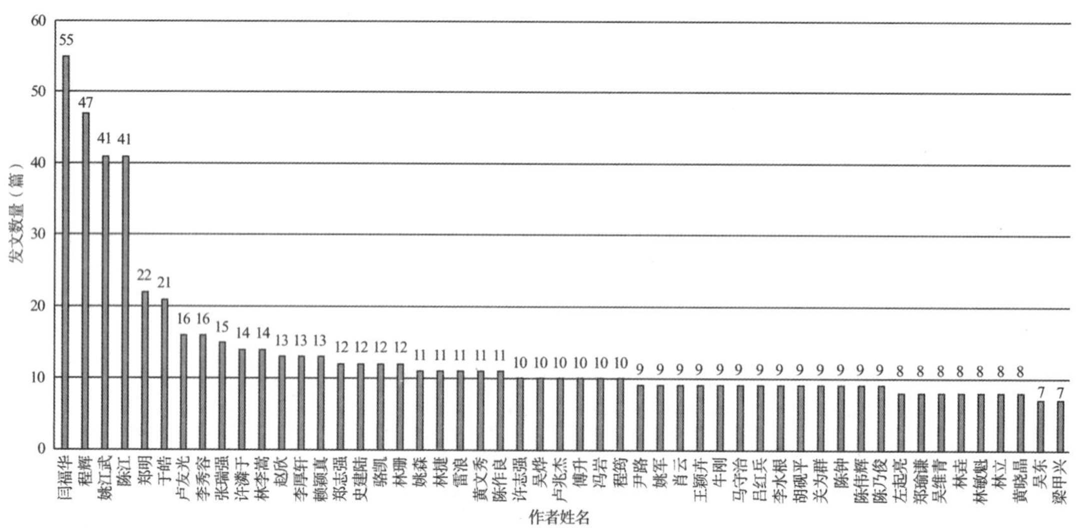

图 21　R78 口腔科学类福建省发文数量前五十位作者

（6）小结。本文按北大核心期刊条目检索中国知网数据库，对福建省医疗卫生领域女性的学术贡献进行总结，描绘了医疗卫生领域的“她力量”，让更多人看到、认识到女性为行业发展所做出的不可磨灭的贡献，助力弥合学术研究中的性别差异，推动领域朝着平等、多元和包容的方向发展。但本文未纳入研究人员发表的外文期刊，对于体现女性医务工作者的学术贡献存在一定偏差。此外，由于知网导出信息中无作者性别、未准确标识通讯作者等，未能细致体现女性研究人员学术贡献的全貌，如通讯作者中女性人员的分布情况以及女性人员的单位分布情况等。尽管如此，我们仍然可以看到越来越多的女性医疗卫生工作者在用责任、担当、仁爱、技术凝聚起强劲的巾帼力量，用一腔热血守护着人民健康，展现出新时代女性风采，为福建省医疗卫生领域的发展画下了浓墨重彩的一笔，在学术贡献、学科建设

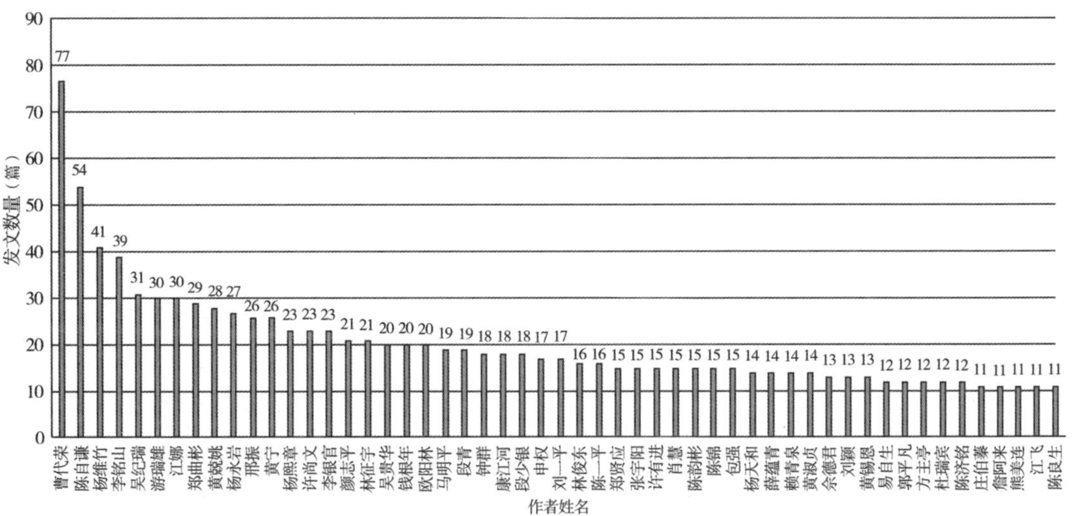

图 22　R8 特种医学类福建省发文数量前五十位作者

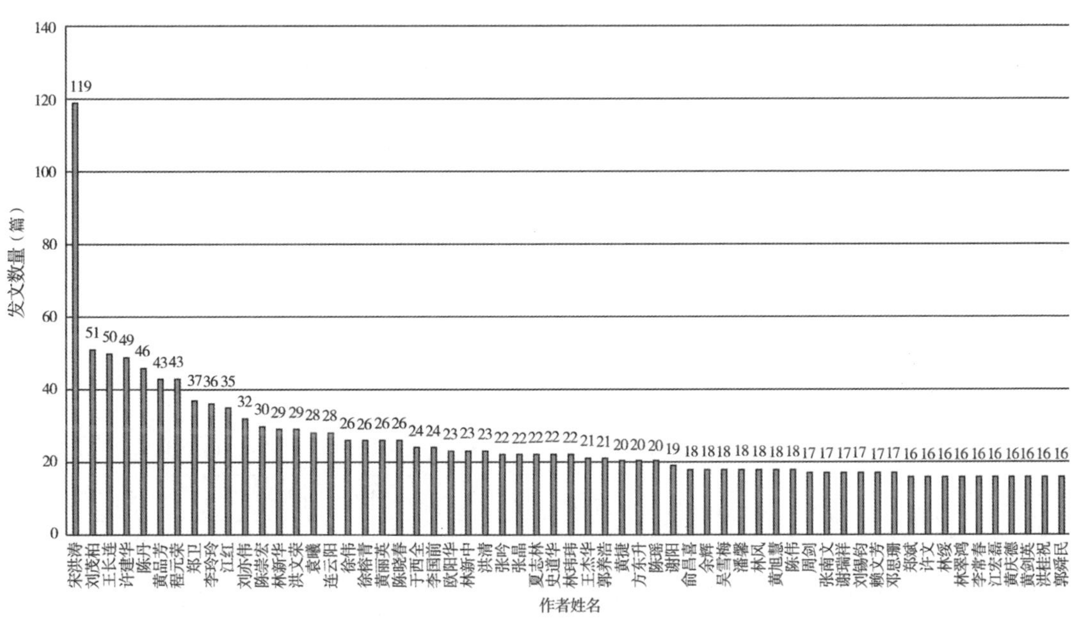

图 23　R9 药学类福建省发文数量前五十位作者

方面发挥着“半边天”的作用。在福建省“十四五”卫生健康发展专项中“坚持需求导向，加快医学教育协同发展”“立足发展赶超，加强医学科技创新发展”“科学资源布局，优化医疗卫生人才队伍”等规划的指引下，必将有更多女性医疗卫生人才崭露头角，为中国医学研究的发展和健康事业的进步做出更多重要贡献。[①] 我们也希望有更多政策向女性倾斜，为更好地激发女性从事医疗科学研究的热情、凝聚各方之力培育出更多的卓越女性营造舒适环境，让

① 福建省人民政府办公厅.福建省人民政府办公厅关于印发福建省“十四五”卫生健康发展专项规划的通知[EB/OL].(2021-09-03)[2023-09-02].http://zfgb.fujian.gov.cn/9467.

更多女性人才的潜能得到充分释放和发挥，站上学术金字塔的塔尖。

2. 从科研奖励透视“她力量”

“科技立则民族立，科技强则国家强”，科研奖励是除学术论文外反映科研成果的又一重要指标。不论是国家科学技术奖励还是社会科技奖励，均是鼓励团结协作、联合攻关，鼓励自主创新，鼓励攀登科学技术高峰的重要举措。

福建医学科技奖是利用非国家财政性经费，自筹资金，经福建省科学技术行政部门审核并批准，由福建省医学会面向全省医药卫生行业设立的经常性的科学技术奖，属于社会力量设奖。① 该奖项旨在表彰在医学科学发现、技术发明和促进科学技术进步等方面做出突出贡献的科技工作者和单位，奖励内容包括自然科学、技术发明、科学技术进步等。奖项的推荐、评审和授奖实行公开、公平、公正的原则，不受任何组织和个人的非法干涉，以其公正性、科学性和权威性而受到了广大科技人员和社会各界的赞赏和肯定。福建医学科技奖设一等奖、二等奖、三等奖三个等级，每年评审一次，授奖一次。该奖项设立于 2007 年，至今已完成 15 届评审工作。2018 年新修订《福建医学科技奖管理办法》要求对单项授奖人数和授奖单位实行限额，切实做到保证医学科技奖的质量，宁缺毋滥。为了考察福建省医疗卫生健康领域女性工作者的贡献量，本文以福建省医学科技奖为切入点进行梳理。

福建省医学奖获奖单位及成员信息来自福建省医学会公布资料。获奖人员性别通过百度、知网、高校及医疗机构官网等途径逐一查询获取。采用 Excel 建立 2016—2021 年福建省医学科技奖数据库，并从获奖成果项目、获奖项目学科分布、第一完成人、主要完成单位等方面进行分析，阐述近年来福建省女性在医疗卫生领域所作贡献的变化情况。

（1）获奖项目等级分布。2016—2021 年 6 年间，福建省医学科技奖获奖项目总数为 204 项，其中一等奖 15 项，占 7.35%；二等奖 52 项，占 25.49%；三等奖 137 项，占 67.16%。获奖项目数目稳中有增，平均每年 34 项，2019 年最多，达 44 项，见表 8。

表 8　2016—2021 年福建省医学科技奖获奖成果分布

年份	一等奖		二等奖		三等奖		合计
	数量	百分比(%)	数量	百分比(%)	数量	百分比(%)	
2016	2	7.14	7	25.00	19	67.86	28
2017	2	7.14	8	28.57	18	63.29	28
2018	2	5.88	9	26.47	23	67.65	34
2019	3	6.82	11	25.00	30	68.18	44
2020	3	10.34	7	24.14	19	65.52	29
2021	3	7.32	10	24.39	28	68.29	41
合计	15	7.35	52	25.49	137	67.16	204

（2）获奖项目学科分布。参照国务院学位委员会、教育部发布的《学位授予和人才培养学科目录》中学科门类及一级学科分类，根据其项目内容、获奖人员及其单位信息，对其进行学科划分。获奖成果涉及基础医学、临床医学、预防医学与公共卫生学、药学、中医学与中药

① 福建省医学会设立福建医学科技奖[J].学会，2008(5)：59.

学及医学其他相关学科。

临床医学获奖项目居第一位，共160项，占比为78.43%，其后依次为中医学与中药学、预防医学和公共卫生学、基础医学、药学以医学其他相关学科，占比分别为8.33%、7.35%、2.94%、2.45%和0.49%（见表9）。临床医学在各获奖等级中占绝对优势，各等级获奖数量均远超其他，为此本文进一步梳理了临床医学学科下二级学科的获奖情况（见表10）。其中内科学、外科学、肿瘤学获奖项数较多，累计占比达59.38%。临床诊断学、儿科学、妇产科、眼科学、核医学、护理学、麻醉学、耳鼻咽喉科学和神经病与精神病学占比均小于10%。急诊医学占比小于1%。

表9　2016—2021年福建省医学科技奖获奖项目一级学科数量与等级分布

学科分类	获奖等级			总项数	项目构成（%）
	一等奖	二等奖	三等奖		
基础医学	2	1	3	6	2.94
临床医学	11	39	110	160	78.43
预防医学和公共卫生学	1	5	9	15	7.35
药学	1	1	3	5	2.45
中医学与中药学	0	6	11	17	8.33
医学其他相关学科	0	0	1	1	0.49
合计	15	52	137	204	100

表10　2016—2021年福建省医学科技奖临床医学下二级学科数量与等级分布

学科分类	获奖等级			总项数	项目构成（%）
	一等奖	二等奖	三等奖		
临床诊断学	0	2	6	8	5.00
内科学	3	6	21	30	18.75
外科学	2	6	16	24	15.00
肿瘤学	5	8	28	41	25.63
儿科学	0	0	6	6	3.75
妇产科学	0	6	5	11	6.88
眼科学	0	1	2	3	1.88
核医学	0	3	6	9	5.63
护理学	0	2	5	7	4.38
麻醉学	0	1	3	4	2.50
耳鼻咽喉科学	0	2	2	4	2.50
神经病与精神病学	0	2	9	11	6.88
急诊医学	0	0	1	1	0.63
医学其他学科	1	0	0	1	0.63
合计	11	39	110	160	100

获奖项目数量居第二位的是中医学与中药学。中医学与中药学是我国传统特色医药领域，我国对中医药领域的科技研究高度重视。2017 年 6 月，科学技术部和国家中医药管理局共同印发《“十三五”中医药科技创新专项规划》，提出 2020 年建立更加协同、高效、开放的中医药科技创新体系，解决一批制约中医药发展的关键科学问题，突破一批制约中医药发展的关键核心技术，加速推进中医药现代化和国际化发展；2019 年 12 月，国家中医药管理局发布《中共中央 国务院关于促进中医药传承创新发展的意见》，对加强中医药服务体系建设、提升中药材质量、加强中医药人才建设等方面提出了新的要求。①

预防医学和公共卫生学获奖数量排在第三位。在应对传染病方面，2003 年战胜“非典”以来，国家修订了《传染病防治法》，陆续出台了《突发事件应对法》《突发公共卫生事件应急条例》以及配套预案。党的十八大以来，党中央明确了新时代党的卫生健康工作方针，成功防范和应对了甲型 H1N1 流感、H7N9、埃博拉出血热等突发疫情。2020 年初，新冠肺炎疫情的暴发给公共卫生与医疗健康体系提出了全新的挑战。2020 年 6 月 2 日，习近平总书记在专家学者座谈会上的讲话，对构建起强大的公共卫生体系提出新的要求。

(3)获奖人员分布。①总体获奖人员分析。2016—2021 年 6 年福建省医学科技奖获奖总人数为 1459 人，2019 年获奖人数最多达 401 人。经过百度百科、机构官网、知网等多种途径逐一查询各获奖人员性别，其中男性获奖者有 936 人，占总人数的 64.15%，女性获奖者有 502 人，占总人数的 34.41%，未查询到性别的人员有 21 人，占总人数的 1.44%(见表 11)。一般说来，某领域的获奖人数与研究人数成正比，根据本次统计，获奖学者的男女比例接近 2∶1，这进一步说明在福建省医疗卫生健康领域中男性学者的数量约为女性学者数量的 2 倍，福建省医疗卫生健康领域的科研成果以男性学者为主。2016—2021 年女性获奖者数量占比呈现下降趋势，从 2016 年 37.45%下降至 2021 年 28.14%。获得 2016 年福建省医学科技奖的人员中女性占比 37.45%，为 6 年中最高，而 2021 年占比最低。

表 11　12016—2021 年福建省医学科技奖获奖人员性别分布

年份	男性		女性		未查询到性别		合计
	数量	百分比(%)	数量	百分比(%)	数量	百分比(%)	
2016	157	62.55	94	37.45	0	0.00	251
2017	142	64.84	76	34.70	1	0.45	219
2018	122	63.54	69	35.94	1	0.52	192
2019	251	62.59	144	35.91	6	1.50	401
2020	108	65.45	54	32.73	3	1.82	165
2021	156	67.53	65	28.14	10	4.33	231
合计	936	64.15	502	34.41	21	1.44	1459

① 中华人民共和国科学技术部.科技部 国家中医药管理局关于印发《“十三五”中医药科技创新专项规划》的通知[EB/OL].(2019-10-26)[2023-10-15].https://www.most.gov.cn/xxgk/xinxifenlei/fdzdgknr/fgzc/gfxwj/gfxwj2017/201706/t20170614_133529.html.中华人民共和国中央人民政府.中共中央 国务院关于促进中医药传承创新发展的意见[EB/OL].(2017-06-14)[2023-10-15].https://www.gov.cn/gongbao/content/2019/content_5449644.htm? eqid=c5607fa400081d9d000000066498f807.

特别值得一提的是，由福建省肿瘤医院吴美华带领的一支全部由女性组成的团队共同完成了《心理教育课程改善乳腺癌患者习得智谋和心理状况的研究》，获2017年度福建省医学科技奖三等奖。该项目首次探讨关于基于智谋理论的心理教育课程对乳腺癌患者智谋的影响研究，改变了传统的分阶段健康教育，采用个体结合团体，综合分阶段患者需求，最终确定便捷有序、功能齐全的心理健康教育课程，丰富了临床健康教育方式及内容。在国内率先对智谋与乳腺癌患者心理健康的相关性进行深入研究，阐明乳腺癌患者智谋水平与其影响因素的相关性。丰富肿瘤患者心理健康评价指标，编制国内首个中文版智谋量表。改变乳腺癌患者"被动康复"为"主动康复"意识，提高其治疗依从性，为促进患者康复提供有力支持。

②女性获奖人员等级分布。一等奖获得者女性占比呈下降趋势，2016年最高占65.00%，二等奖、三等奖中女性占比变化幅度小，基本保持稳定，在30.00%上下浮动（见图24）。女性获奖者多集中在二等奖及三等奖，一等奖中女性比例逐渐下降，提示女性的科研能力有待进一步提升（见表12）。2021年，杨婷主持的《基于间充质干细胞技术平台的移植物抗宿主病（GvHD）优化治疗》项目获得2021年福建省医学科技奖一等奖。移植物抗宿主病（GvHD），通俗来讲即"免疫排异反应"引起的疾病，在器官移植、造血干细胞移植时甚至输血过程中都可能引发移植物抗宿主病，是一种多系统损害（皮肤、食管、胃肠、肝脏等）全身性疾病，是造成移植失败和死亡的重要原因之一。杨婷主任医师从事血液病的诊治与研究工作，随着对间充质干细胞治疗移植物抗宿主病的研究不断深入，该项技术有望惠及更多造血干细胞移植患者，提高患者的存活率与生存质量。

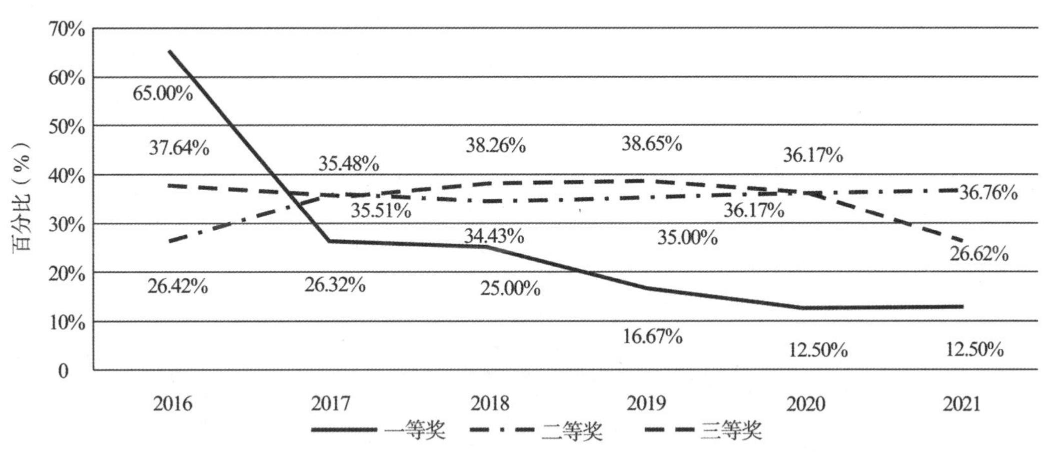

图24　2016—2021年福建省医学科技奖获奖人员中女性的占比

表12　2016—2021年福建省医学科技奖女性获奖统计

类别		2016	2017	2018	2019	2020	2021	合计
一等奖	项目数	2	2	2	3	3	3	
	获奖总人数	20	19	16	30	24	24	
	女性人数	13	5	4	5	3	3	
	女性占比（%）	65.00	26.32	25.00	16.67	12.50	12.50	

续表

类别		2016	2017	2018	2019	2020	2021	合计
二等奖	项目数	7	8	9	11	7	10	
	获奖总人数	53	62	61	120	47	68	
	女性人数	14	22	21	42	17	25	
	女性占比(%)	26.42	35.48	34.43	35.00	36.17	36.76	
三等奖	项目数	19	17	23	30	19	28	
	获奖总人数	178	138	115	251	94	139	
	女性人数	67	49	44	97	34	37	
	女性占比(%)	37.64	35.51	38.26	38.65	36.17	26.62	
合计	项目数	28	28	34	44	29	41	204
	获奖总人数	251	219	192	401	165	231	1459
	女性人数	94	76	69	144	54	65	502
	女性占比(%)	37.45	34.70	35.94	35.91	32.73	28.14	34.41

(4)第一完成人情况。①第一完成人性别比。对第一完成人性别进行统计,发现女性占比整体相对稳定,2017 年占比最高达 32.14%(见表 13)。福建省肿瘤医院力超主任医师主持的项目《分子标志物指导下肺癌精准免疫诊疗关键技术的临床应用》获 2021 年福建省医学科技奖二等奖。力超主任从事肿瘤病理诊断、科研及教学工作 20 多年,美国纽约大学医学院访问学者,承担并参与国家级、省级科技计划项目 18 项。在国内外医学杂志发表论文 40 余篇,其中在 *Ann Oncol*、*J TO* 等国际期刊以第一作者或通讯作者发表论文 10 篇。近年来主要研究方向为肺癌免疫微环境及肺腺鳞癌起源,相关 PD-L1 系列研究结果被《非小细胞肺癌 PD-L1 免疫组织化学检测规范中国专家共识》与 *Fit-For-Purpose PD-L1 Biomarker Testing for Patient Selection in Immuno-Oncology: Guidelines for Clinical Laboratories from the Canadian Association of Pathologists-Association Canadienne des Pathologistes (CAP-ACP)*两个国家指南引用。

表 13　第一完成人统计

年份	项目数	男性人数	女性人数	女性占比(%)
2016	28	21	7	25.00
2017	28	19	9	32.14
2018	34	24	10	29.41
2019	44	30	14	31.82
2020	29	22	7	24.14
2021	41	32	9	21.95
合计	204	148	56	27.45

②女性负责人项目领域。分析56项目由女性主持的获奖项目标题，提取关键词，可知她们在医药卫生领域主要的关注点在肿瘤、精准治疗、儿童，出现频次分别为6次、5次、4次。从词频看获奖项目具有以下三大特征：

第一，重视常见、多发肿瘤疾病诊疗技术攻关与医药研发。高频关键词中包含“肺癌”“肿瘤”“肝癌”“乳腺癌”“鼻咽癌”等肿瘤相关词语。国际癌症研究中心（International Agency for Research on Cancer，IARC）公布的《2020年全球癌症报告》显示，中国的癌症发病率持续上升，中国新发癌症人数位居全球第一位，中国癌症死亡人数位居全球第一位，死亡人数前十位的肿瘤中，肺癌居首位，另外还包含肝癌、胃癌、乳腺癌等疾病，癌症防治工作及相关科技攻关有待进一步提升。[①] 2017年10月，在国务院常务会议上李克强总理指出“要集中优势力量开展疑难高发癌症治疗专项重点攻关”。2019年，国家卫生健康委员会医政医管局发布《国家卫生健康委办公厅关于印发国家癌症区域医疗中心设置标准的通知》，提出进一步完善癌症医疗服务体系顶层设计，推动提升区域癌症医疗服务保障能力。[②] 2022年4月2日，国家卫健委发布《健康中国行动推进委员会办公室关于印发健康中国行动2022年工作要点的通知》，“癌症筛查”再次成为2022年重点工作方向。[③]

第二，创新诊疗方式，推行个体化、精准医疗。高频关键词中的“精准”出现了5次，如福建省立医院福建医科大学李鸿茹主持的“非小细胞肺癌转移机制及精准治疗系列研究”获得2021年度福建省医学科技奖三等奖。2015年2月，习近平总书记指示科学技术部与国家卫生和计划生育委员会成立“中国精准医学战略专家组”，科学技术部陆续启动中国的精准医学计划。2016年，中国政府将精准医学正式纳入“十三五”经济规划，提出“促进精准医学的创新和工业化”，这极大推动了国内精准医学的发展。同时，精准医学被列入“健康中国2030”规划，以期利用精准医学来解决中国在医疗保健上面临的一些主要挑战。

第三，关注儿童生长发育。围绕儿童的生长发育、儿童哮喘、儿童罕见遗传病等，如福建医科大学附属福州儿童医院陈瑞敏主任先后于2017年、2020年、2021年以第一完成人三次获福建省医学科技奖。陈主任在儿童内分泌遗传领域辛勤耕耘近30年，研究方向从常见的矮小、性早熟、肥胖等病症，发展到全身性脂肪营养不良等各种罕见病，建立了医院的内分泌遗传实验室，并于2002年牵头成立福建省首家儿童生长发育中心，创建福建省小儿内分泌代谢学组。随着人口少子化和老龄化问题愈发严重，提高人口素质，由人口红利转化为人才红利成为各级政府和社会的共识。2016年10月，国务院发布了《“健康中国2030”规划纲要》，这是2016年起未来15年内推进“健康中国”建设的行动纲领，提出要加强学生近视、肥

① INTERNATIONAL AGENCY FOR RESEARCH ON CANCER.Latest global cancer data: cancer burden rises to 19.3 million new cases and 10.0 million cancer deaths in 2020[EB/OL].[2023-10-15]. https://www.iarc.who.int/featured-news/latest-global-cancer-data-cancer-burden-rises-to-19-3-million-new-cases-and-10-0-million-cancer-deaths-in-2020/.

② 中华人民共和国中央人民政府.国家卫生健康委办公厅关于印发国家癌症区域医疗中心设置标准的通知[EB/OL].(2019-08-27)[2023-10-15].https://www.gov.cn/zhengce/zhengceku/2019-11/15/content_5452423.htm.

③ 健康中国行动推进委员会办公室关于印发健康中国行动2022年工作要点的通知[EB/OL].(2022-04-02)[2023-10-15].http://www.nhc.gov.cn/guihuaxxs/s7788/202204/67cb879e0afd44ba916912367de56170.shtml.

胖、龋齿等常见病防治，并继续开展重点地区儿童营养改善等项目。此后，国务院发布的《"十三五"卫生与健康规划》《国家教育事业发展"十三五"规划》《中长期青年发展规划(2016—2025年)》《健康儿童行动计划(2018—2020年)》都提出要加强儿童青少年常见病防治。① 2019年7月发布的《健康中国行动(2019—2030年)》更是把中小学健康促进行动列入重大行动，针对中小学生近视、肥胖等突出问题，提出个人、家庭、学校及政府应采取的举措。可见，儿童青少年常见病防治在国家健康战略中越来越受到重视。②

(5)主要完成单位。依据卫生机构分类，分为医院、专业公共卫生机构和高校或研究所，2016—2021年，共204项获奖项目，其中主要完成单位为医院的占83.25%，专业公共卫生机构占5.42%，高校或研究所占11.33%(见表14)。

表14 第一完成人单位分布情况

年份	一等奖			二等奖			三等奖			合计		
	医院	专业机构	高校或研究所	医院	专业机构	高校或研究所	医院	专业机构	高校或研究所	医院	专业机构	高校或研究所
2016	1	0	1	5	0	2	14	2	3	20	2	6
2017	2	0	0	8	0	0	12	1	4	22	1	4
2018	1	0	1	7	0	2	19	0	4	27	0	7
2019	3	0	0	7	1	3	24	3	3	34	4	6
2020	3	0	0	7	0	0	18	1	0	28	1	0
2021	3	0	0	9	1	0	26	2	0	38	3	0

统计女性第一完成人的单位可知，80.00%的女性第一完成人来自医院，共主持项目44项，16.36%来自高校或研究所，3.64%来自专业公共卫生机构，如各级疾病预防控制中心(见表15)。

---

① 国家医疗保障局.中共中央 国务院印发《"健康中国2030"规划纲要》[EB/OL].(2016-10-25)[2023-10-15].http://www.nhsa.gov.cn/art/2016/10/25/art_37_1167.html.中华人民共和国中央人民政府.国务院关于印发"十三五"卫生与健康规划的通知[EB/OL].(2017-01-10)[2023-10-15].https://www.gov.cn/zhengce/content/2017-01/10/content_5158488.htm.中华人民共和国中央人民政府.国务院关于印发国家教育事业发展"十三五"规划的通知[EB/OL].(2017-01-19)[2023-10-15].https://www.gov.cn/zhengce/content/2017-01/19/content_5161341.htm.中华人民共和国中央人民政府.中共中央 国务院印发《中长期青年发展规划(2016—2025年)》[EB/OL].(2017-04-13)[2023-10-15].https://www.gov.cn/zhengce/2017-04/13/content_5185555.htm#1.中华人民共和国中央人民政府.卫生健康委关于印发母婴安全行动计划(2018—2020年)和健康儿童行动计划(2018—2020年)的通知[EB/OL].(2018-04-27)[2023-10-15].https://www.gov.cn/gongbao/content/2018/content_5327474.htm.

② 中华人民共和国中央人民政府.健康中国行动(2019—2030年)[EB/OL].(2019-07-15)[2023-10-15].https://www.gov.cn/xinwen/2019-07/15/content_5409694.htm.

表 15 女性第一完成人单位分布情况

年份	女性第一完成人总数	医院	专业机构	高校或研究所
2016	7	6	0	1
2017	8	5	1	2
2018	10	8	0	2
2019	14	9	1	4
2020	7	7	0	0
2021	9	9	0	0
合计	55	44	2	9

医院在我国医学科技创新中占据重要地位，相对于其他医学科研主体，医院掌握更多的一手临床信息，丰富的临床实践为其科技研究与转化提供了更多优势。但长期以来，如何平衡科研与临床诊疗之间的关系，是医院科技研究过程中面临的难题。国外顶尖医疗机构在科研与临床一体化建设方面进行了大量探索，主要体现在设置研究岗位或研发部门、设置研究成果转化中心等方面，如梅奥诊所、麻省总医院设置研究型医师、专职科研人员等专职研究岗位，麻省总医院、克利夫兰医学中心还分别设置转化研究中心、创新部，促进研究成果转化应用。近年来，我国也提出了研究型医院建设。2021 年，中国研究型医院协会牵头发布《中国研究型医院建设指南》，其中研究型医院的基本定义为以新的医学知识和新的医疗技术的产生与传播为使命，坚持临床与科研融合，在自主创新中不断催生高层次人才和高水平成果，推动临床技术水平持续提高，为医疗卫生事业和人类健康做出重要贡献的一流医院，并发布了《研究型医院评价指标体系》《研究型学科评价指标体系》《研究型人才（医师）评价指标体系》，从职能任务、战略定位、组织管理、学科建设、人才培养、激励机制等多方面为研究型医院提供指导，以充分发挥医院的科研优势。①

高校或研究所共主持获奖项目 9 项，占 16.36%。高校或研究所、专业机构也是医学科技研究与成果转化的重要主体。2016 年，国家卫生健康委员会发布《关于全面推进卫生与健康科技创新的指导意见》，鼓励医疗卫生机构、科研院所、高等院校、企业等采取联合建立研发平台、技术创新联盟等形式，大力推动“医研企”协同创新。② 2022 年 1 月，国家卫生健康委发布“十四五”卫生健康标准化工作规划，提出为完善科技创新体制机制，应加大研发投入，鼓励社会多渠道投入参与，健全高等院校、科研机构及其他社会力量协同创新机制，共同推进科技研发。③

---

① 吴来阳.研究型医院建设指南及评价指标体系研讨会议纪要[J].中国研究型医院，2022，9(2)：73-75.

② 中华人民共和国中央人民政府.关于全面推进卫生与健康科技创新的指导意见[EB/OL].(2016-10-12)[2023-10-15].https://www.gov.cn/xinwen/2016-10/12/content_5118171.htm? eqid=fe4ad7fb000751b50000000364914661.

③ 中华人民共和国中央人民政府.国家卫生健康委关于印发“十四五”卫生健康标准化工作规划的通知[EB/OL].(2022-01-27)[2023-10-15].https://www.gov.cn/zhengce/zhengceku/2022-01/27/content_5670684.htm.

(6)小结。科技奖励制度是我国长期坚持的一项重要制度,是党和国家激励自主创新、激发人才活力、营造良好创新环境的一项重要举措,对于促进科技支撑引领经济社会发展、加快建设创新型国家和世界科技强国具有重要意义。本文聚焦医学相关领域,从奖励类型、数量、学科分布、研究主题、获奖主体等方面对福建医学科技奖励进行系统分析,进一步了解福建省内女性科研人员的突出贡献。由于国家科技奖励中尚无明确的学科划分,本文主要通过项目名称及获奖单位等信息判断成果是否为医学相关领域,存在一定的主观偏差。

三、医疗卫生事业中的"她力量"展望

(一)医疗卫生事业中的"她力量"存在难点、痛点、堵点

我国女性地位得到不断提升的同时,越来越多的女性在工作岗位中出任重要角色,她们的身份不仅是妻子和母亲,更是在岗位上独当一面的优秀管理者、组织者和领导者。聚焦到医疗卫生领域,近几年女性人员的比例不断增加,女性为这一带有"严肃严谨"标签的行业带来了不一样的面貌与风采。有很大一部分女性职工活跃在临床一线,从事着各种医疗以及护理等等工作,女性职工作为医疗行业的主力军,对行业发展有着很大的促进作用。虽然"她力量"在不断彰显,但相比男性,女性在当前社会背景下依然承受着一些不公平的对待以及传统观念的束缚和压迫等。因此,如何做好女性职工工作,保障女性职工的权益,发挥女性职工的优势,进一步推动医疗卫生行业发展是需要重视的问题。

1. 政治社会资源缺乏

公共部门女性的政治社会资源缺乏,主要表现在高层和决策层的领导总数仍然是男性偏多,女性对于政治、管理的参与意识相比男性较低,从而导致女性获得政治或社会资源的能力增长缓慢。这种由于性别原因导致的职场差异,男性往往很难察觉到,而女性会有明显感觉,长此以往,资源和权力的配置不平衡进一步加大。

2. 薪资不公平现象

薪酬系统的制定主要涉及公平性问题,包括外部公平性、内部公平性和个人公平性这三个方面。

女性职工薪酬的外部公平性主要指公立医院女性职工薪酬在全国各个行业中所处地位问题以及政府部门与事业单位同类人员工资水平差距问题。《白领女性最耀眼最赚钱的十大职业》显示,公立医院女性职工的薪酬常年徘徊在第11、12位。从总体上看,医院比其他行业拥有更高比例的高素质人力资本。从公立医院行业的重要性及人力资本含量来看,公立医院职工薪酬水平应该处于社会的前列才能保证外部公平性,但其平均工资排名低于人力资本素质排名。从这一角度来说,公立医院职工薪酬处于较低的水准,不符合规则公平的要求。

内部公平性指设定合适的工资水平以符合职务的内在价值。当前我国女性职业生涯周期存在政策性的缩短。公立医院专业技术人员退休年龄的规定是男性60周岁退休,女性55周岁退休。女性与男性退休年龄的不一致,不仅导致女性职工在退休后经济收入降低,

还影响了女性职工的政治参与和事业发展，减少了进入领导岗位的机遇和可能性，最终也就限制了薪酬水平得到进一步提高的可能性。同一部门、同一科室甚至同一岗位上的工作人员，其岗位职责及其相关的工作考核、评价忽视了女性职工的生理特点和成长规律，这种规则对女性职工职业发展可能存在不利，最终导致薪酬分配的不公平。

个人公平指对同一个组织中从事相同工作员工的薪酬，进行相互比较时公平性是否成立。个人公平要求公立医院职工的个人能力与职务相适应，如果某一职工不能胜任职务或能力较强但得不到晋升，就会造成不公平。因此，在职务等级工资制度下，公立医院职工薪酬的个人公平是由晋升制度所决定的。而现实工作中能力突出的女性克服了家庭因素等困难，兢兢业业但得不到晋升空间，造成付出与回报不成正比的现象，久而久之会造成心理失衡，影响身心健康。

3. 职场“玻璃天花板”现象

“玻璃天花板”最先由汉默维兹(Hymowitz)和谢尔哈德(Schellhardt)于1986年在《华尔街日报》发表的报告中提出，女性或少数族群难以打破阻碍他们进入顶尖职位的无形障碍，这种微妙的障碍如同“玻璃天花板”一般，可见不可及。

纵观整个医疗行业，除了妇科、产科、护理这类对性别要求较为特殊的部门以外，对同等学力的医务工作者而言，女性的职业层次存在明显偏低。后期女性职业发展过程中，“玻璃天花板”的现象会逐渐凸显，例如女性在医院与男性承担同样的任务和责任，面临同样的职场压力，但医院却没有给她们同样的晋升机会与平台，甚至很多晋升条件依照男性特点设定，鲜有考虑女性生理特点和成长规律。越是接近职业阶梯的顶部，这种看不见的阻碍就会越多，导致鲜有女性能走在行业的最前列，最终造成行业中的性别差异。

4.“相夫教子”的传统束缚

自古以来，我国一直长期处于“男尊女卑”的社会现状，在封建社会中，“女子无才便是德”的观念根深蒂固。虽然“男女平等”被写入国策，并且一直在提倡，但当今社会依然是男权社会，女性仍然被认为应该回归家庭，以照顾家庭为主，职业发展往往不被重视。2016年全面二孩政策正式实施，以及2021年起三孩开放激励政策陆续出台，女性自身兼顾的生育和抚养孩子的角色愈加突出。此外，在新冠疫情防控期间，女性医务人员面临的医疗任务与家庭照护冲突尤为明显。

一项以广西南宁某医院女医生为对象的研究发现女医生在家庭与工作产生冲突时，选择家庭的比例最大，占46.28%。随着“三孩”政策颁布，家庭规模逐渐扩大，成员越来越多，受传统观念“男主外，女主内”的影响，女性医务工作者上要赡养老人，下要照顾孩子，深受“角色冲突”的影响。当子女出生后，女性需要对家庭有更多的投入，此外，女性也需要担负起照顾老人的责任。由于在家庭付出的时间和精力增加，在工作上时间精力减少，工作进程速度、完成质量等，都会产生影响，从而在家庭和工作角色上形成冲突。由于受到照料家庭重担的影响，很多女性医务人员错失晋升、加薪或是外出学习的机会，在职业发展中处于劣势。此外，工作、家庭的矛盾无法达到平衡时，多数女性会选择家庭，放弃个人职业理想，进一步加剧女性束缚其职业发展的枷锁。

5. 职场压力造成健康隐患

医疗行业性质属于“救死扶伤”，要求高，标准严，不仅要钻研专业技术，还要掌握与患者沟通的技巧，形成良好的医患关系，因此从事医疗行业的压力相比其他行业要更大。既往研究表明，倒班岗位是从业人员超重与肥胖的危险因素，特别是大医院护理岗位，一线女性倒班从业护士群体患超重、肥胖的概率明显高于白班护士。而肥胖不仅属于一种单纯危害自身健康的慢性代谢失调症，而且也是高血压病、糖尿病、心脑血管疾病及某些癌症发病的重要危险因素。

一项针对35～65岁女性医务人员心血管危险因素暴露情况的研究表明，尽管女医生组平均年龄低于社区健康女性对照组，女医生组与生活习惯相关的心血管病危险因素，如睡眠缺乏、运动缺乏等均明显高于社区健康女性对照组。高血压危险因素分析显示，女医生组的高血压与年龄、睡眠缺乏、肥胖/超重、低密度脂蛋白增高独立相关。由此可见，女医生心血管病危险因素暴露明显，是心血管疾病的高危人群。各种危险因素中睡眠缺乏、运动缺乏等与生活习惯相关的危险因素暴露明显，直接和间接增加该人群的高血压患病风险。

有研究对北京市西城区陶然亭社区卫生服务中心368人次的女性职工妇科体检资料进行分析，结果妇科疾病检出率为82.9%，疾病检出率位于前5位的依次为乳腺增生、宫颈炎、子宫肌瘤、阴道炎、宫颈息肉，宫颈炎和乳腺增生的疾病检出率青年组明显高于中老年组，可能与女性医务人员长期精神压力较大等因素有关。

不仅如此，有研究对某肿瘤专科医院女性职工的心理状况进行量表自评，得出30～49岁的抑郁情绪显著高于50岁组，不难看出30～49岁年龄层次的职工是医院工作者的主力军，承担着医院正常运转的主要责任。因此，在工作压力上相较于其他年龄层要大很多，这个年龄段的特点还表现为家庭压力大，她们需要把精力分散到孩子和老人身上，成为家庭中不可或缺的部分。这样的双重处境让女性职工表现出更多的抑郁症状，如失眠、情绪低落。一线岗位的女性职工中医师、护师、技师焦虑抑郁高于辅助岗位人员，由于前三者主要面对的服务对象是广大患者，尤其是该医院医师和护师工作时间全部都在与肿瘤患者接触，因治愈率低，患者常常情绪不稳定，很容易出现医患矛盾，她们需要付出更多的精力、耐心做好解答和安抚工作。

(二)促进医疗卫生事业中“她力量”发展的对策和建议

1. 挣脱传统观念束缚，提高女性综合素质

以提升女性自身素质为目标，鼓励与引导女性接受更多的教育，从思想层面帮助女性树立“男女平等”的观念，建立自强自立的独立意识，强化其实现自我人生价值、为社会创造价值的责任观，引导其认识到自身的价值与优势。

具体措施为提升对女性职业教育的重视程度，保护女性接受高等教育的权利，以女性接受基础教育为保障前提，鼓励并支持女性参与高等教育，提升女性群体的知识层次和水平。对于已经参加医疗卫生事业的职场女性，以提高女性维权意识为目标，组织女性领导小组，加强妇女组织凝聚力。

2. 完善落实妇女权益保障相关法律，促进女性全面发展

要贯彻落实《中华人民共和国妇女权益保障法》，健全和完善保护妇女劳动就业权的法律法规，加快《就业歧视法》的推行实施，深入贯彻《劳动法》对两性平等以及就业问题提出的明确要求，依法保障女性在就业准备阶段、就业过程中和就业退出阶段可能面对的不公问

题，保障女性职工的政治权益、文化教育权益、劳动权益、人身权益等。

3. 强化医院的公益化属性，杜绝错误利益导向

严格执法可能会对医院造成较大压力，部分医院可能依旧以利益最大化为目标，摒弃公益化属性，隐性对抗相应法规，难以保障女性职员的工作稳定性和可持续发展。因此，需从用人单位成本层面考虑，给予医院相应福利政策，避免企业运营根本目标与招聘女性职员之间出现矛盾。

4. 以政府为主导联合多方力量，为女性就业提供支持

基于我国经济发展的阶段性目标和医院利益与招聘女职工之间的矛盾，可将女性就业的社会福利源头分解为国家、社会、医院三个方面，其中政府部门作为国家的代表可在强化市场约束的同时，要求医院支持女性个体就业，并为支持女性就业的医院提供优惠措施。比如为女性职工提供部分生育保险基金以及为医院提供减税、补贴等；社会方面可以提供自愿无偿支持，通过国家牵头从而发动各方面的力量，为女性提供社会政策调节下的就业支持。国家、社会、医院三个层面的积极引导，改善家庭成员对女性医务工作者的看法，避免女性医务工作者深陷家庭、职业双重困境，减轻可能因此造成的健康隐患。

5. 呼应国家“三孩”政策，完善女性生育保险

面对国家“三孩”政策，生育时间增加势必会导致女性职业中断或职业向下流动的现象更加严重，所以完善女性生育相关保险及福利，需要以降低医院对女性职工的偏见为着眼点，可使用社会、医院、政府共同承担女性生育、医疗费用的方式。此外，考虑到女性特殊的生理结构以及可能存在更多的健康隐患等问题，给予相应的福利和政策倾斜，妥善保障妇女的健康权益，不仅需要着眼于医院与女职工的利害关系，更需要严格肃清不良的医患关系，为女性职场健康保驾护航。

(三)“她力量”发展的总结与展望

在中国共产党的领导下，中国妇女地位在政治上和法律上得到根本改变，实现了历史性的突破。中国妇女事业的发展克服了诸多困难，特别是在改革开放以后，在经济发展、社会进步和不断推动依法治国的基础上日益形成了一整套全面保障妇女权利的法律保障体系。福建省医疗卫生事业中的“她力量”也得到了蓬勃发展，具体表现在医疗卫生事业中女性就业人数不断上升、就业人数中女性占比不断增加、女性贡献大有可观、女性突出贡献更是成就卓著。

国家主席习近平于2020年10月1日在联合国大会纪念北京世界妇女大会25周年高级别会议上的讲话中指出：“建设一个妇女免于被歧视的世界，打造一个包容发展的社会，还有很长的路要走，还需要付出更大努力。让我们继续携手努力，加快实现性别平等、促进全球妇女事业发展。”中国在保障妇女权利方面取得很大成就的同时，也仍然存在不容忽视的问题与挑战。

1. 受历史和当下的歧视妇女思想的影响，社会性别意识的提高仍然有很长的路要走

传统刻板的性别观念、社会性别偏见，是个体在性别社会化过程中建构起来的，教育使之强化并得以传承，所以教育在其形成与建构中起着非常重要的作用，强化社会性别意识教

育是解决的有效路径之一。早在20世纪90年代,西方便掀起了女性学、女性主义教育学的研究热潮。美国在1997年就有600多所大学开设了3万门女性研究性别研究学课程。加拿大在大学教育中通过开设妇女学课程以增加学生对于妇女地位的认识。[①] 日本女子大学开设了女性学、社会性别研究等特色课程,家政学科等传统学科改称"生活科学学科",不仅注重满足女性的生活需要,更注重有效地发挥女性素质和才能。[②] 1995年,联合国第四次世界妇女大会在北京召开,中国政府在大会上首次庄严提出了"男女平等"的基本国策,同年颁布了《中国妇女发展纲要(1995—2000)》,为性别意识教育进入课堂提供了政策导向和依据,相当一部分学校开始认识到对学生进行性别意识教育的必要性。2001年颁布《中国妇女发展纲要(2001—2010)》之后,全国高校开始关注女性学课程的建设,将其作为选修或必修课程,从而推动了性别意识教育的普及和规范发展。然而,相较于西方的一些国家,我国的社会性别教育体系还未成熟,因此,研究国外社会性别意识教育的发展情况,借鉴其成功经验变得十分必要。

2. 在医疗卫生事业中,女性在偏向"服务型岗位"的占比较高,而女性参与到管理和领导的机会还有进一步提升的空间

细心、敏锐、善于聆听和理解,这些是医疗从业者的底色,恰好也是女性的天然优势,但在医疗卫生事业中,女性领导者仍然十分紧缺。在个人、家庭与社会等多重因素的共同作用下,女性在管理者成长进阶之路上挑战重重。女性自我提升、家庭支持以及社会环境支持是女性突破障碍、取得职业提升的重要因素。[③] 在社会环境层面,应增加对女性的支持。知名导演李少红曾说道:"当下社会过分强调女性的性格和生理特点,要注重美貌、消费和家庭义务,应该去牺牲,必须坚强、必须吃苦耐劳等职场要求,这些都是对女性的规范行为。似乎不在这个规律当中,就不是真正女性应该有的标准,其实这些都是对女性的束缚。"在信息化和不断开放的当今社会,只有撕下标签、打破刻板印象,从思想观念上摒弃"男女有别",才能更好促进女性领导力的进一步发展。此外,应发挥组织优势,为女性领导力的开发提供支持。妇联作为联系妇女群众的桥梁和纽带,是组织妇女、为妇女提供支持和帮助的重要组织。由九三学社北京市妇委会发起的"蒲公英计划"旨在提升女性领导力,从领导自我、带领团队、建设家庭和影响社会四个板块,让"有影响力的女性去影响更多的人"。[④] 福建省妇联立足于女性就业创业,实施"福建省女性就业创业促进计划",组织各界优秀女性成立"百人宣讲团"进高校、进农村、进社区。切实落实促进女性就业和创业计划。[⑤] 值得注意的是,新时代女性从心理、行为和组织三方面已逐渐突破"玻璃天花板"。2022年法国大选,不少女性就

---

① 杨英.高校性别平等教育的理论与实践研究[D].武汉:华中师范大学,2008.

② 黄再萍.从日本女子短期大学看社会性别利益和需求的发展[J].广西广播电视大学学报,2006(4):38-42.

③ 赵唯薇.家庭事业双丰收?:工作家庭充实对女性领导效能的影响[D].上海:上海外国语大学,2021.

④ 北京市妇女联合会.女性领导力提升公益培训计划启动[EB/OL].(2014-04-22)[2023-10-15].http://www.bjwomen.gov.cn/fnw_2nd_web/static/articles/catalog_ff808081641b3fa901641b43c565000b/article_19489/19489.html.

⑤ 福建省人民政府.我省启动女性就业创业促进计划[EB/OL].(2022-12-17)[2023-10-15].http://www.fj.gov.cn/xwdt/fjyw/202212/t20221217_6080700.htm.

尝试打破“玻璃天花板”，在12名候选人中有1/3竞选者为女性。同时，随着数字化进程加快，女性柔和、易沟通的特征，也更契合信息时代所需要的亲民形象，而5G等新兴技术手段降低了组织管理中的工作区位限制，如今足不出户也能完成各项工作提高了已婚女性的工作灵活度，相应的女性领导力发展过程中面临的个人发展与生育及家庭责任方面的矛盾有所缓解。

3. 能够解决医疗卫生事业中女性实际问题的相关法律法规需要不断完善，妥善优化医患关系也可能侧面减轻女性医务人员的负担

保障妇女权益是贯彻落实党中央决策部署的要求，是尊重和保障人权的集中体现，是促进妇女全面发展的有力支撑。因此，在完善用于解决医疗卫生事业中女性实际问题的相关法律法规时，应全面贯彻落实男女平等的基本国策，以十三届全国人大常委会第三十七次会议审议通过的《中华人民共和国妇女权益保障法》为主要指导，结合《中华人民共和国民法典》《中华人民共和国劳动法》《中华人民共和国就业促进法》《中华人民共和国母婴保健法》中诸多相关法律条文，并合理适应《中华人民共和国基本医疗卫生与健康促进法》《医疗纠纷预防和处理条例》《医疗机构管理条例》等法规，努力推动女性医务工作者权益保障工作。在落实全面保障的基础上，应根据新时代女性医务工作者的工作特点，以及女性医务工作者事业发展的要求强化特殊保护。要结合妇女自身特点和女性医务工作者的工作实际，重点保护其依法享有的特殊权益，考虑其特殊需求，给予特殊保护。此外，需完善政府保障措施，强化妇联保障职责，明确建立政府主导、各方协同、社会参与的女性医务工作者权益保障体系。应完善总体性制度机制，保障女性医务工作者依法享有和行使各项权益，包括政治权利方面、人身和人格权益方面、劳动和社会保障权益方面、财产权益方面、婚姻家庭权益方面等。

4. 医疗卫生事业中的一些特殊女性群体，如孕期或哺乳期女性、单亲母亲、贫困妇女等特殊主体的权利保障是实现妇女全面发展中的关键，需要持之以恒地开展工作

为减少和解决女职工在劳动中因生理特点造成的特殊困难，保护女职工健康，国务院出台了《女职工劳动保护特别规定》，女职工劳动保护得到大力加强。但关于怀孕生育女职工被调岗、被辞退和产后无法回到原岗位的案例仍时有发生，保障特殊女性群体是实现妇女的全面发展中的关键。有关单位可以对侵犯孕妇、哺乳期妇女、单亲母亲、贫困妇女等特殊女性群体平等就业权的行为方式进行阐明，对不同形式的歧视行为加以明确的区分与规范，以防止用人单位的隐性歧视行为得不到规制。还可以积极普及“共同育儿假”等相关政策，以缩小用人单位聘用男性、女性劳动者之间可能会产生的成本差异。此外，政府与用人单位需要充分树立性别平等观念，在政策、工作制度上为保护女性权益创造良好环境。如日本政府实施一系列特殊女性群体保障措施，包括创建宽松的育儿环境，实行育儿休假制度、护理休假制度以及缩短劳动时间；创造育儿以及家庭护理劳动者宽松的劳动环境，育儿护理劳动者禁止上夜班；对因育儿护理离职的人实施再就业支援；对单亲母亲家庭实施就业援助；改革企业用人政策，创建“家庭友邦”企业等。这些做法都值得我国相关单位学习，根据我国的具体情况，借鉴他人成功经验，走出一条中国特色的特殊女性权益保护新路径。

Research on the She-power in the Development of Medical and Health Care
——Taking Fujian Province as a Sample

Yuan Manqiong Lang Haoxiang Lin Shujing Gu Chenming Fang Ya
(Xiamen University, Xiamen, 361102)

Abstract: Since the Reform and Opening-up, the Chinese women's development has overcome many difficulties and she-power has also flourished in the medical and health care area. In this study, we first reviewed the development of medical and health care in Fujian Province since 2000, including health resources, medical service, major causes of death, and residents' health levels. Further, we explored the participation and outstanding contributions of women in the development of medical and health care. To understand the contributions of women, we reviewed the publications and medical technology awards by women. We found that in the medical and health care area, the number and proportion of women were constantly increasing, and their outstanding contributions were particularly remarkable. Finally, based on the pain points, difficulties, and obstacles in the development of women's participation in the medical and health care area, and also based on the "14th Five-Year Plan" and the 2035 long-term goals of Fujian Province, we proposed suggestions for women to seek better development in this field in the future.

Key Words: medical and health care; she-power; academic papers; medical technology awards

女性企业家协会能否助力女性职业发展？*

——来自中国上市企业的证据

潘 越 陈佳宁 梁伟娟**

内容摘要：女性在经济社会中扮演着越来越重要的角色，但因传统性别观念根深蒂固，女性在职业发展方面依然存在诸多不平等之处。本文以地级市是否成立女性企业家协会为研究视角，基于2005—2021年中国上市企业样本开展实证分析，考察女性企业家协会的成立是否有助于缓解传统性别观念对女性职业发展的不利影响。结果发现，女性企业家协会成立后，传统性别观念严重的地区更可能提升女性高管占比，表明女性企业家协会对女性职业发展具有积极影响。机制分析显示，女性企业家协会有助于提升女性高管的人力资本价值和社会认同感。进一步研究表明，对于国有企业、女性领导企业，女性企业家协会的作用发挥更为显著。本文证实以女性企业家协会为代表的女性社团组织在破除传统性别偏见方面的潜在作用，不仅丰富了女性职业发展相关的学术认知，同时为新时代新征程如何保障妇女合法权益提供有益的参考价值。

关键词：女性企业家协会；传统性别观念；女性高管参与；女性职业发展

一、引言

在全球范围内，女性的职业发展状况是否良好是社会是否公平的重要体现。① 一直以来，我国政府致力于保障女性在职场中获得应有的地位，习近平总书记在2015年9月全球妇女峰会上强调："中国将更加积极贯彻男女平等基本国策，发挥妇女'半边天'作用，支持妇女建功立业、实现人生理想和梦想。"②党的二十大报告再次指出，新时代要继续"坚持男女平等基本国策，保障妇女儿童合法权益"。近年来，随着政策支持与社会观念的转变，我国女

* 基金项目：国家自然科学基金面上项目"婚姻、家庭与公司财务行为"(71972160)的阶段性研究成果。

** 潘越，厦门大学经济学院教授，博士生导师，研究方向为公司金融与公司治理；陈佳宁，厦门大学经济学院在读硕士生，研究方向为公司金融与公司治理；梁伟娟(通讯作者)，厦门大学管理学院在读博士生，研究方向为公司金融与公司治理。

① 葛润，施新政，陆瑶，等.女性生育与职业发展：来自中国上市公司女性高管的证据[J].经济学(季刊)，2022，22(4)：1235-1258.

② 习近平在全球妇女峰会上的讲话[EB/OL].(2015-09-28)[2023-10-14].http://cpc.people.com.cn/n/2015/0928/c64094-27640721.html.

性在职业平等发展方面取得显著进展，越来越多的女性担任高级管理职位和领导职务[①]，在企业的长期发展中发挥了重要作用。[②] 正如2021年习近平总书记在全国政协十三届四次会议上所指出的，“我国广大妇女积极投身新时代中国特色社会主义事业，以巾帼不让须眉的豪情和努力，起到了‘半边天’的重要作用”。[③]

然而，我国当前的女性地位和职业发展仍有较大的提高空间，女性在职业发展中的不利地位依然存在。根据《全球性别差距报告2022》，我国的女性董事比例为13.8%，虽高于日本、韩国等东亚国家，但低于绝大多数欧洲国家。[④] 类似地，2021年中国女性企业家在企业家总人数中的占比为29.7%，同样低于美国、加拿大、英国、法国等欧美国家。[⑤] 此外，智联招聘与联合国妇女署发布的《2019中国女性职场现状调查报告》显示，2019年男女职员的平均薪酬依然存在23%的差距，并且女性上升通道狭窄。[⑥] 相关的学术研究也发现，女性在薪酬水平、晋升渠道等方面均处于不利地位。[⑦]

传统性别观念一直被认为是影响女性职业发展的重要因素，在性别观念严重的地区，女性的职业发展地位更低。[⑧] 在传统父权社会中，女性会被认为应依附于男性存在，“女主内，男主外”的性别分工致使女性更多承担家庭工作，更少参加市场劳动。即使是现代社会，传统的性别观念依然根深蒂固，导致女性职位晋升不足，职业发展地位低于男性，女性在职场

---

① 据相关数据，在2000年的财富500强企业中，女性CEO占比为0.4%，2010年女性CEO占比为3%；在2021年，S&P 500公司CEO中的女性占比为6.2%。而《2022商业女性调查报告》也显示，在29个国家超过5000家企业中，2022年女性高管占比从2013年的24%上升到了32%。国家统计局的数据显示，2020年我国企业职工董事和职工监事中女性比重分别为34.9%和38.2%，分别比2010年提高2.2个和3.0个百分点。MSCI(明晟)发布的报告指出，2021年中国女性在董事会的占比已增至13.8%，由女性担任首席执行官(CEO)、首席财务官(CFO)的占比均超国际平均水平，女性参与企业经营管理更加深入。

② 任颋，王峥.女性参与高管团队对企业绩效的影响：基于中国民营企业的实证研究[J].南开管理评论，2010，13(5)：81-91；王士红.所有权性质、高管背景特征与企业社会责任披露——基于中国上市公司的数据[J].会计研究，2016(11)：53-60+96；周泽将，刘中燕，胡瑞.CEO vs CFO：女性高管能否抑制财务舞弊行为[J].上海财经大学学报，2016，18(1)：50-63.

③ 习近平总书记：“巾帼不让须眉的豪情和努力，起到了‘半边天’的重要作用”[EB/OL].(2021-03-07)[2023-10-14].http://www.qstheory.cn/zhuanqu/2021-03/07/c_1127179567.htm.

④ World Economic Forum. Global gender gap report 2022[EB/OL].(2022-07-13)[2023-10-14]. https://cn.weforum.org/reports/global-gender-gap-report-2022.

⑤ 梁建章，任泽平，黄文政，等.中国女性职业发展报告2023版[EB/OL].(2023-03-09)[2023-10-14]. https://mp.weixin.qq.com/s/fvcL0Ona5ep_SPgWL66_nQ.

⑥ 智联招聘发布职场女性调查报告：男女员工平均薪酬差距超过20%[EB/OL].(2019-03-22)[2023-10-14].http://edu.china.com.cn/2019-03/11/content_74557056.htm.

⑦ 李实，宋锦，刘小川.中国城镇职工性别工资差距的演变[J].管理世界，2014(3)：53-65+187；卿石松，郑加梅.“同酬”还需“同工”：职位隔离对性别收入差距的作用[J].经济学(季刊)，2013，12(2)：735-756.

⑧ GAO H, LIN Y, MA Y. Sex discrimination and female top managers: evidence from china[J]. Journal of business ethics, 2016, 138(4): 683-702; MCLEAN R, PIRINSKY C, ZHAO M. Corporate leadership and inherited beliefs about gender roles[J]. Journal of financial and quantitative analysis, 2023:1-31.

面临“玻璃天花板”问题。① 因此，在更好地发挥妇女“半边天”作用的时代要求下，如何克服传统性别观念对女性职业发展的阻碍，成为我国经济发展新阶段急需探究的重要问题。

1985 年，为了更好地发挥女性在国家经济社会改革发展大局中的作用，我国第一个女性企业家协会成立。经过 30 余年的发展，截至 2022 年，我国共有 300 余个地级市成立了女性企业家协会，这一社会实践为探究如何破除传统性别观念的障碍提供了有益的观察视角。一方面，各地区女性企业家协会使得女性社交网络得到扩大与增强，其定期举办的培训讲座、商业论坛等活动，为女性管理层提供更多交流工作经验以及学习与企业发展相关知识的机会，在提升女性人力资本价值、带动女性就业等方面具有积极作用。另一方面，女性企业家协会向市场塑造了积极向上的女性企业家形象，有助于扭转地区内对于女性缺乏领导能力的传统偏见。例如，女性企业家协会与新华网共同推出的《双创群芳谱》栏目②，运用网络媒体渠道展现精英女性风采，进一步扩大了女性群体的社会影响力。不过遗憾的是，从学术视角来看，女性企业家协会是否真正有助于缓解传统性别观念对女性职业发展的影响，管理学领域尚未有文献予以关注。

为了弥补上述研究缺憾，本文尝试从企业高管团队中的女性参与度的微观视角切入，深入考察女性企业家协会在打破传统性别观念、提升女性职业发展地位方面的潜在影响。具体地，本文利用 2005—2021 年中国各地级市女性企业家协会数据，2000 年中国人口普查数据以及上市企业数据，使用多维固定效应线性回归模型开展实证研究。本文发现：传统性别观念确实显著降低了当地企业高管团队中的女性占比，而女性企业家协会的成立有助于缓解传统性别观念对女性职业发展的负面影响。在此基础上，本文针对影响机制、扩展性分析等做了进一步探讨。与既有研究相比，本文的贡献主要体现在以下几个方面：

首先，率先证实女性企业家协会成立的微观经济影响，并深入探究其内在的影响机理。近年来，作为具有社团法人资格的联合性、非营利性、地方性的女性企业家联合组织，女性企业家协会如雨后春笋般在我国各地级市迅速发展。在女性企业家协会中，女性群体共享资源、合作交流，在经济高质量发展过程中扮演着重要角色。然而，尚未有文献从实证层面评估女性企业家协会成立的作用效果，本文基于女性企业家协会在各地区陆续成立的场景，证实女性企业家协会的积极经济影响，并为理解其具体的影响机理提供了经验证据，弥补了现有文献对其关注不足的研究缺憾。

其次，从现代社团组织发展的视角，丰富和拓展了女性职业发展的影响因素研究。关于女性职业发展影响因素的相关实证研究已经积累了一定的成果，且大多从女性家庭分工的

---

① 吕芳.中国女性领导干部的晋升障碍与发展路径：基于对地厅级以上女性领导干部晋升规律的分析[J].甘肃社会科学，2020(6)：220-228；李军峰.就业质量的性别比较分析[J].市场与人口分析，2003(6)：1-7；王存同，余姣.“玻璃天花板”效应：职业晋升中的性别差异[J].妇女研究论丛，2013(6)：21-27；卿石松.职位晋升中的性别歧视[J].管理世界，2011(11)：28-38.

② 中国女企业家协会.女企业家风采[EB/OL].[2023-10-14].http://www.cawe.org.cn/portal/article? catID=5&navParentID=4&navMenuID=4.

视角展开，例如探究传统性别观念①、生育政策②、产假与儿童照料③等因素的潜在影响。事实上，研究女性的职业平等发展问题，除了需要关注减轻女性家庭负担等因素，还需关注外部支持环境变化的可能影响。一些市场现象表明，以女性企业家协会为代表的现代社团组织在女性职业发展方面展现出了良好的实践效果，本文则更进一步，利用企业层面的大数据，证实女性企业家协会对女性职业发展的推动作用，为理解女性职业发展问题提供了全新视角。

最后，为新时代新征程保障妇女合法权益提供有益的政策参考。当前我国女性在职业发展中的不利地位依然存在，女性职业发展的不平衡不充分问题较为突出。女性职业平等发展是妇女合法权益保护的重要内容，女性企业家协会作为维护女性合法权益的社会组织，本文证实其促进女性职业发展的积极影响，并且发现这种影响主要通过人力资本机制及社会认同机制产生作用。这一研究结论对于新时代新征程我国政府部门思考如何有效突破传统观念桎梏，进而助力提升女性职业地位、保障妇女合法权益具有良好的政策参考价值。

二、我国女性企业家协会与女性高管的发展分析

(一)女性企业家协会的发展分析

我国首个女性企业家协会创立于 1985 年，随着社会经济的发展及民众认知的改变，我国女性在经济领域的话语权得到了明显提升，女性在企业管理中的能力得到了更大程度的认可。如图 1 显示，在 2010 年之前，我国女性企业家协会的数量稳步上升，2010 年以后，呈现出快速增长的趋势。经过 30 余年的发展，截至 2022 年，我国共成立地市级女性企业家协会 300 余个，其在支持女性职业发展方面显示出了重要作用。一方面，女性企业家协会举办的创业分享、主题论坛、技能培训等活动能为更多职业女性赋能，帮助女性高管获得更多的机会交流工作经验和学习企业发展的相关内容，这有助于女性高管人力资本价值的提升。另一方面，女性企业家协会经常大力宣传女性的商业领导能力和风采，有助于重塑社会对女性的职业认知。例如，在中国女企业家协会的官网上，设置了“女企业家风采”和“光荣榜”等专栏对女企业家的能力和积极作为进行了专题宣传。

(二)女性高管的发展分析

随着经济的快速发展和社会观念的逐渐转变，女性参与企业经营管理更加深入，女性高管群体更加壮大，女性在企业管理中占据着越来越重要的地位。其中，女性企业高管定义为

---

① 卿石松.职位晋升中的性别歧视[J].管理世界，2011(11)：28-38；葛玉好，邓佳盟，张帅.大学生就业存在性别歧视吗?：基于虚拟配对简历的方法[J].经济学(季刊)，2018，17(4)：1289-1304.

② 杨慧，吕云婷，任兰兰.二孩对城镇青年平衡工作家庭的影响：基于中国妇女社会地位调查数据的实证分析[J].人口与经济，2016(2)：1-9；张同全，张亚军.全面二孩政策对女性就业的影响：基于企业人工成本中介效应的分析[J].人口与经济，2017(5)：1-11.

③ OLIVETTI CPETRONGOLO B. The economic consequences of family policies: lessons from a century of legislation in high-income countries[J].Journal of economic perspectives，2017，31(1)：205-230.

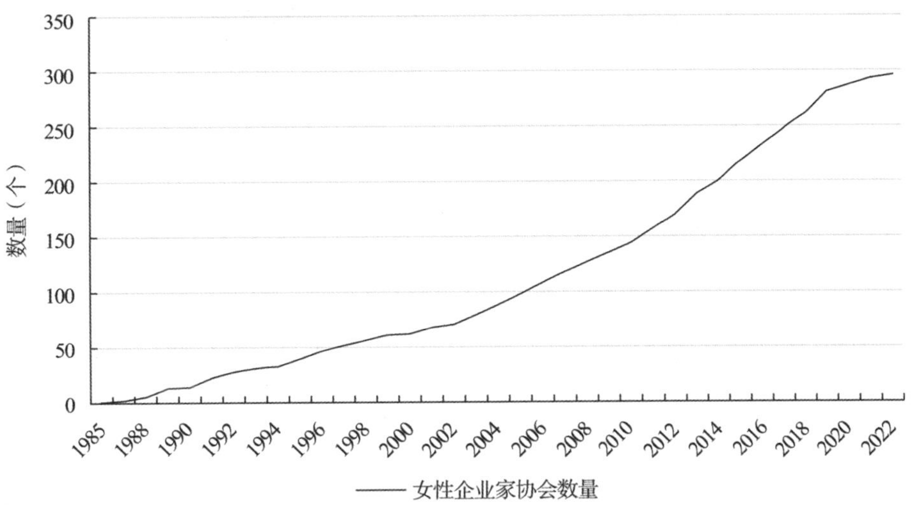

图 1 1985—2022 年我国地级市女性企业家协会数量变化

年报中披露的高级管理人员，包括总经理、总裁、CEO、副总经理、副总裁、董秘和年报上公布的其他管理人员。

图 2 显示了我国 2005—2021 年女性高管比例变化趋势，从时间分布上看，历年女性企业高管比例稳步提升，从 2005 年的 12.4%上升到 2021 年的 17.1%。我国女性高管占比的提升反映了女性职业能力的增强及社会对女性管理层认可度的提升。但总体来看，我国企业女性高管比例仍处于较低的水平，在本文样本期内，上市公司企业女性高管比例均低于 20%。

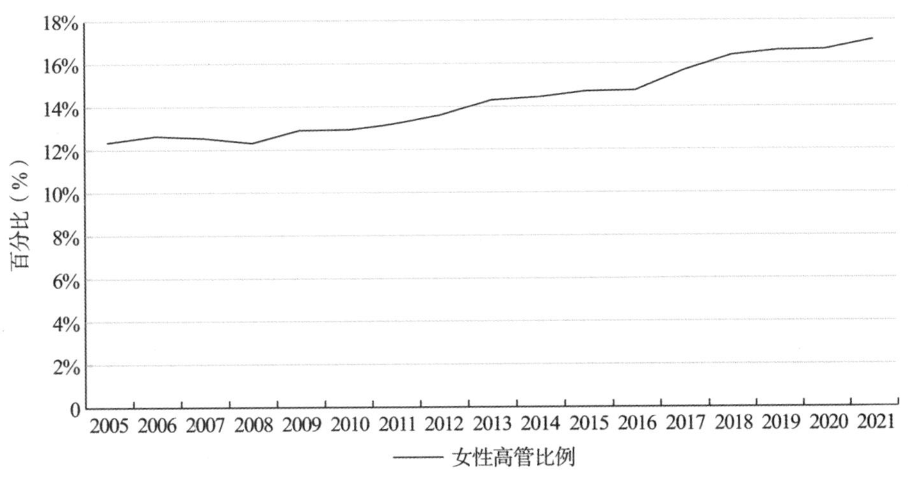

图 2 2005—2021 年我国女性企业高管比例变化

样本统计年份内各省(市)女性企业高管数量如表 1 所示。从时间上看，大多数地区的上市公司女性高管占比呈上升趋势。从地区上看，新疆维吾尔自治区上市公司的女性高管占比平均最高，年均比例达 22%，而山西省上市公司的女性高管占比最低，年均比例低于 11%，这反映了女性职业发展的地区不平衡问题。

表 1　2005—2020 年我国各省(区、市)女性企业高管占比

省(自治区、直辖市)	2005	2010	2015	2020
新疆	35.6	17.2	18.6	22.4
宁夏	17.5	22.8	18.8	13.4
上海	16.0	16.1	16.9	19.0
北京	11.8	16.2	17.2	21.0
浙江	14.6	16.3	18.0	19.8
重庆	15.3	17.7	14.8	20.5
广东	14.1	13.2	16.9	19.5
黑龙江	13.1	16.1	14.6	15.4
天津	11.0	15.1	17.3	17.3
海南	6.1	12.6	17.2	24.9
江苏	10.5	14.3	16.9	18.6
辽宁	12.3	13.5	16.0	17.9
湖北	16.9	13.6	14.0	18.4
吉林	14.3	13.0	15.2	15.6
福建	11.0	14.0	12.7	16.6
广西	9.6	12.8	14.3	17.2
湖南	10.1	11.6	13.7	16.7
四川	10.2	12.6	14.3	14.9
河北	10.5	9.6	14.9	17.9
山东	14.3	11.8	13.1	15.0
云南	9.3	13.2	13.4	15.6
贵州	11.3	12.4	11.9	13.0
内蒙古	14.4	9.5	18.5	11.8
青海	24.4	4.6	12.6	17.7
河南	6.4	8.7	14.1	16.3
陕西	7.6	8.9	11.6	16.2
甘肃	0.0	15.3	14.7	12.3
安徽	9.9	11.7	10.1	11.6
江西	5.7	8.8	9.5	13.7
山西	8.8	5.8	10.4	9.3

注：由于数据缺失，西藏自治区、香港特别行政区、澳门特别行政区和台湾地区数据未进行统计。

三、文献综述

（一）女性参与高管团队对企业发展的影响研究

随着我国市场中越来越多的女性参与企业经营管理，一些以我国为背景的文献开始涌现，并证实女性参与高管团队对企业发展的积极影响。

一部分研究关注女性高管对企业绩效的影响。例如，任颋和王峥（2010）[①]以中国民营企业为样本，发现女性参与高管团队可以提升企业的经营绩效，这种影响和女性高管的人力资本及社会资本呈正相关关系。虽然女性高管与企业经营绩效的变化并不是一直呈现出正相关关系，但我国女性高管的比例离拐点还有一定的距离。[②] 此外，基于企业并购绩效的视角，李卫民和黄旭（2014）[③]研究发现，女性高管有助于企业并购绩效的提升。

另一部分研究关注女性高管对企业创新的影响。例如，曾萍和邬绮虹（2012）[④]以创业板公司为研究样本，发现由于女性更能把握市场的需求，女性高管的参与对于企业的创新有明显的促进作用，特别是在科技与电信行业企业中，女性高管参与对于企业技术创新的积极作用更为明显。陈宝杰（2015）[⑤]针对中小板上市企业的研究也有类似发现，即女性高管参与后，企业的发明专利显著增加。进一步地，刘婷和杨琦芳（2015）[⑥]研究发现，女性高管参与对于创新的促进作用在非国有企业中更加明显。

此外，还有部分研究探讨了女性高管参与对企业社会责任的影响。研究学者发现，由于女性更加注重社会责任的承担，女性参与高管团队促进了企业的社会责任披露[⑦]和社会责

---

① 任颋，王峥.女性参与高管团队对企业绩效的影响：基于中国民营企业的实证研究[J].南开管理评论，2010，13(5)：81-91.

② 朱晓东，吴冰冰.异质性视角下女性高管参与比例与企业绩效关系研究[J].统计与决策，2018，34(23)：177-180.

③ 李卫民，黄旭.我国上市公司女性高管对企业并购绩效的影响研究[J].管理工程学报，2014，28(3)：18-25＋73.

④ 曾萍，邬绮虹.女性高管参与对企业技术创新的影响：基于创业板企业的实证研究[J].科学学研究，2012，30(5)：773-781.

⑤ 陈宝杰.女性参与高管团队对企业创新绩效的影响：来自中国中小板上市公司的实证分析[J].科技进步与对策，2015，32(5)：146-150.

⑥ 刘婷，杨琦芳.“她力量”崛起：女性高管参与对企业创新战略的影响[J].经济理论与经济管理，2019(8)：75-90.

⑦ 王士红.所有权性质、高管背景特征与企业社会责任披露：基于中国上市公司的数据[J].会计研究，2016(11)：53-60＋96.

任的履行[①],并且女性高管带来了更多的企业捐赠行为。[②]

综上,女性高管参与企业经营的积极影响已经被广泛验证,在我国公司治理结构中女性管理者占比较低的现实场景下,相关研究更凸显出我国需要加速提升女性职场地位的重要现实意义。

(二)女性参与高管团队的影响因素研究

虽然女性高管的参与对企业经营发展有诸多积极的影响,但女性在职业发展中仍然面临着诸多困境,如性别工资差异[③]、职业性别隔离[④]、职位性别隔离[⑤]等。

这些女性职业发展困境的原因总结起来大致有以下方面。首先,主要原因是社会文化因素所导致的性别角色刻板印象,暗示女性需要更多投入家庭[⑥],这使得女性在劳动力市场中面临家庭和市场就业的矛盾,也被称为“生育惩罚”。[⑦] 总体来看,传统的性别观念解释了大部分女性的职业困境。[⑧] 其次,男性与女性人力资本不均。女性平均的受教育年限总体上更低,工作经验也更少,因此企业会更倾向于聘用男性。[⑨]

随着女性商业精英走进公众视野,研究女性企业家增加对于社会和经济发展的影响已经成为具有深刻社会意义的课题。虽然,大部分的文献证实女性高管的参与对企业经营绩效、企业创新等方面具有积极影响,同时有文献关注女性生育成本、传统性别观念等社会因素对女性就业的阻碍,却少有文献聚焦于如何解决女性在职业发展方面的不平等地位问题,为相关学术研究的发展预留了丰富的研究空间。

---

① 朱文莉,邓蕾.女性高管真的可以促进企业社会责任履行吗?:基于中国 A 股上市公司的经验证据[J].中国经济问题,2017(4):119-135;翟华云,刘小文.女性高管特征对企业社会责任表现的影响研究:来自我国上市公司的经验证据[J].财会通讯,2015(15):58-63+129.

② 曾春影,茅宁.女性 CEO 与企业捐赠:基于利他视角的实证研究[J].经济管理,2018,40(1):123-139.

③ 卿石松,郑加梅.专业选择还是性别歧视?:男女大学生起薪差距成因解析[J].经济学(季刊),2013,12(3):1007-1026.

④ 李春玲,李实.市场竞争还是性别歧视:收入性别差异扩大趋势及其原因解释[J].社会学研究,2008(2):94-117+244.

⑤ 卿石松,郑加梅.“同酬”还需“同工”:职位隔离对性别收入差距的作用[J].经济学(季刊),2013,12(2):735-756;王存同,余姣.“玻璃天花板”效应:职业晋升中的性别差异[J].妇女研究论丛,2013(6):21-27.

⑥ 赵慧军.阻碍女性职业发展的因素分析[J].经济与管理研究,2006(2):26-29.

⑦ 廖敬仪,周涛.女性职业发展中的生育惩罚[J].电子科技大学学报,2020,49(1):139-154.

⑧ 亓寿伟,刘智强.“天花板效应”还是“地板效应”:探讨国有与非国有部门性别工资差异的分布与成因[J].数量经济技术经济研究,2009,26(11):63-77;李春玲,李实.市场竞争还是性别歧视:收入性别差异扩大趋势及其原因解释[J].社会学研究,2008(2):94-117+244;卿石松.职位晋升中的性别歧视[J].管理世界,2011(11):28-38.

⑨ 王美艳.中国城市劳动力市场上的性别工资差异[J].经济研究,2005(12):35-44.

四、理论分析与研究假设

女性企业家协会的市场实践为探究如何破除传统性别观念的不利影响提供了契机，本文认为，女性企业家协会设立后，主要通过以下两个机制缓解传统性别观念对女性职业发展的影响：

（一）人力资本机制

新古典的人力资本理论认为女性受教育程度较低，并且更多地照顾家庭、工作经验也较少，这些原因导致了女性的人力资本较低，雇主会更倾向于聘用男性来担任更重要的管理职位。① 2007 年的中国女企业家发展报告显示，女企业家在进一步发展过程中所面临的主要障碍是受教育水平的局限，而这正是传统性别观念导致的困境。平等的性别观念会降低劳动者的工作—家庭冲突，且对女性的积极作用大于男性。② 在传统性别观念更加严重的地区，女性面临的工作—家庭冲突更加严重，因此人力资本相比其他地区可能更低。

女性企业家协会的成立使女性企业家更容易建立起女性社交网络并扩大其影响力。社交网络理论认为，网络内部个体之间的交流降低了信息不对称性③，协会内群体的交流建立起信任关系，获取数量多、质量高的信息。④ 各地女性企业家协会设立后，定期举办培训讲座及年会论坛，给予这些女性管理人员更多的机会相互交流工作经验和学习企业发展的前沿内容。现代人力资本理论提出，教育和培训是提高人力资本的重要途径。⑤ 女性企业家协会形成的同性社交网络提高了会员女性职工的人力资本，让女性职工在升职竞争中的竞争力大大提升。此外，在女性高管的职业成长中，职业价值观与自我效能感的影响较大。⑥ 女性企业家协会通过针对性地进行女性人才的开发和培训从心理认知层面上重塑女性的自信心和职业能力⑦，使女性更加重视自己的职业发展规划，打破了女性需要更多照顾家庭导致的人力资本较低的困境。

---

① 刘德中，牛变秀.中国的职业性别隔离与女性就业[J].妇女研究论丛，2000(4)：18-20.

② 张春泥，史海钧.性别观念、性别情境与两性的工作—家庭冲突：来自跨国数据的经验证据[J].妇女研究论丛，2019(3)：26-41.

③ BIRLEY S.The role of networks in the entrepreneurial process[J].Journal of business venturing，1985，1(1)：107-117.

④ 杨隽萍，于晓宇，陶向明，等.社会网络、先前经验与创业风险识别[J].管理科学学报，2017，20(5)：35-50.

⑤ 杨俊，李雪松.教育不平等、人力资本积累与经济增长：基于中国的实证研究[J].数量经济技术经济研究，2007(2)：37-45.

⑥ 罗瑾琏，孙彩霞，朱盼盼，等.职业价值观与自我效能感：如何驱动企业女性高管职业成长[J].中国人力资源开发，2013(19)：36-44.

⑦ 李鲜苗，罗瑾琏.女性高管职业身份建构的扎根理论研究：基于 ASD 的成长模型[J].管理案例研究与评论，2016，9(1)：53-64.

(二)社会认同机制

女性企业领导的晋升面临着与工作能力无关的基于性别的无形障碍——“玻璃天花板”困境。在所有条件都相同的情况下,性别因素在职位晋升中仍发挥重要的影响,越是往更高级的职位晋升,女性得到晋升的概率越低。[①] 特别是在男权社会下,男性被认为更具有商业精英的素质,而女性通常被认为不具备领导者应有的素质,导致社会对女性管理者的偏见,从而使得女性职位晋升不足。[②] 这种性别歧视是传统性别刻板印象的体现,在传统性别刻板印象更加严重的地区,职场性别歧视也将体现得更加显著,女性高管的数量也更少。刻板印象是人们对某个社会群体形成的一种概括而固定的看法,最终体现为职场上的性别偏好。而基于图式的干预策略(如提供积极的角色榜样)可以有效干预对群体的刻板印象。[③]

女性企业家协会在线下活动、线上平台分享的成功职业女性经历[④],有利于传播积极向上的女性企业家形象,扭转当地对于女性缺乏领导能力的传统偏见,形成性别平等的良好社会认知,减少女性职业发展中面临的性别偏见。同时,由于性别溢出机制,女性企业家在任用和提拔员工时也更倾向于女性员工,例如研究发现,女性董事更偏向于提拔女性高管[⑤],女性投资者对女性企业家表现出更浓厚的兴趣。[⑥] 女性高管的增加将有利于进一步提升这一群体的社会形象,减轻传统观念对其他女性职业发展的负面影响。

综上,根据人力资本机制及社会认同机制,本文提出如下假设:女性企业家协会的成立有助于降低传统性别观念对女性高管占比的负面影响。

五、数据与模型

(一)样本说明

本文使用2005—2021年的数据样本,将上市公司数据与公司所在地经济数据及女性企业家协会数据匹配后并进行如下筛选:①剔除金融行业企业样本;②剔除数据存在缺失值的样本。通过以上步骤,本文最终获得3792家上市公司的共35696个公司—年观测值。为降低极端值的影响,本文对连续变量在1%以下以及99%以上分位数进行缩尾处理。本文所使用的公司层面数据来源于中国研究数据服务平台CNRDS或国泰安CSMAR数据库,地

---

① 王存同,余姣.“玻璃天花板”效应:职业晋升中的性别差异[J].妇女研究论丛,2013(6):21-27.

② 李静.女性领导力提升的非制度性障碍及对策分析[J].妇女研究论丛,2012(4):102-105.

③ 张宝山,袁菲,徐靓鸽.刻板印象威胁效应的消除:干预策略及其展望[J].心理科学,2014,37(1):197-204.

④ 中国女企业家协会.女企业家风采[EB/OL].[2023-10-14].http://www.cawe.org.cn/portal/article?catID=5&navParentID=4&navMenuID=4.

⑤ 吕英,王正斌.同性相吸还是同性相斥:中国上市公司女性高管任命性别溢出效应研究[J].外国经济与管理,2017,39(12):84-99.

⑥ EWENS M, TOWNSEND R R. Are early stage investors biased against women? [J].Journal of financial economics, 2020,135(3):653-677.

区层面数据来源于各地级市的统计年鉴，各地女性企业家协会成立由作者手工整理而得。

（二）模型与变量

本文拟探讨女性企业家协会的设立是否对于传统性别观念严重的地区企业的女性高管占比提升有促进作用，具体回归模型和变量说明如下：

$$Pfemalemanager_{i,t}=\beta_0+\beta_1 Persex_i * Wea_{i,t-1}+\beta_2 Persex_i+\beta_3 Wea_{i,t-1}+\varphi X_{i,t-1}+\omega Z_{i,t-1}+u_i+v_t+\varepsilon_{i,t} \quad (1)$$

1. 被解释变量

被解释变量 $Pfemalemanager_{i,t}$ 定义为企业女性高管的占比，用女性高级管理人员数与全体高级管理人员数的比值衡量。①

2. 解释变量

本文基于 2000 年的人口普查数据度量各城市的传统性别观念 $Persex$，具体而言，以各地级市 0～14 岁人口中男性与女性的比重来计算，因为传统性别观念的一个外在表现为长期以来居高不下的出生男女性别比例。$Wea_{i,t-1}$ 为地区女性企业家协会的虚拟变量，若公司所在城市 i 在 $t-1$ 年时成立了女性企业家协会，则赋值为 1，否则取值为 0。为了衡量女性企业家协会成立是否能够降低传统性别观念对企业女性高管占比的负面影响，$Persex_i$ 与 $Wea_{i,t-1}$ 的交乘项系数 β_1 及显著性为本文关注的重点，根据本文研究假设，预期其符号为正。

女性企业家协会的成立时间由本文手工搜索整理而得。具体的，通过在百度搜索栏输入“地级市名＋女性企业家协会/女性企业家商会/女性联合会/女性联谊会/女性创业者协会”等关键词，结合官方新闻报道或天眼查软件显示的协会注册时间进行收集整理。

3. 控制变量

$X_{i,t-1}$ 为企业层面控制变量，包括企业规模、资产负债率、净资本收益、股票年回报率、现金比率、企业年龄、董事长和总经理是否两职合一、独立董事比例、是否国企。$Z_{i,t-1}$ 为地区层面控制变量，包括经济发展水平（当地 GDP 总值的对数）、产业结构（第二产业占比、第三产业占比）、金融发展水平（金融机构贷款余额对数）、财政平衡、外资水平。被解释变量及控制变量均滞后一期。变量具体的定义及计算方式如表 2 所示，所有变量均在 1％及 99％水平上进行缩尾处理。本文控制了企业、年份固定效应，并基于企业层面聚类调整标准误。各变量定义如表 2 所示。

表 2　变量定义

变量	计算方式
Pfemalemanager	女性高级管理人员占全部高级管理人员的比重
Lnfemalemanager	女性高级管理人员数的自然对数
Persex	2000 年各地级市 0～14 岁的男性与女性之比

① 任颋，王峥.女性参与高管团队对企业绩效的影响：基于中国民营企业的实证研究[J].南开管理评论，2010，13(5)：81-91.

续表

变量	计算方式
Wea	该地级市是否成立了女性企业家协会，成立了则取值为 1
Lnweany	该地级市女性企业家协会成立的时长
Size	企业总资产的对数
Lev	总负债与总资产的比值
Roe	净利润与所有者权益的比值
Tobinq	企业的市场价值除以企业资本的重置成本
Cash1	货币资金与总资产的比值
Fage	企业成立时长（年）的对数
Dual	董事长与总经理为同一人时，取值为 1，否则为 0
Indboa	独立董事人数占董事人数的比重
Soe	企业性质为国有企业时，取值为 1，否则为 0
Lngdp	地区 GDP 的对数
Secondgdp	当地第二产业 GDP 比例
Thirdgdp	当地第三产业 GDP 比例
Fiscalbalance	地方财政预算内支出与收入的比
Lnfinloan	金融机构贷款余额的对数
Lnforerign_inv	外商投资总额的对数

表 3 展示了描述性统计结果，2005—2021 年，我国上市公司女性高管占比的平均值为 16%。女性企业家协会是否成立的均值为 0.885，说明大部分地级市在 2005 年后陆续成立了女性企业家协会。此外，成立的平均时长为 11.66 年。2000 年我国 0～14 岁人口中男性与女性的比例为 1.153。

表 3　变量描述性统计

变量	样本量	均值	标准差	最小值	最大值
Pfemalemanager	35696	0.160	0.165	0.000	0.667
Lnfemalemanager	35696	0.554	0.487	0.000	1.609
Wea	35696	0.885	0.319	0.000	1.000
Lnweany	35696	2.456	1.113	0.000	3.497
Persex	35696	1.153	0.094	1.036	1.373
Size	35696	21.993	1.292	19.538	26.026
Lev	35696	0.435	0.207	0.051	0.888
Roe	35696	0.056	0.141	−0.817	0.324

续表

变量	样本量	均值	标准差	最小值	最大值
Tobinq	35696	1.990	1.300	0.877	8.744
Cash	35696	0.187	0.139	0.012	0.682
Fage	35696	2.775	0.385	1.609	3.466
Dual	35696	0.260	0.439	0.000	1.000
Indboa	35696	0.372	0.052	0.300	0.571
Soe	35696	0.410	0.492	0.000	1.000
Lngdp	35696	17.749	1.001	14.990	18.759
Secondgdp	35696	0.397	0.149	0.004	0.646
Thirdgdp	35696	0.482	0.163	0.003	0.669
Fiscalbalance	35696	1.526	0.688	0.983	4.657
Lnfinloan	35696	18.082	1.358	14.540	19.523
Lnforeign_inv	35696	12.048	1.650	6.621	13.656

六、实证结果分析

（一）基准回归结果

表4报告了方程(1)进行的多维固定效应线性回归结果，各列结果都添加了年份固定效应和企业固定效应。其中第(1)列只纳入人口男女比例变量、是否成立女性企业家协会虚拟变量及交乘项，交互项系数为正，在5%水平上显著。第(2)列加入了企业层面控制变量，第(3)列进一步加入地区宏观层面控制变量，第(4)列在添加了企业控制变量、地区宏观控制变量的基础上加入行业乘年份固定效应，第(5)列再次加入省份固定效应。*Persex* 越大即地区内的传统性别观念越重，其系数显著为负，说明在越重男轻女的地方，女性高管数量越少。在(1)～(5)列显示的结果中，重点关注的交乘项系数为0.13～0.15，在1%或5%的水平上显著。结果显示，控制变量的加入与否与各类型的固定效应基本不影响本文的结果，传统性别观念 *Persex* 的系数至少在5%水平显著为负，说明了传统性别观念确实显著阻碍了女性高管参与企业经营。而女性企业家协会是否成立 *Wea* 与传统性别观念 *Persex* 的交乘项系数始终显著为正，也说明女性企业家协会的成立显著缓解了传统性别观念对女性高管参与的负面影响。即在传统性别观念更严重的地区，成立女性企业家协会后，当地企业女性高管比重更可能显著上升，进而缓解女性升职面临的“玻璃天花板”困境。这支持了本文的研究假设。

表 4　基准回归结果(*Pfemalemanager*)

	(1)	(2)	(3)	(4)	(5)
Wea * *Persex*	0.152** (0.059)	0.154*** (0.059)	0.153** (0.060)	0.135** (0.060)	0.127** (0.060)
Persex	−0.385*** (0.144)	−0.382*** (0.138)	−0.376*** (0.135)	−0.345** (0.136)	−0.533*** (0.168)
Wea	−0.001 (0.005)	−0.002 (0.005)	−0.002 (0.005)	−0.001 (0.005)	−0.002 (0.005)
Size		−0.006** (0.003)	−0.007** (0.003)	−0.007** (0.003)	−0.007** (0.003)
Lev		−0.007 (0.011)	−0.007 (0.011)	−0.010 (0.011)	−0.009 (0.011)
Roe		−0.006 (0.007)	−0.006 (0.007)	−0.005 (0.007)	−0.004 (0.007)
Tobinq		0.003** (0.001)	0.003** (0.001)	0.002** (0.001)	0.002* (0.001)
Cash		−0.005 (0.010)	−0.005 (0.010)	−0.003 (0.010)	−0.004 (0.010)
Fage		0.038** (0.017)	0.038** (0.017)	0.045*** (0.017)	0.048*** (0.017)
Dual		0.000 (0.003)	0.000 (0.003)	0.000 (0.003)	−0.000 (0.003)
Indboa		0.035 (0.028)	0.035 (0.028)	0.032 (0.028)	0.029 (0.028)
Soe		−0.017** (0.008)	−0.017** (0.008)	−0.017** (0.007)	−0.017** (0.007)
Lngdp			−0.005 (0.010)	−0.005 (0.010)	−0.002 (0.010)
Secondgdp			0.002 (0.017)	0.005 (0.017)	0.001 (0.017)
Thirdgdp			−0.006 (0.016)	−0.008 (0.016)	−0.007 (0.016)
Fiscalbalance			−0.000 (0.005)	0.001 (0.005)	0.001 (0.004)
Lnfinloan			0.006 (0.008)	0.007 (0.008)	0.008 (0.008)

续表

	(1)	(2)	(3)	(4)	(5)
Lnforeign_inv			−0.001 (0.002)	−0.001 (0.002)	−0.001 (0.002)
_cons	0.160*** (0.005)	0.191*** (0.074)	0.187 (0.132)	0.146 (0.132)	0.082 (0.144)
年份固定效应	YES	YES	YES	YES	YES
公司固定效应	YES	YES	YES	YES	YES
行业乘年份固定效应	NO	NO	NO	YES	YES
省份固定效应	NO	NO	NO	NO	YES
N	35446	35446	35446	35436	35436
Adjusted R^2	0.604	0.605	0.605	0.608	0.610

注：***、** 和 * 分别表示通过了 1%、5% 和 10% 的显著性检验；括号中的数值是经企业层面聚类修正后的稳健性标准误。

(二)稳健性检验

为了检验前文回归结果的稳健性，本文使用以下方法进行稳健性检验：

1. 替换被解释变量

基准回归中使用的被解释变量 *Pfemalemanager* 为女性高级管理人员数与全体高级管理人员数的比，为了排除基准回归结果受被解释变量特殊性影响，首先，将方程(1)中的被解释变量 *Pfemalemanager* 替换成女性高管数量值加 1 的自然对数 *Lnfemalemanager*，再次进行多维固定效应线性回归，结果报告在表 5 中。在(1)～(5)列显示的结果中，在不同控制变量、固定效应的控制下，本文重点关注的交乘项 *Wea * Persex* 系数均在 5% 置信水平上显著。替换被解释变量的统计结果证明了基准回归结果并不是由被解释变量的特殊性导致的，本文结论具有稳健性。

表 5 替换被解释变量的回归结果(*Lnfemalemanager*)

	(1)	(2)	(3)	(4)	(5)
*Wea * Persex*	0.431** (0.183)	0.467** (0.183)	0.466** (0.184)	0.418** (0.186)	0.396** (0.186)
Persex	−1.105*** (0.393)	−1.157*** (0.393)	−1.177*** (0.394)	−1.086*** (0.396)	−1.521*** (0.464)
Wea	0.012 (0.017)	0.012 (0.017)	0.014 (0.017)	0.018 (0.017)	0.015 (0.017)
Size		0.016* (0.009)	0.016* (0.009)	0.015* (0.009)	0.016* (0.009)
Lev		−0.026 (0.031)	−0.027 (0.031)	−0.034 (0.031)	−0.029 (0.031)

续表

	(1)	(2)	(3)	(4)	(5)
Roe		0.031 (0.020)	0.031 (0.020)	0.031 (0.019)	0.030 (0.019)
Tobinq		0.005 (0.003)	0.005 (0.003)	0.004 (0.003)	0.003 (0.003)
Cash		−0.018 (0.030)	−0.017 (0.030)	−0.015 (0.030)	−0.016 (0.030)
Fage		0.088* (0.051)	0.089* (0.052)	0.099* (0.053)	0.107** (0.053)
Dual		0.012 (0.010)	0.012 (0.010)	0.012 (0.010)	0.010 (0.010)
Indboa		−0.047 (0.085)	−0.047 (0.085)	−0.055 (0.084)	−0.058 (0.084)
Soe		−0.028 (0.022)	−0.029 (0.022)	−0.029 (0.022)	−0.028 (0.022)
Lngdp			−0.007 (0.032)	−0.002 (0.032)	−0.000 (0.033)
Secondgdp			0.007 (0.051)	0.015 (0.050)	−0.003 (0.052)
Thirdgdp			−0.018 (0.048)	−0.021 (0.047)	−0.013 (0.049)
Fiscalbalance			−0.002 (0.014)	0.001 (0.014)	0.003 (0.014)
Lnfinloan			0.001 (0.025)	0.002 (0.025)	0.004 (0.025)
Lnforeign_inv			−0.002 (0.006)	−0.002 (0.006)	−0.002 (0.007)
_cons	0.543*** (0.015)	−0.022 (0.229)	0.122 (0.396)	−0.010 (0.401)	−0.117 (0.432)
年份固定效应	YES	YES	YES	YES	YES
公司固定效应	YES	YES	YES	YES	YES
行业乘年份固定效应	NO	NO	NO	YES	YES
省份固定效应	NO	NO	NO	NO	YES
N	35446	35446	35446	35436	35436
Adjusted R^2	0.602	0.602	0.602	0.604	0.606

2. 替换解释变量

基准回归在检验中使用的女性企业家协会虚拟变量为当地该年是否成立了女性企业家协会，为了检验结论的稳健性，将 *Wea* 解释变量替换为 *Lnweany* 即当地女性企业家协会成立时长的对数再次进行多维固定效应线性回归，如果结果确实由女性企业家协会的成立驱动，那么女性企业家协会成立的时间越长，这种效应将体现得更加显著。表 6 报告替换解释变量的检验结果。在(1)～(5)列显示的结果中，在不同控制变量、固定效应的控制下，本文重点关注的交乘项 *Lnweany* * *Persex* 系数均在 1%的水平上显著为正。结果仍说明，在传统性别观念更严重的地区，成立女性企业家协会的时间越久，当地企业女性高管比例提升越多。替换解释变量的统计结果证明了基准回归结果并不是由解释变量选择的特殊性导致的，本文结论依然稳健。

表 6　替换解释变量的回归结果(*Pfemalemanager*)

	(1)	(2)	(3)	(4)	(5)
Lnweany * *Persex*	0.086*** (0.031)	0.089*** (0.030)	0.089*** (0.031)	0.087*** (0.031)	0.092*** (0.031)
Persex	−0.253* (0.136)	−0.249* (0.129)	−0.245* (0.126)	−0.229* (0.128)	−0.413** (0.163)
Lnweany	−0.001 (0.004)	−0.001 (0.004)	−0.001 (0.004)	−0.001 (0.004)	−0.003 (0.004)
Size		−0.007** (0.003)	−0.007** (0.003)	−0.007** (0.003)	−0.007** (0.003)
Lev		−0.007 (0.011)	−0.007 (0.011)	−0.010 (0.011)	−0.009 (0.011)
Roe		−0.006 (0.007)	−0.006 (0.007)	−0.005 (0.007)	−0.005 (0.007)
Tobinq		0.003** (0.001)	0.003** (0.001)	0.002* (0.001)	0.002* (0.001)
Cash		−0.005 (0.010)	−0.005 (0.010)	−0.003 (0.010)	−0.004 (0.010)
Fage		0.039** (0.017)	0.039** (0.017)	0.046*** (0.017)	0.050*** (0.017)
Dual		0.000 (0.003)	0.000 (0.003)	0.000 (0.003)	−0.001 (0.003)
Indboa		0.036 (0.028)	0.036 (0.028)	0.033 (0.028)	0.030 (0.028)
Soe		−0.017** (0.008)	−0.017** (0.008)	−0.017** (0.007)	−0.017** (0.007)
Lngdp			−0.003 (0.010)	−0.003 (0.010)	−0.000 (0.010)
Secondgdp			−0.003 (0.017)	−0.000 (0.017)	−0.004 (0.017)

续表

	(1)	(2)	(3)	(4)	(5)
Thirdgdp			−0.001 (0.016)	−0.002 (0.016)	−0.002 (0.017)
Fiscalbalance			−0.001 (0.005)	0.000 (0.005)	0.001 (0.004)
Lnfinloan			0.004 (0.008)	0.005 (0.008)	0.005 (0.008)
Lnforeign_inv			−0.001 (0.002)	−0.001 (0.002)	−0.001 (0.002)
_cons	0.159*** (0.000)	0.191*** (0.073)	0.192 (0.136)	0.157 (0.136)	0.091 (0.147)
年份固定效应	YES	YES	YES	YES	YES
公司固定效应	YES	YES	YES	YES	YES
行业乘年份固定效应	NO	NO	NO	YES	YES
省份固定效应	NO	NO	NO	NO	YES
N	35446	35446	35446	35436	35436
Adjusted R^2	0.602	0.602	0.602	0.604	0.606

（三）机制检验

1. 人力资本机制的检验

根据假设，女性企业家协会设立形成的社会关系网络和经常举办的培训会或交流会，丰富了女性的专业技能，能够提升传统性别观念严重地区女性的人力资本，使女性在职位晋升中拥有更高的竞争力，提升当地企业女性高管的占比。本文认为，如果人力资本机制成立，那么在企业女性高管平均教育水平更低的地区，女性企业家协会成立后，对当地企业的女性高管参与的影响应该更大。本文使用中国研究数据服务平台（CNRDS）获取 2010—2021 年任职的企业女性高管教育背景，将高管的教育水平分为大学本科以上和大学本科以下，教育水平在大学本科以上的高管赋值为 1，其余为 0，并根据企业所在的城市计算出各地区女性高管平均教育水平，然后将各地区女性高管平均教育水平分为高低两组，分别进行检验。

在表 7 报告的结果中，第(1)～(3)列报告了企业女性高管教育水平较高的地区的检验结果，第(4)～(6)列报告的是企业女性高管教育水平较低的地区的检验结果。结果显示，第(4)～(6)列的交乘项系数显著为正。在传统性别观念严重的地区，女性企业家协会设立后女性高管占比提升，这种变化在企业女性高管平均教育水平更低的地区更显著。女性企业家协会提高了女性高管平均教育水平更低的地区女性员工的人力资本，使她们拥有了更高的竞争力，从而提升了当地企业的女性高管占比，人力资本机制成立。

表7 人力资本机制检验结果(*Pfemalemanager*)

	High-Edu			*Low-Edu*		
	(1)	(2)	(3)	(4)	(5)	(6)
Wea * *Persex*	−0.105 (0.138)	−0.121 (0.146)	−0.159 (0.147)	0.164** (0.072)	0.136* (0.071)	0.153** (0.071)
Persex	0.090 (0.419)	0.239 (0.493)	−0.983 (1.100)	−0.574*** (0.164)	−0.506*** (0.159)	−0.476** (0.225)
Wea	−0.002 (0.010)	−0.001 (0.011)	−0.001 (0.011)	−0.005 (0.007)	−0.005 (0.007)	−0.005 (0.007)
Size	−0.005 (0.006)	−0.002 (0.006)	−0.001 (0.006)	−0.007* (0.004)	−0.007* (0.004)	−0.007* (0.004)
Lev	0.014 (0.023)	0.010 (0.023)	0.014 (0.022)	−0.011 (0.014)	−0.014 (0.014)	−0.014 (0.014)
Roe	−0.013 (0.014)	−0.014 (0.015)	−0.017 (0.014)	−0.004 (0.009)	−0.001 (0.009)	0.001 (0.009)
Tobinq	−0.000 (0.002)	−0.000 (0.002)	−0.000 (0.002)	0.002 (0.001)	0.002 (0.001)	0.002 (0.001)
Cash	−0.021 (0.021)	−0.017 (0.022)	−0.016 (0.022)	−0.003 (0.012)	−0.000 (0.012)	−0.000 (0.012)
Fage	0.026 (0.041)	0.013 (0.040)	0.016 (0.040)	0.054** (0.023)	0.057** (0.024)	0.058** (0.023)
Dual	0.005 (0.007)	0.005 (0.007)	0.006 (0.007)	−0.003 (0.004)	−0.003 (0.004)	−0.004 (0.004)
Indboa	−0.090 (0.055)	−0.084 (0.055)	−0.095* (0.055)	0.060* (0.033)	0.057* (0.032)	0.057* (0.032)
Soe	−0.016 (0.019)	−0.014 (0.020)	−0.013 (0.019)	−0.014 (0.010)	−0.013 (0.010)	−0.012 (0.010)
Lngdp	0.007 (0.020)	0.008 (0.020)	0.016 (0.020)	0.013 (0.014)	0.012 (0.014)	0.006 (0.014)
Secondgdp	0.017 (0.039)	0.005 (0.039)	0.011 (0.038)	0.010 (0.020)	0.009 (0.019)	0.012 (0.020)
Thirdgdp	−0.028 (0.039)	−0.021 (0.040)	−0.024 (0.039)	−0.004 (0.019)	−0.001 (0.019)	−0.005 (0.019)
Fiscalbalance	−0.003 (0.012)	−0.006 (0.012)	0.002 (0.012)	0.002 (0.006)	0.003 (0.006)	0.002 (0.006)

续表

	High-Edu			*Low-Edu*		
	(1)	(2)	(3)	(4)	(5)	(6)
Lnfinloan	0.010 (0.017)	0.005 (0.017)	0.006 (0.017)	−0.002 (0.011)	0.001 (0.011)	0.002 (0.011)
Lnforeign_inv	−0.003 (0.005)	−0.003 (0.005)	−0.005 (0.005)	−0.002 (0.002)	−0.003 (0.002)	−0.002 (0.002)
_cons	−0.032 (0.348)	0.021 (0.342)	−0.165 (0.362)	−0.013 (0.187)	−0.060 (0.193)	0.021 (0.198)
年份固定效应	YES	YES	YES	YES	YES	YES
公司固定效应	YES	YES	YES	YES	YES	YES
行业乘年份固定效应	NO	YES	YES	NO	YES	YES
省份固定效应	NO	NO	YES	NO	NO	YES
N	6618	6606	6606	23423	23409	23409
Adjusted R^2	0.664	0.667	0.670	0.632	0.635	0.636

注：由于高管教育水平变量缺失，样本总数量减少。

2. 社会认同机制的检验

本文从下列两个方面检验社会认同机制：

首先，男女性别工资差异的视角，同工同酬是社会认同的直观体现，如果一个地区的女性工资水平显著低于男性，则表明其市场对女性的认同感较低，并不希望其从事市场劳动，同时支付报酬的意愿也更低。本文使用2013年中国综合社会调查(CGSS 2013)样本，获得28个省份共11438户家庭调研数据，获取各省份男女工资差异指标，根据差异大小分为两组。① 在表8报告的结果中，第(1)～(3)列报告了男女性别工资差异较大的地区的检验结果，第(4)～(6)列报告的是男女性别工资差异小的地区的检验结果。结果显示，(1)～(3)列的交乘项系数显著为正，表明在男女性别工资差异较大的地区，也就是对女性的社会认同更低的地区，女性企业家协会设立后对于当地企业女性高管比例的提升更加明显。

表8 社会认同机制检验结果(*Pfemalemanager*)

	High Gender Wage Gap			*Low Gender Wage Gap*		
	(1)	(2)	(3)	(4)	(5)	(6)
*Wea * Persex*	0.267** (0.125)	0.287** (0.131)	0.253* (0.139)	0.041 (0.075)	0.025 (0.076)	−0.003 (0.076)
Persex	−0.619** (0.262)	−0.635** (0.272)	−1.063*** (0.359)	−0.068 (0.285)	−0.057 (0.283)	−0.086 (0.235)

① 卿石松.中国性别收入差距的社会文化根源：基于性别角色观念的经验分析[J].社会学研究，2019，34(1)：106-131+244.

续表

	High Gender Wage Gap			*Low Gender Wage Gap*		
	(1)	(2)	(3)	(4)	(5)	(6)
Wea	0.004 (0.011)	0.005 (0.011)	0.003 (0.012)	−0.006 (0.007)	−0.002 (0.007)	−0.002 (0.007)
Size	−0.008* (0.004)	−0.009* (0.004)	−0.010** (0.004)	−0.004 (0.004)	−0.005 (0.004)	−0.004 (0.004)
Lev	0.013 (0.016)	0.010 (0.016)	0.013 (0.016)	−0.022 (0.016)	−0.026 (0.016)	−0.026 (0.016)
Roe	−0.007 (0.011)	−0.009 (0.011)	−0.009 (0.011)	−0.002 (0.009)	−0.001 (0.008)	0.002 (0.008)
Tobinq	0.003* (0.002)	0.003 (0.002)	0.002 (0.002)	0.001 (0.002)	0.001 (0.002)	0.001 (0.002)
Cash	−0.008 (0.014)	−0.006 (0.014)	−0.007 (0.014)	−0.008 (0.015)	−0.004 (0.015)	−0.002 (0.015)
Fage	0.040* (0.023)	0.045** (0.023)	0.047** (0.023)	0.034 (0.026)	0.041 (0.026)	0.038 (0.026)
Dual	−0.001 (0.005)	−0.001 (0.004)	−0.001 (0.004)	0.003 (0.005)	0.002 (0.005)	0.002 (0.005)
Indboa	0.067 (0.043)	0.059 (0.043)	0.053 (0.042)	0.004 (0.036)	−0.005 (0.036)	−0.007 (0.036)
Soe	−0.015 (0.010)	−0.014 (0.010)	−0.012 (0.010)	−0.019* (0.011)	−0.022** (0.011)	−0.022** (0.011)
Lngdp	−0.009 (0.017)	−0.014 (0.017)	−0.013 (0.017)	−0.006 (0.013)	−0.005 (0.013)	0.001 (0.014)
Secondgdp	−0.013 (0.034)	−0.013 (0.034)	−0.017 (0.035)	−0.008 (0.021)	−0.006 (0.020)	−0.001 (0.020)
Thirdgdp	0.040 (0.035)	0.043 (0.035)	0.047 (0.036)	−0.014 (0.019)	−0.015 (0.019)	−0.020 (0.019)
Fiscalbalance	0.001 (0.011)	0.001 (0.011)	0.001 (0.011)	−0.002 (0.005)	0.000 (0.005)	0.002 (0.005)
Lnfinloan	0.023 (0.014)	0.025* (0.014)	0.024 (0.015)	−0.001 (0.011)	0.001 (0.011)	−0.005 (0.010)
Lnforeign_inv	−0.001 (0.004)	−0.001 (0.004)	−0.002 (0.004)	0.002 (0.003)	0.002 (0.003)	0.002 (0.003)

续表

	High Gender Wage Gap			*Low Gender Wage Gap*		
	(1)	(2)	(3)	(4)	(5)	(6)
_cons	−0.065 (0.216)	−0.007 (0.218)	0.023 (0.230)	0.294 (0.207)	0.218 (0.204)	0.202 (0.208)
年份固定效应	YES	YES	YES	YES	YES	YES
公司固定效应	YES	YES	YES	YES	YES	YES
行业乘年份固定效应	NO	YES	YES	NO	YES	YES
省份固定效应	NO	NO	YES	NO	NO	YES
N	19110	19093	19093	15607	15589	15589
Adjusted R^2	0.596	0.601	0.603	0.626	0.629	0.632

其次，本文从政治精英的视角进行检验。职位层次越高，对社会角色、自我认知的要求越高。① 在地方政府中，市长和市委书记是最核心的官员，如果一个地方由女性担任相关职务，有助于帮助当地女性建立更好的社会形象，帮助提升市场对女性群体的认同感，而如果该地方没有女性担任要职，则表明地区对女性的认同感相对更低。为此，本文从北京大学开放研究数据平台 CCER 官员数据库②搜集了市委书记、市长的任职信息，统计时间截至2017 年。

表 9 报告了检验的结果，由于直辖市属于省级行政单位，直辖市的市长与其他省份的市长行政等级不同，在第(2)列中剔除了直辖市样本。其中第(1)、第(2)列报告了没有女性市长或市委书记的地区的检验结果，第(3)列则相反。结果显示，对于有女性担任市长或市委书记的地区，交乘项系数不显著，而在没有女性担任市长或市委书记的地区，交乘项系数在5%的水平上显著为正。这表明，女性企业家协会通过另一种方式提高了社会对女性能力的认同，进而帮助其获得更好的职业发展机会。

表 9　社会认同机制检验结果(*Pfemalemanager*)

	没有女性政治精英		有女性政治精英
	(1)	(2)	(3)
*Wea * Persex*	0.280** (0.133)	0.330** (0.146)	0.086 (0.068)
Persex	−2.038** (1.008)	−3.305*** (0.438)	−0.332** (0.162)

① 赵源.国际公务员胜任素质研究：以联合国业务人员和司级人员为例[J].中国行政管理，2018(2)：137-142.

② YANG Y，LIXING L，TIANYANG X，et al. 2022. CCER officials dataset[M]. V1 edn. Peking university open research data platform. 该数据库统计年份为 1994—2017 年，披露了地级市以上官员的性别等信息。

续表

	没有女性政治精英		有女性政治精英
	(1)	(2)	(3)
Wea	−0.001 (0.014)	−0.014 (0.014)	−0.004 (0.006)
Size	−0.003 (0.005)	−0.008 (0.009)	−0.008** (0.003)
Lev	0.001 (0.022)	0.045 (0.040)	−0.007 (0.013)
Roe	−0.002 (0.014)	−0.024 (0.028)	−0.004 (0.008)
Tobinq	0.001 (0.002)	0.005 (0.006)	0.003*** (0.001)
Cash	0.006 (0.021)	0.048 (0.061)	−0.008 (0.012)
Fage	0.038 (0.036)	−0.023 (0.115)	0.035* (0.019)
Dual	0.008 (0.007)	−0.006 (0.011)	−0.001 (0.004)
Indboa	0.037 (0.054)	−0.062 (0.097)	0.027 (0.033)
Soe	−0.033*** (0.012)	−0.047** (0.021)	−0.014 (0.009)
Lngdp	0.015 (0.028)	0.023 (0.044)	0.002 (0.011)
Secondgdp	0.024 (0.042)	−0.045 (0.054)	0.004 (0.018)
Thirdgdp	−0.067 (0.056)	0.045 (0.079)	−0.004 (0.017)
Fiscalbalance	−0.024** (0.011)	−0.039*** (0.013)	0.006 (0.005)
Lnfinloan	−0.011 (0.024)	−0.055** (0.024)	0.010 (0.009)
Lnforeign_inv	0.000 (0.005)	0.002 (0.005)	−0.000 (0.002)

续表

	没有女性政治精英		有女性政治精英
	(1)	(2)	(3)
_cons	0.060 (0.295)	1.213* (0.698)	−0.003 (0.168)
年份固定效应	YES	YES	YES
公司固定效应	YES	YES	YES
N	8149	1027	27289
Adjusted R^2	0.610	0.659	0.607

(四)异质性分析

在异质性分析中，本文从产权性质、企业领导性别等方面展开，检验女性企业家协会在不同情境下的差异性影响。

1. 企业性质层面

女性高考成绩和本科期间的学业表现相比于男性都更有优势，①但这种优势并没有延续到就业中。从市场招聘来看，相比于民营企业，国有企业对于女性雇员有更多的限制条件，女性进入国有企业的概率更低②，在改制后的国有企业中，传统因素是女性晋升面临的主要障碍。③ 本文猜测，由于女性企业家协会对于改善性别刻板印象具有积极作用，那么阻碍女性在国有企业中晋升的传统因素障碍应该有所缓解，在国有企业中，女性企业家协会对女性职业发展的促进作用应更为明显。

为了验证上述猜想，本文将样本分为国有企业和非国有企业两组后进行检验，结果报告在表10中。其中第(1)、(2)列以企业女性高管比例作为被解释变量，第(3)、(4)列以企业女性高管数量作为被解释变量。奇数列报告了国企样本的检验结果，偶数列报告了非国企样本的检验结果，证实了本部分的猜想，即女性企业家协会助力女性职业发展的作用在国有企业中更为明显。

表10 企业性质异质性检验结果

	Pfemalemanager		*Lnfemalemanager*	
	国有企业	非国有企业	国有企业	非国有企业
	(1)	(2)	(3)	(4)
*Wea * Persex*	0.146** (0.073)	0.127 (0.089)	0.590** (0.259)	0.372 (0.245)

① 蔡蔚萍.女性教育优势能否延续到劳动力市场：基于高考成绩、本科学业表现和就业情况的分析[J].当代青年研究，2016(6):52-58.

② 岳昌君.高等教育与就业的性别比较[J].清华大学教育研究，2010，31(6):74-81.

③ 武中哲.制度变革背景下国有企业女性职业地位获得：以J市H、L两厂为例[J].妇女研究论丛，2009(2):20-25.

续表

	Pfemalemanager		*Lnfemalemanager*	
	国有企业	非国有企业	国有企业	非国有企业
	(1)	(2)	(3)	(4)
Persex	0.168 (0.173)	−0.550*** (0.140)	0.174 (0.624)	−1.726*** (0.383)
Wea	0.008 (0.007)	−0.008 (0.008)	0.053** (0.025)	−0.022 (0.023)
Size	−0.000 (0.004)	−0.013*** (0.004)	0.028* (0.014)	0.006 (0.012)
Lev	−0.002 (0.018)	−0.013 (0.015)	0.006 (0.055)	−0.048 (0.038)
Roe	0.011 (0.010)	−0.014 (0.010)	0.053* (0.032)	0.012 (0.025)
Tobinq	0.004* (0.002)	0.000 (0.001)	0.009 (0.006)	−0.001 (0.004)
Cash	0.018 (0.018)	−0.012 (0.013)	0.064 (0.060)	−0.047 (0.036)
Fage	0.016 (0.025)	0.057** (0.024)	0.054 (0.084)	0.113 (0.069)
Dual	0.004 (0.006)	−0.003 (0.004)	0.025 (0.020)	0.001 (0.012)
Indboa	−0.033 (0.039)	0.110*** (0.039)	−0.182 (0.131)	0.150 (0.107)
Lngdp	−0.001 (0.013)	0.000 (0.014)	−0.015 (0.048)	0.020 (0.043)
Secondgdp	−0.035 (0.024)	0.042* (0.023)	−0.135* (0.081)	0.144** (0.064)
Thirdgdp	0.025 (0.023)	−0.039* (0.022)	0.063 (0.074)	−0.116* (0.061)
Fiscalbalance	−0.005 (0.005)	0.001 (0.007)	−0.009 (0.019)	−0.001 (0.019)
Lnfinloan	−0.011 (0.011)	0.017 (0.011)	−0.030 (0.038)	0.017 (0.032)
Lnforeign_inv	0.002 (0.003)	−0.003 (0.003)	0.005 (0.009)	−0.010 (0.009)

续表

	Pfemalemanager		*Lnfemalemanager*	
	国有企业	非国有企业	国有企业	非国有企业
	(1)	(2)	(3)	(4)
_cons	0.307* (0.174)	0.011 (0.201)	0.474 (0.584)	−0.377 (0.562)
年份固定效应	YES	YES	YES	YES
公司固定效应	YES	YES	YES	YES
行业乘年份固定效应	YES	YES	YES	YES
省份固定效应	YES	YES	YES	YES
N	14528	20820	14528	20820
Adjusted R^2	0.601	0.608	0.591	0.619

2. 企业领导性别层面

根据性别溢出机制和社会认同理论，同性社交中会产生相互认同、相互庇护的心理，在这种心理因素下，女性会更多地对女性群体产生认同，并产生女性群体偏好。例如，女性投资者更加热衷于为女性企业家提供投资①，女性企业领导在任用和提拔员工时也更倾向于女性员工②，扭转男性领导下对于女性性别歧视的社会认知。承袭这一逻辑，本文认为，如果是企业领导为女性的企业，在女性企业家协会设立后，女性高管晋升的困境应该有更大程度的缓解。本文将企业领导定义为企业的董事长或者总经理，如果企业在某一年有女性董事长或者总经理任职，则界定为女性领导企业。在全体样本中，女性领导企业占 9%。

本文将样本分为女性领导企业和非女性领导企业两组，结果报告在表 11 中。其中第(1)、(2)列以企业女性高管比例作为被解释变量，第(3)、(4)列以企业女性高管数量作为被解释变量。奇数列报告了女性领导企业样本的检验结果，偶数列报告了非女性领导企业样本的检验结果，结果显示，在女性领导企业中产生显著效果，女性企业家协会产生对女性职业发展的积极影响更为明显，验证了本部分的猜想。

表 11 企业领导性别异质性检验结果

	Pfemalemanager		*Lnfemalemanager*	
	女性领导企业	非女性领导企业	女性领导企业	非女性领导企业
	(1)	(2)	(3)	(4)
Wea * *Persex*	0.475** (0.199)	0.087 (0.062)	1.420*** (0.505)	0.307 (0.208)

① EWENS M, TOWNSEND R R. Are early stage investors biased against women? [J]. Journal of financial economics, 2020, 135(3): 653-677.

② 吕英，王正斌. 同性相吸还是同性相斥：中国上市公司女性高管任命性别溢出效应研究[J]. 外国经济与管理，2017，39(12)：84-99.

续表

	Pfemalemanager		Lnfemalemanager	
	女性领导企业	非女性领导企业	女性领导企业	非女性领导企业
	(1)	(2)	(3)	(4)
Persex	−0.720 (0.442)	−0.466** (0.211)	−2.784** (1.114)	−1.258** (0.574)
Wea	−0.020 (0.023)	−0.005 (0.006)	0.001 (0.063)	0.007 (0.019)
Size	−0.035*** (0.010)	−0.002 (0.003)	0.003 (0.030)	0.023** (0.010)
Lev	0.009 (0.040)	−0.010 (0.012)	−0.015 (0.102)	−0.024 (0.034)
Roe	−0.009 (0.024)	−0.010 (0.008)	−0.020 (0.062)	0.019 (0.023)
Tobinq	−0.002 (0.004)	0.002* (0.001)	−0.005 (0.009)	0.003 (0.003)
Cash	−0.020 (0.029)	−0.001 (0.011)	−0.010 (0.075)	−0.018 (0.033)
Fage	0.010 (0.079)	0.037* (0.019)	0.053 (0.229)	0.089 (0.062)
Dual	0.013 (0.013)	0.002 (0.004)	0.026 (0.036)	0.022* (0.011)
Indboa	0.040 (0.112)	0.002 (0.028)	−0.139 (0.273)	−0.095 (0.091)
Soe	−0.048 (0.031)	−0.004 (0.009)	−0.039 (0.048)	0.002 (0.028)
Lngdp	0.048 (0.052)	−0.011 (0.012)	0.005 (0.144)	−0.025 (0.039)
Secondgdp	−0.174** (0.075)	0.008 (0.019)	−0.312 (0.225)	−0.004 (0.061)
Thirdgdp	0.127* (0.070)	−0.005 (0.019)	0.261 (0.204)	−0.002 (0.059)
Fiscalbalance	−0.013 (0.032)	0.005 (0.005)	0.002 (0.083)	0.012 (0.016)
Lnfinloan	−0.039 (0.044)	0.013 (0.009)	0.011 (0.113)	0.024 (0.029)

续表

	Pfemalemanager		*Lnfemalemanager*	
	女性领导企业	非女性领导企业	女性领导企业	非女性领导企业
	(1)	(2)	(3)	(4)
Lnforeign_inv	−0.010 (0.007)	−0.001 (0.002)	−0.013 (0.019)	−0.002 (0.007)
_cons	1.048 (0.818)	0.036 (0.166)	0.612 (1.951)	−0.182 (0.528)
年份固定效应	YES	YES	YES	YES
公司固定效应	YES	YES	YES	YES
行业乘年份固定效应	YES	YES	YES	YES
省份固定效应	YES	YES	YES	YES
N	2310	24758	2310	24758
Adjusted R^2	0.754	0.642	0.716	0.648

七、结论与政策建议

女性的职业发展状况是否良好是社会是否公平的重要体现，也是妇女合法权益保护的重要内容。近年来，女性在企业管理中的能力认可度不断提升，女性高管数量逐渐增加，对于企业的长期健康发展起到了重要作用。然而，由于传统性别观念根深蒂固，我国当前的女性职业发展地位仍有较大的提高空间，在发挥妇女“半边天”作用的时代要求下，如何进一步提升女性职业发展地位是我国经济可持续发展的重要问题。本文以女性企业家协会的成立为研究背景，首次检验这一维护女性合法权益的现代社团组织力量如何影响女性职业发展。具体而言，本文基于2005—2021年中国各地级市女性企业家协会数据、2000年中国人口普查数据以及微观上市企业数据，实证检验了女性企业家协会成立能否缓解传统性别观念对高管团队中女性占比的负面影响。

本文研究发现，传统性别观念显著降低了当地企业高管团队中的女性占比，而女性企业家协会的成立有助于缓解传统性别观念对女性职业发展的负面影响。在替换被解释变量及替换解释变量等一系列稳健性检验后，结果依然成立。机制检验显示，这种影响主要通过人力资本机制及社会认同机制产生作用：其一，由于女性企业家协会成立后对于女性定期开展的培训或合作交流会，提升了女性的专业技能，她们拥有更高的人力资本，在职位晋升中具备更强的竞争力；其二，女性企业家协会有助于扭转当地对于女性领导能力不足的偏见，提升对女性的社会认同感。进一步的异质性检验发现，前述影响在不同的企业中呈现不同的变化，对于国有企业、女性领导企业，女性企业家协会在打破传统性别观念对女性职业发展的不利影响方面的效果更为明显。

本文研究结论具有如下政策启示：其一，加强对女性企业家协会等女性社团的支持，进一步扩大女性社团的社会影响力。伴随着女性企业家数量的提升，女性的同性社交网络将得到扩大与增强，社会对于女性领导力的认知在重构中逐渐清晰。本文研究结论表明，女性企业家协会的成立能够促进女性职业发展。在新的历史阶段，为了更好地发挥女性群体对经济社会发展的积极作用，政府应加强对女性企业家协会等女性社团的关注与支持，不断提升女性社团的社会影响力，从而让女性群体真正能够占据“半边天”。其二，为提升女性职业发展地位，应重点提升女性人力资本和社会认同感，以女性管理能力的强化与社会偏见的消除促进女性职业发展。教育水平平均更低、传统性别刻板印象是女企业家在进一步发展过程中所面临的主要障碍，在传统性别观念严重的地区，这些障碍将直接抑制女性职业的发展机会。本文研究结论证明，人力资本价值和社会认同感是女性职业发展的重要因素，这一结果也表明，重视女性教育事业的发展和纠正社会对女性的偏见，是未来帮助女性更好地实现自我价值、参与经济社会发展的重要途径，新时代新阶段各级政府应将女性教育、女性认同作为女性发展政策制定的核心内容，从而最大程度释放女性群体对中国式现代化建设的潜在推动力。

Can Women's Entrepreneur Associations Assist in Women's Career Development? ——Evidence from Chinese Publicly Listed Companies

Pan Yue　Chen Jianing　Liang Weijuan

(Xiamen University, Xiamen, 361005)

Abstract: Women are playing an increasingly important role in the economic and social spheres, but due to deeply rooted traditional gender norms, there still exist many inequalities for women in their career development. This article takes the establishment of women's entrepreneur associations in prefecture-level cities as the research perspective, conducting empirical analysis based on data from Chinese publicly listed companies from 2005 to 2021. It examines whether the establishment of women's entrepreneur associations helps mitigate the adverse effects of traditional gender norms on women's career development. The results show that in regions where traditional gender norms are prevalent, the establishment of women's entrepreneur associations is more likely to increase the proportion of female executives, indicating a positive impact on women's career development. Mechanism analysis reveals that women's entrepreneur associations contribute to enhancing the human capital value and social identity of female executives. Further research indicates that the impact of women's entrepreneur associations is more significant for state-owned enterprises and companies with female leaders. This article confirms the potential role of women's associations, represented by women's entrepreneur associations, in breaking down traditional gender biases. It not only enriches academic understanding of women's career development but also provides valuable insights for how to safeguard women's legitimate rights and interests in the new era and new journey.

Key Words: association of women entrepreneurs; traditional gender norms; female executive participation; women's career development

数字文旅对女性发展的赋能价值

张书颖　崔家胜*

摘要：随着文旅融合的深度推进和数字化浪潮的到来，数字文旅成为文旅行业转型升级的主要方向，也为进一步促进性别平等和女性全面发展注入了新活力。本文基于对数字文旅发展历程、基本特点、不同类型和发展动向的认识，重点剖析了数字文旅对女性发展的赋能价值。研究结果表明，在数字文旅时代下，女性就业机会、工作方式和环境、自身独特价值等方面的提升共同促进了新时代女性发展。在需求侧方面，数字文旅消费及服务满足了女性及家庭多样化个性化需求；在供给侧方面，数字文旅助力女性参与价值创造和增值分享，最终形成数字文旅与女性发展的良性互助模式。

关键词：数字文旅；性别红利；女性发展；性别平等

一、引言

数字文旅(digital cultural tourism)是借助互联网技术和数字化手段，对文化旅游资源进行场景创新的一种新兴文旅形式，在文化遗产活化保护、旅游体验升级提升、地域文化交流互动以及中华文明宣传推广方面发挥着巨大作用。① 党的二十大报告指出，扎实推动国家文化数字化战略有关重点任务和举措，引领并支持文化和旅游行业数字化创新实践，让国家文化数字化战略在文化和旅游领域落地见效。近年来，我国互联网产业发展稳步增长，用户规模持续扩大，以数字内容为核心的数字文旅产业更是在后疫情时代异军突起、逆势上扬，被各地作为推动产业高质量发展的重要抓手。② 由此可见，数字文旅是数字经济时代催生的重要产物，其本质是数字技术和文化旅游产业的深度融合，既满足了需求端消费升级的迫切需要，也为供给侧提升变革提供了内生动力，逐步成为文旅行业转型升级发展的主要方向。

---

* 张书颖，女，中国科学院地理科学与资源研究所助理研究员，人文地理学博士，主要研究方向为生态旅游、遗产旅游和旅游地理；崔家胜，男，中国科学院地理科学与资源研究所科研助理，旅游管理学硕士，主要研究方向为可持续消费和旅游管理。

① 范玉鹏，刘洺远.数字文旅助力乡村振兴的内在机理与实践路径[J].河南农业，2023(12)：55-57.

② 张玉蓉，蔡雨坤.数字文旅产业高质量发展的契机、挑战与对策研究[J].出版广角，2022(7)：53-57.

已有研究对数字文旅的概念内涵、创新模式、驱动机制、发展路径等方面进行了探讨[①]，但由于数字文旅概念出现的时间较晚，目前学术界尚未建立起完整的理论体系，相关研究的理论深度和实证分析都有待进一步强化。作为数字技术和文旅产业深度融合的新兴领域，数字文旅所体现的交互性、时效性、便捷性、体验性等特征得到学者的普遍认可[②]，但对“数字文旅”“智慧文旅”“智能文旅”等类似概念的辨析却未达成统一意见。此外，随着以虚拟现实（VR）、增强现实（AR）、人工智能（AI）、全息投影等为代表的元宇宙技术浪潮的兴起，学者普遍关注文旅资源数字化利用及游客体验两方面内容[③]，并对数字文旅产品升级带来的游客满意度变化进行了剖析。

数字文旅不仅是传统文旅行业转型升级的必然选择，也对社会发展起到了显著的助推作用[④]，特别是在女性地位不断上升的当今社会，数字文旅进一步促进了性别平等和女性全面发展。[⑤] 根据联合国世界旅游组织发布的 *Global Report on Women in Tourism* 2020 显示，旅游业以领先之势在女性就业、创业、教育、领导力和社区参与方面发挥了重要作用。纵使已有研究关注到了这一现象，但大部分学者从女性作为市场消费者的视角出发，探讨女性在旅游过程中的行为习惯、观念或地位变化、获益方面等内容[⑥]，对女性作为文旅行业从业者和创业者的研究较少。其次，大部分学者沿用传统旅游研究思路和模式，对数字化背景下女性与文旅发展相关议题进行解析，其适用性和有效性有待进一步检验。随着越来越多的女性正在挑战旅游业中的性别陈规，不断争取更多的就业机会和事业前途，数字化技术应运成为女性赋权的催化剂，使女性获得更多的培训机会和创业可能[⑦]，不仅有助于提升女性的社会地位、性别意识，也会创造更加包容和平等的文化环境。因此，深入分析数字文旅这一新兴业态对女性发展的赋能价值是对实践问题给予的学术响应，有助于明确数字文旅的理论价值，对完善数字文旅的理论研究框架具有重要意义。

基于现有研究对数字文旅背景下女性发展研究的不足，本文首先梳理了数字文旅发展历程、基本特点、不同类型和发展动向等问题，对数字文旅形成深入认识；其次，结合女性作为文旅服务供给方和需求方的不同视角，重点剖析了数字文旅对女性发展的赋能价值和互助模式。研究结果不仅有助于完善数字文旅相关理论，也对推进我国文旅产业和妇女事业

---

① 刘洋，肖远平.数字文旅产业的逻辑与转型：来自贵州的经验与启示[J].理论月刊，2020(4)：104-110. 何小芊，刘宇.数字文旅的形成背景、驱动机制及发展路径[J].市场论坛，2022(2)：28-33＋38. 邱汉琴，杜莹莹.新文科背景下数字文旅人才培养的创新与实践[J].旅游学刊，2022，37(8)：1-3.

② 解学芳，雷文宣.“智能＋”时代中国式数字文旅产业高质量发展图景与模式研究[J].苏州大学学报(哲学社会科学版)，2023，44(2)：171-179.

③ 张玉蓉，蔡雨坤.数字文旅产业高质量发展的契机、挑战与对策研究[J].出版广角，2022(7)：53-57.

④ 解学芳，雷文宣.“智能＋”时代中国式数字文旅产业高质量发展图景与模式研究[J].苏州大学学报(哲学社会科学版)，2023，44(2)：171-179.

⑤ 穆荣多米加，赵倩倩.“她经济”背景下女性旅游助力乡村振兴[J].美化生活，2023(7)：112-114.

⑥ 罗文斌，钟诚，DALLEN J T，孟贝.乡村旅游开发中女性村官参与行为影响机理研究：以湖南省女性村官为例[J].旅游学刊，2017，32(1)：54-63. 郭凌，赵书虹，王潇敏，赵盼.女性乡村旅游从业者主观幸福感的影响因素及提升策略研究[J].西南林业大学学报(社会科学版)，2022，6(1)：85-90. 武文杰，孙业红，王英.农业文化遗产地女性居民旅游参与的情感响应：以浙江青田稻鱼共生系统为例[J].旅游学刊，2022，37(4)：128-139.

⑦ 崔晶.旅游业在促进性别平等方面领先于其他行业[N].中国旅游报，2019-11-15(6).

高质量发展具有十分重要的现实意义。

二、我国数字文旅的发展历程

文旅产业是大产业、大民生、大展示，亦是数字化技术应用的重要领域，纵观我国数字文旅的发展历程，可以大致划分成以下阶段。

萌芽阶段(2006年以前)：通过网络技术助力线上文旅发展，成为旅游业与网络技术融合发展的最先尝试，特别是OTA平台上机票和酒店的线上预订功能，逐步打开自由行市场。

起步阶段(2006—2018年)：2006年，国家重点风景名胜区数字化建设试点工作正式启动，我国旅游数字经济在旅游信息化、旅游+互联网、智慧旅游等的推动下稳步发展，涌现出乌镇、杭州、丽江等旅游地发展数字经济的典型。

飞速发展阶段(2019年之后)：2019年被称为数字文旅元年，以数字内容为核心的数字文旅产业异军突起、逆势上扬。2020年，随着新冠疫情管控放开后，数字文旅产业越来越被各地作为推动产业高质量发展的重要抓手，数字文旅产业得到进一步发展。2020年文化和旅游部、国家发改委等部门陆续发布《文化和旅游部关于推动数字文化产业高质量发展的意见》等系列文件，从顶层设计层面为“5G+文旅”保驾护航。

诚然，数字文旅是数字经济的重要组成部分，是文化和旅游产业未来的发展方向，如同数字经济相较于传统经济是革命性变革一样，数字文旅相较于传统文旅也是革命性变革，需要从更高、更新的维度进行思考、创新和实践。

三、数字文旅的特点、类型和发展动向

(一)数字文旅的基本特点

综合已有研究对数字文旅内涵的把握，可以看出数字文旅具有以下显著特征：(1)资源的无限性激发了更广泛的分享。借助数字技术将大量文物、艺术作品、文旅资源进行数字化处理，通过网络平台，游客可以更加便捷地搜索、了解、观赏相关文旅资源，使珍贵的文物为更广大的民众所认知。(2)时空的无界性促使了更高效的交互。借由更加高速的信息传输和网络平台，文旅产品交易、供求信息对接、内容分享更加快速高效，有利于供给方和需求方的交易效率更高。(3)身份的多元性营造了更多层次的体验感。数字科技与文旅融合，人工智能、虚拟现实等技术的应用，让个人和企业的身份模糊。在整个流程中，游客既是生产者，又是消费者，还是传播者和营销者，同时存在虚实空间身份的随机、随时转换。(4)数据的易得性驱动了更便捷的信息。通过互联网、APP、微信、微博等多种信息渠道，游客可以获取关于目的地的全方位信息，旅游出行更加便捷；数据成为企业新的核心生产资料，成为新的核心资产，并取代货币成为新的资本。

(二)数字文旅的类型

数字时代,文旅发展的关键是融合。就我国目前情况而言,大部分的文旅数字化应用集中在消费互联网中,旅游目的地为游客创造出丰富的文旅消费场景,挖掘和匹配游客的多层次多样化需求。现有数字文旅产品主要集中在以下类别中:(1)智慧旅游产品和服务。包括智慧酒店、智能客房、景区无人商店、无人售卖车等高度智能化为特征的旅游产品和服务,以及以无接触酒店的入住自助办理、景区的扫码入园服务为特征的智能服务。(2)线上文博。博物馆、美术馆、艺术馆等借助互联网、AR、VR、AI 技术,实现文物、艺术品信息的扫描、加工、处理。游客和观众借助设备在线上观看文物、艺术品,通过自主游览、变焦、旋转、360 度全场景体验等,提高了游客的观看体验。(3)沉浸式场景。利用数字技术、VR、AR、AI 等的剧院、演艺厅、剧场打造的沉浸式场景,如沉浸式展览、沉浸式游乐场、AR/VR 主题乐园、全息主题餐厅等。(4)旅游设备智能制造。融合应用 AR、VR、AI 等新技术,生产智能滑雪板、智能头盔、智能服装等旅游智能装备和用品,如沉浸式过山车、无人驾驶游览车、AI 观光车等游乐设施和旅游观光车的智能制造。另外,融合物联网、互联网、人工智能、大数据、云计算等技术的邮轮游艇、房车、索道缆车等旅游装备制造企业的智能化升级,将生产过程、销售过程、售后过程等进行全程数字文旅化等。(5)文旅数据运营。创新和优化的数据要素将深入推动文旅产业供给侧结构性改革,在数字文旅发展的过程中,利用大数据、互联网等技术形成的目的地和旅游企业线上核心数字资产、相关产品和服务开发数据将向资产价值化转变,数据交易、数据资产证券化等,将形成新的业态,并发展出新的经济模式。

(三)数字文旅发展动向

近年来,我国以网络视听、在线展览、在线演艺等为代表的新业态快速发展,呈现出巨大的发展潜力。首先,沉浸式、场景式、定制化消费成为重要趋势,逐渐呈现出交互性体验消费和社群消费等新特征。其次,伴随着诸多新型文旅融合模式的涌现,文旅产品的升级变革也成为主要发展趋势。在互联网技术的深刻影响下,我国文旅产品生产、传播、消费系统,以及传统景区、文博场馆、旅行社等领域,已经全面升级变革成为以“互联网+”为主要载体的数字化系统,“云观展”“云旅游”“云演艺”等业态,大大拓展了文旅消费的形态与载体空间。① 再次,以数字化、网络化、智能化为特征,通过对旅游资源的有效整合和旅游行业数据的深度挖掘,实现旅游服务、旅游管理、旅游营销、旅游体验的智慧化、精准化,促进文旅业态向综合型与融合型转型提升。② 最后,人工智能生成内容(AIGC)技术的通用化能力和工业化水平快速提升,将深刻变革文旅内容生产与交互范式。虚拟制作+社交营销将成为数字文旅产业重要的生产经营模式,推动内容制作流程和传播营销体系的智能化水平全面升级。

---

① 周欣琪,郝小斐.故宫的雪:官方微博传播路径与旅游吸引物建构研究[J].旅游学刊,2018,33(10):51-62.

② 徐菲菲,何云梦.数字文旅创新发展新机遇、新挑战与新思路[J].旅游学刊,2021,36(7):9-10.

四、数字文旅对女性发展的赋能价值

(一)女性成为出游的“女王”

随着女性成为我国消费增长的主导力量,“她经济”引领的新文旅消费趋势受到业界的广泛关注,高消费、高品质、高性价比的文旅产品和服务成为激发女性文旅消费潜力的发力点。携程发布的《2022“她旅途”消费报告》中显示,2021年女性为旅游支付的人均花费高于男性33%,直播订单中女性下单占比62%;截至2023年3月8日,女性整体旅游订单同比去年增长14倍数。“她经济”在文旅产业的蓬勃发展态势表明,以女性消费偏好为主的细分领域不断拓展,已经成为推动文旅行业复苏的重要动力。值得一提的是,超六成家庭旅行度假是由女性主导,无论是目的地、预算和行程安排,女性都发挥着关键的主导作用。[①] 越来越多的女性为旅游买单,并且女性旅游更舍得花钱,超四成女性选择入住4星级以上酒店。其中,女性是研学旅游主要预订群体,她们更加关注孩子的兴趣培养和眼界拓展。而以阿姨、奶奶为代表的老来俏一族逐渐转移为自由行旅游模式,在携程下单旅游产品的女性用户最高年龄已达到91岁,全年70岁以上奶奶的足迹遍布国内31个省(自治区、直辖市),覆盖千余目的地。

伴随着“她经济”在文旅行业释放出的强大消费热情,由“她”“她们”推动的社会经济水平提升、地域文化交流、社会关系网络重构、固有观念改变等方面的变化,成为切实助力女性发展的原动力,这恰恰巩固了女性在文旅市场中拥有的高话语权和高参与度。得益于时代的进步,女性在家庭中的地位提升,掌握着越来越多的话语权,而“母亲”“妻子”“女儿”“闺蜜”等多重角色的加持,让女性有机会选择规划“父母游”“蜜月游”“亲子游”“闺蜜游”等行程,加之细致周到的性格品质,促使她们成为旅游的主导者。[②] 此外,数字时代下的文旅产业迎合了具有独立经济能力和自主消费需求的女性群体,围绕女性文旅消费习惯和观念形成特有的经济圈和经济现象,代表着“她经济”在文旅行业的延伸和实践。

(二)女性就业前景和就业价值增强

随着女性在数字文旅行业中的劳动参与率不断提高,女性作为社会价值创造者的地位得以巩固,就业前景和就业价值显著增强。

首先,数字文旅行业增加了女性就业机会,改善了女性就业创业的相对弱势。根据联合国世界旅游组织发布的《全球女性参与旅游业报告2020》,女性在旅游业劳动力中占比54%。携程集团、首旅如家酒店集团等10家旅游企业联合发布的旅游全行业的《旅游行业女性从业调研报告》显示,旅游行业女性雇员占比超60%,该比例高于互联网行业和科技型行业中女性雇员比例。得益于数字经济普惠化的特征,数字文旅催生了大量新的职业领域,

---

① 刘昕怡,符肖,罗子渔,李志勇,张珊.话语、权力与性别:中国女性背包客的身份建构[J].旅游学刊,2023,38(7):128-142.

② 穆荣多米加,赵倩倩.“她经济”背景下女性旅游助力乡村振兴[J].美化生活,2023(7):112-114.

如旅游新媒体运营官、旅游电商运营经理、互联网旅游定制师、智慧景区运营经理、旅游达人等。这使女性可以有更多机会依靠自身经验、个人技能甚至爱好进行在线的资本创造，如直播带货、跨境电商等。数字文旅行业中业态的多元化、动态性和灵活性，为女性就业和创业提供了肥沃的土壤。

其次，数字文旅行业使女性工作方式和环境发生着重大转变。越来越多的女性有机会参与到与数字文旅密切相关的金融、科技、科研等高附加值的就业岗位。① 这一方面源于女性受教育水平逐渐提高，另一方面也得益于数字经济助推女性就业质量不断提升。女性通过参与数字文旅活动提高技能和知识水平，在获得更多的就业机会和晋升空间之外，也可以提高在社区公共事务的决策能力和权力，获得个人提升和自我发展，从中获得自信和自尊，创造更加包容平等的文化环境。②

最后，数字文旅行业突出了女性在旅游市场的独特价值。数字旅游的发展为广大游客提供了一个跨文化交流和相互理解的平台，针对不同性别的群体设计相应的旅游产品和服务，提供安全和舒适的旅游体验，让每个人都能享受旅游的乐趣。在此背景下，女性身上的独特优势可以得到更多显现。数字文旅强调的“沟通、分享、链接”等特点，跟女性更细腻敏感、更有同理心、沟通能力更强等特质天然吻合，她们洞察旅游者和感知市场的能力更强，容易贴近旅游者需求。③ 在一些更加需要沟通交流的领域中，如在线旅游、直播电商、旅游代购等职业，女性从业者可能更加得心应手。

(三)数字文旅与女性发展的互助模式

随着女性在数字文旅经济中的创业、就业规模不断增长，女性的生存与发展更具多元多维性。同时，数字化文旅消费也成为满足女性及家庭美好生活需要的重要途径，不论在需求侧还是供给侧，数字文旅与女性发展都展示出具有示范性的互助模式。

在需求侧方面，数字文旅消费及服务满足了女性及家庭多样化个性化需求。数字化文旅消费成为满足女性及家庭美好生活需要的重要途径，让旅游体验更有温度并且更加丰富。旅游目的地为游客提供的不再只是单一的旅游产品，而是可以借助数字科技提供旅游场景的解决方案和更好的出游体验，实现满足游客个性化定制的场景体验。可以说，数字技术在文旅消费场景的应用，将使得大规模定制成为可能，既可实现规模效应，又可以满足游客的个性化需求。而游客也从被动的消费者演变为主动的“产消者”，其需求的变化引领数字文旅产品服务的迭代创新方向，成为品牌创造的直接参与者。以文旅数字藏品为例，它是使用区块链技术进行标识的特定数字化作品，每件藏品都有唯一的数字凭证，已成为推动文旅经济增长的重要力量。女性藏家在文旅数藏中占据93%的比例，展现了女性群体对于文旅数藏的浓厚兴趣。文旅类数字藏品作为具有流通力的虚拟资产，以及有目的地独有文化价值的赋能，可以使景区等文旅IP资产通过数字藏品市场拓展新的成长空间，更好地实现变现。可见，数字文旅的相关产品充分考虑了女性的诉求体验和消费偏好，借助现代化技术，打破

① 邱汉琴，杜莹莹.新文科背景下数字文旅人才培养的创新与实践[J].旅游学刊，2022，37(8)：1-3.

② 刘方方，王辉.可持续旅游与性别平等的内涵、途径与挑战[J].旅游学刊，2023，38(8)：13-15.

③ 高秀娟.数字化赋能底层女性包容性创业的机理与作用：基于数字平台的多案例分析[J].中华女子学院学报，2023，35(1)：115-121.

文旅产品服务的边界，推动多方服务资源的整合，提升专业化、市场化服务水平，实现有效对接和优化配置，提升女性及家庭的获得感、幸福感和安全感。

在供给侧方面，数字文旅助力女性参与价值创造和增值分享。数字文旅使旅游活动突破地域的限制，将更多的旅游经营者和旅游消费者联系起来，也将不同地域的女性连接起来，从而促进女性就地就近就业，为女性创业提供了契机。① 福建惠女风情园景区的创始人曾梅霞女士为宣传惠女文化，以惠安女模特的身份利用抖音、小红书等融媒体 APP 展示惠女服饰、文化习俗等，并创办了主题客栈和惠女风情园，促进了惠女文化的传承与发展。但面对新时代数字化的浪潮，曾梅霞对新时代惠女文化保护体系的建设始终感到力不从心。通过参与政府组织的数字化媒体运营培训，曾梅霞掌握了更多的数字文旅运营技能技巧，破解了惠女风情园的发展困境，从而得以持续扩大惠女文化的知名度和社会影响力。曾梅霞的创业过程与数字文旅发展紧密相连，借助网络媒体的传播，掌握专业的数字化技术，讲述了推广惠安女文化的故事。这也说明越来越多的女性创新创业者能够借助数字文旅平台，运营整合以“我”为中心的身份资源，进行工作创新和生活创新等多种实践，成为价值创造的主体。②

五、结论与展望

随着互联网和现代信息技术的快速发展，以大数据、云计算、物联网、人工智能等高新技术与文旅产业的有效融合为新时代女性创新发展带来无限可能。本文在厘清数字文旅发展历程、特点、类型、发展动向等一系列问题的基础上，深入剖析数字文旅对女性发展的赋能价值。研究表明，在需求侧方面，数字文旅消费及服务满足了女性及家庭多样化个性化需求；在供给侧方面，数字文旅极大助力了女性参与价值创造和增值分享，最终形成数字文旅与女性发展的良性互助模式。

本文揭示了数字文旅对女性发展的助推作用和赋能价值，从供需视角理顺了二者的互助模式，未来研究可应用定量模型精准测量数字文旅对女性发展的带动效应。此外，针对女性参与文旅实践的实证分析也有待进一步完善。

The Empowering Value of Digital Cultural Tourism for Women's Development

Zhang Shuying　Cui Jiasheng

(Institute of Geographic Sciences and Natural Resources Research,
Chinese Academy of Sciences, Beijing, 100101)

Abstract: With the deepening of the integration of culture and tourism, and the arrival

① 刘方方，王辉.可持续旅游与性别平等的内涵、途径与挑战[J].旅游学刊，2023，38(8)：13-15.

② 聂真真，牛洁.从供需两端发挥数字经济对妇女发展的赋能价值[N].中国妇女报，2022-08-10.

of the digital wave, digital culture and tourism has become the main direction of the transformation and upgrading of the tourism industry, and has also injected new vitality into the promotion of gender equality and the comprehensive development of women. Based on the understanding of the development process, basic characteristics, different types and trends of digital cultural tourism, this study focuses on the analysis of the empowering value of digital cultural tourism for women's development. In the era of digital cultural tourism, the promotion of women's employment opportunities, working methods and environment, and their own unique values have jointly promoted their development. On the demand side, digital cultural tourism consumption and services meet the diversified and personalized needs of women and families; on the supply side, digital cultural tourism helps women participate in value creation and value-added sharing, and finally form a benign mutual assistance model between digital cultural tourism and women's development.

Key Words: digital cultural tourism; gender dividend; women development; gender equity

性别与法学

Gender and Law

Women/Gender Studies

性别平等与法学教育事业中的“她力量”发展研究*

——以福建省高等院校法学院女教师为例

孙笑涵**

内容摘要:本文以福建省高等院校法学院(系)女性教师在职场面临的问题与困境为例,评估了不同法学院女教师的职业发展状况。本文指出影响赋权女性职业发展与参与法治建设的原因有:固有社会性别角色、社会组织与环境。赋权女性教师参与妇女权益保障促进性别平等活动频率较低,且参与路径单一。本文表明可通过淡化性别刻板印象、多元化社会参与途径、促进性别平等制度化等对策,促进性别平等与法治发展。

关键词:高校女教师;职业发展;性别平等;法治

一、研究背景

(一)中国性别平等与妇女权益保障法律体系

1954 年,新中国的第一部《宪法》就对男女平等做出了规定。为促进妇女发展、为维护妇女权益提供根本保障,我国先后制定或修改了 100 多部法律法规。① 新中国成立初期,国家将妇女工作与民族解放、国民经济恢复以及社会主义改造与社会主义建设紧密结合起来,但是由于当时经济发展落后、法治建设不足,以生产或经济建设为中心的工作范式没能注意到妇女权利保障和发展之间的问题。② 改革开放之后,中国不断完善保障妇女权益和促进妇女发展的法律法规、政策支持、工作目标以及组织机构体系。1980 年中国批准了《消除对妇女一切形式歧视公约》(CEDAW),中国是最早批准《消除对妇女一切形式歧视公约》的国

* 本文是福建省政府采购项目“福建省女性多群体发展研究”(招标编号:【3500】0624【DY】2021003-1)的部分阶段性成果,该项目主持人为蒋月,厦门大学教授、博士生导师。

** 孙笑涵,女,美国印弟安纳大学布鲁明顿分校摩尔法学院法学博士,厦门大学法学院助理教授,主要研究方向为劳动与社会保障法学。

① 性别平等与妇女赋权[EB/OL].[2023-09-30].https://china.unfpa.org/zh-Hans/topics/性别平等与妇女赋权.

② 柳华文.中国妇女权利发展 100 年:从强烈的政治担当到日臻完善的法律保障[J].人权,2021(5):75-76.

家之一，也是国际劳工组织第 111 号《就业和职业歧视公约》的缔约国。[①] 之后，中国将公约以立法的方式融入妇女权利保障的实践中。这体现在 1982 年 12 月 4 日出台的《宪法》，1982 年的《宪法》强调“国家保护妇女的权利和利益，实行男女同工同酬，培养和选拔妇女干部”等。[②] 1990 年国务院成立了妇女儿童工作委员会，1992 年全国人大常委会颁布实施了新中国第一部国家层面的《妇女权益保障法》，该法的制定以宪法为基础，是我国第一部全面保障妇女基本权益的专门法律。此外，我国还通过了一系列行政规章和地方性立法进行细化和补充，比如《女职工劳动保护规定》等。

1995 年，中国将“男女平等”确立为基本国策，为实施发展政策与处理男女平等与社会发展的关系提供了依据。[③] 同年，中国颁布了第一个周期性的妇女发展纲要，明确规定了国家战略与行动方案，用以提升女性在参与经济、教育、决策制定与管理、立法等方面的权益。2001 年，中国制定的《中国妇女发展纲要》首次将男女平等的基本国策写入了《中国妇女发展纲要》的总目标。2005 年修正的《妇女权益保障法》首次以法律的形式明确了男女平等的基本国策。2012 年，党的十八大首次将坚持男女平等基本国策写入了党的执政纲领，之后 2017 年党的十九大报告再次强调应该坚持这一基本国策。[④]

2015 年，党中央召开党的群团工作会议，这在党的历史上是第一次，习近平总书记发表重要讲话，提出了加强和改进新形势下党的群团工作、深化群团改革、保持和增强政治性先进性群众性的重大任务。这些都为做好包括妇女权益保障在内的新时代妇女工作指明了方向。[⑤] 2019 年，党的十九届四中全会提出“坚持和完善促进男女平等、妇女全面发展的制度机制”。2020 年，党的十九届五中全会建议将“坚持男女平等基本国策，保障妇女儿童合法权益”写入“十四五”规划纲要。2021 年党的十九届六中全会通过的《中共中央关于党的百年奋斗重大成就和历史经验的决议》把“保障妇女儿童权益”纳入新时代重大成就。[⑥] 2022 年党的二十大报告进一步指出坚持男女平等基本国策，保障妇女儿童合法权益。[⑦]

总的来说，已有研究展示了中国在制定法律、出台政策及其他促进性别平等与女性赋权的关键领域取得的重要进展。伴随着建设中国特色社会主义法治体系的大力推进，我国通

---

① INTERNATIONAL LABOUR ORGANIZATION. Convention 111-Discrimination (Employment and Occupation) (1958) [EB/OL]. [2023-09-22]. https://www.ilo.org/dyn/normlex/en/f? p = NORMLEXPUB: 12100:0::NO::P12100_Ilo_Code: C111; United Nations. Convention on the elimination of all forms of discrimination against women (1995)[EB/OL].[2023-09-22].http://www.un.org/womenwatch/daw/cedaw/.

② 参见 1982 年《宪法》第 48 条。

③ 在联合国第四次世界妇女大会欢迎仪式上江泽民主席的讲话[J].中国妇运，1995(11)：21-22；柳华文.中国妇女权利发展 100 年：从强烈的政治担当到日臻完善的法律保障[J].人权，2021(5)：79.

④ 柳华文.中国妇女权利发展 100 年：从强烈的政治担当到日臻完善的法律保障[J].人权，2021(5)：79.

⑤ 深入学习贯彻习近平法治思想奋力推进新时代妇女权益保障工作高质量发展[EB/OL].(2022-09-16)[2023-09-22]. http://www.moj.gov.cn/pub/sfbgw/zwgkztzl/xxxcgcxjpfzsx/fzsxllqy/202209/t20220916_463756.html.

⑥ 中共中央关于党的百年奋斗重大成就和历史经验的决议[EB/OL].(2021-11-16)[2023-09-30]. https://www.gov.cn/zhengce/2021-11/16/content_5651269.htm.

⑦ 二十大报告中这些关于妇女儿童家庭和妇联工作的论述[EB/OL].(2022-10-20)[2023-09-22]. https://www.cctf.org.cn/news/info/2022/10/20/6150.html.

过立法和司法保障两个方面，在强调男女平等的民事法律地位的同时，有针对性地加强了对妇女民事权利的保护，建立起全面保障妇女权益的法律体系。为保障妇女人身权利，2015年《反家庭暴力法》出台。2020年颁布的《民法典》明确夫妻共同债务的范围，完善离婚经济补偿制度，并且在人格权编中细化防止和制止性骚扰等条款。2022年颁布了修订的《妇女权益保障法》，新修订的法律明确了就业性别歧视的具体情形，将就业性别歧视纳入劳动保障监察范围；规定了用人单位女职工权益保障相关责任，同时完善生育保障，要求用人单位不得因结婚、怀孕、产假、哺乳等情形，限制女职工晋职、晋级、评聘专业技术职称和职务等。同时，在司法保障层面，社会公平正义法治保障制度进一步健全，《关于审理拐卖妇女儿童犯罪案件具体应用法律若干问题的解释》《关于依法办理家庭暴力犯罪案件的意见》《关于开展家事审判方式和工作机制改革试点工作的意见》《关于加强人身安全保护令制度贯彻实施的意见》等一系列文件出台，指导各地在处理涉及妇女的案件中贯彻男女平等原则，依法保障妇女权益。①

新时代性别平等与妇女权益保障的工作机制从三方面展开：第一，由党政主导的维权服务机制，强调各级党委常委会、政府常务会议把妇女工作列入议题，及时研究解决妇女发展与权益保障存在的困难和问题。第二，建立法规政策性别平等评估机制，国家层面和31个省区市普遍建立并探索运行法规政策性别平等评估机制，将男女平等基本国策落实在法规政策制定实施全过程各环节以保障妇女合法权益。第三，完善妇联组织维护妇女权益工作机制，通过维权机制、关爱服务机制、多部门联动机制、舆情应对机制等多措并举推进风险防范和维权服务常态化。②

妇女赋权可以定义为促进妇女的自我价值感，提升她们决定自己选择的能力，以及行使她们为自己和他人影响社会变革的权利，妇女赋权也是实现一个更和平、更繁荣的世界的关键。《中国性别平等与妇女发展综合评估报告(2010—2015年)》指出近年来中国性别平等与妇女发展整体水平稳步提高，其中各个省份在教育、政治与决策这两个领域评估指数的平均值均有不同程度的提高，其中政治与决策参与提高了3.8分，教育领域提高了2.4分。

党的十八大以来，国务院及有关部门为进一步落实相关法律法规，通过出台行政法规和政策，对人力资源市场进行监管，更有效地保护妇女平等就业权利。以习近平同志为核心的党中央系统谋划推进男女平等和妇女全面发展，习近平总书记强调，中国妇女的权益保障和全面发展是以坚持中国共产党的领导为根本保证，不仅要在更高水平上依法保障妇女权益、促进妇女全面发展，还要特别重视发挥妇女主观能动性，号召广大妇女参与全面建设社会主义现代化国家。③ 妇女教育与实现中华民族伟大复兴紧密联系，并明确了实现中华民族伟

① 深入学习贯彻习近平法治思想奋力推进新时代妇女权益保障工作高质量发展[EB/OL].(2022-09-16)[2023-09-22].http://www.moj.gov.cn/pub/sfbgw/zwgkztzl/xxxcgcxjpfzsx/fzsxllqy/202209/t20220916_463756.html.

② 深入学习贯彻习近平法治思想奋力推进新时代妇女权益保障工作高质量发展[EB/OL].(2022-09-16)[2023-09-22].http://www.moj.gov.cn/pub/sfbgw/zwgkztzl/xxxcgcxjpfzsx/fzsxllqy/202209/t20220916_463756.html.

③ 深入学习贯彻习近平法治思想奋力推进新时代妇女权益保障工作高质量发展[EB/OL].(2022-09-16)[2023-09-22].http://www.moj.gov.cn/pub/sfbgw/zwgkztzl/xxxcgcxjpfzsx/fzsxllqy/202209/t20220916_463756.html.

大复兴是当代中国妇女运动的时代主题。①

(二)地方性别平等法治发展与高校女性教师赋权的经验探索——以福建省为例

为学习贯彻习近平总书记关于中国妇女的权益保障和科技创新的重要论述，福建省各级人大、政协通过专门立法、执法检查、调研视察、议案提案办理，推动保障妇女儿童权益法规政策贯彻实施。福建省内各设区市制定涉妇女儿童的法规超过100部、政策性文件近2000项，并实现法规政策性别平等评估工作设区市全覆盖。随着妇女权益保障不断强化，福建省还进一步开展了“建设法治福建巾帼行动”以落实权益维护五项机制，出台了反家暴工作八项制度，并严厉打击侵犯妇女儿童权益违法行为。② 这些法治发展都从不同程度促进了性别平等。

福建省妇联还特别针对普通高校女性教师，认真落实了全国妇联、科技部等部门联合发布的《关于实施科技创新巾帼行动的意见》《关于支持女性科技人才在科技创新中发挥更大作用的若干措施》。省妇联从女性赋权到赋权女性进一步推动性别平等入手，从两个层面推进工作：首先，福建省妇联联动省科技厅等九个部门推出17条具体举措，着力在解难题、促发展上求实效，助力女性科技人才在开启福建科技自立自强新征程中发挥更大作用。特别是鼓励科研单位设立女性科研回归基金；支持高等学校和科研院所商孕哺期女性科研人员在孕哺期保留研究生招生资格；鼓励高等学校和科研院所实行弹性工作制、建设母婴室、提供儿童托管服务；发展优质家庭服务，关注女性高层次人才心理健康；提高福建省三八红旗手中女性科技人才的入选比例等。③

其次，福建省妇联注重发挥高校女性教师推动性别平等的作用，遴选100名技术实力强、服务成效好、创业模式优的女科技特派员组建“碳汇＋”女科特派联盟，深入农业企业、田间地头开展“巾帼绿色科技赋能”培训。开展“乡村振兴巾帼科技行”，采用“课堂教学＋基地实训＋线上直播”的方式，对农村妇女进行农业种养、生态治理、电商物流等实用技术培训。④ 厦门市妇联在村里设立了与厦门大学妇女委员会合作共建的实践基地，推广农林复合系统固碳增汇发展模式，同时还为推进“双碳”目标提供了人才保障和支持，探索出由政府引导、公众参与的农业农村生物多样性保护创新之路。2021年以来，福建省内各级妇联已举办实用技术培训班、电商培训班等639期，3万余名农村妇女参训。⑤ 2021年3月，省妇联连同厦门大学课题组在福州进行的“性别平等进课堂”调研开展了情况汇报，汇报特别指

---

① 习近平关于妇女儿童和妇联工作论述摘编[M].北京：中央文献出版社，2023；胡莉芳，卢荷.经世致用：妇女教育的中国经验[J].教育研究，2023(8)：78.

② 推动新时代福建妇女儿童事业高质量发展[EB/OL].(2022-08-02)[2023-09-22].https://www.nwccw.gov.cn/2022-08/02/content_304202.htm.

③ 福建出实招整体谋划系统推进“科技创新巾帼行动”[EB/OL].(2021-10-29)[2023-09-22].https://www.women.org.cn/art/2021/10/29/art_27_167441.html.

④ 福建出实招整体谋划系统推进“科技创新巾帼行动”[EB/OL].(2021-10-29)[2023-09-22].https://www.women.org.cn/art/2021/10/29/art_27_167441.html.

⑤ 辽宁、黑龙江、福建、重庆等地妇联扎实推进科技创新巾帼行动走深走实[EB/OL].(2021-09-03)[2023-09-22].http://www.women.org.cn/art/2021/9/3/art_27_167047.html.

出要更加注重培养和强化家长、教师的性别平等意识，反思和纠正性别刻板印象，不断提高中小学生正确的性别认知能力，把性别平等的理念、男女平等的价值观介绍给学生，让中小学生能够真正将男女平等的观念转化成为情感认同和行为习惯。[①] 总体上看，福建省提供了许多宝贵的地方法治经验促进保障性别平等，同时福建省也提供了许多促进赋权女性参与社会发展建设的宝贵经验。

二、问题的提出

虽然中国在促进性别平等、保障妇女权利方面取得很大成就，仍然存在不容忽视的问题或者挑战。已有实践经验与研究尚未提及赋权妇女在进一步实现性别平等时面临的职业发展问题与困境，以及法治发展的不足之处。性别平等与女性赋权工作实际上仍面临着诸多挑战，包括实现就业机会平等，男女同工同酬，推动平等分配家庭照料责任，以及改变固有的性别角色社会规范等。《中国性别平等与妇女发展综合评估报告（2010—2015 年）》指出，近年来中国性别平等与妇女发展整体水平稳步提高，妇女发展在经济领域呈现较为明显的下滑状态，经济指数的省级平均值从 2010 年的 73.1 分下滑至 2014 年的 71.4 分。[②] 教育作为妇女赋权的手段之一，有利于提高妇女的地位，解决教育技能和质量方面的差距，可以更好地在新时代为妇女赋权。其中最重要的是通过促进女性获得有价值的高薪职业，从而推动女性的经济解放。[③] 妇女教育不仅是衡量女性社会地位的重要标志，而且直接影响妇女广泛参与社会、发挥其社会职责的程度。妇女教育改革着力解决妇女教育发展不平衡、不充分等问题，以促进高等教育质量提升和女性后备人才培养。[④]

赋能并鼓励女性在可持续发展中发挥关键作用，可以在治理、决策参与、可再生能源以及快速发展的技术领域做出贡献。对女性赋权和性别平等的考量不仅为决策者提供了衡量其决策的工具，还为实现女性赋权和性别平等所需的进展提供了重要证据，并以此指导政策的制定。性别平等作为一项人权，是促进发展和减少贫困的先决条件，妇女赋权有助于提高整个家庭和社区的健康水平和生产力，并造福子孙后代。[⑤]

然而，赋权被视为通过发展所要达到的目标，在这一过程中，妇女在其个人或集体的赋权过程中所走过的道路应该被展示出来，以便重新审视关于赋权的基础性女权主义工作。妇女平等参与制定目标和行动计划，在公共生活的所有领域实现性别平等，才能消除阻碍妇女发展的歧视性法律和法规。在这一背景之下，本文选取了福建省高校法学院（系）女性教

① 省妇儿工委课题调研组赴福州开展性别平等进校园工作调研[EB/OL].(2021-03-25)[2023-09-22].http://www.fjwomen.org.cn/showNews.aspx? id=243747.

② 贾云竹.中国性别平等与妇女发展综合评估报告(2010—2015 年)[M]//谭琳.2013—2015 年：中国性别平等与妇女发展报告.北京：社会科学文献出版社，2016：279-295.

③ BONGAARTS J. Completing the fertility transition in the developing world: the role of educational differences and fertility preferences[J].Population studies, 2003, 57(3):321-335.

④ 胡莉芳，卢荷.经世致用：妇女教育的中国经验[J].教育研究，2023(8)：71，78.

⑤ 性别平等与妇女赋权[EB/OL].[2023-09-30].https://china.unfpa.org/zh-Hans/topics/性别平等与妇女赋权.

师为样本，研究了“妇女赋权之路”，探讨了赋权法学专业女性教师如何进一步实现社会中更广泛的权力关系民主化。并且，指出了女性教师赋权的结构性障碍以及应采取哪些措施有利于消除阻碍性别平等的壁垒，使得法学专业的高校女教师的“赋权路径”更有利于实现公正与平等进而促进法治发展。

三、福建省高等院校法学院(系)女性教师职业发展调查问卷分析与结果

(一)研究方法

福建省有高等院校共89所，其中有法学院（系）的高等院校共16所高校，包括1所“985”高校、1所“211”高校、9所非民办本科高校、5所民办高校，法学院（系）专任教师共570人。因为各个学校学院网站各异，本研究调查无法确切查到具体女性人数，估计女性占比可能达到40%左右(228人)。调查问卷针对福建省内法学院（系）的高等教育女性教师展开调查，以年龄、受教育程度、职称、学科、所在高校、婚姻状况以及工作年限等七个维度为分类依据对样本进行背景分析。问卷发放采用线上发放问卷的方式来收集资料，最终保留57份有效样本数据，在此基础上进行相关的定量与定性分析。

研究运用SPSS对福建省法治发展建设中高等院校法学院（系）女性教师调查问卷所获取的一手数据进行描述性分析及相关性分析，通过数据分析以探究省内法治高质量发展过程中女性教师个人职业发展困境与阻碍，并探讨省内法治高质量发展过程中赋权女性教师推进性别平等的障碍。最终，依托已有理论与研究成果，探讨高校女性教师职业发展的困境与其参与法治建设的阻碍以及实现促进性别平等的赋权路径的结构性障碍，剖析问题背后的原因并探讨相关解决对策。

研究的局限性在于收集的调查问卷数量有限，研究只能大致反映每两个变量之间的相关性（如年龄和参与“妇女权益保障”促进性别平等相关活动的意愿，收入和参与“妇女权益保障”促进性别平等相关活动的意愿，研究方向和参与“妇女权益保障”促进性别平等相关活动的意愿等），相关性分析结果只能大致展示两个变量之间有相关关系，并不能说明两个变量之间的因果关系。因此，本研究的相关性分析结果仅用于辅助性论述。

(二)结果

2020年福建高校专任教师共计52001人，其中正高级职称占12.7%(6630人)，副高级职称占31.7%(16469人)，中级职称占39.4%(20505人)，初级职称占10.9%(5651人)。[①] 专任教师中具有博士学历占27.6%(14375人)，具有硕士学历占35.8%(18603人)，具有本科学历占35.9%(18683人)。[②] 福建省女教职工专任教师共计25346人，占福建省专任教

① 中华人民共和国教育部.高等教育学校（机构）教职工情况（普通高校）[EB/OL].[2023-09-22]. http://www.moe.gov.cn/jyb_sjzl/moe_560/2020/gedi/202109/t20210903_558623.html.

② 中华人民共和国教育部.高等教育专任教师学历、专业技术职务情况（普通高校）[EB/OL].[2023-09-22].http://www.moe.gov.cn/jyb_sjzl/moe_560/2020/gedi/202109/t20210903_558619.html.

师总数的48.7%，其中正高级职称女性占福建省专任教师总数的3.5%(1796人)，副高级职称女性占福建省专任教师总数的14.1%(7344人)，中级职称女性占福建省专任教师总数的21.9%(11404人)，初级职称女性占福建省专任教师总数的6.4%(3352人)。① 综上所述，如表1所示，福建省普通高校男性与女性教师总数基本相当，但是女性正高级职称人数仅占正高级职称人数总数的27%，远低于男性正高级职称人数。

表1　2020年福建省普通高校职工职称分布情况

	专任教师(总计)	正高级职称	副高级职称	中级职称	初级职称	未定职级
女性	25346	1796	7344	11404	3352	1450
男性	26655	4834	9125	9101	2299	1296
总计	52001	6630	16469	20505	5651	2746

1. 背景描述性分析

针对福建省内法学院(系)的高等教育女性教师开展问卷调查，以年龄、受教育程度、职称、学科、所在高校、婚姻状况以及工作年限等七个维度为分类依据，首先对所得样本进行背景分析。从表2—表4和图1—图4中可以看到57个调查对象，大部分年龄在35～45岁，法学专业的女性高校教师受教育程度方面，博士高出硕士5.3个百分点(见图1)。职称方面，该样本主要由讲师、副教授、教授组成，讲师占比47.4%，其次是副教授占比为40.4%，教授占比为10.5%(见图2)。

表2　调查对象年龄分布

年龄	频率	百分比(%)	有效百分比(%)	累计百分比(%)
30	1	1.8	1.8	1.8
31	1	1.8	1.8	3.5
32	2	3.5	3.5	7.0
35	2	3.5	3.5	10.5
36	1	1.8	1.8	12.3
39	6	10.5	10.5	22.8
40	8	14.0	14.0	36.8
41	2	3.5	3.5	40.4
42	5	8.8	8.8	49.1
43	6	10.5	10.5	59.6
44	2	3.5	3.5	63.2
45	2	3.5	3.5	66.7

① 中国教育统计年鉴2020[M].北京：中国统计出版社，2021:244-248.

续表

年龄	频率	百分比(%)	有效百分比(%)	累计百分比(%)
46	4	7.0	7.0	73.7
48	2	3.5	3.5	77.2
49	1	1.8	1.8	78.9
50	3	5.3	5.3	84.2
51	1	1.8	1.8	86.0
52	2	3.5	3.5	89.5
54	2	3.5	3.5	93.0
55	1	1.8	1.8	94.7
56	1	1.8	1.8	96.5
60	2	3.5	3.5	100.0
总计	57	100.0	100.0	

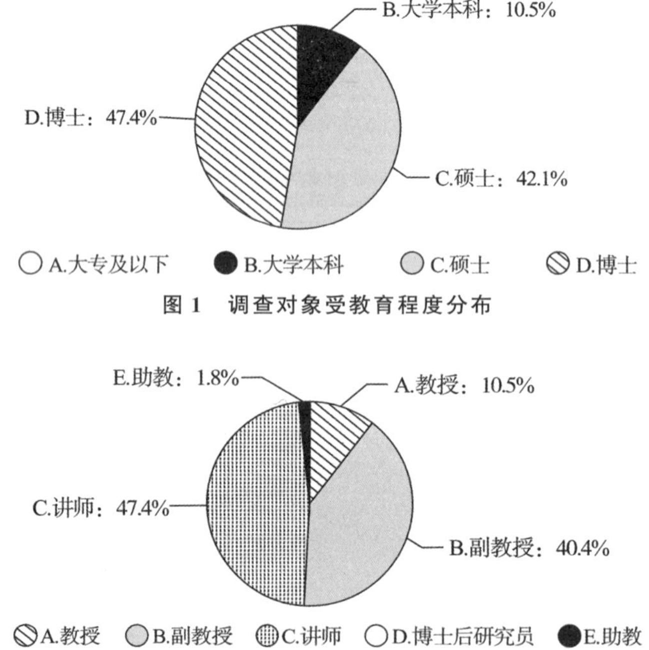

图 1　调查对象受教育程度分布

图 2　调查对象职称分布

调查对象的学科分布集中在民商法学，占到将近 49.1%，其次是国际法学占到 14.0%，诉讼法学、经济法学、社会法学各占到 8.8%、8.8%、7.0%(见表 3)。调查对象就职的高校集中在非民办高校，其中“985”“211”高校占到 26.3%，73.7%为非民办、非“985”“211”高校(见表 4)。婚姻状况方面，调查对象已婚的占到 86.0%，未婚的只占 10.5%(见图 3)。工作年限方面，10 年以上的占到 82.5%，10 年以下 5 年以上的占到 7.0%，5 年以下的占到 10.5%(见图 4)。

表 3 调查对象学科分布

学科	频率	百分比(%)	有效百分比(%)	累计百分比(%)
法律史	1	1.8	1.8	1.8
宪法学与行政学	1	1.8	1.8	3.5
刑法学	3	5.3	5.3	8.8
民商法学	28	49.1	49.1	57.9
社会法学	4	7.0	7.0	64.9
诉讼法学	5	8.8	8.8	73.7
经济法学	5	8.8	8.8	82.5
环境与资源保护法学	2	3.5	3.5	86.0
国际法学	8	14.0	14.0	100.0
总计	57	100.0	100.0	

表 4 调查对象就职高等院校分布

院校类别	频率	百分比(%)	有效百分比(%)	累计百分比(%)
A.本科("985""211"高校)	15	26.3	26.3	26.3
B.本科(非民办,非"985""211"高校)	42	73.7	73.7	100.0
总计	57	100.0	100.0	

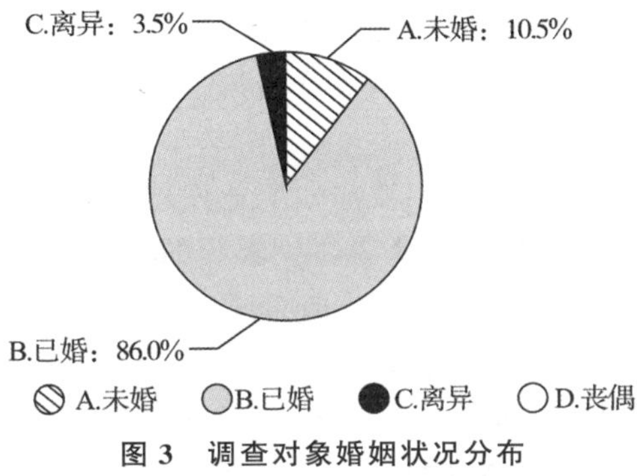

图 3 调查对象婚姻状况分布

2. 高校女性教师职业发展的困境与参与法治发展建设的描述分析

赋权高校女性教师的职业发展和其参与社会法治发展建设中还存在以下问题与挑战，包括家庭与家务照料责任过重、学术异化导致的利益固化、参与性别平等的法治建设的意愿不强、固有性别角色社会规范难以改变等。传统的性别陈规定型观念仍然存在，还需要做很多工作来改善这一状况以最终实现性别平等的法治化发展。

首先，对于受到高等教育的高校女性教师来讲，已婚女性教师家庭与家务照料责任较

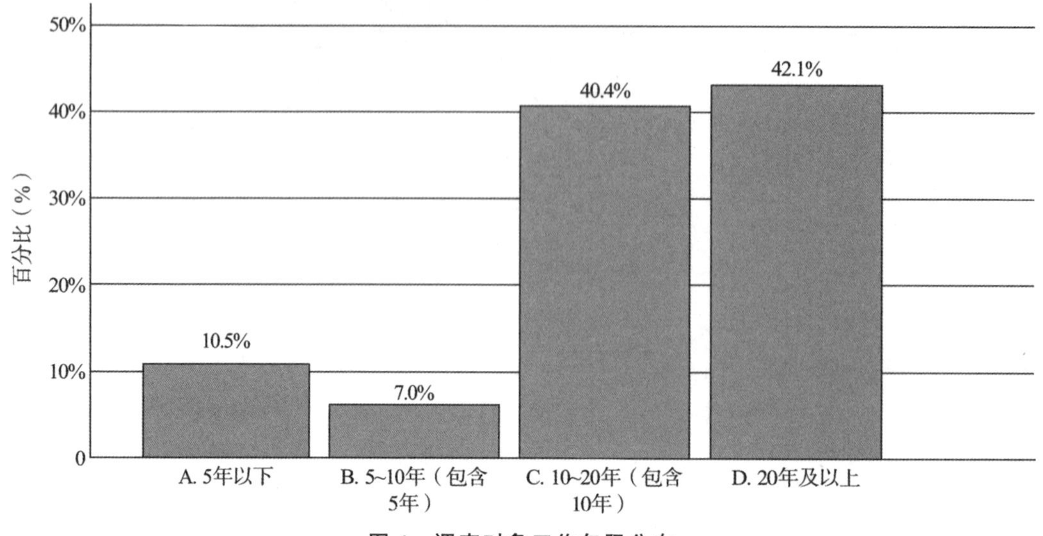

图 4　调查对象工作年限分布

重，女教师生育和养育的家庭角色对职业发展有影响。① 从图 5 可以看出，在已婚女性高校教师中，76.0％的女性参与家务劳动多于其丈夫参与家务劳动的时间；家务劳动各占一半的夫妻占比为 18.0％；男性家务劳动时间多于女性的只占到 6.0％（见图 5）。除了“科研压力”对晋升的影响，高校女性教师在工作与晋升中的阻碍还依次包括家庭带娃压力、同行竞争压力、教学压力、家务压力等（见图 6）。高校女性教师在科研竞争中，因承担生育职责和过多的家务劳动而难以走向学术顶端。② 而且，女性职业发展中的家务劳动和家庭内不平等的性别分工或多或少地影响女性的职业发展。③ 根据 2020—2022 年福建省具有法学院（系）的高校教师中标省部级项目的统计结果，福建省法学类项目女性占比为 48.0％；国家和教育部社科法学类项目女性占比 31.0％，其中国家社科近三年来福建省法学院（系）女性教师占比仅为 25.0％。

其次，学术异化与利益固化影响女性教师的职业发展，也阻碍了高校之间的人才流动。调查结果显示有达到 35.1％的女性教师认为高校教师的考核标准和评价体系不合理，而仅有不到 7.0％的认为比较合理，其余的认为一般合理（见表 5）。以发放课时费鼓励教师上课、以提高论文奖励鼓励教师发文章、提高科研能力，使得学术异化现象明显，利益越滚越集中，形成了利益的固化。④ 调查访谈显示，考评机制对非升即走的女性教师显示出更大的压力，而没有采用非升即走的高校教师表示有可以操作的空间，社会关系与校友关系显示出一

① 佟新.中国高校青年女教师发展状况报告[M]//张李玺.中国妇女教育发展报告 No. 3：高等教育中的女性.北京：社会科学文献出版社，2018：197-198.

② 余秀兰，牟宗鑫，叶章娟，王娜.高等教育研究领域中的女性：基于对高等教育研究 2001—2010 年的载文分析[J].高等教育研究，2012，33(6)：52-58.

③ 朱依娜，何光喜.高校教师工作与科研时间的性别差异及其中介效应分析：基于全国科技工作者状况调查数据[J].科学与社会，2014，4(3)：86-100.

④ 民盟中央：关于进一步完善高校教师多元分类评价体系的提案[EB/OL].（2021-02-27）[2023-09-22]. http://cpc.people.com.cn/n1/2021/0227/c436820-32038430.html.

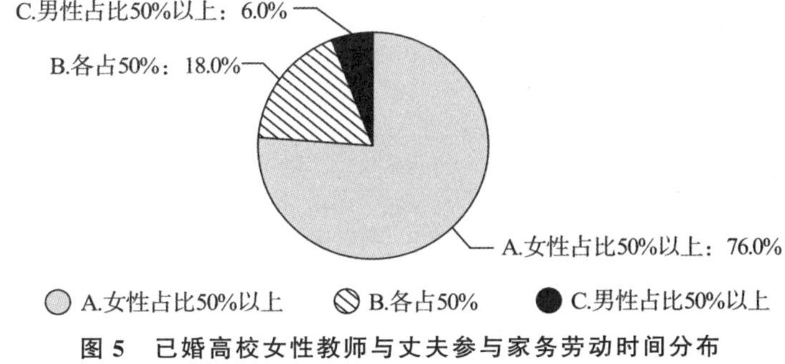

图5 已婚高校女性教师与丈夫参与家务劳动时间分布

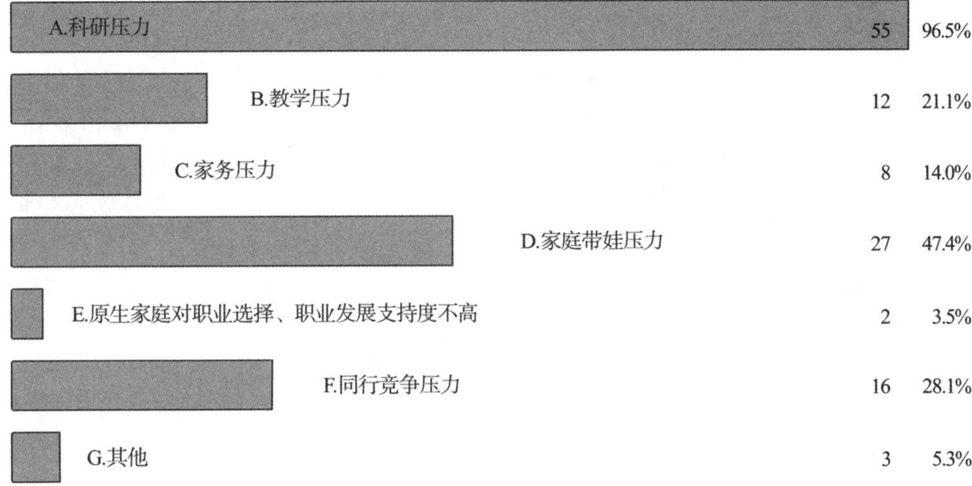

图6 高校女教师在工作与晋升中的困难

定的重要性。已有研究显示，在13个省份的88所样本高校中教师为本校校友率高达45%。① 然而，本校博士留校任教可能直接影响到院系内学术发展的多元性，师承关系上的权力还将阻碍外部人员进入，使得研究变得狭隘而同一。② 这一现象同样影响了高校之间的人才流动，即使某些不错的高校也出现了招人难等问题，从而反过来又阻碍了建立完善教师能进能出、能上能下的机制。

① 披上预聘制外衣的"非升即走"如何扭曲高校人才体制[EB/OL].(2021-09-16)[2023-09-22]. https://new.qq.com/rain/a/20210916A07RQ100.

② PAN S. A study of faculty inbreeding at eleven land-grant universities, retrospective theses and dissertations[D/OL].Iowa state university, 1993:9335008[2023-09-22].https://dr.lib.iastate.edu/server/api/core/bitstreams/3a113893-7840-4354-a489-b04c409462cb/content.

表 5 考核标准和评价体系合理程度

合理程度	频率	百分比(%)	有效百分比(%)	累计百分比(%)
A.非常合理	0	0.0	0.0	0.0
B.比较合理	4	7.0	7.0	7.0
C.一般合理	33	57.9	57.9	64.9
D.比较不合理	15	26.3	26.3	91.2
E.非常不合理	5	8.8	8.8	100.0
总计	57	100.0	100.0	

再次,赋权的法学专业高校女性教师参与促进性别平等、妇女权益保障的社会法治建设的意愿不强。高校法学院(系)女性教师作为参与社会法治发展建设的中坚力量,其参与“性别平等”与“妇女权益保障”是促进社会法治发展建设的体现。然而,从表 6 可以看出,仅有 33.3%的女性教师参与过相关法律问题的探讨研究,一半以上的女性教师未参与过与“妇女权益保障”促进性别平等相关问题的探讨与研究。特别是非“985”“211”高校参与比明显低于“985”“211”高校的女性教师。研究结果显示,在参与妇女权益保障和性别平等议题的法治发展建设层面,女性教师参与渠道较窄且单一,主要通过课堂传授、转发社会新闻以及深入研究的途径促进法治发展建设(见图 7)。

表 6 高校女性教师是否参与“妇女权益保障”促进性别平等相关问题研究与探讨

	频率	百分比(%)	有效百分比(%)	累计百分比(%)
A.参与	19	33.3	33.3	33.3
B.未参与	38	66.7	66.7	100.0
总计	57	100.0	100.0	

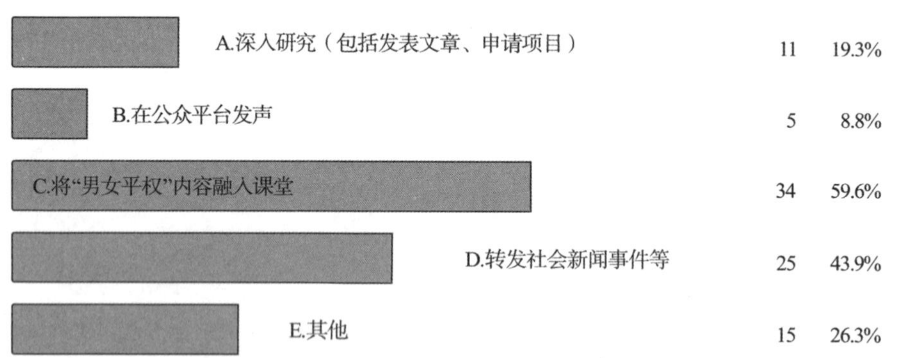

图 7 高校女性教师参与“妇女权益保障”促进性别平等相关活动的方式

特别值得注意的是,高校女教师难以摆脱固有性别角色的社会规范,大部分高校女教师仍比较认同固有社会性别角色,完全摆脱固有社会性别角色的只占到 10.5%,无法摆脱固有性别角色的达到56.5%(见表7)。① 研究进一步显示,高教育水平可以降低其对固有性别角色的认同感,博士学历中高于一半的女性教师不再认可社会固有性别角色,而硕士学历中接近一半的女性教师仍认可固有社会性别角色。较为年轻的高校女性教师更不认同固有社会性别角色,工作年限20年以上的女性教师比较难以摆脱对固有社会性别角色的认同。

表7 高校女教师固有性别角色认同

	频率	百分比(%)	有效百分比(%)	累计百分比(%)
A.认同	32	56.1	56.1	56.1
B.不认同	19	33.3	33.3	89.5
C.完全不认同	6	10.5	10.5	100.0
总计	57	100.0	100.0	

最后,高校对性别议题及妇女权益保护机构或社团的支持力度一般,女性教师对此类活动较为不关心。福建省法学院(系)女性教师所在的高校是否有“法律诊所”,调查高校中一半以上的高校都有法律诊所,然而,64.3%的高校女性教师尚不清楚“法律诊所”是否涉及与“家暴、性别歧视、性骚扰”有关问题的处理(见表8、表9、图8、图9、图10)。被调查的高校法学院(系)女性教师仅有不到10%的表示其所在高校有“女性主义(法律)社团”;45.6%的女老师表示,其所在的高校没有“女性主义学生(法律)社团”,另外45.6%的女老师并不知道所在高校是否有女性主义学生(法律)社团(见表9)。明确表示所在高校中有“性别研究中心”等类似机构占比31.6%,女性高校教师中对此问题不知道或认为没有的占比达68.4%(见图9)。调查显示高校女性教师认为高校对性别议题及妇女权益保护机构或社团的支持力度一般的高达70.2%,认为高校支持力度强的占比为14.0%,而认为高校支持力度弱的占比为15.8%(见图10)。

表8 就职高校是否有“法律诊所”

	频率	百分比(%)	有效百分比(%)	累计百分比(%)
A.有	39	68.4	68.4	68.4
B.没有	13	22.8	22.8	91.2
C.不知道	5	8.8	8.8	100.0
总计	57	100.0	100.0	

表9 就职高校是否有“女性主义(法律)社团”

	频率	百分比(%)	有效百分比(%)	累计百分比(%)
A.有	5	8.8	8.8	8.8
B.无	26	45.6	45.6	54.4
C.不知道	26	45.6	45.6	100.0
总计	57	100.0	100.0	

① 调查问卷问题考察了高校女性教师的固有性别角色认同与否,询问了调查对象是否同意“女性应该不那么咄咄逼人并更富有同情心,而男性应该更有男子气概”的说法。

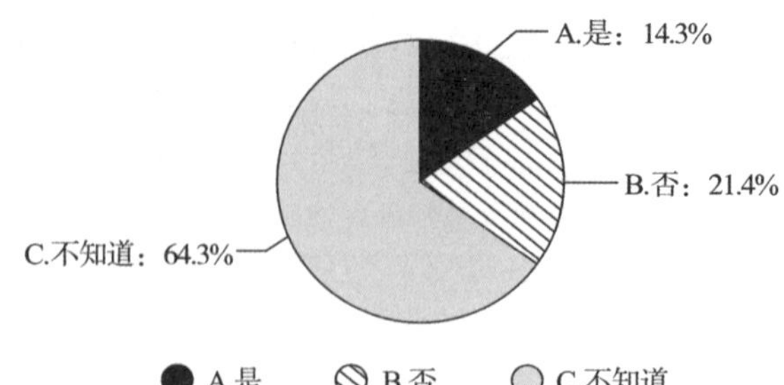

图 8 “法律诊所”是否处理过涉及“家暴、性别歧视、性骚扰等”问题

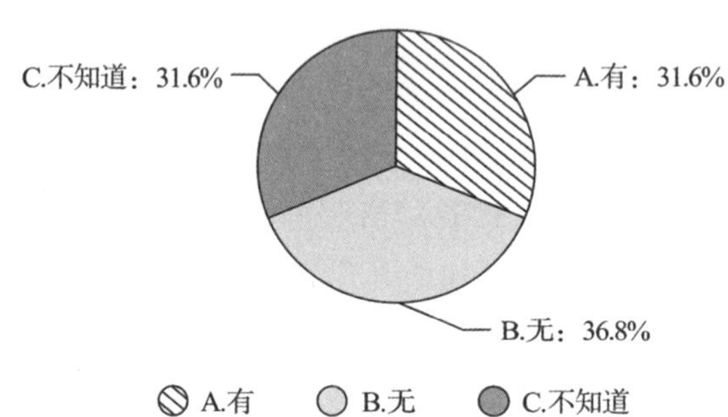

图 9 所在高校是否有“性别研究中心”

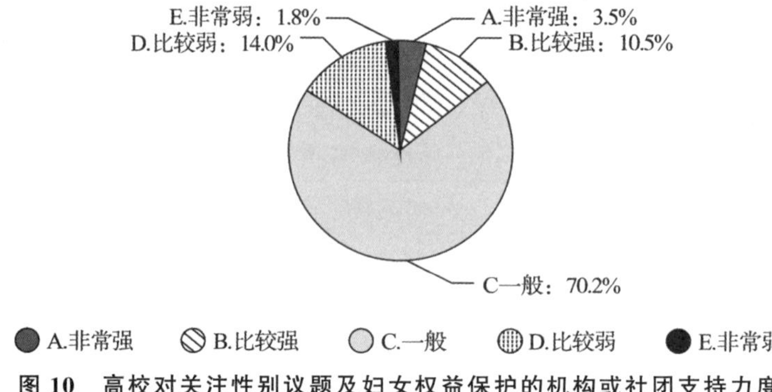

图 10 高校对关注性别议题及妇女权益保护的机构或社团支持力度

3. 影响高校女性教师参与“妇女权益保障”促进性别平等相关活动的相关性分析

已有研究显示，21 世纪以来我国社会出现了一个重要变化，1949 年妇女约 90% 是文盲，而到 2012 年在市场化后迅速发展的高等院校中女生占了学生总数的 51%，其中涌现出大批各方面都出类拔萃的女青年。但是，这一大批带着父母双方家庭的高期望和对自我发展高期待的女青年很快就发现社会上充满了对女性的歧视，给追求个人成长发展造成极大的压迫感。① 总体来看，被调查的高校法学院（系）女性教师中认为性别歧视问题严重程度，

① 国际三八妇女节：王政教授专访[EB/OL].(2017-03-06)[2023-09-22].https://news.umich.edu/zh-hans/国际三八妇女节王政教授专访/.

认为比较严重的占比为35.1%、比较不严重的占比8.8%(见图11)。有愿意为推动性别平等、保护女性权益努力的占比高达80.7%(见表10),但是实际参与过“妇女权益保护”促进性别平等相关问题研究或探讨的占比只有33.3%,没有参与过“性别平等”相关议题活动的占比为66.7%(见表6),参与方式如前文所述,主要通过课堂传授、转发社会新闻以及深入研究的途径促进法治发展建设(见图7)。表11、表12显示,调查对象的研究方向不仅与参与“妇女权益保障”促进性别平等相关活动的频率有显著的相关关系,而且与参与“妇女权益保障”促进性别平等相关活动的意愿也呈现出正相关关系。而调查对象的年龄、收入、工作年限、职称等因素与其参与“妇女权益保障”促进性别平等相关活动的意愿和频率均没有统计学上的相关关系。

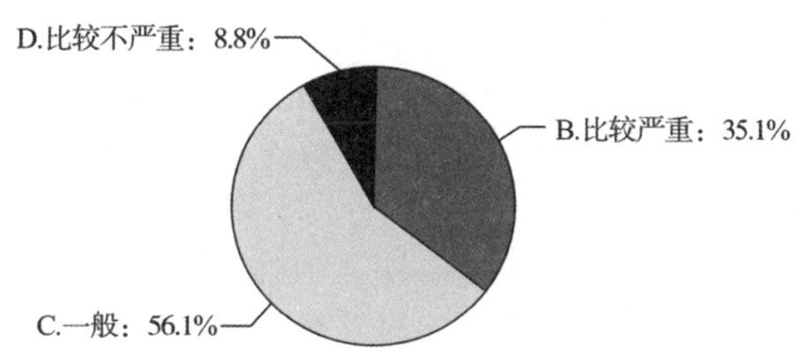

图11 性别歧视严重程度

表10 参与“妇女权益保障”促进性别平等相关活动的意愿

项目	频率	百分比(%)	有效百分比(%)	累计百分比(%)
A.非常愿意	22	38.6	38.6	38.6
B.比较愿意	24	42.1	42.1	80.7
C.一般	10	17.5	17.5	98.2
D.比较不愿意	1	1.8	1.8	100.0
总计	57	100.0	100.0	

表11 参与“妇女权益保障”促进性别平等相关活动频率相关性因素分析

项目	研究方向	年龄	年收入	工作年限	职称
皮尔逊相关性	.336*	−.068	−.207	−.042	.070
Sig.(双尾)	.011	.616	.123	.754	.603
个案数	57	57	57	57	57

表12 参与“妇女权益保障”促进性别平等相关活动意愿(以下简称“参与意愿”)相关性因素分析

项目	研究方向	年龄	年收入	工作年限	职称
皮尔逊相关性	.270*	.021	−.246	.177	−.024
Sig.(双尾)	.043	.878	.066	.187	.860
个案数	57	57	57	57	57

四、高校女性教师职业发展与参与社会法治建设存在的问题与对策

(一)存在的问题

1. 性别刻板印象影响赋权女性职业发展

高校女性教师职业的发展受到高校科层制安排、男子气概的理性与效率以及学科文化的性别化特质等因素的影响。① 性别刻板印象习惯性地将女性角色归于家庭,并以传统的性别分工模式来要求高校女性教师,形成对其工作的压力。② 被性别化之后,性别化的信息塑造了女性和男性对自己的想法。③ 研究表明从生理的角度看,女性和男性实际上差别不大,对相同的情形会做出相同的反应,但是,女性被性别化之后会更多地对这种明显女性化的情形或情况表现出更多的认可。④ 正如表 7 显示,调查样本中的高校女教师仍认同固有社会性别角色的占比较多,完全不认可固有社会性别角色的只占到 10.5%。

已有研究认为,性别刻板印象可能影响高校女性教师的职业发展,而接受教育是培养和发展女性平等的性别观念的最重要的途径之一,越符合传统的性别刻板印象模式的女性,越可能抑制其成就动机和进取行为。⑤ 正如本调查所显示,随着受教育程度的提高,博士学历中可以摆脱固有社会性别角色刻板印象的占比超过了 1/2,然而,硕士学历中可摆脱固有社会性别角色刻板印象的占比不到 1/3。就职于"985""211"高校的女性教师可以摆脱性别刻板印象的超过 1/2,而其他非民办本科高校的占比大约为 1/3。

2. 社会组织与环境影响高校女性教师职业发展

调查显示,女性教师中认为其所在高校考核标准与评价体系比较合理的比例为 7.0%,认为比较不合理和非常不合理的比例为 35.1%(见表 5)。已有研究显示这种现象,表现为女性在晋升相对缺少社会网络的支持,重点高校中 40 岁以下的青年女教师更觉得相比男性教师晋升更加困难,而这种困难部分源自性别差异。男性教师拥有建立私人关系的更多途径,比如,通过老乡关系、酒友关系等建立利用的资源社会网,而女性教师在建立带有私人关系的社会网上存在困难,甚至有污名化的可能。⑥ 机会囤积(opportunity hoarding)使得组

---

① 王俊.学术职业的性别寓言:解读大学女教师职业发展的新框架[J].现代大学教育,2010(1):23-26.

② 廖志丹.社会性别视野中高校知识女性发展[J].教育评论,2006(6):35-38.

③ RIPPON G.The gendered brain: the new neuroscience that shatters the myth of the female brain [M]. Random house, 2019.

④ EISENBERG N, LENNON R. Sex differences in empathy and related capacities[J]. Psychological bulletin 94, 1983 (1): 100; LIGHTDALE J R, PRENTICE D A. Rethinking sex differences in aggression: aggressive behavior in the absence of social roles[J]. Personality and social psychology bulletin, 1994, 20 (1): 34-44.

⑤ 李春玲.性别观念与中国社会科学院女性的职业发展[J].社会学研究,1999(2):48-59.

⑥ 佟新.中国高校青年女教师发展状况报告[M]//张李玺.中国妇女教育发展报告 No.3:高等教育中的女性.北京:社会科学文献出版社,2018:212-213.

织中的特权团体会掌握稀缺资源、倾向形成一个闭合圈子，而防止圈子外的人获取这些资源。① 加之，生育与家务使女性教师的时间精力被分散、性别刻板印象化等，同样影响了女性教师的职业发展。②

3. 参与妇女权益保障促进性别平等活动频率较低，且参与路径单一

调查显示，女性教师中不愿意为推动性别平等努力的和不认为性别歧视问题严重的是高度重合的。虽然近几年不断强调对妇女权益的保障，以及性别平权意识在公共话语空间不断讨论，但是访谈显示 1/2 以上的高校女性教师认为性别歧视问题严重程度一般，大约 1/3 认为比较严重。非"985""211"高校女性教师参与"妇女权益保障"促进性别平等相关活动的法治建设缺位，此类高校女性教师没能更多参与"妇女权益保障"促进性别平等等活动。高校女性教师参与途径主要通过将"性别平等"等观念融入课程以及转发社会新闻来实现，缺乏更多元、更深入、更广泛的途径参与以促进性别平等与法治发展。

有能力参与相关活动议题的女性教师，仅存在于与其研究方向一致的高校女教师中；研究方向不一致的女性教师在参与相关议题活动的频率较低。这可能受到其他因素的影响，比如，学术生产异化，使得女性教师为了发表和晋升疲于应付科研任务考核，只有研究方向一致才有较高的实际参与频率；育儿以及家务压力，还有同行之间的竞争压力都占用女性教师时间，也削减了其参与的意愿与频率。

(二)对策

1. 淡化固有社会性别角色认知促进高校女性教师职业发展

高校层面来讲，高等院校要能够积极地设立与"性别平等"有关的研究机构或社团，定期组织高校师生参与相关议题的探讨。个人层面来讲，女性教师要能够将自己的经验与其他人分享促进共同进步，直言不讳指出日常工作生活中观察到性别不公，以便在更广泛的层面探讨问题，建立更深入的共识。调研显示，女性教师有很强意愿直接指出性别歧视问题的只占到 12.3%，所占比例较低。女性科研工作者同时要认识到，造成自身职业发展不足的根源之一在于固有社会性别角色刻板印象给女性设置了职业发展的障碍，使得女性承认性别化并且安于现状。家庭层面来讲，双教职工家庭的男性科研从业者，可以尝试主动破除传统家庭分工，更主动地与伴侣分担家务与育儿压力，使得女性科研工作者有更充分的时间投入工作。

固有性别角色刻板印象不应该成为女性科研工作者职业发展的阻碍，然而当职场与社会没有实现性别实质平等时，也无法要求每一个女性科研工作者对待性别问题采取更主动、更积极甚至更激进的行动。当已婚女性教师没有足够资源或话语权，退而承担更多的家庭责任，是对抵御风险做出的一种反应。③ 因此，如果家庭劳动分工与安排不改变，女性生育劳动没有足够的补偿和协助以促成两性平等，就无法要求全部女性教师在"性别平等"问题

---

① TILLY C. Durable inequality[M].Berkeley: University of california press, 1998.

② 祝平燕，莫文斌.社会性别视野中的女性发展：对湖北高校知识女性专业发展现状的调查分析[J].湖北社会科学，2004(12)：153-155.

③ 董一格.推动学术平等：我们可以做什么[EB/OL].(2016-01-02)[2023-09-22]. https://china.caixin.com/2016-01-02/100895227. html.

上内部达成绝对的一致与共识，也无法促进女性更多投身于科研。个体意识改变需要社会各种群体间法益的平衡，在承认法益冲突的前提下，相应地设计法律制度，需要减小性别偏见对个体的伤害。

2. 多元化社会参与途径与渠道促进高校女性教师推进性别平等与法治发展

妇联层面来讲，妇联组织是党和政府联系妇女群众的桥梁和纽带，妇联维护的妇女群众合法权益是最广大人民群众利益的一部分。目前，妇联维权的路径主要是通过调查研究、源头参与、协调推动、宣传倡导的方式。维权的目的是进一步密切党同妇女群众的联系，为党的事业凝聚女性的力量，这一过程也离不开不断地推进制度化、法治化、规范化。① 此外，妇联组织还需要推进公众在性别平等方面达成普遍的社会共识，才能稳步推进"男女平等"的基本国策，妇联组织的职责使命需要吸收调动公众、高等院校、社会组织等积极参与，形成自上而下为主、自下而上为辅的动态多元模式。

高等院校层面来讲，高校应该承担更多的社会责任，发挥其自主能动性鼓励师生组织、参与相关议题或活动，如果教师参与此类社会议题或公共服务便可以获得相应的考核积分，这些积分可以考虑用在年度考核或聘期考核之中。个人层面来讲，让愿意推动改革的高校女性教师和一部分有进步意识的男性教师团结起来，在本单位组织一个"性别平等"委员会，依据法律法规，针对性别问题组织开展讨论活动。②

生育友好政策或性别友好政策可以作为辅助途径，推进高校教师参与推动性别平等。虽然国家已经开始鼓励有能力的高等院校可以推进生育友好政策，但是访谈显示，高校女性教师对于"生育友好政策"反应并不强烈，57 个调查对象中，只有 5 人认为生育友好政策会影响她们对工作满意度的评价。然而，研究显示生育友好政策实质上可以使得更多女性留在研究领域，并直接与人才战略挂钩。普林斯顿大学的教职工福利中明确规定了女性教师 10～12 周的带薪产假，还减免了生育的女性教师 1～2 个学期的教学、行政任务。无论性别，每个孩子出生，助理教授都获得一年的教职评审顺延。所有教师，如果需要也可以休一整年无薪产假，这些政策某种程度上鼓励了女性留在科研岗位。③ 但是，由于学校未提供学龄前儿童的日托服务，很多教师表示即使育儿假能够帮助减轻负担，他们还是感到压力很大。④

3. 制度化促进性别平等与法治发展

2022 年 10 月 30 日颁布了新修订的《妇女权益保障法》，这是 2005 年首次将"男女平等

---

① 深入学习贯彻习近平法治思想奋力推进新时代妇女权益保障工作高质量发展[EB/OL].(2022-09-16)[2023-09-22]. http://www.moj.gov.cn/pub/sfbgw/zwgkztzl/xxxcgcxjpfzsx/fzsxllqy/202209/t20220916_463756.html.

② 董一格.推动学术平等：我们可以做什么[EB/OL].(2016-01-02)[2023-09-22]. https://china.caixin.com/2016-01-02/100895227.html.

③ 董一格.推动学术平等：我们可以做什么[EB/OL].(2016-01-02)[2023-09-22]. https://china.caixin.com/2016-01-02/100895227.html.

④ Report of the task force on the status of women faculty in the natural sciences and engineering at Princeton [R/OL].(2003-05-22)[2022-10-20]. https://www.princeton.edu/pr/reports/sciencetf/sciencetf-9-19-03.pdf.

作为基本国策”写入法律之后的再次大修，增加至十章共八十六条，该法自2023年1月1日起施行。新法第二条从国家的角度补充了“消除歧视”的途径与目的，即“国家采取必要措施，促进男女平等，消除对妇女一切形式的歧视，禁止排斥、限制妇女依法享有和行使各项权益”。此外，该法列举了职场性别歧视行为，第四十三条指出，用人单位在招录(聘)过程中不得实施的五类行为：限定为男性或者规定男性优先；除个人基本信息外，进一步询问或者调查女性求职者的婚育情况；将妊娠测试作为入职体检项目；将限制结婚、生育或者婚姻、生育状况作为录(聘)用条件；其他以性别为由拒绝录(聘)用妇女或者差别化地提高对妇女录(聘)用标准的行为。以及该法第四十八条规定：“用人单位不得因结婚、怀孕、产假、哺乳等情形，降低女职工的工资和福利待遇，限制女职工晋职、晋级、评聘专业技术职称和职务，辞退女职工，单方解除劳动(聘用)合同或者服务协议。”因此，除国家另有规定，如果用人单位实施了以上规定中的行为系违反了《妇女权益保障法》的规定。

新法采取列举的方式，列举了一些“性别歧视”中的直接歧视行为。然而，新法尚未对国际消歧公约委员要求具体落实“歧视”定义的敦促作以直接正面回应，尚未明确“歧视”(包括直接歧视与间接歧视)的定义。《消除对妇女一切形式歧视公约》的第一条明确了“性别歧视”相关的概念与定义，“基于性别而作的任何区别、排斥或限制，其影响或其目的均是以妨碍或否认妇女不论已婚未婚在男女平等的基础上认识、享有或行使在政治、经济、社会、文化、公民或任何其他方面的人权和基本自由”。[①] 这一定义包括在公共生活和私人生活的所有方面对妇女在法律上或实践中有意或无意的直接与间接歧视。《消除对妇女一切形式歧视公约》涉及直接和间接形式的对妇女的歧视，这一点使得它成为国际法中以实现男女真正(形式与实质)平等为目的的独特文书。[②] 常见的“直接歧视”，即限制女性从事某一职业的人员人数比例或人数就是以性别而非该工作所需的资格条件分配名额，限制女性工作权，从而造成性别歧视。直接歧视的意图是歧视妇女，形成与男子相比对妇女权利的明显排斥、区分或限制。

《消除对妇女一切形式歧视公约》一般性建议的第28号第16条规定了间接歧视(indirect discrimination)，即一项法律、政策、方案或措施表面上对男性和女性无任何歧视，但在实际上产生歧视妇女的效果。此外，如果不承认歧视的结构、历史模式，以及男女之间不平等的权力关系，可能使现有的不平等状况因间接歧视更为恶化。新修订的《妇女权益保障法》中没有定义“间接歧视”，但是一些条款从侧面降低了某类间接歧视发生的可能性。例如，《妇女权益保障法》第四十八条规定：“用人单位不得因结婚、怀孕、产假、哺乳等情形，降低女职工的工资和福利待遇，限制女职工晋职、晋级、评聘专业技术职称和职务，辞退女职工，单方解除劳动(聘用)合同或者服务协议。”实际上用人单位的绩效考核或规章制度可能没有歧视怀孕生育等情况的条款(无直接歧视)，然而绩效考核结果往往怀孕生育的女性劳动者考核相对落后于一般劳动者，这可能涉及怀孕生育导致的出勤率低等问题，那么缺乏“性别敏感”中立的评定标准就可能影响怀孕生产女性的晋职晋级，构成间接歧视。因此，

---

① 消除对妇女一切形式歧视公约[EB/OL].(1979-12-18)[2023-09-22]. https://www.un.org/womenwatch/daw/cedaw/text/0360794c.pdf.

② 杜布拉夫卡·西蒙诺维奇.消除对妇女一切形式歧视公约[EB/OL].[2023-09-22]. https://legal.un.org/avl/pdf/ha/cedaw/cedaw_c.pdf.

《妇女权益保障法》第四十七条规定:“用人单位应当根据妇女的特点,依法保护妇女在工作和劳动时的安全、健康以及休息的权利。妇女在经期、孕期、产期、哺乳期受特殊保护。”那么,用人单位在设置考核或规章制度时应考虑“孕期、产期、哺乳期”妇女的特殊保护,某种程度上降低了上述“间接歧视”发生的可能性。

但也是由于《妇女权益保障法》中没有“间接歧视”的定义,一些间接歧视无法被涵盖。比如,用人单位招聘中并未限制性别,但是实际上呈现出女性明显比例过低,又没有合理的原因表明用人单位所属行业是特定行业,且无合理原因表明该行业“不平等”对待是开展这项职业所必需的要求。再如,用人单位规定夫妻不能在同一用人单位工作,这项规定同时规范男性与女性,但从结果来看,由于受到传统观念与性别刻板印象的影响,如果夫妻同在一个用人单位就职,那么往往离职的是妻子,这样一来该规定对女性构成了间接歧视。正如上述例子,一些看似中性或中立的规定措施等,其实忽略或无视了男女之间既有的不平等状态、未注意到歧视所存在的历史惯性、忽略男女权利关系之间的不平等,会使得间接歧视状况恶化。因此,进一步明确“歧视”的定义有助于遏制间接歧视。

另外,《妇女权益保障法》的总则新增了第八条规定:“有关机关制定或者修改涉及妇女权益的法律、法规、规章和其他规范性文件,应当听取妇女联合会的意见,充分考虑妇女的特殊权益,必要时开展男女平等评估。”以及第九条规定:“国家建立健全妇女发展状况统计调查制度,完善性别统计监测指标体系,定期开展妇女发展状况和权益保障统计调查和分析,发布有关信息。”蒋月教授指出,这些条款的增加有助于纠正法律法规和规范性文件制定过程中的“性别偏差”问题,开展男女平等评估,可以尽量减少和避免出现不公正的性别偏差,是一项成本节约的预防性纠偏制度。[①] 我国1995年作为联合国第四次世界妇女大会的东道国,就积极承诺了《北京宣言》和《行动纲领》,并成为承诺社会性别主流化的国家之一。[②]性别融合(性别平等主流化)的制度化可以评估所有领域和所有层级的任何计划行动,特别是立法、政策或方案对两性或具有不同性别认同的人的影响。其通过使两性或具有不同性别认同的人的关切和经历成为政策和方案设计、执行、监测和评价的一个组成部分,从而达到让所有人都能平等受益,以避免不平等长期存在。虽然其重点往往放在确保女性的观点反映在计划行动中,但正确的性别平等主流化要求也适当考虑男性和具有不同性别认同的人的观点,以更准确地分析反映性别如何影响包括性少数者在内的每个人的人权。[③]

因此,除了明确“歧视”的定义之外,应进一步推进性别平等的制度化。一方面旨在反思单纯强调保护妇女的家长式立法、政策、方案;另一方面旨在赋权于女性,并给予赋权后的女性以一定的空间,从而有针对性地解决社会问题,最终实现性别的实质性平等。[④] 正如《妇女权益保障法》第七十六条第二款规定所倡导的,应更广泛地鼓励和支持群团组织、企业事业单位、社会组织和个人参与建设妇女权益保障。

---

① 苑苏文,韦婷.《妇女权益保障法》大修首次对性骚扰进行明确界定[EB/OL].(2022-11-09)[2023-09-22]. https://mp.weixin.qq.com/s/wDoPApgfOBUzQygh4dxiiA.

② 朱春奎.社会性别主流化与国家治理现代化[J].中国行政管理,2015(3):8.

③ 性别融合(或性别平等主流化)人权高专办与妇女权利和性别平等[EB/OL].[2023-09-22]. https://www.ohchr.org/zh/women/gender-integration.

④ MOSER C. Has gender mainstreaming failed? [J].International feminist journal of politics, 2005, 7(4):576-590;朱春奎.社会性别主流化与国家治理现代化[J].中国行政管理,2015(3):9.

Research on Gender Equality and Development of She-power in Legal Education ——Taking Law School Female Faculties in Fujian as an Example

Sun Xiaohan

(Xiamen University, Xiamen, 361005)

Abstract: This paper takes the problems and dilemmas faced by female faculty members in the law schools of higher education institutions in Fujian Province as an example. It assesses the career development status of female faculties in different law schools. The paper points out that gender stereotypes and the organization and environment of the society have affected the career development of empowered women. Empowered female faculty members' participation in the protection of women's rights and interests and in promoting gender equality issues is relatively weak. The article suggests that it is necessary to promote gender equality and the rule of law by reducing gender stereotypes, diversifying social participation and engagement, and promoting the institutionalization of gender equality.

Key Words: female faculty members in universities; career development; gender equality; rule of law

女性平等就业权问题研究

——从检察机关公益诉讼的视角分析

王亚丽　陈　鹤*

内容摘要：本文通过分析招聘领域性别歧视的现状，在现行法律框架下研究检察公益诉讼解决就业性别歧视问题，进而保护女性的平等就业权。对于公务员和事业单位招录、招考公告中的性别歧视应成为检察公益诉讼的监督重点，检察机关在招考公告发布后，对存在性别歧视的招考公告进行监督，要求招录机关撤销或改变存在的性别歧视条件，使有意报考的女性有机会报名。对于企业招聘，检察机关可以对劳动行政部门不依法履行监管职责的行为提起行政公益诉讼，若相关企业为国有企业，检察机关还可向国有资产管理部门制发社会治理检察建议。

关键词：女性；平等就业；检察公益诉讼

党的二十大报告在"全面依法治国、推进法治中国建设"的部署中特别强调"完善公益诉讼制度"，在"增进民生福祉，提高人民生活品质"对妇女权益保障提出新的更高要求，这是对公益诉讼制度设计和司法实践的认可和肯定的内容中。检察机关应践行党的二十大的要求，充分发挥公益诉讼制度的作用，在保障妇女权益等新领域承担更多的责任。新修订的《妇女权益保障法》增设公益诉讼条款，为检察机关开展该领域公益诉讼提供了直接法律依据，本文聚焦女性平等就业权问题，对就业性别歧视的现状、法律体系及现有救济模式进行梳理，结合实践中的问题对检察机关保护女性平等就业权的路径进行分析。

一、我国女性平等就业的现状

就业性别歧视可以分为以下两种：显性的性别歧视和隐性的性别歧视。显性的性别歧视是直接将性别作为招录的条件，并将此条件写在岗位说明中，如直接标注"限招男性"、"想要男性"或者"男性优先"。企业招聘中类似这种类型的性别歧视较为普遍。隐性的性别歧视如在招录公告中备注"男性较合适"等条件，这样的备注体现了用人单位的倾向性意见。另外一种隐性的性别歧视是用人单位虽未将性别要求写在招聘公告和说明中，但在实际的招聘程序或者面试程序中，接收女性简历较少或者不接收女性简历，性别成为最后录用人员的重要指标。

* 王亚丽，女，上海市浦东新区人民检察院公益检察室检察官；陈鹤，女，上海市浦东新区人民检察院第五检察部检察官。

我国的用人单位分为三类，即国家机关、事业单位、企业，与此相对应的劳动者也分为三类：一是国家公务员，这类劳动者主要由公务员法调整；二是事业单位的劳动者，这类劳动者还处于转型期，一部分已经纳入劳动法调整范围，一部分还参照公务员法的规定管理；三是企业的劳动者，这类劳动者与企业签订劳动合同，受劳动法调整，大部分劳动者属于这类。浙江省性别歧视第一案就发生在招聘领域，当事人求职中多次被以"限招男性"为由拒绝，当事人向法院提起诉讼后，法院认定用人单位构成了性别歧视。① 公务员和事业单位的招录中性别偏好同样存在。

表 1 是对 2017—2020 年某省公务员的招录岗位性别限制进行的统计，从数据发展趋势看，招录中限招男性的岗位和人数大体呈上升趋势，除"限招男性"的岗位，还有一部分岗位，虽然写明不限制性别，但在岗位"备注"栏内写明了"适合男性""适宜男性""建议男性报考"。与限招男性和偏好男性的岗位相比，限招女性的岗位和偏好女性的岗位数占比明显较低，2017 年该省限招女性的岗位占比为 7.4%，2018—2020 年三年的占比均在 3%左右，且没有任何岗位像偏好男性的岗位那样备注写明"适合女性"或者"建议女性报考"。

表 1　2017—2020 年某省公务员招录的岗位性别限制分布

年份	当年总招考岗位数	"限招男性""较适合男性""建议男性"		"限招女性"	
		岗位数	占比(%)	岗位数	占比(%)
2017	4371	1170	26.8	322	7.4
2018	4742	1515	31.9	144	3.0
2019	3140	918	29.2	102	3.2
2020	3361	1059	31.5	107	3.2

除地方公务员招考中存在性别歧视和性别偏好，国家公务员考试也有相当一部分岗位提出了性别要求。从国家公务员招聘岗位的性别偏好比例看，偏好男性的岗位明显高于偏好女性的比例，2019 年和 2020 年，偏好男性的岗位比例分别为 26.9%和 25.2%，而限招女性的岗位比例为 8.2%和 14.8%。但国家公务员与前文某省相比，限招女性的岗位比例已经高出许多。从限招男性的理由上看，大部分是需要加班、需要经常出差、需要备勤等。

二、我国反就业性别歧视的法律体系及现有救济模式

(一)我国反就业性别歧视的法律体系

如表 2 所示，中国关于反就业性别歧视的法律主要体现在《宪法》以及《妇女权益保障法》《劳动法》《就业促进法》等法律中，《女职工劳动保护特别规定》等行政法规也有关于禁止就业性别歧视的规定。宪法、法律、行政法规及部委规章关于禁止就业性别歧视的规定内容主要包含了以下几个方面内容：一是妇女享有与男子平等的就业权利；二是劳动者就业不因

① 周竟.女性公平就业不能只靠维权[N].新华每日电讯，2014-11-14(7).

民族、种族、性别等不同而受歧视；三是除不适合妇女的工种或者岗位，不得以性别为由拒绝录用妇女或者提高对妇女的录用标准；四是单位不得因女职工怀孕、生育、哺乳等辞退以及解除劳动关系。

表 2　反就业性别歧视的法律体系

法律位阶	名称	内容
宪法	宪法	妇女在政治的、经济的、文化的、社会的和家庭的生活等各方面享有同男子平等的权利
法律	妇女权益保障法（2018 年修正）	录用职工时，除不适合妇女的工种或者岗位外，不得以性别为由拒绝录用妇女或者提高对妇女的录用标准
	劳动法	妇女享有与男子平等的就业权利；在录用职工时，除国家规定的不适合妇女的工种或者岗位外，不得以性别为由拒绝录用妇女或者提高对妇女的录用标准
	就业促进法	劳动者就业不因民族、种族、性别等不同而受歧视；用人单位招用人员应当向劳动者提供平等的就业机会和公平的就业条件，不得实施就业歧视；除国家规定的不适合妇女的工种或者岗位外，不得以性别为由拒绝录用妇女或者提高对妇女的录用标准。就业歧视具有可诉性
行政法规	女职工劳动保护特别规定	禁止消极的就业歧视，不得因女职工怀孕、生育、哺乳等辞退以及解除劳动关系
部门规章	就业服务与就业管理规定	劳动者依法享有平等就业的权利。劳动者就业，不因民族、种族、性别、宗教信仰等不同而受歧视

2022 年 10 月 30 日，第十三届全国人民代表大会常务委员会第三十七次会议修订通过《妇女权益保障法》，自 2023 年 1 月 1 日起施行。该法对女性平等就业权的保护提高到一个新的高度，维护女性平等就业权的规定贯穿在招聘、录取、薪资待遇、晋职、晋级、评聘专业技术职称和职务、培训等各个环节。新修订的《妇女权益保障法》第四十三条规定：用人单位在招录（聘）过程中，除国家另有规定外，不得限定为男性或者规定男性优先；对用人单位了解女性求职者婚育信息进行严格的限制，即除个人基本信息外，用人单位不得进一步询问或者调查女性求职者的婚育情况；不得将妊娠测试作为入职体检项目；不得将限制结婚、生育或者婚姻、生育状况作为录（聘）用条件等。这将积极引导用人单位聚焦职位本身所需的专业技能和工作经验，避免因性别、婚育而对求职者区别对待。此外，还将就业性别歧视纳入了劳动保障监察范围。

除中央制定相关反就业歧视的法律法规，中央机关近年来对女性平等就业问题多次下发通知。2019 年 2 月，人力资源和社会保障部、教育部、全国妇联、最高人民法院等九个部门联合发布了《关于进一步规范招聘行为促进妇女就业的通知》，明确在招聘环节中要禁止就业性别歧视。各类用人单位、人力资源服务机构在拟定招聘计划、发布招聘信息、招用人员过程中，不得限定性别(国家规定的女职工禁忌劳动范围等情况除外)或性别优先，不得以性别为由限制妇女求职就业、拒绝录用妇女，也不得差别化地提高对妇女的录用标准。2020年1月，最高人民检察院与全国妇联也联合下发《关于建立共同推动保护妇女儿童权益工作合作机制的通知》，保护妇女在国家机关、事业单位招聘工作中平等就业权。

(二)现行就业性别歧视的救济模式及其实践中存在的问题

1. 行政救济

行政救济是劳动行政执法部门通过行政执法来解决企业劳动者在求职中遇到的性别歧视问题，行政救济在具体执法过程中存在以下问题：

第一，缺乏统一的反就业歧视的机构。《妇女权益保障法》规定，人力资源和社会保障部门应当将招聘、录取、晋职、晋级、评聘专业技术职称和职务、培训、辞退等过程中的性别歧视行为纳入劳动保障监察范围。《就业促进法》第六条也规定，国务院劳动行政部门具体负责全国的就业促进工作，但推动平等就业涉及面广，仅靠劳动行政部门很难解决。

第二，保障监察制度不完善。相关执法规定过于原则和抽象，《劳动保障监察条例》第十一条未明确将就业性别歧视作为劳动保障监察事项之一。当女性以求职受歧视为由向劳动监察部门投诉，劳动监察部门由于缺乏具体的执法依据，往往无法得到有效处理。劳动监察和劳动仲裁的受案范围存在交叉和重叠，劳动监察制度本应有的主动性、事先预防性也无从体现。《妇女权益保障法》将性别歧视纳入劳动监察范围，相应的《劳动保障监察条例》也应予以修改。

2. 司法救济

司法救济指通过诉讼来解决就业性别歧视问题。企业员工可以对求职中的性别歧视提起民事诉讼。公务员及参公人员与用人单位的关系由《公务员法》调整，其他事业单位与其工作人员的关系依据行政法律法规调整，上述人员招录过程中遭受性别歧视时只能按行政诉讼处理。实践中，司法救济存在以下问题：

第一，企业劳动者因招聘性别歧视提起民事诉讼时，其诉求很难获得法院支持。法院对于劳动者在企业招聘中遭遇的性别歧视类案件经历了从过去的不愿受理到现在逐步受理的过程。2018年12月12日，最高人民法院在一般人格权纠纷项(三级案由)下增加了平等就业权纠纷的案由(四级案由)，当事人起诉有了明确的依据。司法实践中仍存在以下问题：一是以平等就业权纠纷立案的案件数量少，对于保护劳动者平等就业权的实践效果并不明显。以平等就业权纠纷为案由的裁判案例极少，同时还有大量侵犯劳动者平等就业权的案件以劳动争议的形式进入司法程序，侵权法保护路径在司法实践中发挥的作用并不明显。二是劳动者主张通过平等就业权纠纷维护自己合法权益的难度较大，劳动者往往会因证据不足、无法证明平等就业权受到侵犯而被驳回诉讼请求。三是劳动者获赔金额小，难以弥补损失。[①] 通常法院受理这类案件后，倾向于区分就业歧视是发生在劳动关系成立之前抑或之后，作不同的处理。劳动关系建立之前，纳入民事争议模式(最主要为侵权之诉)，而劳动关

① 曹薇薇.人口政策转型期平等就业权的司法救济[J].法学，2022(6)：175-192.

系建立之后，则纳入劳动争议之诉。[①] 我国《劳动法》适用于建立劳动关系的劳动者[②]，在求职时劳动者还没有与用人单位建立正式劳动关系，根据《劳动法》及《企业劳动争议处理条例》的规定，这些就业歧视不属于劳动争议受案范围，因此劳动者无法按照劳动争议的处理方式获得救济。

第二，求职者对公务员及事业单位就业性别歧视提起行政诉讼，法院常以不符合行政诉讼受理条件而不予受理。公务员及事业单位工作人员招录过程中遭受性别歧视时只能按行政诉讼处理，然而在司法实践中存在种种问题：首先，一些法院以没有法律依据为由不受理公务员招录诉讼；其次，法院司法审查不到位，法院一般只审查具体行政行为是否违反招录公告的规定，很少审查招录公告本身是否与上位法相冲突；最后，即便胜诉也无法获得应有的权益，行政诉讼将耗费大量的时间和精力，公务员招录具有较强的时效性，即使取得胜诉也无法有效维护自己的权利。

三、检察公益诉讼保护女性平等就业权的路径分析

不少女性在就业时会遇到障碍，用人单位招聘中明文规定“仅限男性”，提高对女性学历、年龄等方面要求，要求女性几年内不得结婚或生育等事例屡见不鲜。即使国家机关在招录公务员、事业单位人员时也时常出现上述情形，而国家机关对公务员的招录涉及公民担任公职的权利问题，公务员招录中的性别歧视限制了女性担任国家公职的权利，与宪法的精神相背离。同时，保障公民的平等就业权是国家的责任，国家设立的行政机关、事业单位应主动履行这一义务，使国家所承担的保障女性平等就业权的法律义务得到落实。因此，检察机关重点监督公务员、事业单位招录过程中的性别歧视，通过公益诉讼，女性的就业障碍被主管部门看到，保障女性的平等就业权的声音被听到，保障女性的生存权和发展权法律条文被激活。

(一)对公务员、事业单位招录性别歧视的公益诉讼

1. 就业性别歧视难救济

对于公务员招录中侵权行为的行政救济法律没有规定，招录部门本身就是强势的行政机关，救济的难度不言而喻，现有司法救济途径也难以解决现实问题。无论是民事诉讼还是行政诉讼都要求原告与诉讼标的具有利害关系，在提交报名材料后，才产生法律意义上的利害关系，而报名审核不通过后再提起诉讼将会贻误时机，丧失报考机会。虽然理论上所有的受害者可以选择各自起诉来维护权利，但迫于生存压力，大多数女性会尽快选择别的单位进行求职而不是起诉。

2. 公益诉讼具有预防功能

检察机关提起公益诉讼不一定要等到损害发生后，只要具有潜在的社会公益受侵害的

① 饶志静.就业歧视的司法审查方法[J].法律方法，2017(1)：431.

② 《中华人民共和国劳动法》(2018 年修正)第二条：“用人单位和与之形成劳动关系的劳动者，适用该法。”

可能，就可以提起公益诉讼，把违法行为消灭在萌芽状态。特别是在公务员招录中，一旦因为性别原因无法报名，就丧失了机会，事后无法弥补，在权利尚未被侵害时要求行政机关消除歧视性条件，显得尤为重要。检察机关在行政机关发布招考公告时通过发出公益诉讼诉前检察建议，要求其修改性别歧视的条件，可以阻止平等就业机会遭受无法弥补的损害的现象发生。

3. 提起公益诉讼的可行性

根据行政诉讼法的规定，抽象行政行为不能单独提起行政诉讼，而具体行政行为只有涉及公共利益才能提起行政公益诉讼。根据2019年11月实施的《公务员录用规定》，公务员招录应当按照下列程序进行：发布招考公告、报名与资格审查、考试、体检、考察、公示、审批或备案等。而招录中的性别歧视主要体现在发布招考公告、报名与资格审查阶段，对这些行为的定性关系到报考者能否获得有效救济的问题以及检察机关能否提起行政公益诉讼的问题，事业单位的招录情况和公务员招录相似，下面以公务员招录为例进行分析。

(1)对于招录过程中发布招考公告的行为定性。公务员招录行为的性质界定应分阶段讨论，正式录用人员以前的招录公告发布行为应属于外部行政行为，对公民的权利和义务产生了实质性影响，招考公告在特定的时间发生效力，不能够反复适用，不属于抽象行政行为。招考公告在发布后并未产生拘束力或公定力，在规定的报名期间对报考的人才产生约束力，其效力的范围有限，这些更符合具体行政行为的特征，应纳入行政诉讼的受案范围。对检察机关提起公益诉讼而言，招考公告中的性别歧视应成为监督重点，检察机关在招考公告发布后，对存在性别歧视的招考公告进行监督，要求招录机关撤销或改变存在性别歧视条件，使有意报考的女性有机会报名。①

(2)关于招录过程中的资格审查行为性质的认定。招录过程中的资格审查属于具体行政行为。资格审查行为针对的是特定的人即报考的人员，审查的结果对报考人员的权利义务产生实质的影响，决定其能否进入考试的程序，报考人员对审查结果不服可以提起行政诉讼，因其涉及特定主体的利益，故不属于公益诉讼的范围。② 事业单位招录的情况和公务员招录相似，只是主管部门不同。根据《事业单位公开招聘人员暂行规定》第6条的规定，政府人事行政部门与事业单位的上级主管部门负责对事业单位公开招聘工作进行指导、监督和管理。该文件还规定，事业单位公开招聘人员，不得设置歧视性要求。检察机关在招考公告发布后发现招考条件存在性别歧视的，可以向人力资源部门以及事业单位的上级主管部门发出检察建议，要求其撤销或改变歧视性的条件，对于无正当理由拒绝整改的，可以提起公益诉讼。2020年浦东新区人民检察院在全国率先探索通过公益诉讼保障女性平等就业权，就事业单位招聘中的性别歧视问题开展调查核实，发现多家事业单位招聘中存在两个问题：其一，招聘岗位直接写明“适合男性”，但这些岗位并不属于“女性禁忌”岗位；其二，招聘岗位男女就业年龄限制存在较大差异，提高了女性的录用标准。浦东新区人民检察院立即启动公益诉讼诉前程序，向事业单位主管部门、人力资源部门分别制发诉前检察建议，迅速监督纠正违法行为，有效预防女性的就业权利受到侵害。

---

① 刘潇潇，王亚丽.检察公益诉讼保护女性平等就业权案[J].中国检察官，2022(10)：54-57.

② 刘潇潇，王亚丽.检察公益诉讼保护女性平等就业权案[J].中国检察官，2022(10)：54-57.

(二)对企业性别歧视的公益诉讼

检察机关作为公权力机关应谨慎介入私权领域,就业歧视本质上是劳动者平等就业权与企业用人自主权的权衡问题,这两种权利往往存在一定的冲突,如何对公共利益进行界定通常颇有难度,这也是检察机关公益诉讼面临的难题。如同样是女性员工隐瞒婚姻事实,在一件案件中法院通过对企业用工自主权的解释正当化企业的解雇行为,而在另一案例中,法院则坚持用人单位对已婚女性采取差别对待违反平等用工的原则。[①]

1. 检察机关可以对劳动行政部门违法行使或怠于履行监管职责的行为提起行政公益诉讼

在现行的法律框架下,企业劳动者在招聘中或者聘用后遭遇用人单位性别歧视后,可以寻求行政救济,向劳动行政部门及下属的劳动监察部门投诉,上述部门不处理或者对处理结果不服,可以向检察机关申请监督。检察机关调查后,认为劳动行政部门存在违法或者怠于行使职权情形的,可以发出行政公益诉讼诉前检察建议,督促其依法履职。

2. 对国有企业招聘性别歧视,还可向国有资产管理部门制发社会治理检察建议

国有企业是由国家出资设立的,应落实法律关于女性平等就业权保护的各项规定,积极主动承担社会责任。国有资产管理部门依据《企业国有资产法》的规定履行出资人职责,对国有企业进行监督管理,对国有企业招聘进行指导与监督。因国有资产管理部门履行的不是行政管理职责,不能作为公益诉讼的对象,但检察机关可以向其制发社会治理检察建议,建议其督促国有企业对招聘中性别歧视的行为进行整改。

3. 建议确立就业歧视民事公益诉讼制度

《民事诉讼法》第五十五条规定对污染环境、侵害众多消费者合法权益等损害社会公共利益的行为,法律规定的机关和有关组织可以向人民法院提起诉讼。虽未将就业歧视纳入民事公益诉讼的范围,但使用“等”字为这类公益诉讼留下空间。第一,法律可以赋予工会、妇联等社会团体以自己的名义代表女性向实行就业歧视的用人单位提起民事公益诉讼。第二,劳动保障部门下设专业负责平等就业的管理机构作为公益诉讼的原告。赋予其调查权和诉讼权,以维护女性劳动者的合法权益。[②] 第三,在上述机关和组织不提起诉讼时,检察机关可以向法院提起公益诉讼。

---

① 饶志静.就业歧视的司法审查方法[J].法律方法,2017(1):431.

② 胡桑,沈纯.女性就业歧视公益诉讼制度法律机理研究[J].中国劳动关系学院学报,2018,32(3):71-78.

Research on Women's Equal Employment Rights: An Analysis from the Perspective of Public Interest Litigation by Prosecutorial Authorities

Wang Yali Chen He

(Shanghai Pudong New Area People's Procuratorate, Shanghai, 200120)

Abstract: This research analyzes the current state of gender discrimination in the field of recruitment and studies the feasibility of using prosecutorial public interest litigation to address employment gender discrimination within the existing legal framework, thus protecting women's equal employment rights. For recruitment in public service and public institutions, gender discrimination in recruitment notices should become a focal point of prosecutorial public interest litigation supervision. Prosecutorial authorities, after the release of recruitment notices containing gender discrimination, should monitor such cases and require recruiting agencies to withdraw or amend discriminatory conditions, ensuring that women interested in applying have the opportunity to do so. Regarding corporate recruitment, prosecutorial authorities can file administrative public interest litigation against labor administrative departments that fail to perform their regulatory duties in accordance with the law. If the concerned companies are state-owned enterprises, prosecutorial authorities can also issue social governance prosecutorial recommendations to state-owned asset management departments.

Key Words: women; equal employment; prosecutorial public interest litigation

夫妻一方对外侵权之债的责任归属研究

雷莉琳[*]

内容摘要：我国现行法律对于夫妻一方对外侵权之债的规制呈现立法空白。司法实践中，认识分歧多，裁判结果多元。本文统计分析了598个夫妻一方对外侵权之债司法案例，从裁判争议、裁判结果、法律适用、证明责任分配以及裁判标准等方面剖析夫妻一方对外侵权之债的审判实践现状，梳理总结出法官审理这类案件时主要将侵权人数、侵权之债发生时间、所负债务目的等因素作为裁判标准，指出存在夫妻一方对外侵权之债纠纷解决中存在认定规则不明、证明责任分配不一、清偿规则缺失等问题。本文就此提出两方面完善对策：一是在认定规则上，夫妻一方对外侵权之债原则上认定为个人债务，以侵权方个人财产或者夫妻共有财产中的个人部分清偿，使用夫妻共有财产清偿的，夫妻共有财产制终止时，未侵权方配偶有权进行追偿；在"为夫妻共同生活"与"利益共享"两个特殊情形下认定为夫妻共同债务，以夫妻共有财产和侵权人个人财产清偿，未侵权配偶以夫妻共有财产为限承担有限责任，不涉及其个人财产。二是在法律适用上，法院应该通过落实类案检索制度等措施统一裁判标准，并在审判中合理进行证明责任的分配。

关键词：夫妻债务；对外侵权；债务性质；责任分配

一、问题提出

夫妻一方对外负债的清偿责任归属认定，是最近20年来我国民事审判实践中的重点和难点。我国调整夫妻债务的主要法律法规及司法解释，以2021年1月1日《中华人民共和国民法典》生效为界线进行区分，此前主要是《中华人民共和国婚姻法》[①]、2003年《最高人民法院关于适用〈中华人民共和国婚姻法〉若干问题的解释（二）》（以下简称"《婚姻法解释二》"）第24条、2018年《最高人民法院关于审理涉及夫妻债务纠纷案件适用法律有关问题的解释》（以下简称"《2018年夫妻债务解释》"）等；此后则是《民法典》第1064条、第1065条

---

[*] 雷莉琳，女，厦门大学法律硕士，国网福建省电力有限公司党校老师，初级培训师。本文是根据作者2022年获得厦门大学法律硕士学位论文修改而成的，该学位论文指导教师是厦门大学法学院蒋月教授。借此向导师致谢。

① 不同阶段的《婚姻法》中对于夫妻债务的规定分别为1950年《婚姻法》第24条、1980年《婚姻法》第32条以及2001年修订的《婚姻法》第41条。

第3款规定以及相关司法解释规定。这些法律法规和规定确定了夫妻共同债务的范围，并且将夫妻一方对外所负债务限定在合同之债的范围内，但是，并未明确规定夫妻一方对外侵权产生的债务是否可以适用上述认定规则。在司法审判中，人民法院对于此类案件的责任归属认定，认识存在较大分歧，裁判结果也不一。在夫妻一方对外侵权纠纷中，部分原告直接将侵权人的配偶列为共同被告，请求承担连带赔偿责任。人民法院认定夫妻一方对外侵权之债时适用的裁判标准较多，包括数人侵权标准、侵权之债发生时间与共有财产对外责任标准、所负债务目的标准以及利益共享标准等，法院适用的裁判标准不统一，导致裁判结果也出现多样化，不利于平等保护债权人利益和夫妻双方利益。检索相关理论研究成果，法学界对于夫妻一方对外侵权之债的性质认定与责任承担的研究较少，系统地研究认定夫妻一方对外侵权之债的责任归属的专题文章较少见。鉴于此，研究完善夫妻一方对外侵权之债的责任归属认定规则，对于理论界和法律实务，以及对平衡各方当事人的利益都具有十分重要的现实意义。

(一)何谓夫妻一方对外侵权之债

夫妻一方对外侵权之债的概念可以概括为：在婚姻关系存续期间，夫妻一方对外实施侵权行为，造成第三人的人身或者财产损害，由此产生的损害赔偿之债。夫妻一方对外侵权之债作为侵权之债的一种，应当满足侵权之债的构成要件，即侵权行为、损害结果、主观过错以及行为与结果之间具备因果关系，但是，在侵权责任的具体分配上，又具有一定特殊性。夫妻一方对外侵权之债具有如下法律特征：

1.侵权行为发生在婚姻关系存续期间

婚姻关系存续期间指夫妻双方自合法取得结婚证之日开始，一直到一方或双方死亡或依法离婚解除夫妻关系时所存续的期间。夫妻一方向法院提起离婚诉讼之后，一直持续到法院作出准许离婚的判决生效时，该段时期仍然属于婚姻关系存续期间。我国婚姻家庭法对于夫妻债务的认定，也是限制在夫妻关系存续期间范围内的。如果侵权行为发生在侵权人结婚之前，则该债务依法应为侵权人婚前债务，理应由其个人承担；如果侵权行为发生在夫妻解除婚姻关系之后，双方作为独立的社会个体，独立参与民事活动，一方也不必为另一方的任何行为承担相应的赔偿责任。非婚姻关系存续期间发生的侵权所生之债，都不是本文所讨论的对象。

2.侵权人是夫妻一方

夫妻一方对外侵权之债的主体有且只有夫妻一方。之所以明确一方主体，是为了区分夫妻双方共同侵权行为的情形。如果夫妻双方有共同侵权的故意，则可能构成双方共同侵权，而非夫妻一方侵权，此情形并非本文讨论的范围。同时，夫妻一方对外侵权的关键词还包括“对外”，若夫妻一方对另一方实施侵权行为造成了损害，则属于婚内侵权的范围，也不属于本文所探究的对象。

3.侵权之债的内容是损害赔偿

我国《民法典》侵权责任编中规定了八种民事责任承担形式，其中侵权之债主要指对侵权行为造成的损害进行赔偿。本文所讨论的损害赔偿主要指财产性的，不讨论赔礼道歉等非财产性赔偿。如果侵权行为没有造成损害后果，就没有侵权损害赔偿，因此，在夫妻一方侵权之债的范围内，应是有损害结果的事实发生。

(二)既有相关研究综述

1. 夫妻一方对外侵权之债的责任归属认定

关于夫妻一方对外侵权之债的责任归属，我国立法没有相关明文规定，理论界和实务界对该问题的认识也不一致，主要有以下三种不同观点。

(1)个人债务说。张学军综合过错责任、夫妻相互独立以及侵权法的震慑作用等方面考虑，提出我国应将夫妻一方对外侵权之债从立法上明确为个人债务。① 司法实务层面，韩玉玲②、赵芳、占志微③等人主张夫妻一方对外侵权之债应当认定为个人债务，主要基于如下理由：第一，侵权行为是不法行为，其实质后果是责任而不是债，侵权行为人应该承担由其侵权行为带来的不利后果。第二，根据法律规定，夫妻一方因身体受侵犯而获得的赔偿属于受侵害方的个人财产。同理，一方对外侵权之债，相应地也应属于侵权人的个人债务，配偶不应承担赔偿责任。第三，从配偶双方的举债意愿和债务的利益指向判断，夫妻一方对外侵权之债中，未侵权配偶一方不具备共同举债的意愿，该侵权行为的实施也不是为了家庭，因此应属于个人债务。此观点的支持者主张夫妻一方对外侵权行为与家庭共同生活无关，侵权行为的利益指向不在家庭。然而，笔者以为这种主张太过片面，缺乏对例外情形的考量。

(2)夫妻共同债务说。叶名怡基于受害人保护与夫妻共同体利益等角度，提出夫妻一方对外侵权之债原则上应认定为夫妻共同债务的观点。④ 蔡立东、杨柳从对风险的控制能力出发，认为法律应对弱势受害人实行倾斜保护，因此也赞同夫妻一方对外侵权之债应该认定为夫妻共同债务的观点。⑤ 笔者以为，夫妻共同债务说忽略了未侵权配偶一方的合法权益。在某些情形下，夫妻一方对外实施侵权行为纯粹是为了自身，并未考虑家庭或者另一半的利益，这种情形下，让未侵权配偶共同承担赔偿责任显然不公平。牺牲未侵权方配偶利益去维护受害人的利益，责任分配欠缺正当性。

(3)具体因素考量说。持此观点的学者认为，应该考量个案中的具体因素，不宜一刀切地将夫妻一方对外侵权之债一律认定为个人债务或者共同债务。不过，对于具体认定标准，持此类观点的学者之间的意见又有所不同。朱虎认为在侵权等法定之债中，要根据债务是否为家庭共同生活而负担、家庭是否从中受益来确定属于配偶双方的共同债务还是侵权一方的个人债务。⑥ 宋修卫提出应该结合违法行为所得利益的归属、侵权一方配偶的主观过

① 张学军.夫妻一方“一般侵权行为”“赔偿损失”债务属性的立法研究[J].社会科学战线，2019(12)：178-190.

② 韩玉玲.夫妻一方的侵权之债不属于共同债务[N].江苏经济报，2010-12-16(6).

③ 赵芳，占志微.夫妻一方交通事故赔偿之债是否属于共同债务[EB/OL].[2021-10-15].http://fzzy.chinacourt.gov.cn/article/detail/2014/05/id/1299821.shtml.

④ 叶名怡.民法典视野下夫妻一方侵权之债的清偿[J].法商研究，2021(1)：1-22.

⑤ 蔡立东，杨柳.侵权纠纷中夫妻共同债务认定的困境与立法回应：以机动车交通事故责任纠纷为研究对象[J].法学论坛，2020(3)：77-88.

⑥ 朱虎.夫妻债务的具体类型和责任承担[J].法学评论，2019(5)：54-55.

错以及未侵权一方配偶的主观态度和该行为与未侵权方配偶的关联程度来认定。[①] 包冰锋则主张确立“共债合意”和“为夫妻共同生活”的认定标准。[②] 杨燕玲则认为应考量侵权行为的最终目的是否是为家庭共同生活。[③] 具体因素考量说的优势在于可以平衡受害人与未侵权配偶二者的利益，但是各学者认定标准参差不一，部分考量因素在实践中缺乏可操作性。

2. 夫妻一方对外侵权债务的清偿

对于夫妻一方对外侵权之债的清偿责任，法学界主要有以下观点：首先，在认定为个人债务的情形下，以侵权方个人财产承担责任。若用夫妻共同财产偿还其个人债务，未侵权方配偶有权就共同财产中属于自己的份额向侵权方追偿。[④] 其次，在认定为夫妻共同财产的情形下，理论界在责任财产的范围以及清偿顺序上存在不同观点。有学者认为，如果债务是为满足家庭共同生活需要而产生，则夫妻应该承担连带责任，夫妻共同财产与双方的个人财产都在责任财产范围内。[⑤] 不同的是，一些学者虽然主张在某些情形下将夫妻一方对外侵权之债认定为夫妻共同债务，但同时也认为应该维护未侵权方配偶的财产独立性，责任承担上不宜涉及未侵权方配偶的个人财产。蔡立东、杨柳等人认为夫妻一方侵权之债应先以夫妻共同财产偿还，共同财产不足以清偿的，侵权人以个人财产继续清偿。[⑥] 朱虎[⑦]、侯艳[⑧]等人则认为，应该先以侵权人个人财产承担责任，未能清偿部分再以夫妻共同财产承担。以夫妻共同财产清偿债务之后，还应赋予未侵权方配偶在财产制终结时对侵权方的追偿权。[⑨] 因此，综合上述学者的不同观点，当夫妻一方对外侵权之债被判决由夫妻共同承担时，不同的清偿规则可能导致截然不同的清偿方式和执行结果。

（三）我国夫妻一方对外侵权之债相关立法梳理

1.《婚姻法》及其相关司法解释有关夫妻共同债务规定的变迁

新中国成立以后，1950 年《中华人民共和国婚姻法》（以下简称“1950 年《婚姻法》”）第 24 条[⑩]确定了夫妻共同债务的范围和清偿责任，即为夫妻共同生活所负担的债务，以共同生

---

① 宋修卫.夫妻一方违法行为所生债务之归属探析[J].广州广播电视大学学报，2010(5)：86-89+111.

② 包冰锋，訾培玉.侵权纠纷夫妻共同债务认定的现实困境及其应对[J].河北法学，2021(3)：195-196.

③ 杨燕玲.一方因交通事故产生的债务是否属于夫妻共同债务[EB/OL].(2013-12-06)[2021-10-15]. http://www.chinacourt.org/article/detail/2013/12/id/1157528.shtml.

④ 谢晨达.基于夫妻一方侵权之债的共同诉讼研究[D].兰州：西北师范大学，2020：21，36.

⑤ 谢晨达.基于夫妻一方侵权之债的共同诉讼研究[D].兰州：西北师范大学，2020：21.

⑥ 蔡立东，杨柳.侵权纠纷中夫妻共同债务认定的困境与立法回应：以机动车交通事故责任纠纷为研究对象[J].法学论坛，2020(3)：87.

⑦ 朱虎.夫妻债务的具体类型和责任承担[J].法学评论，2019(5)：56-58.

⑧ 侯艳.夫妻一方对外侵权之债认定规则研究[D].绵阳：西南科技大学，2020：20.

⑨ 叶名怡.民法典视野下夫妻一方侵权之债的清偿[J].法商研究，2021(1)：16-17.

⑩ 1950 年《婚姻法》第 24 条：离婚时，原为夫妻共同生活所负担的债务，以共同生活时所得财产偿还；如无共同生活时所得财产或共同生活时所得财产不足清偿时，由男方清偿。男女一方单独所负的债务，由本人偿还。

活时所得财产偿还;如无共同生活时所得财产或共同生活时所得财产不足清偿时,由男方清偿。1980 年《中华人民共和国婚姻法》(以下简称"1980 年《婚姻法》")第 32 条[①]延续了 1950 年《婚姻法》第 24 条规定,只是在其基础上修改了夫妻共同财产不足以清偿债务时的处理办法。2001 年修订的《中华人民共和国婚姻法》(以下简称《婚姻法修正案》)第 41 条[②]则延续了前述第 32 条的规定。上述法律从债务形成的目的出发,将"为夫妻共同生活"确定为判断债务是否构成夫妻共同债务的标准,但是"为夫妻共同生活"具体是什么意思,包括哪些情形却没有进行明确说明,概念过于宽泛和概括。此外,《婚姻法修正案》第 19 条[③]增加了夫妻约定财产制的规定,即夫妻一方对外所负的债务,不管是否和夫妻共同生活相关,在夫妻约定财产制下,在对外关系上,还需要证明第三人知道该约定,不然也可能被认定为夫妻共同债务。1950 年《婚姻法》与 1980 年《婚姻法》中对夫妻共同债务的规定基本一致,且就个人债务,仅规定夫妻一方单独所负债务由本人偿还,过于笼统和宽泛。

1993 年发布的《最高人民法院关于人民法院审理离婚案件处理财产分割问题的若干具体意见》中增加了具体、可操作性的规定。其中,第 17 条[④]明文规定了什么是夫妻共同债务,包括为共同生活,或者履行法定义务而产生的债务。此外,该条第二款还列出了哪些情形下产生的债务不属于夫妻共同债务,对于这些情形下所负债务,应属于一方的个人债务,由个人财产承担偿还责任。

《婚姻法解释二》第 24 条[⑤]确定了"所负债务发生时间认定规则",根据债务发生的时间,来确定债务的责任承担。这是唯一的判断标准,除非存在该条规定的例外情形。这条规则的立法目的是促进市场交易、保护交易安全、保护善意债权人的利益。这种规则之下,夫妻双方一起合谋损害善意债权人利益,或者通过"假离婚"而实现"真逃债"的情形得到有效控制,市场秩序得到有效保护。但是这一条规则也未能考虑到夫妻双方作为独立个体的身份,该条规定不论是从债务性质还是举证责任上,对于债权人权益保护太过,未考虑到夫妻一方恶意举债等行为存在的可能性,对未举债配偶一方的利益保护有所不足。"第 24 条"是导致夫妻共同债务问题成为后来持续十余年的社会热点问题的原因之一,围绕夫妻共同债务认定问题,引发了法学界大范围、长时间的学术争鸣。

为加强对未举债一方配偶的保护,2017 年发布的《最高人民法院关于适用〈中华人民共和国婚姻法〉若干问题的解释(二)的补充规定》增加了两款规定,明确否定虚假债务、非法债务的法律效力,但并没有否定"所负债务发生时间认定规则"的适用。此外,对于侵权之债是

① 1980 年《婚姻法》第 32 条:离婚时,原为夫妻共同生活所负的债务,以共同财产偿还。如该项财产不足清偿时,由双方协议清偿;协议不成时,由人民法院判决。男女一方单独所负债务,由本人偿还。

② 2001 年修订的《婚姻法》第 41 条:离婚时,原为夫妻共同生活所负的债务,应当共同偿还。共同财产不足清偿的,或财产归各自所有的,由双方协议清偿;协议不成时,由人民法院判决。

③ 2001 年修订的《婚姻法》第 19 条:夫妻对婚姻关系存续期间所得的财产约定归各自所有的,夫或妻一方对外所负的债务,第三人知道该约定的,以夫或妻一方所有的财产清偿。

④ 《最高人民法院关于人民法院审理离婚案件处理财产分割问题的若干具体意见》第 17 条:夫妻为共同生活或为履行抚养、赡养义务等所负债务,应认定为夫妻共同债务,离婚时应当以夫妻共同财产清偿。

⑤ 《婚姻法解释二》第 24 条:债权人就婚姻关系存续期间夫妻一方以个人名义所负债务主张权利的,应当按夫妻共同债务处理。但夫妻一方能够证明债权人与债务人明确约定为个人债务,或者能够证明属于婚姻法第十九条第三款规定情形的除外。

否属于上述法条所称的违法犯罪活动，法律也没有加以明确。司法实践中，当事人对此也存在较大争议。

尽管就适用婚姻法，最高法院先后发布多个相关司法解释，但随着经济社会的发展，社会公众的婚姻观念与家庭投资渠道越来越丰富多元，人民法院审理夫妻债务方面的案件难度也随之增大。《2018 年夫妻债务解释》对于夫妻共同债务作出了更具体规定。该解释第 1 条明确了“共债共签”原则，将夫妻双方具有举债的合意作为夫妻共同债务的认定标准之一，包括夫妻双方共同签字或者夫妻一方事后追认等；第 2 条和第 3 条根据夫妻一方举债目的是否为家庭日常生活，判断所负债务的归属。且相应的举证责任在债权人一方，债权人举证不能的，则需要承担诉讼不利的后果。《2018 年夫妻债务解释》对《婚姻法解释二》第 24 条的内容作出了重大修改，包括对责任归属的认定规则，以及证明责任的承担等方面，使之能适应社会的发展需要。

2.《民法典》婚姻家庭编关于夫妻共同债务的规定

《民法典》第 1064 条[①]确认了夫妻共同债务实行“共债共签”的基本原则。该条规定有助于引导债权人在出借之前，提高风险防范意识。例如，尽量要求夫妻双方共同在借贷依据上签字，最大限度地避免事后的纷争。这既有利于维护夫妻双方的平等地位，保障夫妻双方的知情权和同意权，又能有效维护债权人的合法权益，避免债权人因无法举证证明该债务的用途而承担诉讼不利的后果。

然而，尽管夫妻债务认定规则的漏洞不断得以弥补，我国现行法律仍未明确规定夫妻一方对外侵权之债是否可以直接适用既有的认定规则。正因为缺少法律的明确规定，法院在审理此类案件时，裁判标准多元化，导致审判实践中对同一类型的案件往往产生多种不同的判决结果。

本文所研究的对象是建立在侵权责任已经成立的基础之上，夫妻一方对外侵权之债的责任在夫妻双方之间的归属。通过统计分析 598 个夫妻一方对外侵权纠纷的司法案例，欲探寻不同法官对于夫妻一方对外侵权之债的法律适用、裁判结果和证明责任分配等司法现状，揭示司法实践中存在的该争议认定困境，从我国实际出发提出夫妻一方对外侵权之债认定规则的完善建议，以期助力夫妻一方对外侵权之债的理论研究，为司法审理相关案件提供参考。

二、夫妻一方对外侵权之债纠纷的基本情况和裁判标准

2021 年 7 月 16 日，笔者通过“威科先行”法律信息库进行检索，以“侵权责任纠纷”为案由，“夫妻共同债务”作为关键词，将法院层级限定为中级人民法院以上，文书类型限定为判决书，截止日期为 2021 年 7 月 16 日，共检索到 1153 件民事判决书。然后，进一步将判决时

① 《民法典》第 1064 条：夫妻双方共同签名或者夫妻一方事后追认等共同意思表示所负的债务，以及夫妻一方在婚姻关系存续期间以个人名义为家庭日常生活需要所负的债务，属于夫妻共同债务。夫妻一方在婚姻关系存续期间以个人名义超出家庭日常生活需要所负的债务，不属于夫妻共同债务；但是，债权人能够证明该债务用于夫妻共同生活、共同生产经营或者基于夫妻双方共同意思表示的除外。

间限定为2017—2021年，共获得769份样本。经过筛查，最终获得598份有效样本。① 本文研究即以此样本案件为基础。

(一)诉讼的基本情况

1. 当事人基本情况

表1 夫妻一方对外侵权纠纷中当事人基本情况

当事人	被告		侵权人性别	
	夫妻双方	夫妻一方	男	女
数量(件)	475	123	523	75
百分比(%)	79.4	20.6	87.5	12.5

在全部有效样本中，即便只有夫妻一方侵权的，绝大多数原告起诉对象却是夫妻双方，占比79.4%。这类案件中，原告的诉讼请求通常为请求法院判决被告赔偿损失，将夫妻双方都作为侵权案件的侵权人共同列为被告，把夫妻双方看作一个共同体，并不区分是否实际实施侵权行为，但在少数例外情形中，原告提出的诉讼请求将夫妻双方区别看待，请求法院判决夫妻中侵权一方赔偿损失，未侵权配偶一方对该损失承担连带责任。剩余20.6%的样本中，原告仅起诉夫妻中未侵权的一方，其中包含侵权一方已去世或者被判处有期徒刑正在监狱服刑等情况，这类案件中，原告的诉讼请求大致区分为以下几种：(1)请求法院确认该侵权债务为夫妻共同债务；(2)请求法院判决被告对侵权人的债务承担连带赔偿责任；(3)请求法院确认该侵权债务为夫妻共同债务，被告对该债务承担连带赔偿责任；(4)请求法院判决被告在继承遗产的范围内赔偿损失；(5)请求法院判决被告赔偿损失。诉讼请求可以概括为是否请求法院确认债务的性质以及请求被告承担的是否是连带赔偿责任。部分案例中，侵权人已死亡的情况下，原告请求法院判决侵权人的配偶在继承侵权人遗产范围内承担赔偿责任，实际上是认为该侵权之债是侵权人的个人债务。在"乐山红久运输有限公司与刘秀英机动车交通事故责任纠纷"中②，四川省乐山市中级人民法院认为，一审原告刘秀英主张由宋某在继承侵权人王某的遗产范围内承担赔偿责任，未主张案涉侵权债务为夫妻共同债务并请求宋某共同承担。因此仅判决未侵权配偶在继承侵权人遗产的范围内承担赔偿责任。

在全部有效样本案例中，侵权人性别主要是男性，女性仅占12.5%的比例。一方面，可能是因为夫妻双方中男性一方对外参与社会活动所占比例相较于女性更大；另一方面，可能是女性相较于男性而言更加谨慎小心，发生事故的概率相对更小。同时，从表1数据可得出，在夫妻一方对外侵权之债的责任归属认定中，更多的是婚姻关系中的女性被负债，从性别角度对于女性而言是否公平，本文由于篇幅限制，未能进行深入研究。

---

① 本文研究的样本均建立在侵权责任已经成立的基础上。剔除的判决主要包括：完全与本文研究内容无关的案件、只涉及侵权纠纷而与侵权债务在夫妻之间的责任归属认定无关的案件。

② 乐山红久运输有限公司与刘秀英、宋某、王某1、唐云秋机动车交通事故责任纠纷二审民事判决书[EB/OL].(2017-11-30)[2023-11-06]. https://wenshu.court.gov.cn/website/wenshu/181107ANFZ0BXSK4/index.html?docId=2BtuR8jdEu0+XhQYhnZ+ns6IJA9Z0+5tzKxST8qODjeAFR lXaJShavUKq3u+IEo47IUsitLEBzBcCIub5/SVqUBS7d3Vl3JXBPYhs6myRzVyvBtCuk1sNUarJ50wQTuq.

2. 侵权纠纷类型

在夫妻一方对外侵权之债纠纷中，机动车交通事故责任纠纷占比最大，达到 55.9%；提供劳务者受害责任纠纷排名第二，占比 27.2%；其他侵权责任纠纷中，包括财产损害责任纠纷，医疗损害责任纠纷等，占比较小。因此，在夫妻一方对外侵权之债各类案件中，机动车交通事故案件和提供劳务者受害案件比较具备代表性。在诸多机动车交通事故责任纠纷中，侵权人存在醉酒驾驶、无证驾驶等违法情形，且侵权人在事故中多承担的是全部责任或者主要责任。提供劳务者受害责任纠纷中，典型情形是夫妻一方雇佣第三人，第三人在工作中受到伤害或者造成他人损害，作为雇主的夫妻一方对此承担无过错责任。

表 2 夫妻一方对外侵权纠纷的类型

纠纷类型	机动车交通事故责任纠纷	提供劳务者受害责任纠纷	其他
数量(件)	334	163	101
百分比(%)	55.9	27.2	16.9

3. 损害赔偿金额

在认定夫妻一方对外侵权之债的责任归属中，债务金额的大小也是影响法院判决的因素之一。笔者在统计中将夫妻一方对外侵权之债中法院支持的损害赔偿金额分为二档——10 万元以内与 10 万元以上。另外，在判决中还出现了法院支持金额不明的情况，主要包含法院不予审查与判决中未明确计算金额两种情形。

如表 3 所示，一审与二审判决支持金额在 10 万元以上的案件所占比例均高于判决支持金额 10 万以内所占比例。判决支持金额在 10 万元以内的样本案例中，法院将夫妻一方对外侵权之债认定为个人债务的比例略高于共同债务的比例；相反，判决支持金额 10 万元以上的样本案例中，认定为共同债务的比例明显高于个人债务所占比例。综合上述数据，在夫妻一方对外侵权之债纠纷案件中，涉及的债务数额总体偏大。法院在综合考量侵权债务金额大小、债权人偿还能力以及未侵权配偶一方的抵触情绪等因素的情形下，可能对侵权债务归属作出不同认定。

表 3 一、二审法院判决支持的损害赔偿金额

债务类型		一审判决支持金额			二审判决支持金额		
		10 万元以内[a]	10 万元以上	不明[b]	10 万元以内	10 万元以上	不明[c]
共同债务	数量(件)	120	236	1	113	205	1
	百分比(%)	20.1	39.5	0.2	18.9	34.3	0.2
个人债务	数量(件)	136	102	1	135	141	1
	百分比(%)	22.7	17.1	0.2	22.6	23.6	0.2

注：a.10 万元以内包含本数。

b.一审判决中，金额不明的案件还有 2 件未归入表格中，法院认为被告承担侵权责任后产生的债务是否为夫妻关系存续期间的共同债务，与本案不属于同一法律关系，应另案处理。

c.二审判决中，金额不明的案件还有 2 件未归入表格中，法院认为被告承担侵权责任后产生的债务是否为夫妻关系存续期间的共同债务，与本案不属于同一法律关系，应另案处理。

4. 裁判结果

在598件样本案例中,如表4所示,一审法院认定夫妻一方侵权之债为夫妻共同债务共363件,占60.7%;认定为个人债务的共有233件,占39.0%。二审法院对一审判决结果的改判率分别为16.3%、10.7%,相对而言,改判率比较高。从表4数据可以得出,审判实务中,对于夫妻一方对外侵权之债的认定并没有统一的结论,相反,各相关法院判决此类案件时的确还存在"同案不同判"现象。此外,对于同一案件,不仅不同法院之间存在认识分歧,还有部分案件中,检察院对于法院的判决也提出了抗诉。在"游开芳、周维平机动车交通事故责任纠纷"[①]中,针对四川省广安市广安区人民法院认为"侵权人王清河是去小井沟煤矿从事相关工作事务途中发生交通事故死亡,其行为是为了家庭利益,应属于夫妻共同债务,配偶游开芳对该债务应当承担连带清偿责任"的判决结果,四川省广安市人民检察院抗诉认为,该债务是由王清河的主观过错形成的侵权行为之债,与夫妻共同生产和生活无必要关联,不符合夫妻共同债务的特征。侵权人的配偶游开芳也没有参与实施侵权行为,不应承担王清河侵权产生的债务。综上所述,司法实践中,对于夫妻一方对外侵权之债的责任归属认定存在较大争议。

表4 一审判决结果与二审(再审)改判情况

判决结果	共同债务		个人债务		不予审查
	一审判决认定结果	二审(再审)改判为个人债务	一审判决认定结果	二审(再审)改判为共同债务	另案处理
数量(件)	363	59	233	25	2
百分比(%)	60.7	16.3	39.0	10.7	0.3

在个别案件中,法院认为被告承担侵权责任后产生的债务是否为夫妻关系存续期间的共同债务,与本案法律关系不同,应另案审理。此类案件数量极少,在全部样本案例中仅有2份。

5. 主要适用的法律依据[②]

在598件样本案例中,法院在判决书中明确写明适用依据的,有254件,占42.5%;未明确判决结果适用法律依据的,有344件,占57.5%。在全部有效样本中,有120份判决援引了《婚姻法解释二》第24条,占20.0%,即便在《民法典》生效以后,仍然有法院选择适用《婚姻法解释二》第24条的,而适用《民法典》第1064条的,只有1份判决。有57份判决援引了《2018年夫妻债务解释》,占9.5%,其中第1条、第2条和第3条都分别有适用。有32份判决援引了《婚姻法》第41条,占5.4%。在79份判决中,法院援引了其他法律法规,占

① 游开芳、周维平机动车交通事故责任纠纷再审民事判决书[EB/OL].(2020-09-11)[2023-10-28]. https://wenshu.court.gov.cn/website/wenshu/181107ANFZ0BXSK4/index.html? docId=nsblavzcFEhZJ5cqaOU0M8tNznjdMkf4sa6eA5TUMutUd+Y8Mpd3v/UKq3u+IEo47IUsitLEBzBcCIub5/SVqYo5i6JqKZJkvb77MR4zDn4YhVJR1S+d2okHL3CMGtJd.

② 因为一份判决中可能援引多条法律规则,所以本部分所列举的适用各规则的数量相加大于样本总数。

13.2%，包括：《中华人民共和国侵权责任法》第 3 条、第 6 条、第 49 条；2012 年《最高人民法院关于审理道路交通事故损害赔偿案件适用法律若干问题的解释》(以下简称《道路交通事故解释》)第 1 条；部分法院援引《婚姻法》第 17 条、第 18 条说明夫妻共同财产和个人财产的范围；在机动车交通事故责任纠纷中，因事故车辆为夫妻共有财产，部分法院选择援引《中华人民共和国物权法》第 102 条，判决共有人对该债务承担连带赔偿责任。此外，在《民法典》正式施行以后，部分法院依然援引已经废止的司法解释来作为法律依据。

表 5　夫妻一方对外侵权之债责任归属认定的法律适用

适用法条	《婚姻法》第 41 条	《婚姻法解释二》第 24 条	《婚姻法解释二》第 26 条	《2018 年夫妻债务解释》	《民法典》第 1064 条	其他法律法规	未明确适用规则
数量(件)	32	120	20	57	1	79	344
百分比(%)	5.4	20.0	3.3	9.5	0.2	13.2	57.5

针对夫妻一方对外侵权产生的债务认定，各法院在援引的法律规则上存在较大差异，因相关规则并没有对夫妻一方对外侵权之债的责任归属作出明确的规定，导致判决的结果也存在分歧。部分法院在审理过程中，没有详细论证为何将该侵权之债认定为夫妻共同债务或者个人债务，也未援引明确的法律规则，以至于判决结果和判决理由都不能令当事人信服。

6. 证明责任分配情况

在 598 件夫妻一方对外侵权纠纷样本案例中，法院明确了证明责任承担的，共有 113 件，占比 18.9%。如表 6 所示，证明责任分配给不同当事人，对于最终的责任归属认定起决定性作用。在 67 份由受害人承担证明责任的判决中，由于受害人未能提交证据证明未侵权配偶对于侵权事故的发生存在过错、该配偶在侵权事故中有获益情形，或者未能证明侵权行为与夫妻共同利益或者家庭生活存在因果关系，因此法院将夫妻一方的对外侵权之债认定为个人债务。有 8 份判决将证明责任分配给侵权人，侵权人需要提供证据证明自己与配偶在婚姻存续期间的家庭收益各自独立，未用于家庭共同生活，在不能提供的情况下，法院判决该侵权之债为夫妻共同债务。有 38 份判决将证明责任分配给未侵权配偶一方，要求未侵权配偶提供证据证明侵权人的收入未用于夫妻共同生活，或者与侵权人之间存在夫妻财产归个人所有的约定且第三人知晓该约定等。这 38 份样本中，未侵权配偶都没能提供充足的证据，因此该侵权债务被法院认定为夫妻共同债务。

表 6　夫妻一方对外侵权之债责任归属认定的证明责任分配情况及认定结果

判决结果	受害人举证	侵权人举证	未侵权配偶举证
	67	8	38
认定为侵权人个人债务	67	1	0
认定为夫妻共同债务	0	7	38

部分法院援引《婚姻法解释二》第 24 条，让未侵权配偶一方举证证明夫妻实行分别财产制并且债权人知晓该约定，而部分法院援引《2018 年夫妻债务解释》，将证明责任分配给侵权

纠纷中的受害人。证明责任的分配具备一定的主观性,这也给判决结果带来了高度或然性。

(二)司法实践中夫妻一方对外侵权之债的主要裁判标准

1. 数人侵权标准

数人侵权标准从侵权责任构成要件出发,通过判断未侵权配偶一方是否存在共同侵权故意、是否具有主观过错、是否参与实施侵权行为,判断其是否需要对配偶的侵权行为承担责任。其中,10 个案例的判决认为,未侵权配偶一方不存在共同侵权的故意,案涉侵权之债不应由夫妻共同承担;111 个案例的判决认为无证据表明未侵权配偶对于事故的发生存在过错,因侵权人个人的主观过错及侵权行为产生的债务,应认定为个人债务。然而,也有 4 份判决则认为,未侵权配偶对于侵权事故的发生存在过错,应该承担共同偿还责任,还有 12 份判决从是否实施侵权行为来认定,因未侵权配偶一方并未实施侵权行为,因此该债务被认定为侵权人的个人债务。

表 7　以数人侵权标准认定夫妻一方对外侵权之债案件

裁判标准	认定为夫妻共同债务	认定为侵权人个人债务
是否具有共同侵权故意	0	10
是否具有主观过错	4	111
是否实施侵权行为	0	12

在“罗服萍、吴德连机动车交通事故责任纠纷”①中,原告主张被告马仁国的侵权行为所生之债应属于马仁国和陈顺琴的夫妻共同债务,马仁国从事摩的业务,陈顺琴作为共同受益人应该承担共同赔偿责任。四川省宜宾市中级人民法院认为,侵权形成的债务,缺乏合法性和正当性,而夫妻共同债务应该是合法行为导致的正当债务,且马仁国与陈顺琴并无共同举债的合意,陈顺琴不应当承担侵权责任。在“何培娜、覃子毅等机动车交通事故责任纠纷”②中,原告认为,作为肇事车辆的车主,以及侵权人的配偶,李子妹应当知道被告覃子毅并未取得摩托车的驾驶资格,在明知其已经饮酒之后仍然将车钥匙及车辆交付给被告覃子毅使用,在此过程中明显存在过错。贵州省黔南布依族苗族自治州中级人民法院则认为原告不能提供证据证明李子妹对事故发生有过错,且夫妻一方的侵权行为之债,因个人主观过错形成,不符合夫妻共同债务的特征。故李子妹不应承担本案赔偿责任。而相反的是,在“(2018)鲁

① 罗服萍、吴德连机动车交通事故责任纠纷二审民事判决书[EB/OL].(2020-10-16)[2023-10-28]. https://wenshu.court.gov.cn/website/wenshu/181107ANFZ0BXSK4/index.html? docId=bxgt3h4TT1o/bVwPg8Mw0gr5i+t4gHUnNWIjG35o+xVysHUbZzTHf/UKq3u+IEo47IUsitLEBzBcCIub5/SVqYo5i6JqKZJkvb77MR4zDn5mtCwi7H7sneMLEjlsMPqr.

② 何培娜、覃子毅等机动车交通事故责任纠纷民事再审民事判决书[EB/OL].(2022-02-09)[2023-10-28]. https://wenshu.court.gov.cn/website/wenshu/181107ANFZ0BXSK4/index.html? docId=+USauTDaXxXR0N/3UCzwBtku0oK0Gn+oAQ9cv2GqHuK2gO5mI2N85vUKq3u+IEo47IUsitLEBzBcCIub5/SVqYo5i6JqKZJkvb77MR4zDn7E29Ai4X7RclRt8NyyYLog.

14 民终 2593 号民事判决书”[①]中，山东省德州市中级人民法院根据《侵权责任法》第 49 条和《道路交通事故解释》第 1 条的规定认为，作为侵权人的配偶，同时作为肇事车辆的车主，于秀杰应该知道侵权人未取得驾驶资格，仍然让侵权人驾车出行，对于事故的发生明显存在过错，故应该承担连带赔偿责任。在“王正荣、车兴花等提供劳务者受害责任纠纷”[②]中，连云港市中级人民法院认为，崔琴虽与侵权人闫朝强系夫妻关系，但崔琴并未对受害人实施侵权行为，也不存在主观过错，其与受害人的死亡无任何因果关系，不符合《侵权责任法》中要求行为人承担侵权责任的构成要件，故闫朝强对王其考所承担的侵权之债不应认定为夫妻共同债务，崔琴不应承担赔偿责任。

2. 侵权之债发生时间与共有财产对外责任标准[③]

此类认定标准包含两个角度：一是侵权行为发生时间为夫妻关系存续期间；二是夫妻一方对外实施侵权行为的工具为夫妻共有财产。此类判决一共有 130 份，占有效样本总数的 21.7%。

表 8　以侵权之债发生时间与共有财产对外责任标准认定夫妻一方对外侵权之债案件

裁判标准	认定为夫妻共同债务		认定为侵权人个人债务	
	数量(件)	百分比(%)	数量(件)	百分比(%)
侵权行为发生在婚姻关系存续期间	97	16.2	0	0
因共有财产发生侵权	32	5.4	1	0.2

从侵权之债发生时间看认为夫妻一方对外侵权的行为或者产生的侵权之债发生在夫妻关系中，因此属于夫妻共同债务的判决共有 97 份，占比 16.2%。其中，仅依据侵权行为发生在婚姻关系存续期间，而无其他理由，就认定该债务属于夫妻共同债务的判决多达 61 份。笔者认为，该部分法院对于夫妻一方对外侵权之债责任归属的论证过程不够周延，未能形成完整的论证链条，对于当事人而言说服力不够强。例如，在“韩彭与仇樊提供劳务者致害责任纠纷”[④]案件中，原告请求法院确认其与第三人之间的债务是夫妻共同债务，江苏省阜宁县人民法院根据《婚姻法解释二》第 24 条规定，认为原告主张的侵权债务发生在债务人婚姻

① 张丙坡、于秀杰机动车交通事故责任纠纷二审民事判决书[EB/OL].(2018-12-03)[2023-10-28].https://wenshu.court.gov.cn/website/wenshu/181107ANFZ0BXSK4/index.html? docId=8tBhfugiiDWJsPJTy3drClSVthZZj8rGp3DY1h5UMkUixhEks+JBlvUKq3u+IEo47IUsitLEBzBcCIub5/SVqYo5i6JqKZJkvb77MR4zDn7uqyxJuEkQ5C5wd/HW3vVc.

② 王正荣、车兴花等与仲伟希、孟召霞等提供劳务者受害责任纠纷二审民事判决书[EB/OL].(2018-04-20)[2023-10-28].https://wenshu.court.gov.cn/website/wenshu/181107ANFZ0BXSK4/index.html? docId=OlI+Y2Cz/Tos7mkMsZ3xfkj4GsNROKHSgy0bAH3PCMC7pXiN9Q6r6PUKq3u+IEo47IUsitLEBzBcCIub5/SVqYo5i6JqKZJkvb77MR4zDn4pJ5d/u3OjIcnqC7JlpY+I.

③ 因部分判决中可能采取多种裁判标准，因此占比总和不等于 1。

④ 韩彭与仇樊提供劳务者致害责任纠纷二审民事判决书[EB/OL].(2018-04-13)[2023-10-28].https://wenshu.court.gov.cn/website/wenshu/181107ANFZ0BXSK4/index.html? docId=yJxAGr8vjV288oMWJftoURRWBJhgt13EoC6AgfGhGPKc+t59O2J+afUKq3u+IEo47IUsitLEBzBcCIub5/SVqYo5i6JqKZJkvb77MR4zDn5zCf1ELTKMeId7QxW8nUN/.

关系存续期间，应按夫妻共同债务处理，除非存在上述法律和司法解释规定的例外情形。忽略了夫妻一方对外侵权之债的特殊性。

从共有财产角度，在机动车交通事故造成的侵权纠纷中，肇事车辆多是夫妻共同财产，根据权利义务相一致原则，夫妻共享了共有财产所带来的利益，也应共同承担其带来的债务。据此，有 32 份判决认定该债务为夫妻共同债务，仅 1 份判决认为属于侵权方的个人债务。在“杜国平、李雅丽机动车交通事故责任纠纷二审民事判决书”①中，被告认为自己仅是机动车的车主，并不是交通事故的肇事方，不应该承担责任。河南省周口市中级人民法院则认为，根据《物权法》第 102 条规定，本案肇事车辆归被告夫妻双方共同所有，因此该债务属于夫妻共同债务，被告应承担共同赔偿责任。而在“何培娜、覃子毅机动车交通事故责任纠纷”②案例中，贵州省黔南布依族苗族自治州中级人民法院认为，虽然引发交通事故的车辆是被告夫妻共有的财产，但是侵权人作为夫妻一方具有独立的管理权利，在没有证据证明未侵权配偶存在过错的情况下，不能认定其承担本案的赔偿责任，因此对于原告的诉讼请求不予支持。

3. 所负债务目的标准

所负债务目的裁判标准主要是以《夫妻债务解释》为法律依据，同样包含两个角度：一是侵权之债的形成是为家庭共同生活，二是为家庭共同生产或经营。采用所负债务目的认定标准的判决一共有 265 份，占全部有效样本的 44.3%，所占比例较大。

表 9　以所负债务目的标准认定夫妻一方对外侵权案件

裁判标准	认定为夫妻共同债务		认定为侵权人个人债务	
	数量(件)	百分比(%)	数量(件)	百分比(%)
为家庭共同生活	125	20.9	61	10.2
为家庭共同生产、经营	57	9.5	22	3.7

其中，以“为家庭共同生活”为裁判标准的判决共计 186 份，占 31.1%。其中 125 份判决认为夫妻一方对外产生侵权行为的目的与家庭共同生活有关，包括但不限于接小孩放学、上下班、驾车与朋友聚会等过程中发生的事故等，因此该债务属于夫妻共同债务。例如，在“刁淑桐、齐太平机动车交通事故责任纠纷”③中，山东省泰安市中级人民法院认为，在本案中，被告程华驾车去接孩子是为了家庭共同生活，途中因发生交通事故所产生的侵权之债，与家庭共同生活具有关联性，是为家庭共同生活所致，应属于夫妻共同债务。因此，未侵权

① 参见河南省周口市中级人民法院(2021)豫 16 民终 642 号民事判决书。

② 何培娜、覃子毅机动车交通事故责任纠纷二审民事判决书[EB/OL].(2021-01-20)[2023-10-28]. https://wenshu.court.gov.cn/website/wenshu/181107ANFZ0BXSK4/index.html? docId=RMsHL+R1VwsOLSejkCoXAeO/do+pvaXs/RcQsXJYiJsWApgSZWoxhvUKq3u+IEo47IUsitLEBzBcCIub5/SVqUs4bHPWXX/foJbmuG6X/IvlA0rre1vdJWpFXJJ6pfsX.

③ 刁淑桐、齐太平机动车交通事故责任纠纷二审民事判决书[EB/OL].(2020-11-20)[2023-11-06]. https://wenshu.court.gov.cn/website/wenshu/181107ANFZ0BXSK4/index.html? docId=rnZKb0y5gfxPK8hMmr3e+BG1mdAKV2Gliieu/BJFr+3GPuZchunZ/PUKq3u+IEo47IUsitLEBzBcCIub5/SVqUBS7d3Vl3JXBPYhs6myRzUY4y2GskfpUOzpBgyl39F8.

配偶一方应承担共同赔偿责任。另外 61 份判决则认为，涉案侵权之债不是因为家庭共同生活需要所负债务，或者所负债务超出了家庭共同生活需要，因此该债务应为侵权人个人债务。例如，在“代某与冉利军等机动车交通事故责任纠纷”①中，原告主张，本债务虽系被告周安富个人侵权所负的债务，但事发时，周安富驾驶车辆外出是为了家庭共同生活。但重庆市第五中级人民法院认为，根据《夫妻债务解释》的相关规定，原告并未举证证明被告的驾驶行为与夫妻共同生活有关，该侵权之债的产生与夫妻共同生活无必然联系，不应由夫妻共同承担。

以“为家庭共同生产、经营”为裁判标准的判决共计 79 份，占 13.2%。其中，有 57 份判决认定该侵权之债与家庭的共同生产、经营有关，属于夫妻共同债务。例如，在“刘书某、乔国某侵权责任纠纷二审民事判决书”②中，因原被告双方存在行业上的竞争，被告为了发泄不满，对原告的店铺实施放火行为，造成原告的人身和财产损失。河南省商丘市中级人民法院认为，被告蔡爱某实施的违法侵权行为，其主观目的也是让夫妻共同经营的五金店生意超过别人、增加收入，而排挤、打压乔国某经营的五金店。结合本案实际，蔡爱某的侵权行为，不能单单认定为个人行为，其目的是其家庭经营的五金店的利益，虽然蔡爱某的侵权行为基于其配偶刘书某意志之外，但这种意志之下的利益受益者也包括刘书某在内，所以刘书某应对案涉债务承担连带赔偿责任。

另外 22 份判决则认为，案涉侵权之债不是因家庭共同生产、经营所产生的债务，或原告未能举证证明该债务的形成与家庭共同生产经营有关联，因此，不应将该债务归属于夫妻共同债务，而应属于侵权人的个人债务。例如，在“海林市长汀镇利民废品收购部、滕建华林业承包合同纠纷二审民事判决书”③中，原告在废品收购部为被告提供劳务的过程中受伤，主张该废品收购部为夫妻共同经营的，因此该债务应由被告夫妻双方共同承担。黑龙江省亚布力林区基层法院认为，该废品收购部的营业执照上类型是个体工商户，经营者是侵权人，原告李海生不能证明该废品收购部属于被告夫妻共同经营，因此对原告的诉讼请求不予支持。

4. 利益共享标准

在 598 件样本案例中，法院以夫妻是否共享利益来判断夫妻一方对外侵权之债的案例共计有 137 件，占有效样本总数的 22.9%。根据相关法律的规定，辨别是否属于夫妻共同

① 代某许某等与冉利军等机动车交通事故责任纠纷二审民事判决书[EB/OL].(2019-05-31)[2023-11-06].https://wenshu.court.gov.cn/website/wenshu/181107ANFZ0BXSK4/index.html? docId=M1kKoTaFpa3uO4zBBj/9iflwK05Ar8q521R3B4x60sedFuKovCPwNvUKq3u+IEo47IUsitLEBzBcCIub5/SVqUBS7d3Vl3JXBPYhs6myRzXoWPLDD+QLnNNI40Lzilzu.

② 刘书某、乔国某侵权责任纠纷二审民事判决书[EB/OL].(2020-10-28)[2023-11-06].https://wenshu.court.gov.cn/website/wenshu/181107ANFZ0BXSK4/index.html? docId=2+LZfx3LJOd926x/JEjzIC8eEOxGetK8jsBiiQ1SztC4+gJm29152fUKq3u+IEo47IUsitLEBzBcCIub5/SVqUBS7d3Vl3JXBPYhs6myRzV62SO7jdiGujzkwkwIR6rN.

③ 海林市长汀镇利民废品收购部、滕建华林业承包合同纠纷二审民事判决书[EB/OL].(2019-04-19)[2023-11-06].https://wenshu.court.gov.cn/website/wenshu/181107ANFZ0BXSK4/index.html? docId=/Wjkce84V7R9Yjg/cU5KB4Z9B3S7CjI5XvMimycBnNjKzYB7yZlpGvUKq3u+IEo47IUsitLEBzBcCIub5/SVqUBS7d3Vl3JXBPYhs6myRzXdmSHnLuioUWTAq2hbTc/Q.

债务，可以考虑夫妻双方是否具有共同举债的意思表示，以及夫妻是否共享了债务所带来的利益两个判断标准。上述案例则是根据第二个判断标准作出裁判。

表 10 以利益共享标准认定夫妻一方对外侵权案件

裁判标准	认定为夫妻共同债务		认定为侵权人个人债务	
	数量(件)	百分比(%)	数量(件)	百分比(%)
是否共享利益	109	18.2	28	4.7

其中，有 109 份判决认为，按照权利义务相一致原则，未侵权配偶共享了收益，就应该承担义务。例如，机动车事故中肇事车辆所得利益为夫妻共同所有，债务也应由夫妻共同清偿；经营活动所产生的收益为家庭共同收益，经营活动期间发生事故，侵权之债也应属于夫妻共同债务。例如，在“刘霞、王有良机动车交通事故责任纠纷二审民事判决书”①中，对于刘霞不是直接侵权人，其是否需要承担连带责任的问题，山东省威海市中级人民法院认为，肇事车辆属于夫妻共同财产，夫妻双方共同分享了车辆带来的运行利益，也应该共同承担车辆带来的风险，并且侵权人开车是为了参加朋友聚会，该行为在夫妻日常生活范畴之内，因此被告夫妻应该对该行为产生的侵权后果承担连带责任。在“高明慧等与张勇等医疗损害责任纠纷二审民事判决书”②中，山东省济南市中级人民法院认为，被告高明慧是八里卫生室的实际管理者和经营者，对八里卫生室的管理是独立自主的，根据权利与义务对等原则，应由高明慧承担赔偿责任。同时，高明慧的执业收入用于家庭生活，系夫妻共同财产，夫妻共同分享了收益，高明慧在执业过程中形成的债务，也应系夫妻共同债务，故被告张有国作为高明慧的配偶应共同承担赔偿责任。

有 28 份判决认为，侵权行为并未产生收益。未侵权配偶未享受利益，根据权利义务相一致原则，也不应该承担义务，因此，该侵权之债不能认定为夫妻共同债务。在“刘某某、白某机动车交通事故责任纠纷二审民事判决书”③中，原告请求被告白某对其丈夫赵辉醉酒驾驶造成的侵权之债承担连带赔偿责任，河北省石家庄市中级人民法院认为醉酒驾车为个人行为，该违法行为并非基于夫妻共同利益、共同生活所需，故赵辉因交通肇事侵害他人民事

① 刘霞、王有良机动车交通事故责任纠纷二审民事判决书[EB/OL].(2020-08-31)[2023-11-06]. https://wenshu.court.gov.cn/website/wenshu/181107ANFZ0BXSK4/index.html? docId = UA9Qs1v6yJWwOwDPVHsiJWvkG2dEALkrjF+aZklcxtJe28ogTs9dwPUKq3u+IEo47IUsitLEBzBcCIub 5/SVqUBS7d3Vl3JXBPYhs6myRzXHA4qRx8DLbj0t//Ckt6IT.

② 高明慧等与张勇等医疗损害责任纠纷二审 20—2565 高明慧、八里村卫生室二审民事判决书[EB/OL].(2020-04-22)[2023-11-06]. https://wenshu.court.gov.cn/website/wenshu/181107ANFZ0BXSK4/index.html? docId =+USauTDaXxX8uSSbUE5w9jK1kaCF8xAYyLIaeP7iu+942wvQBRa3W/UKq3u+IEo47IUsitLEBzBcCIub5/SVqUBS7d3Vl3JXBPYhs6myRzUpfWh3qh4iAtyw6OeyDOxE.

③ 刘某某、白某机动车交通事故责任纠纷二审民事判决书[EB/OL].(2018-12-20)[2023-11-06]. https://wenshu.court.gov.cn/website/wenshu/181107ANFZ0BXSK4/index.html? docId = 2+LZfx3LJOfRDWZZO8ck2wGqiDn1m9pREBmPZ0/s9EB10dTAHQd2K/UKq3u+IEo47IUsitLEBzBcCIub5/SVqUBS7d3Vl3JXBPYhs6myRzUPJ4Mv1iahk1Exk8vP8fy/.

权益所负的债务属于个人债务。在“安建生、王振忠与谢萌机动车交通事故责任纠纷”案例①中，北京市第一中级人民法院认为，首先，根据已查明的事实，安建生在事故发生时驾驶的车辆并非营运车辆，其并非在上下班途中发生的交通事故，其驾车去帮助朋友搬家也并非从事营运活动，故可以认定安建生的侵权行为并非因家庭劳动、经营等家事活动而发生；其次，安建生帮助朋友搬家系无偿行为，其因交通事故所产生的侵权之债属于消极损害，并非收益，由此可以认定，未侵权配偶并没有从安建生所造成的侵权之债中获得利益。综上所述，安建生因交通事故侵权所负债务并非夫妻共同债务。

在机动车交通事故责任纠纷中，对于责任承担主体的认定，部分法院引用“运行支配权和运行利益”的学说。运行支配指对车辆的占有、支配、使用的权利；对于“运行利益”的认定，除了利用机动车获取经济利益之外，还应当包括机动车带来的各种“看不见”的福利，例如，为家庭出行带来便利等。机动车用于家庭生活，夫妻就共享了机动车的运行利益，发生侵权事故造成的损害，也应由夫妻共同赔偿。虽然该夫妻共同债务的成因并非为婚后共同生活、生产、经营等而以其个人名义向婚姻关系以外的第三人主动借贷形成的积极债务，而是为了家庭生活因不慎而引发交通事故形成的消极（即侵权）债务，该种因家庭生活产生的消极债务也理应由夫妻共同承担。② 例如，在“王双荣、董月芬机动车交通事故责任纠纷二审民事判决书”③中，侵权人在送亲属去机场的过程中发生交通事故，山东省威海市中级人民法院认为，虽然实施驾驶行为的是王双荣，但王双荣该驾驶行为是与家庭生活相关的活动，其带来的生活便利及亲情维系亦属于王双荣、董月芬共享的无形运行利益，故董月芬享有运行支配权和运行利益，其与王双荣应共同承担本案赔偿责任。

三、夫妻一方对外侵权之债纠纷审判中存在的问题

(一)夫妻一方对外侵权之债认定规则不明、裁判标准不一

我国关于夫妻共同债务的法律和相关司法解释针对侵权纠纷中夫妻债务认定都没有明确的规定。一方面，在审判实务中，涉及夫妻共同债务认定案件，多为合同纠纷，侵权纠纷案

---

① 安建生、王振忠与谢萌机动车交通事故责任纠纷二审民事判决书[EB/OL].(2017-07-14)[2023-11-06].https://wenshu.court.gov.cn/website/wenshu/181107ANFZ0BXSK4/index.html? docId=kCEZ3yzXGmZcaC7ZKOYdU8M02t/DI8PNjDUSxxpWREv1AndVibTrrfUKq3u+IEo47IUsitLEBzBcCIub5/SVqUBS7d3Vl3JXBPYhs6myRzUgmQdDsMposFO30aEK9jxY.

② 卢世经、孙茂贵机动车交通事故责任纠纷二审民事判决书[EB/OL].(2020-10-09)[2023-11-06].https://wenshu. court. gov. cn/website/wenshu/181107ANFZ0BXSK4/index. html? docId = EpzSMH6XnFyUCRB0F3WwIeWGKGUa3DW6YYOncxJsHd2MSwZsRXMj6vUKq3u + IEo47IUsitLEBzBcCIub5/SVqUBS7d3Vl3JXBPYhs6myRzVoxPTB4HApZiw1gv/oZ77u.

③ 王双荣、董月芬机动车交通事故责任纠纷二审民事判决书[EB/OL].(2020-11-19)[2023-11-06].https://wenshu. court. gov. cn/website/wenshu/181107ANFZ0BXSK4/index. html? docId = nEjR7hqAO8RQMzccd//MhuS8tId + 8uOXDr3O4VfpkrKD2owhfRqRqfUKq3u + IEo47IUsitLEBzBcCIub5/SVqUBS7d3Vl3JXBPYhs6myRzUvtUAHJ1oDKX6ofv7fQU/Q.

件数量相对较少,这类案件中夫妻债务认定问题未受到重视;另一方面,理论界和实务界均假定此类案件可以直接适用现有规则。[①] 然而,事实证明,侵权纠纷中夫妻共同债务的认定不能直接简单适用既有的规则,这也是司法实践中夫妻一方对外侵权之债判决结果存在分歧的根源所在。

在司法实践中,法院认定夫妻一方对外侵权之债的裁判标准包括数人侵权标准、侵权之债发生时间与共有财产对外责任标准、所负债务目的标准以及利益共享标准等,法院适用的裁判标准不统一,导致裁判结果也出现多样化。且并非每个标准都是合理的,有些标准已经不能适应司法实践的需要。

(1)数人侵权标准直接从侵权责任的构成要件来判断,未侵权配偶一方因为没有参与实施侵权行为或者没有共同侵权的故意,法院通常判决该债务为侵权一方的个人债务。但是,数人侵权标准混淆了责任是否成立与责任由谁承担的问题。夫妻一方对外侵权之债的责任归属认定是建立在侵权人已经构成侵权,需要承担侵权责任的基础之上,在夫妻双方的内部关系中需要解决的问题。而数人侵权的认定标准通过侵权责任的构成要件去判断配偶是否构成侵权,从而认定是否需要承担责任,混淆了婚姻内部关系与侵权的外部关系。从侵权责任的构成要件上来说,未侵权一方配偶既不具备主观上的故意,也未实施侵权行为,不可能构成侵权,那也就不可能要求其承担侵权责任。按照数人侵权标准,夫妻一方对外侵权之债只能是侵权一方的个人债务,在此标准下,若侵权人没有个人财产,则受害人的利益很难得到保障。

(2)按照侵权之债发生时间的标准,只要发生在婚姻关系存续期间的侵权之债,就属于夫妻双方的共同债务,需要用夫妻共同财产偿还。这个标准将夫妻双方捆绑在一起,忽略了夫妻也是独立的个体的事实,过度保护债权人利益,对未侵权配偶一方的人格不够尊重,不具备合理性,也难以得到社会的认同。按照共有财产对外责任标准,基于导致事故发生的财产是夫妻共有财产,而根据物权法的相关规则,认定为夫妻债务,夫妻双方承担连带责任的规定,同样存在着混淆外部关系与婚姻内部关系的问题。物权法中共财共债的认定与夫妻共同债务认定是两种关系,不能将其等同。在我国,夫妻共同财产制是法定的财产制,家庭中绝大多数财产都是夫妻共同财产,若将"共财共债"直接与夫妻共同债务的认定相等同,加重夫妻中未侵权配偶一方的责任,也是将夫妻双方捆绑在一起,这种做法已经不能适应现代社会的需要。

部分法院基于婚姻法和司法解释的规定,法院根据侵权行为的目的,即侵权人对外实施侵权是否为"夫妻共同生活",作为债务责任归属认定的标准。"为夫妻共同生活"标准相较于其他标准而言更具合理性,也更符合我国婚姻家庭立法的精神。利益共享标准在某些案件中是与所负债务目的标准相重合的。二者的区分在于,侵权行为是为了家庭共同生活,但是夫妻另一方并没有从中获取到利益,而利益共享标准则适用于所负债务不是为了家庭共同生活,但是未侵权一方共享了该行为带来的利益的情形。利益共享标准可作为所负债务目的标准的补充标准,发挥其补漏作用。

---

① 蔡立东,杨柳.侵权纠纷中夫妻共同债务认定的困境与立法回应:以机动车交通事故责任纠纷为研究对象[J].法学论坛,2020(3):87.

(二)"为夫妻共同生活"证明责任分配不一

审判实务中,对于夫妻一方对外侵权之债纠纷中举证责任的承担,部分判决将举证责任分配给受害人;部分判决将证明责任分配给侵权人,要求侵权人承担证明责任的判决通常是要求夫妻双方共同举证证明;另外一部分则将证明责任分配给未侵权配偶一方。根据笔者统计的数据来看,待证事实主要为该侵权债务是否因夫妻共同生活而产生。在"陆耀兵、陆卫与沈卫芳侵权责任纠纷二审民事判决书"[①]中,对于原告要求未侵权配偶共同承担偿还责任的诉求,江苏省南通市中级人民法院认为,根据《2018 年夫妻债务解释》,原告未能举证证明该债务用于夫妻共同生活,也未能证明债务的形成基于夫妻双方的合意,因此对该诉讼请求不予支持。在"陈木根、汤月英财产损害赔偿纠纷二审民事判决书"[②]中,对于涉案的"木根百货店"是个人经营还是家庭经营,原被告双方存在争议,江西省吉安市中级人民法院认为,根据《最高人民法院关于贯彻执行〈中华人民共和国民法通则〉若干问题的意见(试行)》(以下简称《民法通则意见》)第 43 条[③]规定,婚姻关系存续期间,个体经营的收入为夫妻共同财产,且被告夫妻陈木根、汤月英并未提供证据证明二人在婚姻存续期间的家庭收益各自独立,未用于家庭共同生活,故对该债务应承担共同责任。

相对而言,将证明责任分配给未侵权配偶的判决占所有明确证明责任判决的比例较大。部分判决要求未侵权配偶举证证明夫妻双方实行约定财产制,且受害人应知晓该约定,例如,"刘雪玲、陈风岐机动车交通事故责任纠纷"[④]一案。在"张祝凤、周春花提供劳务者受害责任纠纷二审民事判决书"[⑤]中,被告张祝凤主张,其与侵权人丛明滋自 2005 年因感情问题分居,侵权人独自经营养牛业且其经济收入均未用于家庭生活,原告周春花在丛明滋、张祝凤分居期间为丛明滋个人提供劳务受伤,根据《民法典》及司法解释相关规定,丛明滋所负债务非用于家庭生活,不属于家庭债务。山东省威海市中级人民法院认为,通常而言,配偶一

---

① 陆耀兵、陆卫与沈卫芳侵权责任纠纷二审民事判决书[EB/OL].(2020-03-06)[2023-11-06]. https://wenshu.court.gov.cn/website/wenshu/181107ANFZ0BXSK4/index.html? docId = MK + xUnmVnDMaSw/hZAXq0hhS7N2EZ8aWKZjIktppkQL5Hty6gEd8BPUKq3u + IEo47IUsitLEBzBcCIub5/SVqUBS7d3Vl3JXBPYhs6myRzXS3dkQchOEtmoAvCuSLLRt.

② 陈木根、汤月英财产损害赔偿纠纷二审民事判决书[EB/OL].(2021-02-03)[2023-11-06].https://wenshu.court.gov.cn/website/wenshu/181107ANFZ0BXSK4/index.html? docId = nQaEQdsLTgsF1CckhlCmJzwT3VLee7CINiKSvVp75ubMqhpsc0J6c/UKq3u + IEo47IUsitLEBzBcCIub5/SVqUBS7d3Vl3JXBPYhs6myRzVvidwLiGlc8d0KO6l+tSlO.

③ 《民法通则意见》第 43 条:在夫妻关系存续期间,一方从事个体经营或者承包经营的,其收入为夫妻共有财产,债务亦应以夫妻共有财产清偿。

④ 刘雪玲、陈风岐机动车交通事故责任纠纷二审民事判决书[EB/OL].(2021-01-25)[2023-11-06]. https://wenshu.court.gov.cn/website/wenshu/181107ANFZ0BXSK4/index.html? docId = nQaEQdsLTgvoChb0L9ZYMi80d2Cxbm8snO6ZoKny0YfVrIjn + KdpWPUKq3u + IEo47IUsitLEBzBcCIub5/SVqUBS7d3Vl3JXBPYhs6myRzXu8mDfVLLQZ7VJFnInqASi.

⑤ 张祝凤、周春花提供劳务者受害责任纠纷二审民事判决书[EB/OL].(2021-04-16)[2023-11-06]. https://wenshu.court.gov.cn/website/wenshu/181107ANFZ0BXSK4/index.html? docId = cZgj5z4bDZPGFTuiHRMoo7GjIwlj9Xck7fCZCS2G1pHb84hQxybs5vUKq3u + IEo47IUsitLEBzBcCIub5/SVqUBS7d3Vl3JXBPYhs6myRzVOIh2ot8b4IMnReyS7pELD.

方正常经营活动所得收益一般系用于家庭生活，另一方予以否认的，应当举证证实。本案中，被告张祝凤所提交的证据仅能证明其与丛明滋不在一起生活，且张祝凤自己有收入，但该事实并不当然表明丛明滋经营养牛场系超出家庭日常生活需要所为的经营。因此，丛明滋在该经营活动中产生的侵权之债，应属于夫妻共同债务。

在夫妻一方对外侵权之债的责任归属认定中，证明责任的分配有着至关重要的作用。在诉讼终结时，面对真伪不明的案件事实，证明责任的分配为法官提供了思路，判决由未能举证的一方当事人承担诉讼不利的后果。这也决定了证明责任必须通过立法加以明确。[①]当前夫妻一方对外侵权之债的审理中，法官对于“为夫妻共同生活”的证明责任分配不一，同案不同判现象普遍，既不利于司法公正，也不利于当事人之间的利益平衡。

(三)夫妻一方对外侵权之债清偿规则缺失

在全部598件有效样本案例中，明确了夫妻一方对外侵权之债的清偿方式的共计有303件，占50.7%，主要包括未侵权配偶对该侵权之债承担连带清偿责任、未侵权配偶与侵权人共同承担偿还责任以及侵权人个人承担责任等三大类。其中，判决夫妻双方对侵权债务承担连带清偿责任的有131件，占比21.9%；判决承担共同清偿责任的有145件，占比24.2%；明确个人承担的有27件，仅占4.5%。

表11　夫妻一方对外侵权之债的清偿

责任承担	连带清偿责任	共同清偿责任	个人清偿
数量(件)	131	145	27
百分比(%)	21.9	24.2	4.5

明确债务清偿方式是后续执行中必不可少的前提。在夫妻共同债务场合，不同的债务清偿规则可能会指向不同的责任财产。若认定为夫妻承担连带责任，则执行中，夫妻中未侵权配偶一方的个人财产会面临被执行的风险，此观点虽然有利于最大程度上保护债权人的利益，但是对于夫妻中另一方来说却不公平，无法防止夫妻一方与第三人串通损害自己利益的情形发生。若认定为承担共同责任，则被执行的财产应以夫妻共同财产为限，不应涉及未侵权配偶的个人财产。

现有的关于夫妻债务的法律规定中，缺少债务的清偿规则。《婚姻法》第41条规定的“共同偿还”这一表述过于模糊，对于司法实践的指导意义不大。司法实践中，部分法官并未区分“连带责任”和“共同责任”，反而是将二者相等同，将夫妻共同债务直接认定为夫妻双方的连带债务。例如，在“李濯莉与古卫东、林敏等机动车交通事故责任纠纷”[②]中，关于未侵权配偶李濯莉承担清偿责任的范围是否以夫妻共同财产为限的问题，重庆市第五中级人民法院认为，根据《婚姻法》第41条，本案债务系夫妻共同债务，李濯莉承担责任的范围不应限

① 张卫平.民事诉讼法[M].5版.北京：法律出版社，2019：247.

② 李濯莉与古卫东林敏等机动车交通事故责任纠纷二审民事判决书[EB/OL].(2019-05-22)[2023-11-06]. https://wenshu.court.gov.cn/website/wenshu/181107ANFZ0BXSK4/index.html? docId=+USauTDaXxUi6A8srMCd600cT7yJaUA75qcFtxluzOVeontGBphpq/UKq3u+IEo47IUsitLEBzBcCIub5/SVqUBS7d3Vl3JXBPYhs6myRzVGdXrYRUVPCxenqdmM1fiI.

于夫妻共同财产，而应当承担连带的清偿责任。该法院将《婚姻法》第41条中“共同偿还”的清偿规定与夫妻双方承担连带清偿责任画了等号。

不过，也有部分法院在判决中严格区分夫妻共同责任与连带责任。在“黄世攀、李浑梅机动车交通事故责任纠纷”①案中，原告主张未侵权配偶对侵权人的债务承担连带赔偿责任。而广西壮族自治区兴业县人民法院根据《婚姻法解释二》第24条与《民法通则意见》第43条的相关规定认定该债务为夫妻共同债务，被告李浑梅应为本案适格的被告。但是被告李浑梅应以夫妻共同财产为限对被告黄世攀的侵权之债承担赔偿责任。法院对原告要求被告黄世攀与被告李浑梅承担连带赔偿责任的诉请依法不予支持。

在认定为侵权方个人债务的情形下，多数法院没有明确是否由侵权人用个人财产清偿，但亦有个别法院在判决中明确说明，用侵权人的个人财产或者夫妻共同财产中的个人部分承担责任。例如，在“李柳甜、何北海机动车交通事故责任纠纷”②中，被告何北海驾驶机动车造成了交通事故，对外产生了侵权之债。广东省江门市中级人民法院认为，何北海因交通事故产生的侵权之债与家庭共同生活无必然因果关系，且被告夫妻双方无共同侵权之合意，因此该侵权之债应认定为个人债务，被告何北海应以其个人财产对原告承担责任。

四、夫妻一方对外侵权之债的责任归属认定之完善

鉴于司法实务中对于夫妻一方侵权之债性质认定的各种分歧和同案不同判的现状，以及当前夫妻一方对外侵权之债责任归属认定中存在的各种问题，有必要找出其原因并加以克服或者完善。

(一)完善夫妻一方对外侵权之债的认定规则：原则上认定为个人债务，特殊情形下为夫妻共同债务

明确夫妻一方对外侵权之债的责任归属认定规则，十分有必要。我国现行法律没有明确夫妻一方对外侵权之债的责任归属认定，导致审判实践中面临同一类案件却出现各种不同的判决结果，对夫妻一方对外侵权之债纠纷中受害人与未侵权配偶的利益保护也存在不平衡现象。根据司法实践中的各项审理数据，在结合国外先进经验的基础上，笔者提出夫妻一方对外侵权之债在已经构成侵权之债，应在损害赔偿的基础上，通过立法或者司法解释等明确该侵权债务原则上属于侵权方的个人债务，特殊情形下属于夫妻共同债务。

---

① 黄世攀、李浑梅机动车交通事故责任纠纷二审民事判决书[EB/OL].(2018-07-03)[2023-11-06]. https://wenshu.court.gov.cn/website/wenshu/181107ANFZ0BXSK4/index.html? docId = q5nmPTFTik9l8zI2oBDlpNQONAFTw/2TAdbx25qPUZFozy33avcwyPUKq3u + IEo47IUsitLEBzBcCIub5/SVqUBS7d3Vl3JXBPYhs6myRzVV82lHgajamOwGkiw5EvQu.

② 李柳甜、何北海机动车交通事故责任纠纷二审民事判决书[EB/OL].(2018-02-11)[2023-11-06]. https://wenshu.court.gov.cn/website/wenshu/181107ANFZ0BXSK4/index.html? docId = yJxAGr8vjV10LMGzORSljjRkUtRjw8uGuEAzPpnMeYpyWQ6h/qoNz/UKq3u + IEo47IUsitLEBzBcCIub5/SVqUBS7d3Vl3JXBPYhs6myRzV602TE3TA66d2dTykJhAXw.

1. 原则上，夫妻一方对外侵权之债应认定为侵权方个人债务

主要基于以下四个方面：首先，将侵权之债认定为侵权方个人之债符合立法的精神。从《婚姻法解释二》第 24 条到《民法典》婚姻家庭编第 1064 条，我国立法对于夫妻共同债务的认定规则是跟随社会理念的变化不断改变的。对于夫妻一方对外所负债务，《婚姻法解释二》第 24 条将其“推定为夫妻共同债务”，而按照《民法典》第 1064 条则推定为个人债务，且由债权人承担相应的证明责任。可见我国的立法精神更倾向于保护未侵权一方配偶的合法利益。其次，认定为个人债务更有利于维护未侵权配偶一方的利益。随着经济社会的发展，人们的人格权益越来越受到重视。夫妻双方都有独立的人格，可以对外参加各项民事活动，这种独立人格不因婚姻关系的成立和存在而消失。夫妻一方对外实施侵权行为，未侵权一方配偶绝大多数情况下是不知情的，其没有共同举债的意愿，对于侵权行为的发生没有过错，也并未参与侵权行为的实施。如果将该债务认定为夫妻共同债务，判决夫妻共同承担偿还责任，那么未侵权配偶一方的个人财产将会面临被执行的风险，对于未侵权配偶来说，结婚比同居给自己带来的风险更大，可能更多人会选择维持同居关系，也不利于良好的社会风气的形成。最后，认定为个人债务有利于发挥侵权责任法的制裁和惩戒作用。侵权行为是违法行为，侵权行为所产生的损害赔偿是对侵权人的不法行为的制裁和惩戒，将夫妻一方对外侵权之债认定为夫妻个人债务，是对侵权一方的行为的否定评价，是对其不法行为的谴责，由侵权一方个人承担损害赔偿责任，也有利于充分发挥侵权责任法的震慑作用。但反过来，如果判决该债务由夫妻共同承担，意味着未侵权配偶一方也需要对该不法行为承担责任，不仅违背了权利义务相一致原则，也在一定程度上削弱了侵权责任法的制裁功能，对于侵权一方不能起到良好的制裁和震慑的效果。

2. 特殊情形下认定该类债务为夫妻共同债务

若将夫妻一方对外侵权之债一律归为侵权人个人债务，则不能充分保障受害人的权益。为了维持受害人与未侵权配偶方的利益平衡，应设置特定的考量因素，符合特定的例外情形时，将该侵权债务认定为夫妻共同债务。在审判实践中，部分法院也会参考各种影响因素，将夫妻一方对外侵权之债认定为夫妻共同债务，以夫妻共同财产来对该侵权之债承担赔偿责任，既符合婚姻家庭法的立法原理，也兼顾了受害人的合法利益。

对于夫妻一方对外侵权之债的责任归属，建议确立原则上认定为个人债务，特殊情形下认定为夫妻共同债务的规则。但是对于特殊情形具体包含哪些考量因素，需要结合我国国情综合考量。理论界和实务界对此提出了不同的观点。学者宋修卫提出从所得利益的归属、侵权人的主观过错、未侵权配偶的主观态度等来确定该债务的责任归属。[①] 朱虎认为，应通过审查债务是否为家庭生活和家庭是否从中分享利益两方面来确定属于个人债务还是夫妻共同债务。[②] 实务方面，陆俊芳提出，从债务形成与共债合意和共享收益两方面的关联判断。[③] 在审判实践中，如前文所述，法官主要采取的裁判标准包括：未侵权配偶方的主观过错、债务发生时间、债务是否由夫妻共同财产导致、债务产生目的以及家庭是否共享了该

① 宋修卫.夫妻一方违法行为所生债务之归属探析[J].广州广播电视大学学报，2010(5)：88-89.

② 朱虎.夫妻债务的具体类型和责任承担[J].法学评论，2019(5)：54-55.

③ 陆俊芳.夫妻一方对外形成侵权之债的认定与处理[N].人民法院报，2015-05-13(7).

债务带来的收益等。

笔者认为，夫妻一方对外侵权之债的责任归属研究，是建立在侵权责任已经成立的基础上，对责任承担的认定与责任的成立无关，因此侵权人的主观过错不在考量范围内。未侵权配偶一方的主观态度在此也无考量的意义，若存在共债的合意或者参与了侵权行为，则可以直接判断是否构成共同侵权，由夫妻共同承担责任。至于司法实践中以债务发生时间和夫妻共同财产致害作为标准的不合理之处，笔者在前文已有论述，此处不再赘述。综合理论界和实务界的观点，笔者认为，可以确立“为夫妻共同生活”和“利益共享”为特殊情形，在符合其中任意一项标准的情形下，则认定为夫妻共同债务。

第一种特殊情形：为夫妻共同生活所负的债务。这个标准是符合我国婚姻家庭立法原理的。为夫妻共同生活，可以理解为在家庭日常生活所需范围内，对外侵权产生的债务。例如，夫妻一方的工资收入用于家庭日常开支和生活，则在正常的工作活动中对外侵权产生的债务应当认定为夫妻共同债务。在机动车交通事故责任纠纷中表现为，若机动车用于运营，则驾驶机动车作为一方的正常工作，运营机动车的收入则为其工资收入，若在驾驶途中发生事故，由此产生的侵权之债应由夫妻双方共同承担。在接受劳务者受害责任纠纷中，若接受劳务的对象在夫妻日常生活需要范围内，例如为修缮家里的房子造成损害后果，也应属于夫妻共同债务。

第二种特殊情形：家庭共享了该债务带来的利益。在某些情况下，夫妻一方对外侵权之债并不是出于夫妻生活的目的，但是未侵权一方却从中分享了利益，也应当共同承担责任。这既符合权利义务相一致的基本原则，也符合“共享利益、共担风险”的内涵。例如在某些机动车交通事故责任纠纷中，夫妻一方驾驶机动车，对外产生了侵权之债，虽然该机动车并不是用于运营，但是未侵权配偶一方在日常生活中，对机动车也享有运行支配，同时享受了机动车带来的运行利益，例如利用机动车接送孩子上学，用于日常上下班等，则应当分担机动车带来的风险，因此此类债务也应认定为夫妻共同债务。

（二）完善夫妻一方对外侵权之债的清偿规则

与认定规则一样，债务清偿规则的完善在夫妻一方对外侵权之债的责任归属认定中必不可少。我国现行立法中，对于夫妻共同债务的清偿规则表述较为模糊不清，仅规定“共同偿还”。在司法实践中，法院在判决中，对于夫妻一方对外侵权之债的清偿方式存在较大的分歧，进而影响判决后续的执行，也直接影响到债权人的利益。因而，对于夫妻一方对外侵权之债的清偿规则，应在立法中予以明确。

原则上，夫妻一方对外侵权之债属于侵权方的个人债务，个人债务应由个人偿还，因此，在清偿债务时，应优先由侵权一方的个人财产清偿，在个人财产不足以清偿或者侵权方无个人财产的情形下，用夫妻共同财产中的个人部分清偿。侵权一方用夫妻共同财产清偿之后，当夫妻共同财产制消灭时，未侵权一方配偶可以向其追偿属于自己的一部分。

在特殊情形下，夫妻一方对外侵权之债属于夫妻共同债务。理论界和司法实践中对于责任财产的范围和清偿顺序上存在不同观点。尤其是未侵权配偶一方承担的是连带责任还是共同责任，关系着其个人财产是否属于责任财产。有学者认为，如果侵权债务是为家庭共同生活而产生，则夫妻双方应该承担连带责任，夫妻共同财产与双方的个人财产都在责任财产范围内。[①] 不同的是，一些学者虽然主张在特殊情形下将夫妻一方对外侵权之债认定为夫妻共同债务，但同时也认为应该维护未侵权方配偶的财产独立性，责任承担上不宜涉及未侵权方配偶的个人财产。蔡立东、杨柳等人认为夫妻一方侵权之债应先以夫妻共同财产偿还，共同财产不足以清偿的，侵权人以个人财产继续清偿。[②] 朱虎、侯艳等人则认为，应该先以侵权人个人财产承担责任，未能清偿部分再以夫妻共同财产承担。[③] 当夫妻一方对外侵权之债被判决由夫妻共同承担时，不同清偿规则可能导致截然不同的清偿方式和执行结果。

笔者认为，在夫妻一方对外侵权之债被认定为夫妻共同债务时，应严格区分共同责任与连带责任，此时未侵权配偶应承担的是有限的共同责任，而不是无限连带责任。对于未侵权配偶一方来说，首先，未侵权配偶一方对于侵权之债的发生没有主观上的过错，未参与侵权行为的实施，根据权利义务相一致原则，也不应以自己的个人财产连带承担偿还责任。即便存在以离婚转移财产的形式来逃避债务的情况，未侵权配偶承担责任的范围也应以接受的财产为限，以维护未侵权配偶个人财产的独立性。其次，若要求未侵权配偶一方承担连带责任，则其需要承担的注意义务和风险相比于同居关系来说更高，对于未侵权配偶而言过于严苛。且受害人无须证明未侵权配偶是否具有共同侵权的故意，便直接要求其承担连带责任，将夫妻一方对外侵权等同于夫妻双方共同侵权，对配偶要求太过严苛，显然不符合法理。对于未侵权配偶一方而言，个人财产也用于承担连带责任，婚姻带给自己的或许是一无所有，可能会更加对婚姻丧失信心而不愿意结婚，不利于婚姻家庭的稳定与社会的和谐。

域外部分国家和地区明确规定了未侵权配偶一方对侵权一方的对外侵权之债在夫妻共同财产范围内承担有限责任，该规定有利于有效保障未侵权配偶的个人合法权益，值得参考和借鉴。例如法国法律中规定，未侵权配偶一方只在其共同财产份额内承担责任，而不涉及自己的个人财产。[④] 美国加利福尼亚州的司法实践中也规定，在侵权责任纠纷案件中，任何情况下未侵权配偶的个人财产都不会被用于偿还配偶的侵权之债。在清偿财产的顺序上，美国加利福尼亚州法与新墨西哥州法中均规定，在与夫妻共同体利益相关的活动中发生侵权的，首先以夫妻共同财产清偿债务，其次以侵权人个人财产清偿。[⑤]

因此，在借鉴上述规则与经验的基础上，本文主张，夫妻一方对外侵权之债在被认定为夫妻共同债务时，应以夫妻共同财产和侵权人的个人财产清偿，未侵权配偶一方应承担的是有限责任，不应涉及其个人财产。在清偿顺序上，在“为夫妻共同生活”与“利益共享”的特殊情形下，夫妻一方对外侵权与家庭生活密切相关，根据权利义务相一致原则，首先以夫妻共同财产清偿债务；不足以清偿的，再以侵权人个人财产承担。

(三)完善夫妻一方对外侵权之债责任归属认定的法律适用

在司法实践中，法院认定夫妻一方对外侵权之债的裁判标准多样，裁判标准不统一，同

---

① 谢晨达.基于夫妻一方侵权之债的共同诉讼研究[D].兰州：西北师范大学，2020：21.

② 蔡立东，杨柳.侵权纠纷中夫妻共同债务认定的困境与立法回应：以机动车交通事故责任纠纷为研究对象[J].法学论坛，2020(3)：87.

③ 朱虎.夫妻债务的具体类型和责任承担[J].法学评论，2019(5)：56-58. 侯艳.夫妻一方对外侵权之债认定规则研究[D].绵阳：西南科技大学，2020：20.

④ 叶名怡.民法典视野下夫妻一方侵权之债的清偿[J].法商研究，2021，1：10.

⑤ 缪宇.美国夫妻一方债务制度研究：以美国采行夫妻共同财产制州为中心[J].法学家，2018(2)：23.

案不同判现象比较普遍，不利于双方当事人的利益保护与平衡。同时，在此类案件中，证明责任的分配不一，也不利于司法公正。笔者认为，有必要统一法官的裁判标准，合理进行证明责任的分配，完善夫妻一方对外侵权之债责任归属认定的法律适用。

1. 统一裁判标准

司法实践中存在的裁判标准不一问题，究其原因，主要有以下两个方面：第一，我国法律和相关司法解释对于夫妻一方对外侵权纠纷中的责任归属认定缺乏明确的规定，法官缺少直接适用的依据，理论界与实务界对此问题也存在较多的分歧，无法统一裁判标准，这也是判决结果存在分歧的根源所在。第二，司法实践中，部分法官采用数人侵权标准，通过判断未侵权一方配偶是否满足侵权责任的构成要件，来确定责任的归属。这部分法官混淆了侵权责任成立与责任承担的问题，将外部侵权关系与内部婚姻关系混为一谈，在对案件性质的理解与判断上出现了错误和偏差，法官的业务水平和专业能力参差不齐。

在审判中统一裁判标准，有利于促进司法公正。除了需要在立法上明确夫妻一方对外侵权之债的责任归属认定规则之外，实务中，法官在面对存在争议的案件，或者缺乏明确裁判规则的案件时，应更加审慎，积极寻求统一裁判标准的路径，增强裁判结果的可预见性。例如，根据2020年《最高人民法院关于统一法律适用加强类案检索的指导意见（试行）》规定，法院在办理此类案件时，可以通过类案检索的方式，参考检索到的案件作出裁判，促进裁判标准的统一，减少同案不同判现象的发生。在没有明确的裁判规则时，最高人民法院针对夫妻一方对外侵权之债的责任归属认定，可以以发布指导性案例或者典型案例的方式，通过发挥指导性案例的作用，进一步落实类案检索机制，为下级法院审理此类案件提供裁判规则和法律原理的参考。下级法院应当参照指导性案例作出裁判，促进裁判标准的统一。

此外，不同法官对于夫妻一方对外侵权之债的责任归属认定在认知与理解上存在主观差异，为达到统一裁判标准的目的，还需要减少法官的主观因素的影响。避免出现混淆责任成立与责任归属等不同性质问题的错误，应从法官的专业水平入手，在法官的选任上更加审慎严格；同时，也应在日常工作中注重加强对法官的专业教育和职业技能培训，提高法官的业务水平与能力，从主观上促进裁判标准与法律适用的统一。

2. 合理分配证明责任

证明责任的分配对案件的判决结果起着至关重要的作用。审判实务中，对于夫妻一方对外侵权之债案件中的证明责任，不同的法官可能会分配给不同的当事人。侵权行为人、受害人以及未侵权配偶一方，都有可能在案件中承担相应的证明责任。

在《民法典》第1064条规定中，债权人负有证明债务用于夫妻共同生活，或者债务的形成基于夫妻双方合意的证明责任。然而在审判实务中，部分法院会依据当事人的举证能力进行自由裁量，视案件具体情况将证明责任分配给不同的当事人；部分法院在审理的过程中，选择适用不同的法律依据，会导致待证事实出现差异，使证明责任分配不一。例如，部分法院援引《婚姻法解释二》第24条，待证事实为夫妻实行分别财产制并且债权人知道该约定，证明责任由未侵权配偶一方承担；若法院选择适用《民法典》第1064条，则待证事实为该侵权债务是否因夫妻共同生活而产生，包括侵权行为产生的收益是否用于家庭共同生活等，该证明责任由受害债权人一方承担。即便选择适用相同的法律，部分法官对于条文的理解存在差异，也会导致证明责任分配的不一致。有的法院虽然选择适用《民法典》第1064条，却将证明责任分配给未侵权配偶一方。例如山东省威海市中级人民法院在判决中认为，未侵权配偶一方否认债务用于家庭生活的，应当举证证实。①

如表6所示，证明责任分配给不同的当事人，对于债务的责任归属认定起着决定性的作用。因此，在夫妻一方对外侵权之债的责任归属认定中，法院应该在适用法律规定的基础上对证明责任进行合理分配。

有学者主张，婚姻关系是封闭的，债权人很难举证证明上述待证事实，因此应该实行举证责任倒置规则。但是，在我国法律中，对于适用举证责任倒置，有着严格限定，需要综合考虑待证事实的性质、当事人的社会地位以及对证据的掌握程度等。在夫妻一方对外侵权之债中，当事人需要证明的事实是认定为夫妻共同债务所需的要件，如“为夫妻共同生活”等，系积极事实，难度较低，还不足以实行举证责任倒置，也不属于法律规定的可以实行举证责任倒置的情形。若实行举证责任倒置，将证明责任分配给未侵权配偶一方，让未侵权配偶举证证明一个消极事实的存在，不仅加重未侵权配偶的证明负担，且在大部分案例中未侵权配偶根本无法举证证明侵权之债与夫妻共同生活无关，也无法证明自己或者家庭未从中获益，因而被判决承担连带赔偿责任，导致自己的权益受损，甚至影响到婚姻家庭的稳定。因此，法院在审理此类案件时，有关证明责任的规则是明确的，法院在适用中应进行合理分配。首先应由受害债权人承担证明责任，但是为维护弱势受害人的合法权益，也不应对受害人的举证过于苛责，必要的时候可以降低证明标准。受害人只需提出基础证据，初步证明该侵权债务是为夫妻共同生活所负或者配偶共享了该债务带来的利益。例如在机动车交通事故责任纠纷中，受害人可以从机动车是夫妻共同财产，机动车是运营车辆，运营收入用于夫妻共同生活等方面举证。若侵权人夫妻进行反驳，需要拿出该侵权行为与夫妻共同生活无关的有效证据，并足以推翻法官的内心确信，方能要求受害人进一步举证。当然，不管是由受害人还是侵权人夫妻承担证明责任，要证明是否与“夫妻共同生活”等有关，都具备一定的难度。因此，法官在庭审中也应当作一些适当的调查和询问工作，例如调查家庭主要收入来源、夫妻双方的工作等方面，针对一些复杂案件，确有必要的，可以依当事人申请或者依职权主动介入调查，综合案件的具体情况来判定该侵权之债的责任归属。

五、结语

夫妻一方对外侵权之债的责任归属认定，不仅关系到受害人的利益保护，对维持婚姻家庭的稳定也至关重要，因此，完善夫妻一方对外侵权之债的责任归属认定规则具有重要意义。本文以司法实践中夫妻一方对外侵权之债的案例为样本，统计分析各法院对于夫妻一方对外侵权之债的裁判结果、法律依据、证明责任分配和裁判标准，在借鉴域外部分国家和地区的先进立法经验的基础上，针对当前审判实践中存在的问题提出一些完善建议。本文

---

① 张祝凤、周春花提供劳务者受害责任纠纷二审民事判决书[EB/OL].(2021-04-16)[2023-11-06]. https://wenshu.court.gov.cn/website/wenshu/181107ANFZ0BXSK4/index.html?docId=cZgj5z4bDZPGFTuiHRMoo7GjIwlj9Xck7fCZCS2G1pHb84hQxybs5vUKq3u+IEo47IUsitLEBzBcCIub5/SVqUBS7d3Vl3JXBPYhs6myRzVOIh2ot8b4IMnReyS7pELD.

最大创新点在于对检索到的598份有效样本案例进行统计分析，揭示了司法审判对夫妻一方对外侵权之债的立场及其分歧；引入司法判例佐证论述，使论证更具说服力与可信度。

本文虽建立在实证分析的基础上，但由于笔者的实践经验相对匮乏，对司法实践中夫妻一方对外侵权之债的论述仍存在一些不足。限于篇幅，也未涉及域外相关立法的比较研究。

A Study on the Attribution of Liability for One Spouse's External Tort Debts

Lei Lilin

(State Grid Fujian Electric Power Limited Company, Fuzhou, 350000)

Abstract: The current law of our country presents a legislative gap regarding the regulation of one spouse's external tort debts. In judicial practice, there is a diversity of interpretations and a variety of judgment outcomes. This article, through a statistical analysis of 598 judicial cases involving one spouse's external tort debts, dissects the current status of judicial disputes, judgment results, legal application, allocation of burden of proof, and judicial standards in judicial practice, and analyzes the dilemma in judicial practice. It summarizes that judges primarily use factors such as the number of infringements, the timing of the occurrence of debt liability, and the purpose of the debts as criteria for judging such cases. It is proposed and demonstrated that there are some problems in the debt dispute of one spouse's external tort, such as unclear identification rules, different distribution of burden of proof, and lack of settlement rules. Two aspects of improvement are proposed. Firstly, regarding identification rules, it is suggested that the debt resulting from the external tort committed by one spouse within a marital union should be identified as personal debt in principle. The personal property of the tortfeasor or their share of the joint marital property should be used for repayment. If the joint marital property is utilized for repayment, the non-infringing spouse shall retain the right to seek recovery when the joint property system of the husband and wife is terminated. However, there are two exceptions, namely 'living together for the family' and 'benefit sharing', under which circumstances the debt shall be recognized as a joint liability of the couple and be repaid from the joint marital property and the personal assets of the infringing spouse. The non-infringing spouse has limited liability for the joint marital property and their personal property is not included. Secondly in the application of the law, the court should unify the judgment standard by implementing measures such as the similar case retrieval system and should equitably distribute the burden of proof during the trial.

Key Words: matrimonial debt; external tort; nature of debt; liability allocation

家庭暴力及其司法干预实践调查研究*

——以人身安全保护令制度为对象

李恩民 童 谣 徐维咛 陈琳蓉 李志鸿 刘鸿艳 杨弋戈 薛赵琴**

内容摘要：人身安全保护令制度落地实施已经六年，家庭暴力现象依然层出不穷。本文通过调查问卷数据、相关裁判文书统计数据、部门实地走访等调研结果表明，人身安全保护令制度在具体执行层面存在着宣传不足、多部门联动机制缺失、证据收集困难、执行缺乏力度等问题，明显影响了该制度实施效果。要解决这些问题：一是要进一步细化制度规则；二是明确各部门权责；三是加强法律宣传；四是构建一站式平台，完善多部门合作机制。

关键词：人身安全保护令；实施效果；适用不足；完善对策

一、研究背景

人身安全保护令是一种由法院作出的民事裁定，用以保护家庭暴力受害人及其子女和特定亲属的人身安全、确保婚姻案件诉讼程序的正常进行。该制度起源于中世纪英国，较早在欧美地区立法中确立，在 2008 年，我国江苏省无锡市法院就签发了第一份“人身保护令”用以解决家庭暴力问题，2015 年通过的《中华人民共和国反家庭暴力法》正式确立了人身安全保护令（以下简称“保护令”）制度，意在保护家庭暴力的受害者和潜在受害人。2022 年 7 月 14 日，《最高人民法院关于办理人身安全保护令案件适用法律若干问题的规定》（以下简称“《人身安全保护令规定》”）公布，并于 2022 年 8 月 1 日起施行，人身保护令制度再度引起大众关注。然而，在《人身安全保护令规定》公布并施行后，社会生活中家庭暴力现象依然存在，媒体披露出来的恶性家庭暴力事件不断，但人民法院签发的保护令数量却甚少。例如，2020 年全国法院签发的保护令仅有 2169 份。[①] 这不禁让人疑惑，目前我国反对家庭暴力、

* 本文是厦门大学法学院教授蒋月担任指导教师、硕士研究生李恩民为组长的同名课题组的研究成果，荣获华东政法大学主办、中国社会学会法律社会学专业委员会指导的 2022 年第二届“从法杯”全国大学生“法治中国”调研大赛研究生组特等奖。

** 李恩民，厦门大学知识产权研究院 2021 级硕士研究生；童瑶，厦门大学法学院 2021 级硕士研究生；徐维咛，厦门大学法学院 2021 级硕士研究生；陈琳蓉，厦门大学法学院 2021 级硕士研究生；李志鸿，厦门大学法学院 2021 级硕士研究生；刘鸿艳，厦门大学法学院 2021 级硕士研究生；杨弋戈，厦门大学法学院 2021 级硕士研究生；薛赵琴，厦门大学经济学院 2021 级硕士研究生。

① 周强.最高人民法院工作报告：2022 年 3 月 8 日在第十三届全国人民代表大会第五次会议上[EB/OL].(2022-03-08)[2023-10-14].https://www.court.gov.cn/zixun-xiangqing-349601.html.

维护妇女权益的制度是否实现了预设的效果？是否有进一步改进的空间？围绕这些问题，本文意图探究保护令制度运行中存在的问题，并试图提出合理的解决方案。

（一）相关法律法规和政策上的重视

党的十八大以来，党和国家不断强化反家庭暴力的政策与法律措施。习近平总书记多次强调，要把保障妇女权益系统纳入法律法规，上升为国家意志，内化为社会行为规范；要抓好妇女发展纲要实施，依法维护妇女权益，严厉打击侵害妇女权益的违法犯罪行为。[①]

2016 年，《反家庭暴力法》正式施行，我国反家庭暴力进入有专门法可依的阶段。该法律的一个重要创新在于设立了保护令制度，即通过当事人的申请、法院的裁定，受害人与施暴者之间能够保持一定安全距离或者有所隔开的司法命令。保护令制度的建立，被学者誉为在家庭暴力加害人与受害人之间筑起了一道"隔离墙"。[②] 2022 年 3 月 5 日，最高人民法院会同全国妇联、教育部、公安部、民政部、司法部、卫生健康委共同发布《关于加强人身安全保护令制度贯彻实施的意见》（以下简称"《保护令实施意见》"）。部分省市也制定了反家庭暴力的地方性法规，例如，贵州省于 2019 年 12 月 1 日通过《贵州省反家庭暴力条例》，其中有多条细化保护令实施的规定。上述规定足见我国对反对家庭暴力制度建设的重视，保护令的设立是在这个大背景下取得的重要法治成果。

（二）执行中的现实困境

在我国妇女权益保障的制度建设取得重大进展的同时，社会中的家庭暴力现象依然普遍存在。仅 2022 年前四个月，就发生了"安徽女子被丈夫家暴致死"[③]、"广西南宁丈夫殴打妻子以致住院"[④]等严重家暴事件，引发了社会舆论的极大愤慨。从裁判文书网中可查的司法数据来看，2016—2021 年，全国法院审理的民事案件中，事实部分涉及家庭暴力的最少有 46661 份，而截至 2021 年年底，最高人民法院公布的保护令的裁定数量只有 10000 余份。这不禁让人疑惑，为何保护令的颁发数量如此之少？

事实上，与《反家庭暴力法》相比，《人身安全保护令规定》进一步明确了家庭暴力范围、特殊主体保护、保护令的适用范围、申请主体范围、证据证明标准等方面事项和内容。但是，对申请的标准、执行的主体、违反的后果等问题依然语焉不详。

除了规定不明确，其他部门在家庭暴力案件处理中的法律地位也是暧昧不清。本文于 2022 年 8 月末针对 1139 份裁定书的统计发现，超过半数的裁定书中都有提到当事人曾向公安机关、妇联、单位、社区等组织寻求帮助。但这些单位在保护令制度中并没有更为明确的权责地位与联合工作的机制，仅仅分别承担代为申请、强制报告、协助执行等职责，没有形

① 中共妇联党组.促进新时代妇女权益更有保障[EB/OL].(2022-06-16)[2023-10-14].http://www.qstheory.cn/dukan/qs/2022-06/16/c_1128739296.htm.

② 李洪祥.更好发挥人身安全保护令"隔离墙"作用[EB/OL].(2022-07-20)[2023-10-14].https://fazhi.yunnan.cn/system/2022/07/20/032194006.shtml.

③ 淮南田家庵公安在线.女子被老公家暴致死，警方通报[EB/OL].(2022-04-15)[2023-10-14].https://mp.weixin.qq.com/s/1qrP5TaCXkaGSPDGOiYIUQ.

④ 朝阳网警巡查执法.男子当着孩子面家暴妻子致其浑身是血，警方通报[EB/OL].(2022-04-15)[2023-10-14].https://mp.weixin.qq.com/s/Q3TXp3VI1glTcX58Vozuqg.

成遏制家庭暴力、贯彻保护令制度的合力。

(三)既有研究的不足

保护令制度是最近十余年来婚姻家庭法领域学术研究重点之一。在《反家庭暴力法》将保护令引入反家庭暴力法律体系前，国内关于保护令的研究主要以比较法研究为主，如钱泳宏在2009年就介绍过美国及中国台湾地区的保护令制度①，建议我国应当设立类似的保护令制度；肖建国通过借鉴域外近四十年保护令的立法及实践经验，结合民事保护令在我国的实践，阐明引入民事保护令制度的必要性。②

2016年后，学界的研究聚焦于保护令制度的完善上，可以分为理论和实证两个方面：在理论分析层面，有许多学者提到了各部门参与的问题，例如，有学者提到，法院难以充分实现执行的职能，在执行上缺少监督和其他机关的参与。③ 也有学者提出，美国等西方国家都是由警察来执行人身保护命令，建议我国也将执行的职责赋予公安机关。④ 还有学者关注到了各机关、单位的不同，强调应充分发挥各部门职能特点与优势，例如公安机关主要负责制止施暴者不法行为等人身方面的内容，法院主要负责执行限制不动产、动产处分等财产方面的内容等。⑤ 在实证分析层面，有学者采用编程语言的方式，通过对裁定书的数据爬取和分析，总结出保护令被驳回的因素，为探究申请难问题提供了数据支持⑥，也有实务界的人士以其法院工作的经验进一步提出执行层面存在的问题，并认为各部门应当及时联动，共同遏制家庭暴力⑦。

总的来看，学界对保护令制度中存在的规则不明、主体不清、执行欠缺等问题已经形成共识，但是针对这些问题的研究大多仍然是从法教义学的角度、比较法的角度进行，既有的实证研究更多地聚焦于通过裁判文书透视法律在现实运行中所呈现的实然状态，从经验事实推导出理论缺陷。但亦存在如下不足：首先，研究结果无法涵盖对保护令制度缺乏认知及申请意识的群体的情况，而这部分群体亦是制度的应然保护对象；其次，保护令制度的落地实施还有赖于各部门高效协作、各环节有效衔接，仅通过文本分析难以揭示保护令制度真正面临的现实困境。因此，我们决定，除法律文书实证分析外，兼采问卷调查、实地调研等方法，弥补上述研究不足：既透过裁判文书呈现法官在裁判过程中的法律思维及裁判方法以及受害者所面临的举证困难等困境，又全面地展示家庭暴力的社会现状、民众对保护令制度的认知程度及实践部门的联动配合情况，三种调研方法及调研内容相互衔接、相互佐证，最终提炼及总结保护令制度所面临的现实困境与破解理路。

---

① 钱泳宏.我国反家庭暴力应引入民事保护令制度[J].南通大学学报(社会科学版)，2009，25(4)：53-61.

② 肖建国.民事保护令入法的必要性和可行性[J].公民与法(法学版)，2012(3)：2-5+9.

③ 陈敏.人身安全保护令实施现状、挑战及其解决[J].预防青少年犯罪研究，2016(3)：36-42.

④ 季凤建.刍议人身安全保护令的执行[J].人民司法(应用)，2016(10)：12-16.

⑤ 彭玉凌，夏咏梅.刍议《反家庭暴力法》中人身安全保护令执行制度的完善[J].乐山师范学院学报，2018，33(5)：87-93.

⑥ 张海，陈爱武.她们的人身安全保护令缘何被法院裁定驳回：基于裁定书的扎根理论研究[J].河北法学，2021，39(4)：185-200.

⑦ 王丹.人身安全保护令制度若干实践问题探析[J].法律适用，2022(7)：11-21.

二、调研方案

为研究和分析保护令在申请、核发、执行各阶段存在的问题以及后续效果，本文主要采取裁判文书实证分析、面对面访谈和问卷调查三种方法开展实证研究。

1. 裁判文书实证分析

家庭暴力一般发生在家庭内部场所，具有极强的隐蔽性及隐私性，使得研究者难以案外人的身份直接对家暴救济过程展开调研及获取真实资料。而法律文书清晰记载了申请人的具体诉求、法院裁定驳回理由等完备且具有公信力的信息，可帮助研究者减轻现实条件的束缚而专注于探究法令实施背后本质，补充其他调研方式的不足。

基于此，本文借助“小包公”法律数据平台（https://www.xiaobaogong.com/），对截至2022年8月28日公布的1139件裁定书进行了数据分析，统计了申请人信息、申请人与被申请人关系、家庭暴力类型、家庭暴力发生频次、保护令内容、裁定结果、驳回理由、是否向其他机关求助等12项信息，旨在反映保护令制度的司法实践现状。

2. 面对面访谈

保护令是法院为了保护家庭暴力受害人及其子女和其他特定亲属的人身安全、确保婚姻案件诉讼程序的正常进行而作出的民事裁定，因而对于保护令的调查研究应当以法院为主要对象。公安机关往往先于法院参与到保护令所涉及的案件当中，且为了解部门联动的有关机制，故而也将其作为关于保护令调查研究的对象之一。

通过课题组人员和受访人（如法官、有关部门领导、案件相关者等）面对面交谈，了解受访人参与案件的心理和实施的具体行为。首先，本文采用结构访谈，针对性让受访人对保护令相关案件的申请、签发/驳回、实施过程进行全面、详细的评价。其次，采用非结构访谈的形式及“深度访谈”的方式，提前准备提纲（详见本文文末附录一），以半控制式的方式让受访人回答提出的有关保护令的深度问题，以寻求建设性意见及建议。由于线下访谈弹性和自由度大，相较于问卷调查法更具灵活性、主观性的特点，我们以访谈为指引，对问卷进行了修改，使问卷更具有针对性。

3. 问卷调查

本文从前期裁判文书分析及访谈过程中挖掘了制度落实的痛点，并明确了问题的边界。为进一步验证和量化提出的假设，更全面、直观地了解家庭暴力的现状及居民对保护令的认知情况，本文拟采用问卷调查法，运用分层抽样的概率抽样、偶遇抽样、滚雪球抽样的非概率抽样结合的抽样方法向不同年龄群体发放调查问卷，并对问卷结果进行信息化处理和定量分析。

4. 预调查及问卷修改

本问卷分为单选题和多选题。在完成问卷初稿设计后，为验证量表设计的合理性，进行了一次问卷预调查。预调查环节选择团队的亲朋好友作为目标群体，2022年8月4日开始，通过社交网络平台定点投放，共回收问卷54份，其中有效问卷51份，有效问卷回收比例达到94.4%。

通过预调查问卷数据分析和受访者的访谈结果，改进了原问卷中因不符合甄别条件而导致的调查样本无效、问题设置不合理导致偏离假设等缺漏。最终形态的调查问卷共设置了 15 个问题，主体内容包括：(1)《反家庭暴力法》及保护令制度的社会认知程度调查；(2)家庭暴力及求助渠道的认知情况调查；(3)保护令施行情况评价；(4)个人信息及主观建议。调查问卷样卷如本文附录二所示。

5. 样本容量确定

选择合适的样本容量在统计调查中发挥着至关重要的作用。由图 1 可见，在一定阶段后抽样误差趋于稳定，此时再增加样本量意义不大，可以根据接受误差的范围，对于样本数量做出调整。

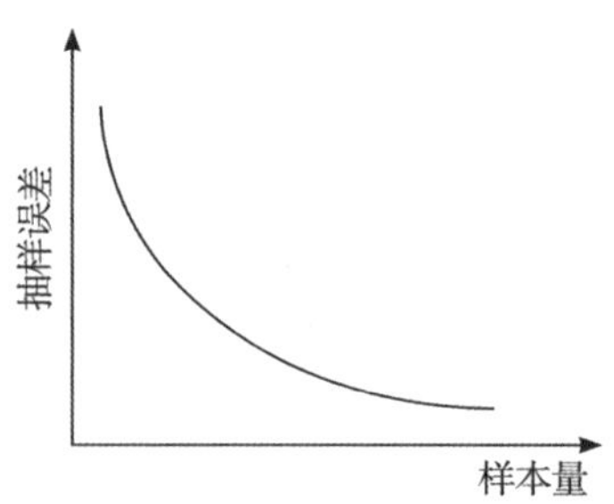

图 1　抽样误差与样本量关系

我们在保护令实施现状调查中，通过问卷预调查已知样本标准差为 s=1.903。在 1−∂ 为 95%的置信水平下，取可接受的估计误差 E=0.1，使用样本标准差 s 替代总体标准差，由标准误的公式以及给定的误差幅度，根据样本容量计算公式计算出此次调查所需样本量为：

$$Z_{\alpha/2}\frac{s}{\sqrt{n}}=E \longrightarrow n=\left(\frac{z_{\alpha/2}\sigma}{E}\right)^2=\left(\frac{1.96\sigma}{E}\right)^2\approx 637$$

调整公式为：调整后样本量=调整前样本量/有效问卷率，根据预调查有效问卷 94.4%调整，最后确定样本容量为 675 份。考虑到实际发放过程中回收率更低的情况，共在线上发放问卷 750 份，回收问卷 714 份。最终有效问卷数为 682 份。

三、调研数据与基本情况分析

(一)政策梳理

本文梳理了我国关于反对家庭暴力、维护妇女儿童权益现行的政策措施，主要包括各地人大和司法机关针对中央层面立法的实施细则，这些实施细则为完善保护令制度提供了新的思路。

目前至少已有江苏、陕西、广东、海南、云南、吉林、内蒙古以及成都市等 22 个省、市出台了细化实施《反家庭暴力法》的地方性法规、规定或者专门针对保护令制度进行细化的司法文件。图 2 为本文整理的地方细化或补充规则的要点。

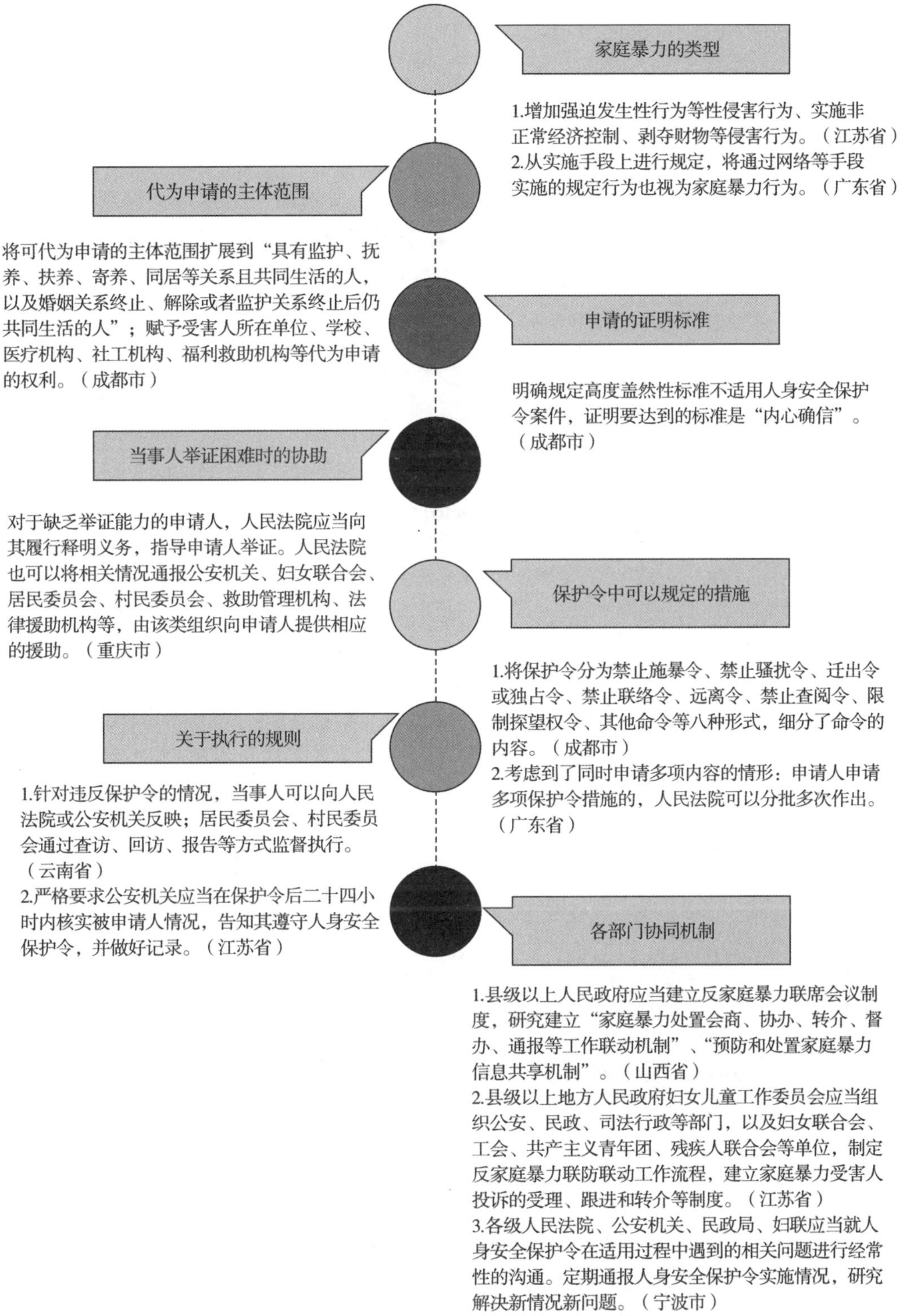

图 2　人身安全保护令相关的政策梳理

(二)民事裁定书分析结果

在初步制订的研究方案指导下,本文以检索得到的 1139 个适格案例为研究样本,并从裁定书中提炼出 12 项信息,简要介绍如下:

1. 申请人主体信息

申请人以女性为主,占比 87.53%。从案件数来看,排名前三的申请人性别及其占比分别为女(997 人,占比 87.53%)、无法判断(77 人,占比 6.76%)、男(65 人,占比 5.71%)(见图 3)。

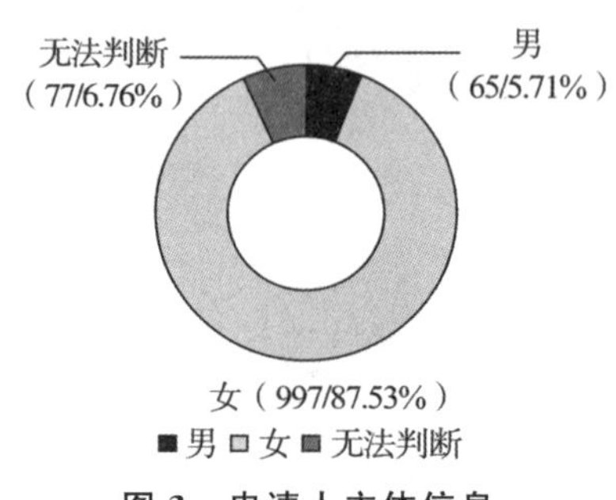

图 3　申请人主体信息

2. 申请人与被申请人的关系

据裁定书统计,申请人与被申请人关系主要分为以下几类(见图 4):(1)婚姻关系(共 994 份,占比 87.27%);(2)亲子关系,包括父子、母子、父女、母女、重组家庭继亲子关系(共 56 份,占比 4.92%);(3)同居关系,在裁定书仅以"同居"描述双方关系,并未提及婚姻状况(共 16 份,占比 1.4%);(4)同胞关系,包括姐弟、兄妹、兄弟及姐妹关系(共 10 份,占比 0.88%);(5)其余包括翁婿关系、男女朋友关系、婆媳关系、单位案件等,占比较小,均未超过 0.50%。

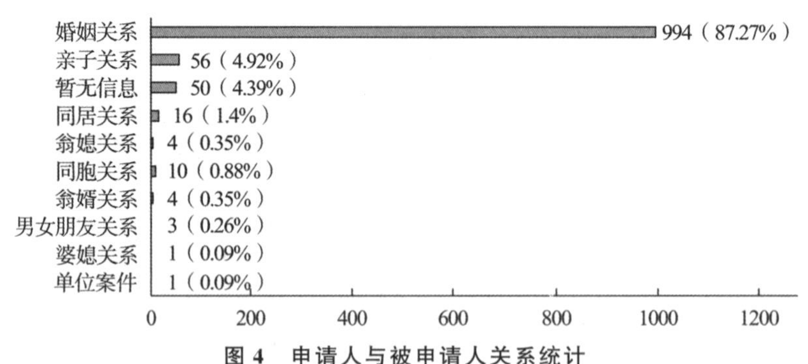

图 4　申请人与被申请人关系统计

综合来看,案涉申请人与被申请人互为婚姻关系数量最多。其中,男方对女方施暴占比最大,且远大于其他类型案件占比,这说明现实中家庭暴力更多发生于夫妻双方之间,夫妻是现实中适用保护令的主要对象。其次,亲子关系中也存在暴力情形,且主要以中年子女对老年父母或中年父母对幼年子女实施暴力居多。

3. 是否涉及第三方申请主体

在 1139 份案件中，仅 10 份案件涉及第三方申请主体，其余案件均由本人申请（见图 5）。

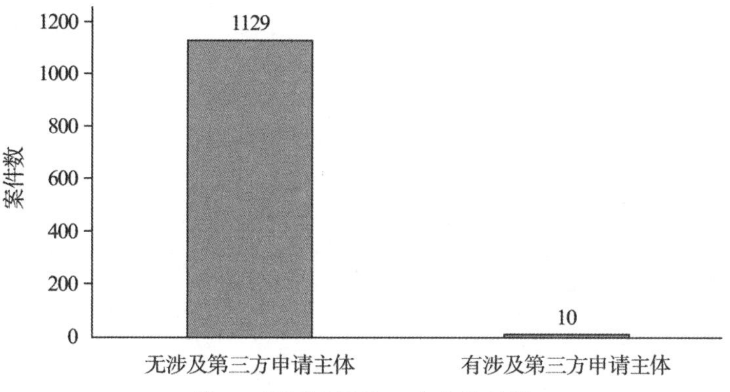

图 5　是否涉及第三方主体统计

4. 家庭暴力类型

《反家庭暴力法》第 2 条采用“列举＋兜底”的方式明确家庭暴力的类型，列举了 5 种情形。最高法在《人身安全保护令规定》中进一步列举家庭成员之间的冻饿以及经常性侮辱、诽谤、威胁、跟踪、骚扰均属于家庭暴力。因此，本文将裁定书所涉家庭暴力分为：(1)殴打；(2)捆绑；(3)残害；(4)限制人身自由；(5)经常性谩骂、恐吓；(6)冻饿；(7)经常性侮辱、诽谤、威胁、跟踪、骚扰；(8)其他身体、精神等侵害行为。

根据统计信息（见图 6），1139 份裁定书中总共出现 1383 次暴力行为的描述，其中统计显示“经常性侮辱、诽谤、威胁、跟踪、骚扰”与“殴打”为主要的家庭暴力类型，分别为 594 次(42.95%)、558 次(40.35%)；“经常性谩骂、恐吓”次数仅居其后，共计出现 135 次(9.76%)；其他家庭暴力类型较少出现，其中“限制人身自由”出现 56 次(4.05%)，捆绑出现 3 次（占 0.22%）。值得强调的是，尽管《人身安全保护令规定》列举式扩充了家庭暴力的类

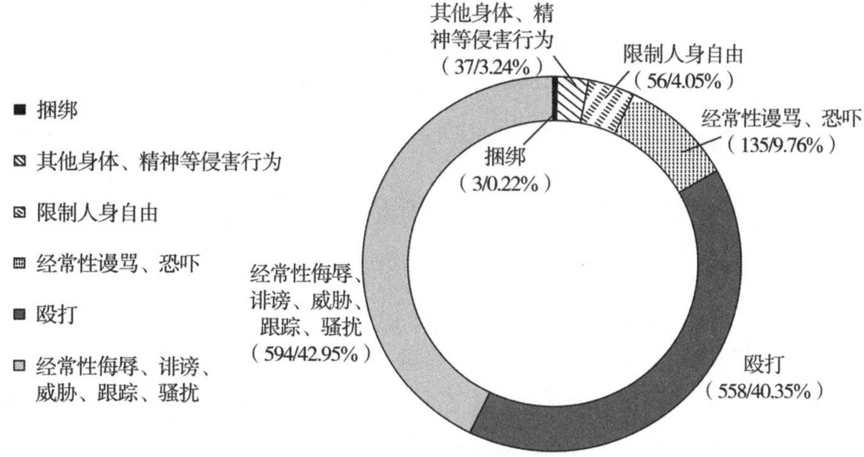

图 6　家庭暴力类型

注：由于同一个裁判文书中涉及多个案件类型，各类型数据加总不一定等于 1139，百分比加总不一定等于 100%。以下统计数据情况相同。

型，扩大了保护令的适用范围，但有关“身体、精神等侵害行为”这一兜底标准的内涵仍较模糊。再观司法实践，共有 37 份案件（2.67%）中出现列举之外的其他类型，将虐待（19 份）、性暴力（1 份）、冷暴力（5 份）、精神控制（2 份）与经济控制（1 份）认定为“家庭暴力”。此外，被申请人实施的家庭暴力往往以组合形式出现，主要体现为“殴打”与“谩骂”结合其他类型。

5. 家庭暴力发生频次

本文以“家庭暴力发生频次”作为裁定书的分析标签，旨在分析申请人在经历多少次家庭暴力后会选择申请保护令，蕴含着社会因素、个人认知、了解情况等综合因素的影响。本文对裁定书进行分析后得出以下分类标准：(1)经常，为家庭暴力发生频次大于 3 次，在裁定书中通常体现为“长期遭受家庭暴力”“多次被家暴”等；(2)偶尔，为家庭暴力发生频次小于等于 3 次，在裁定书中多体现为遭受一次家庭暴力后即刻申请之情形；(3)未来可能发生，体现为申请人并未遭受家庭暴力，但因恐于将受到家暴侵害而申请保护令。三类标准从低到高反映出申请人对保护令的接受程度，申请中家庭暴力发生的频次越少，代表申请人对保护令的接受度越高。

统计结果见图 7，在含频次相关有效信息的 886 份裁判中：

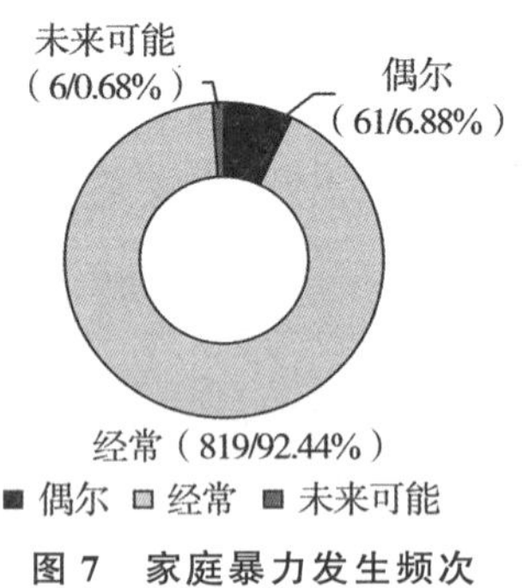

图 7 家庭暴力发生频次

“经常”频次共计 819 份（占 92.44%），反映绝大多数申请人只有在经常遭受家庭暴力（大于 3 次）后才会选择申请保护令，其中一部分申请人因饱受家暴侵害而提起离婚诉讼，并一同申请保护令。数据反映出我国家暴受害人在遭受侵害时往往会选择忍气吞声，只有至离婚等“鱼死网破”之际，才会选择进行申请保护令。

“偶尔”频次呈现断崖式下降，仅有 61 份（占 6.88%），在该种情形中，申请人在遭受家庭暴力后会选择报警，随后申请保护令。

“未来可能发生”频次数量极少，仅有 6 份（占 0.68%）。

6. 人身安全保护令内容

《反家庭暴力法》第 29 条规定了人身安全保护令可以采取的四种措施[①]，在实践中，各法院裁定书的表述略有不同。为使分析更加明朗，本文将措施（一）命名为“禁止令”，内含关键词如“殴打、威胁、恐吓”等；将措施（二）命名为“远离令”，内含关键词如“骚扰、跟踪、接触、妨碍、接近住所、工作场所”等；将措施（三）命名为“迁出令”，内含关键词如“迁出、搬离”等；

① 中华人民共和国中央人民政府.中华人民共和国反家庭暴力法[EB/OL].(2015-12-28)[2023-11-06].https://www.gov.cn/zhengce/2015-12/28/content_5029898.htm.

将措施(四)命名为“其他”。此处应说明的是,由于部分法院在裁定书选用了两种或两种以上的措施,故合计总数大于样本案件总数。

从图 8 中可知,在 959 个法院准予核发保护令的裁定书中,禁止令与远离令的适用频率极高,分别达到了 96.45%与 70.39%。选用迁出令的裁定书仅有 36 份,占比为 3.75%。此外,仅有 3 份裁定书中法院采纳了其他的保护措施,具体包括“禁止毁坏生活设施和物品”“禁止实施断水、断电行为”“禁止胁迫申请人喝农药”。

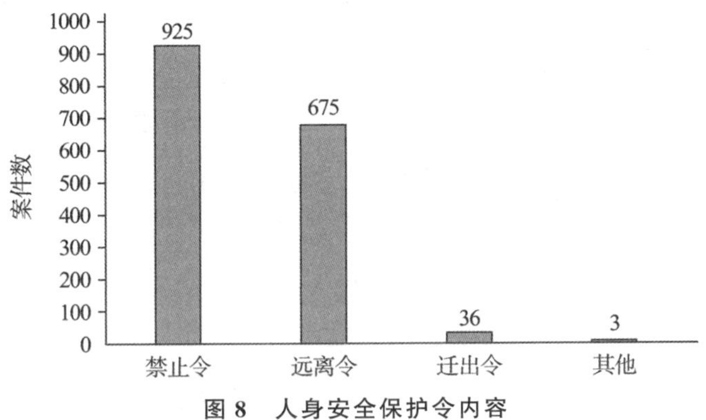

图 8 人身安全保护令内容

7. 举证情况及证据类型

图 9 显示,在 1139 份裁定书中,648 份(56.89%)裁定书未能显示当事人提交了何种证据,其余 491 份(43.11%)体现申请人曾向法院提交证据。[①] 图 10 显示,在写明当事人提交证据的案件中,有 55 份未详述证据类型,仅用“申请人提交的证据”概括。在申请人提交的证据中,曾向公安机关求助的相关证据占比最高,共有 288 份裁定书显示当事人曾经提交接(报)处警登记表(包括报警回执、询问笔录、验伤通知书等),但仅有 36 份裁定书表明公安机关向当事人出具了“家庭暴力告诫书”。[②]

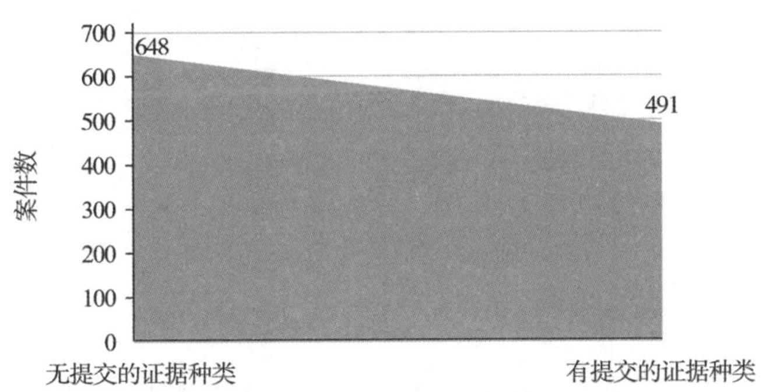

图 9 是否有提交证据种类的数据统计

有 180 份裁定书中提交了因遭受家暴而就医的诊断证明书及检查报告单(包括出入院证明、医疗缴费单等),85 份裁定书中的当事人还向法院提交了伤情照片用以佐证伤情(见

① 含两件申请人撤回时提交了接(报)处警登记表和诊断证明书及检查报告的案件,下同。另因部分案件申请人提交了两种或两种以上证据,故各证据类型合计总数大于样本案件总数。

② 《家庭暴力告诫书》为《反家庭暴力法》第 20 条规定的家暴案件特有的证据材料。

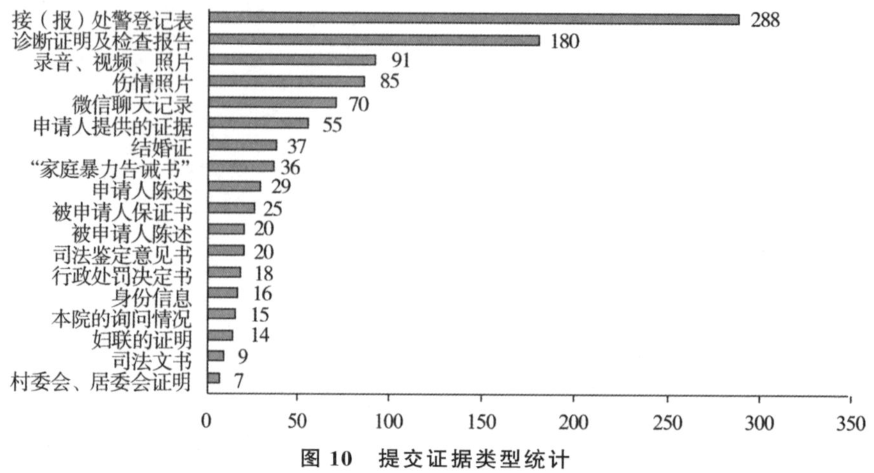

图 10　提交证据类型统计

图 10)。仅有 21 份裁定书中表明当事人在遭受家庭暴力或存在家庭暴力的现实危险时曾向妇女联合会、居住地的村委会或居委会求助，占比较小。

在法院层面，提到法院主动询问相关情况的为 15 份。数据显示，161 份裁定书显示当事人在向法院提交了视频、录音、相关微信或短信聊天记录作为证据证明被申请人进行了家庭暴力行为。另外，共 49 份裁定书中以申请人或被申请人的陈述作为证据。

需要注意的是，图 11 显示，在因证据不足而驳回的 45 份裁定书中，有 12 位申请人向法院提交了报警求助相关材料，11 位申请人提交了医院诊断材料，4 位申请人提交了记录家庭暴力过程的视听材料，4 位申请人提交了伤情照片，仍被法院认为相关证据未达到证明标准，不符合保护令的核发条件。

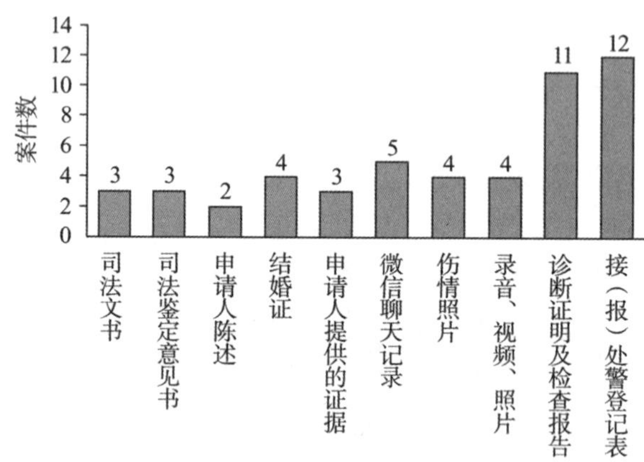

图 11　被驳回的案件中提交证据的类型

8. 裁定结果

在 1139 份裁定书中，有 84.20%(959 份)保护令申请被核发，在这 959 份裁定书中，90.20%(865 份)裁定书中法院在核发保护令的同时支持了申请人的其余申请；9.80%(94 份)裁定书中法院核发了保护令，但是驳回了申请人申请的部分保护措施。有 2.46%(28 份)的保护令申请被驳回，13.34%(152 份)为申请人撤回(见图 12)。

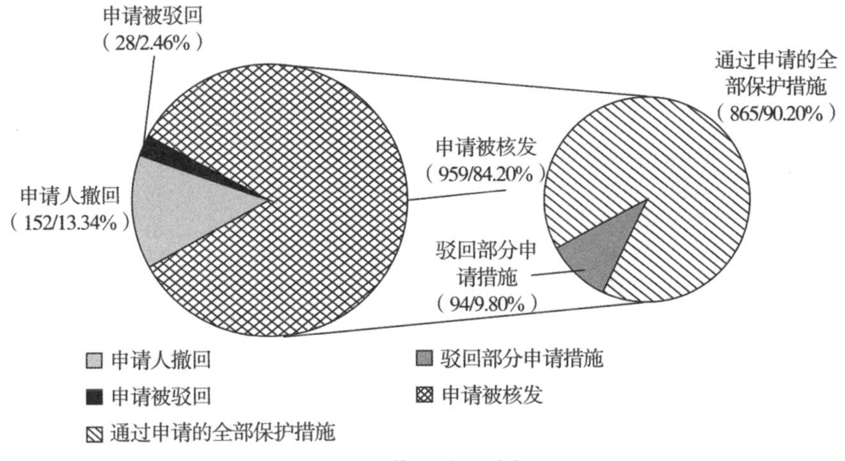

图 12　裁定结果分析

9. 驳回理由

1139 份案例中，有 120 份裁定书提及了驳回理由，其中，最常见的驳回理由是“申请不符合《反家庭暴力法》第 27 条规定的发出保护令的条件”，占比被驳回总数中的 39.17%（47 份），然而，裁定书中并未阐明为何不符合条件；驳回理由位居第二为证据不充分，占 37.50%（45 份）；剩余 23.33%（28 份）为其他理由驳回申请（见图 13）。

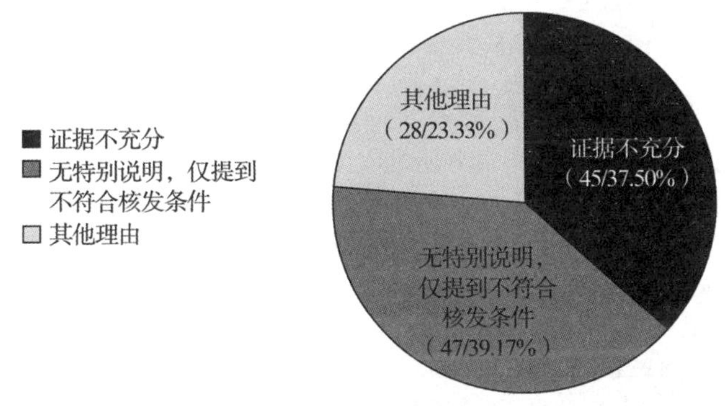

图 13　驳回理由统计

“其他理由”大致可以区分为以下几类：(1)被申请人与申请人不住在一起或尚未分家析产①；

① 闫引凤与赵进军生命权、健康权、身体权纠纷民事裁定书[EB/OL].（2020-10-23）[2023-11-06]. https://wenshu. court. gov. cn/website/wenshu/181107ANFZ0BXSK4/index. html? docId = SLOmL 5FWlp35e8ppV4UthGgcA2npo/PW388LnJR7VTZBhCXoc/arrfUKq3u + IEo47IUsitLEBzBcCIub5/SVqUB S7d3Vl3JXBPYhs6myRzUL39WFQfem3C4PP+pvBMbY.杨某某、李某某申请人身安全保护令裁定书[EB/OL].（2016-08-19）[2023-11-06]. https://wenshu. court. gov. cn/website/wenshu/181107ANFZ0BXSK4/index. html? docId=/cBhFbWCg4v8NSLE9YjDOnI+PubYqnV5zA2OGWrGVhD7QRckLHrgqvUKq3u+IEo47IUsitLEBzBcCIub5/SVqUBS7d3Vl3JXBPYhs6myRzWo7YiBiT3usnXPvgEXtx1K.罗森文、何全其他民事裁定书[EB/OL].（2020-03-04）[2023-11-06]. https://wenshu. court. gov. cn/website/wenshu/181107ANFZ0BXSK4/index.html? docId=j92DiLDzw1qo5sivXc0VN9L16 WqizhSD6 fbRhoER6uYjMqb SVlpzXPUKq3u+IEo47IUsitLEBzBcCIub5/SVqUBS7d3Vl3JXBPYhs6myRzWow7tq9 rMekTC9D0iY6x6T.

(2)申请人与被申请人尚未离婚或出于保护探视权的考虑[①];(3)由于信息不明确导致申请不具有可操作性[②];(4)申请人与被申请人双方均有过错[③];(5)出于亲情维系、照料家庭成员角度的考虑[④];(6)现实危险性低且被申请人作出不再实施暴力的承诺[⑤];(7)不符合保护令保护范围的要求。[⑥]

10. 法院裁判时长

裁判时长意在统计法院处理一起案件所需要的时间,反映法院的工作效率。在本次统计的1139份裁定书中,有登记立案时间和申请日期的裁定书共计944份,占比82.8%,剩余案件主要为没有记载立案申请时间的裁定书或者是已经核发保护令但当事人又后悔请求法院撤回的裁定书,因此不列入本次计算期间的样本中。

图14显示,944份裁定书中,时长为1天的有229份,2天的为149份,3天的为66份,4天的为22份,5天的为15份,6~14天的为75份,15~30天的为34份。

---

① 郑仕超、吴铸峰人身安全保护令申请审查民事裁定书[EB/OL].(2022-03-28)[2023-11-06]. https://wenshu.court.gov.cn/website/wenshu/181107ANFZ0BXSK4/index.html? docId=nQaEQdsLTgvmzgZER/vCAabf7CmEINvDCTSYUiMq3TPRaTRtynsUF/UKq3u+IEo47IUsitLEBzBcCIub5/SVqUBS7d3Vl3JXBPYhs6myRzU8IUtqrftcbV3NfAVHLOHO.罗小琴因遭受被申请人王建军家庭暴力纠纷一审民事裁定书[EB/OL].(2016-04-14)[2023-11-06]. https://wenshu.court.gov.cn/website/wenshu/181107ANFZ0BXSK4/index.html? docId=KdK8nV0FwhOvIz0i84mY0XG0eGjG+kQdG/ipxy4hcR1XuYra4ocg/vUKq3u+IEo47IUsitLEBzBcCIub5/SVqUBS7d3Vl3JXBPYhs6myRzVUh4uffBDl2KHxtsO5A7zA.

② 彭凤、郑洋人身安全保护令申请审查民事裁定书[EB/OL].(2021-09-24)[2023-11-06].https://wenshu.court.gov.cn/website/wenshu/181107ANFZ0BXSK4/index.html? docId=vU+wdezkKIAXi+1EU8bEtKAG489NUeE0dzOBmqrf0qly/T5wOoHcF/UKq3u+IEo47IUsitLEBzBcCIub5/SVqUBS7d3Vl3JXBPYhs6myRzXbpmfwub1LXF2HNlV2Gdi3.

③ 涂成菊、王思功其他民事裁定书[EB/OL].(2020-12-22)[2023-11-06].https://wenshu.court.gov.cn/website/wenshu/181107ANFZ0BXSK4/index.html? docId=XqZDNCyi3WqGv4Q4xQAVjR+Wh84Z0hJNQ/d1tItK6kKRQRIzVPEC7PUKq3u+IEo47IUsitLEBzBcCIub5/SVqUBS7d3Vl3JXBPYhs6m yRzV+BWkcL9dXNgNeDVnRN/sK.

④ 周菊芬与吴时良人身安全保护令申请人身安全保护令民事裁定书[EB/OL].(2020-11-23)[2023-11-06]. https://wenshu.court.gov.cn/website/wenshu/181107ANFZ0BXSK4/index.html? docId=yV88v1QW8KEZ/5SSvIvb7uDDMO/MIpk06qlFQ/4JpRMFq/aLdjfuKfUKq3u+IEo47IUsitLEBzBcCIub5/SVqUBS7d3Vl3JXBPYhs6myRzVRvivEef2BdiQYxC8wL61m.

⑤ 任吉根、朱从美诉任建军民保令1号民事裁定书[EB/OL].(2016-06-02)[2023-11-06].https://wenshu.court.gov.cn/website/wenshu/181107ANFZ0BXSK4/index.html? docId=FWAurA1NokGxuKlz1V9vOqrxlFZ1gvbaU1N9sqSuc/4mnXOPuEBr//UKq3u+IEo47IUsitLEBzBcCIub5/SVqUBS7d3Vl3JXBPYhs6myRzW5j2tT+LtdM+qxKRX9wm/O.

⑥ 申请人梅五良与被申请人罗平申请人身安全保护令一案民事裁定书[EB/OL].(2020-07-10)[2023-11-06].https://wenshu.court.gov.cn/website/wenshu/181107ANFZ0BXSK4/index.html? docId=tLWwykCoBI6kDptQ4PO45dcvzzYJzPQjYQp1uq2uLdPstLkMTfjrXfUKq3u+IEo47IUsitLEBzBcCIub5/SVqUBS7d3Vl3JXBPYhs6myRzW6hV1hV/B5y9XtQ2mGchFm.

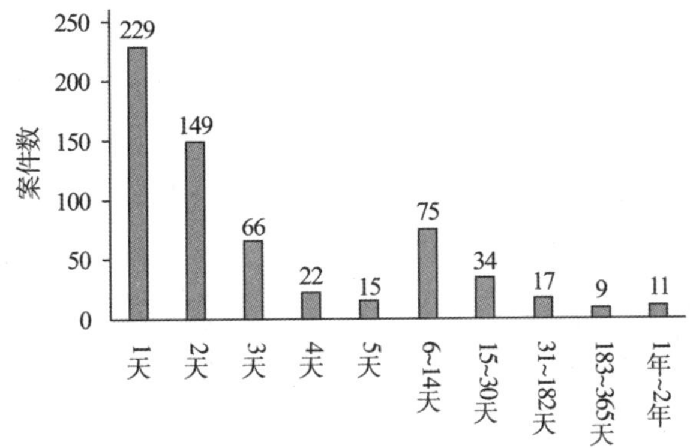

图 14　裁判时长统计

11. 当事人曾向何种机关求助

发生家庭暴力案件时，当事人并非第一时间会寻求法院帮助，因此，本文想从裁定书中确定当事人在申请保护令前是否向其他机关寻求帮助，这些机关参与情况如何。本文将机关分为：(1)公安机关；(2)妇联；(3)居(村)委会、社区；(4)单位。

从提到向其他机关寻求帮助的695份裁定书信息来看，根据图15，排名前四的分别为公安机关(676份，占比97.27%)、单位(9份，占比1.29%)、妇联(6份，占比0.86%)、社区(4份，占比0.58%)。

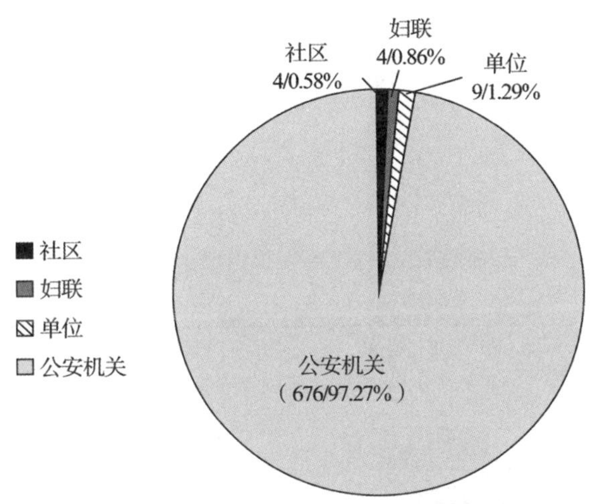

图 15　当事人申请前寻求过其他机关数据统计

12. 保护令有效期限

保护令有效期限指裁定书中明确的该保护令的法定有效期限。《反家庭暴力法》规定保护令的有效期不超过6个月，法院可以根据申请人的申请撤销、变更或者延长。在本次统计数据之中，图16显示，排名前三的保护令有效期限及其占比分别为6个月(839份，占比73.66%)、3个月(78份，占比6.85%)、5个月(16份，占比1.4%)。可见，在司法实践中，法院的裁定结果并非一味地确定为6个月，而是根据案情做出了一定的调整。

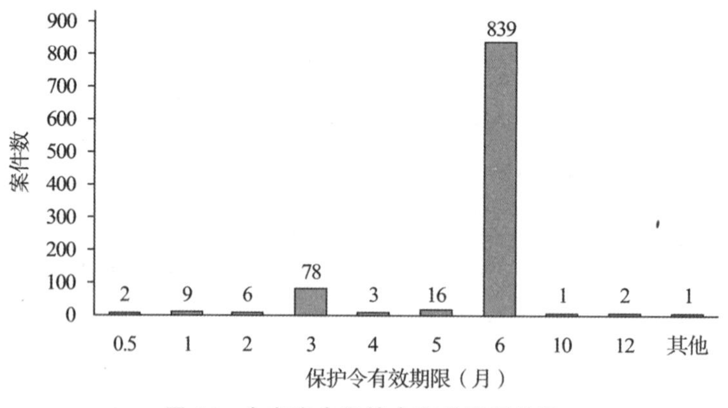

图 16　人身安全保护令有效期限统计

13. 人身安全保护令的履行情况

保护令的履行情况指是否有违反保护令的情形或延长、撤回保护令的情况。在选定样本数据中(见图 17),不延长裁定的案件数最多,占比 99.21%,共计 1130 件。申请延长裁定的案件只有 9 件,占比 0.79%,而在这 9 件案件中,有 5 件是因为还发生了持续性的骚扰、严重的家暴等蔑视保护令的行为,4 件是由于还具有潜在可能危险性且原先保护令时间届满但还正在办理离婚而延长的,此 4 件案件的裁判文书中并未提及当事人不遵守保护令的违法行为。

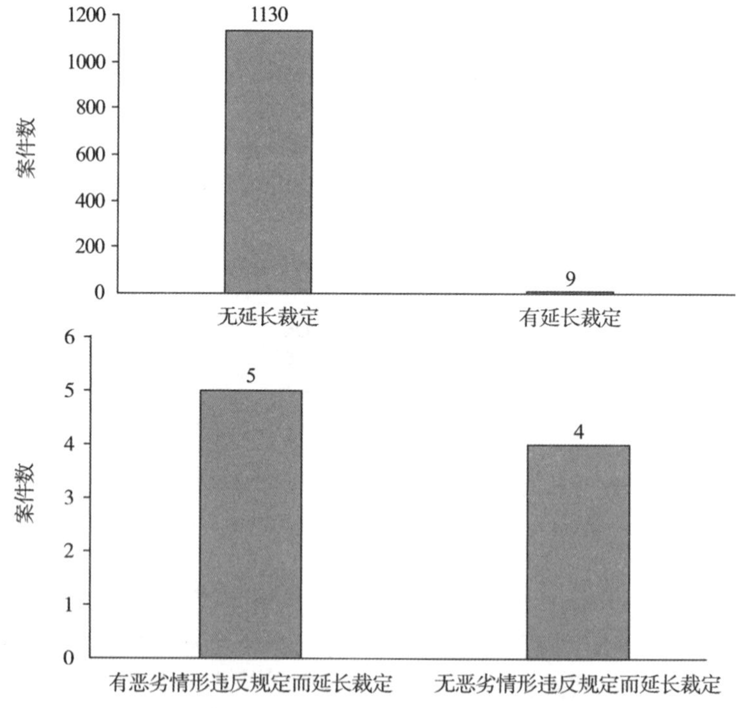

图 17　裁定的违反、延长情况统计

此处数据说明,保护令的实施效果较好,在多数情况下一次申请足以满足需求,但也存在部分地区法院执行不到位,以至于当事人无视保护令的情况存在。

(三)问卷及访谈总结

综合问卷调查结果和访谈内容,就部分情况汇总如下:

1. 家庭暴力现状

社会对于家庭暴力的容忍度降低,但家庭暴力现象仍普遍存在,且暴力形式趋于多样化。问卷结果显示,共87.98%的受访者曾听说过(包括偶尔或经常听说)身边的家庭暴力事件,且女性的数量居多(见图18),充分反映当下社会家庭暴力的普遍存在及发生。此外,家庭暴力的种类趋于多样化,冷暴力、性暴力及经济控制等手段成为新型的家庭暴力手段(见图19、图20),受到社会的谴责和抵制。这同时反馈在司法实践中,据民事法庭法官介绍,在案件裁判中,对家庭暴力的解释趋于扩张,在界定家庭暴力程度时不仅关注外在伤情,同时关注受害者的心理状况。

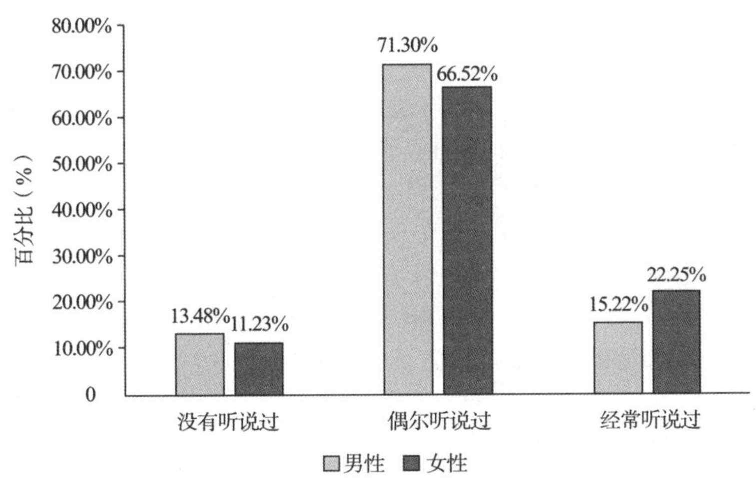

图18 听说/亲身经历过家庭暴力事件的情况

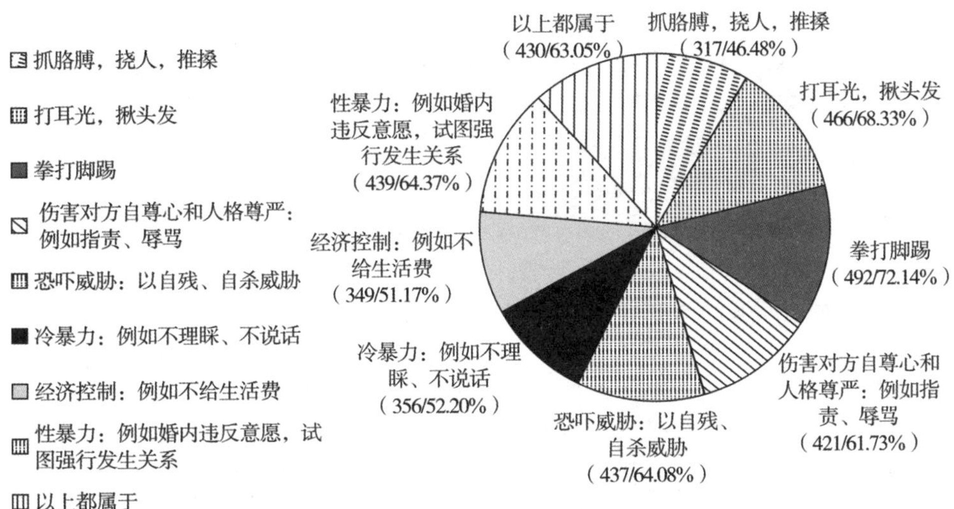

图19 公众对何种行为属于家庭暴力的认知情况

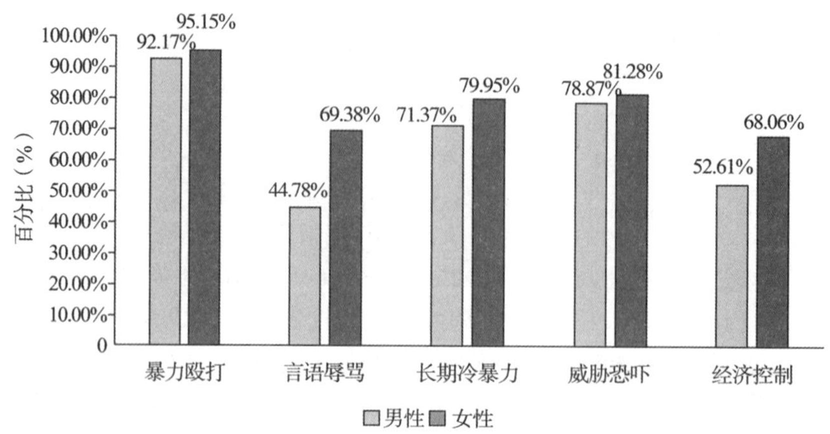

图 20　公众在遭受何种家庭暴力时会选择离婚

2. 民众认知情况

民众认知情况是制度发挥功效的基础，也是检验制度是否有效落实的重要指标，本文在问卷设计与线下调研中都对该问题进行重点研究。问卷分别对《反家庭暴力法》及保护令制度的社会认知度进行调查，结果显示，公众对《反家庭暴力法》认识程度偏低，在 682 位受访对象中，高达 68.77％受访者对《反家庭暴力法》仅停留在粗浅的认知水平，其中只有 1.17％有申请保护令的经历。由于对该制度缺乏了解，过半受访者在遭受家庭暴力行为的时候不会选择去申请保护令。在我们进行普及和讲解后，69.06％的受访者会选择申请，上升了 13.34％。上述调查结果足以表明制度的宣传力度不足及民众的认知匮乏是该项制度没有发挥应有效用的原因之一。

从公众对该项制度的信赖程度来看，由于保护令在司法实务层面存在的漏洞等客观原因及受害者不知申请、不敢申请等主观原因，高达 65.16％的受访者认为制度的后续保障力度不足，难以解决实际问题。因此，产生了其实际效果不如私力救济的认知，影响到这项法律措施具体的落地实施。

线下访谈中，受访法官指出，厦门市某区民事法庭每年案件数有 7000～8000 件，但其中涉及保护令的案件数量寥寥，对该制度的认知程度一定程度上影响了当事人对保护令的申请意愿和法官的核发倾向。综合问卷调查结果和线下访谈的相关信息，我们可以认为保护令的社会认知情况并不理想，民众对于该制度认知匮乏、申请动力不足且存在抵触态度(见图 22)。

此外，在对受访者的学历、性别、年龄等因素与问卷问题进行交叉分析之后，我们发现学历、性别、年龄等对于问题的认知比例并未有太大的差异，这说明不同学历、性别、年龄的群众对于《反家庭暴力法》和保护令的认知基本相似，较大的差异是随着学历的提升对于《反家庭暴力法》的了解程度会变高，但此点属于正常，便不再赘述(见图 21)。

3. 实践部门联动

《反家庭暴力法》规定了多部门就保护令的实施和保障的责任，但落到现实中，仍存在诸多漏洞。问卷主要就民众的求助意向进行调查，考察现实中各部门对于家庭暴力的救济负担。

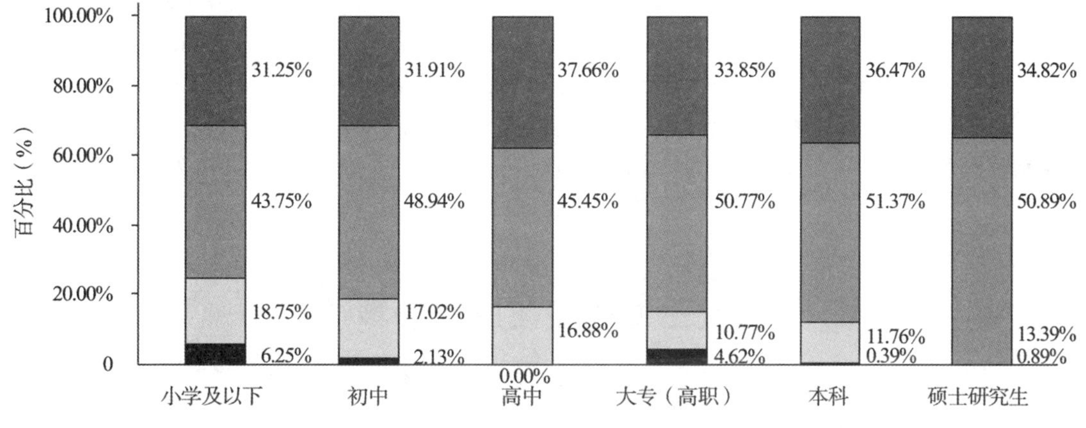

图 21　公众对人身安全保护令的认知情况

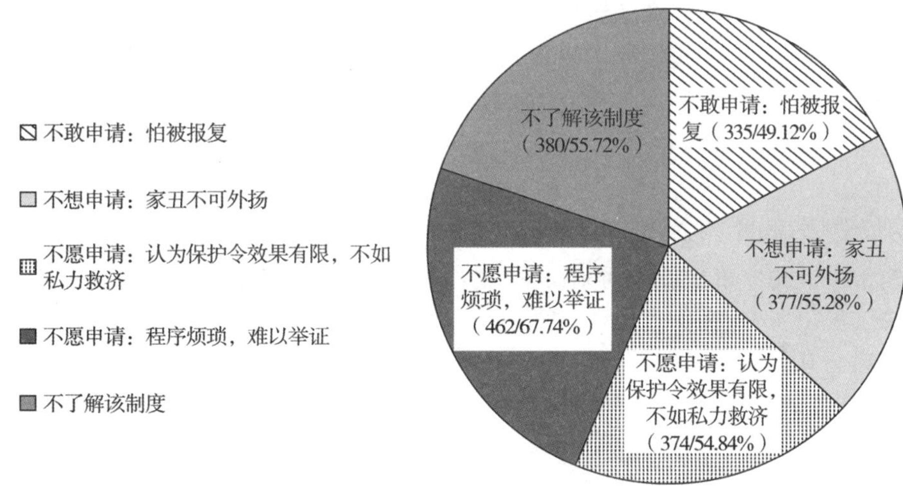

图 22　公众认为限制申请人身安全保护令的原因

图 23 显示，民众在遭遇家庭暴力后首先会选择向派出所、妇联或村（居）委会求助，法院及民政局多为备选项。据受访法官介绍，问卷的结果与现实的情况相符，民众在遇到家庭暴力时，会想到报警以及向妇联、社区等求助，法院和民政局处于最末尾的选项。

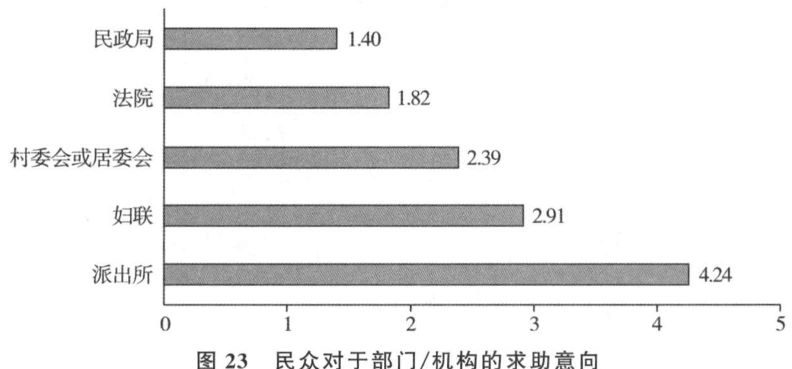

图 23　民众对于部门/机构的求助意向

对于保护令的实施，各部门存在联动不足的问题，由于公安警力不足、家庭暴力涉及个人隐私等问题，妇联、村(居)委会、民政局、公安局等机构在家庭纠纷解决及保护令的落实上处于被动方。出于维系社会公信力、避免侵犯公民的个人隐私、促进未来工作的顺利开展等原因，这些部门不会过于积极主动地了解相关情况，难以在法院的取证上提供有效帮助。各部门的联动性不足，责任分配不明，沟通机制匮乏，一定程度阻碍了保护令发挥效果、落地实施。

四、主要存在问题和困难

(一)申请前面临的困难

1. 社会公众认知不足

徒有善法不足以自行，公众学会运用法律制度保护自身权益十分重要。本次问卷调查结果显示，尽管家庭暴力在私领域中频繁发生，但由于欠缺有效的传播渠道和广泛的宣传活动，加上社会文化与传统观念的束缚，公众对保护令制度普遍存在“不了解”“不信任”的问题。社会环境与制度没有形成良性互动的关系，是削弱保护令制度的有效性的重要原因之一。

2. 各机构履职情况差

在厦门市鼓浪屿家事法庭走访调研中，我们得知：目前承担着反家暴职责的部门组织，如妇联、社区、派出所等，在信息共享、协同联动上表现效果不佳，各组织的协助执行内容尚待进一步明确。几大部门虽每年会定期召开家事联席会议，但是具体落实到实践操作问题时，由于缺乏具体的执行细则以细化各部门的执行职责和权力，无法可依、相互推诿的现象频频发生。

首先，体现在证据资料的收集方面，相关法律并没有明确各主体在处理受害者的控诉时主动收集证据的义务，证据的形式内容也没有进行具体统一的规定。

其次，在代为申请制度实践中，代为申请往往十分被动。裁定书的实证研究结果表明，仅10份案例涉及第三方申请主体，其余1129份案件均由本人提出申请。因此，如何真正发挥代为申请制度的作用，化被动为主动，最大限度保障弱势群体，仍是实践中的一大难题。2022年8月正式实施的《人身安全保护令规定》对代为申请制度进行了适当的扩充，其应用效果有待实践检验。

最后，在强制报告义务的履行上，2022年3月新出台的《保护令实施意见》中细化了相关义务。但是相关立法规定对“造成严重后果”中“严重后果”并未明确规定。再者，相关责任形式的缺失明显削弱了强制报告主体履行义务的积极性和主动性。

(二)申请中面临的困难

1. 申请人证据意识薄弱，相关证据难以收集

《反家庭暴力法》中规定了法院作出保护令的条件，即申请人明确、请求具体、有遭受家

庭暴力或者面临家庭暴力现实危险的情形。[①] 当事人提交的证据是认定是否存在上述情形的关键一环。根据前文所列数据,列明当事人在申请时向法院提交证据材料的案件不足50%,考虑到部分裁定书中缺乏对证据的描述和分析,比例依然有待提升。

一方面,家庭暴力事件发生在家庭内部,较隐蔽。加之部分家暴行为事发突然,当事人在处于弱势地位时难以冷静收集证据,导致举证困难。若不存在长期连续的暴力行为,当事人又无录音、拍照等固定证据的意识,往往难以留存相关证据。另一方面,申请人举证与相关机构的作用息息相关。根据调研结果,申请人曾向妇联、居委会或村委会、单位等求助的比例不足3%。在其余676个当事人报警求助的案件中,仅有288个案件中提交了接(报)处警登记表,以“家庭暴力告诫书”“行政处罚决定书”作为证据的案件更是少之又少。[②] 若申请人遭受家暴后未能及时报警,或相关机构接到求助后未履行法定的义务,向当事人出具相关的记录予以证明,则更加不利于收集相关证据。

2. 法院核发标准不明,自由裁量范围较大

即使在申请人提交证据的情况下,本文研究发现,由于法律未对何为“现实危险”作出明确规定,法院难以对此作出判断。45个因证据不足而驳回申请的案例中,存在申请人提供多次接处警工作登记表,法院仍然不予签发保护令的情况。[③] 而在离婚诉讼期间申请保护令时,法院认为在此期间双方可能存在较为尖锐的矛盾,故而符合签发的条件。上述截然不同的裁判思路,体现了在保护令案件中较大的自由裁量空间。

此外,由于《反家庭暴力法》仅对保护令案件作出原则性的规定,裁判中对于证据审查标准不一,造成认定上的混乱。本文认为,由于家暴案件存在特殊性,机械套用一般的“高度盖然性”规则难以实现对受害者的充分保护。[④] 实践中少数法院也认识到了这一点,在证据不能证明申请人遭受了家庭暴力或者面临家庭暴力的现实危险时,出于对弱势群体的保护而出具保护令。[⑤]《人身安全保护令规定》虽尝试对该问题予以回应,仍未从根源上予以明确,对于如何判断“较大可能性”及其在实践中的效果仍未可知。[⑥]

---

① 中华人民共和国中央人民政府.中华人民共和国反家庭暴力法[EB/OL].(2015-12-28)[2023-11-06].https://www.gov.cn/zhengce/2015-12/28/content_5029898.htm.

② 二者分别为36件、18件。

③ 邱庆红、黄玉平人身安全保护令申请审查民事裁定书[EB/OL].(2021-09-18)[2023-11-06].https://wenshu.court.gov.cn/website/wenshu/181107ANFZ0BXSK4/index.html? docId=bJZNHd NjlweK9W9CZ69bGF/9+lQOvZZn44Se7xT3o3D0ZAdIDfkpWPUKq3u+IEo47IUsitLEBzBcCIub5/SVqUB S7d3Vl3JXBPYhs6myRzVJ/edkX4mvcgvXOM63XSWj.

④ 李祖军,吕辉.论家事审判改革背景下人身安全保护令制度的再完善[J].辽宁师范大学学报(社会科学版),2019,42(5):20-29.

⑤ 朱宝茹等与张宝庆等申请人身安全保护令民事裁定书[EB/OL].(2021-11-22)[2023-11-06].https://wenshu.court.gov.cn/website/wenshu/181107ANFZ0BXSK4/index.html? docId=7mxCG1kfqFKoknBbF2FEvXkZ/XonD2DkiC9rUVkTH6p5BLURUsytlPUKq3u+IEo47IUsitLEBzBcCIub5/SVqUBS7d3Vl3JXBPYhs6myRzWpp6LKRaZlbzYBNLaUlTf2.

⑥ 最高人民法院.最高人民法院关于办理人身安全保护令案件适用法律若干问题的规定[EB/OL].(2022-07-15)[2023-11-06].https://www.court.gov.cn/zixun-xiangqing-366021.html.

3. 依职权调取证据力度不足

《保护令实施意见》第 11 点首次提出法院应当加大依职权调取证据的力度。《人身安全保护令规定》中第 5 条也明确规定法院依职权调取证据的情况：其一，当事人因为客观原因不能自行收集的证据，可以申请法院调查收集；其二，法院经审查认为审理案件需要的证据，应当调查收集。上述文件阐明了未来在保护令案件的证据采集中应当逐渐提高法院职权取证比重。

经本文统计，目前 959 份核发申请令的裁判书中只有 6 份涉及法院依职权调取证据，且所调取证据的类型均为申请人遭受家庭暴力后报警形成的存储于公安机关的相关文件。无独有偶，申请核发的 1018 个案件中提供接(报)处警登记表作为证据的占 27.7%，远高于占 17.68%的诊断说明书。可见，接警记录为法院依职权取证的第一大类型证据。此外，驳回申请的案件中因证据不足而驳回的占 61.6%，是申请被驳回的最主要原因。

基于此，本文认为，依靠人民法院依职权调取证据是提高保护令效果之佳策，法院应当积极行使依职权取证的权力，因为目前证明家暴的最常见证据为接警记录，而该记录往往存储于公安机关，当事人得取存在障碍且效率较低。

4. 人身安全保护令的救助手段单一

《反家庭暴力法》规定了保护令包括禁止令、迁出令、远离令及申请人申请的其他措施。研究发现，实践中保护令的救助措施呈现出单一化特点，难以保障受害人的利益。家庭暴力行为存在多样性，缺乏切实有效的针对性措施，使得保护令的保护效果流于表面。《人身安全保护令规定》第 2 条指出家庭暴力行为包括以冻饿、诽谤等方式实施的侵害行为，而调研结果表明，性暴力、经济控制等都是主体可能遭受的侵害。通常观点认为，其他侵害行为可以通过兜底性条款加以救济，但调研发现，法院倾向于选用有明确规定的保护方式。在 959 个有效案件中，禁止令与远离令的应用频率极高，分别达到了 96.45% 与 70.39%，仅有 3 件案例中法院采纳了其他的保护措施，具体包括禁止毁坏生活设施和物品、禁止实施断水等。

法官的认知水平影响了保护令措施的选用，进而制约了其功效的发挥。在迁出令的适用上，部分法院认为房屋为家庭成员共同财产，故申请人无权请求被申请人迁出住所。在远离令的适用上，部分法院以双方尚未离婚为由驳回申请人的请求。保护令设计的初衷并不以婚姻破裂为前提。若法院以保障婚姻家庭中加害方的权利为由，拒绝采纳远离令、迁出令等有效的保护措施，势必会将弱者置于危险之地，背离制度初衷。

(三)申请后面临的困难

1. 人身安全保护令核发后执行困难

结合访谈内容，本文发现保护令的核发仅仅是保护受害者的第一步，如何切实变成“保护”的应是实际执行，执行难更是保护令的主要问题：

其一，保护令执行的启动难，主要体现为送达难与当事人不配合。根据《人身安全保护令规定》第 2 条，人民法院审理保护令属于非诉程序。《反家庭暴力法》的实施由法院结合具体情况自由裁量。可见，在非诉程序中，被申请人保护令核发的参与、法院听取其意见中，均存在较大自由裁量空间，且保护令难以送达。

其二，执行主体（主要执行/协助执行）的角色与力量不适配。法院在送达保护令后，对申请人保护不足，且强制执行也因流程多、效率低而不能及时生效，公安机关也仅能在被申请人违法时制止，所以各自的角色出现“力不从心”的现象。

其三，相关责任主体缺乏工作衔接的有效机制。村居委会、妇联等主体对核发的保护令仅有定期回访与跟踪的权利。各主体的义务界定也不明晰，实践中常出现互相推诿与怠惰的问题。

综合法律法规及相关规范性文件，本文总结了保护令的执行渠道，如图 24 所示。

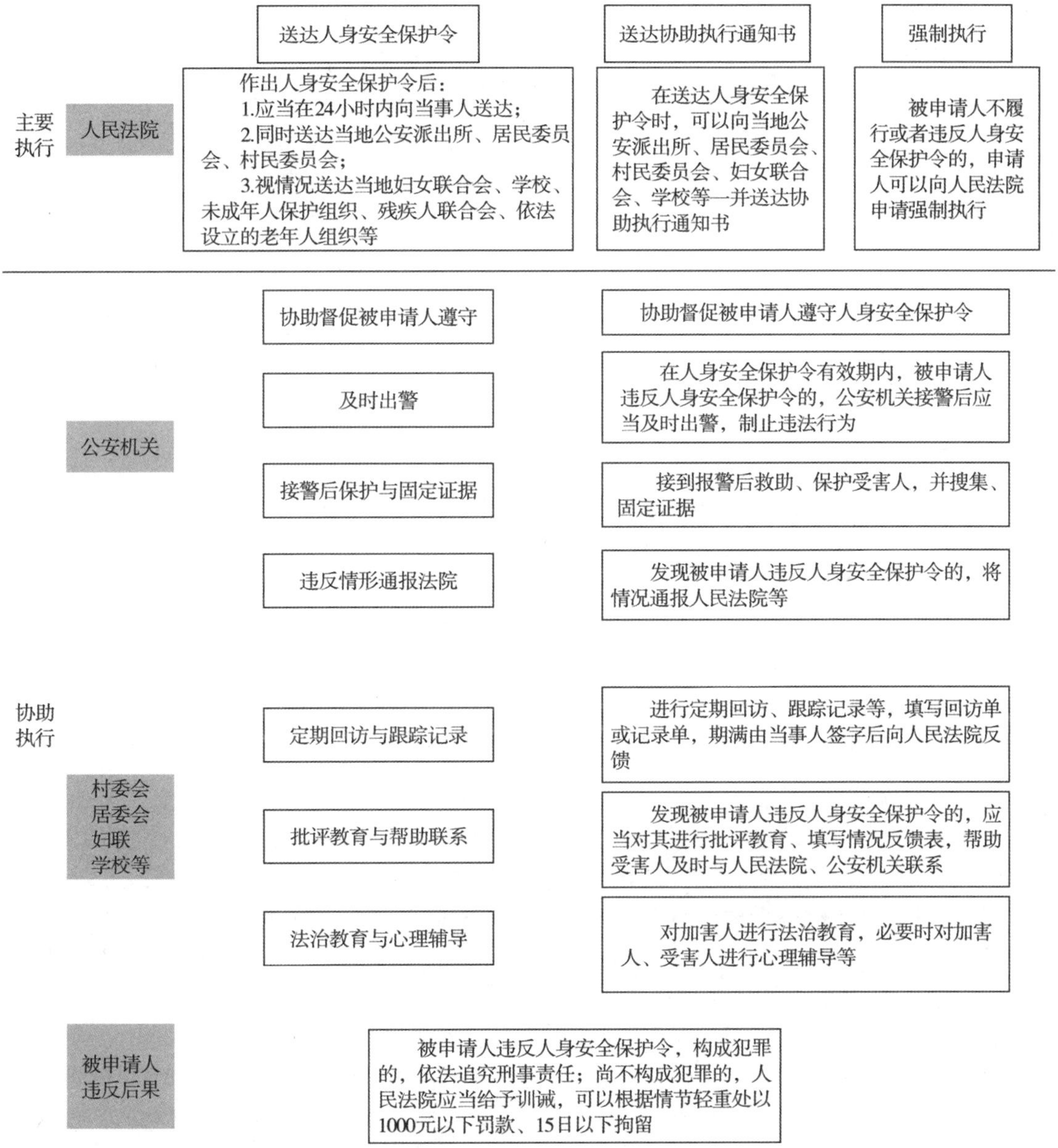

图 24 人身安全保护令的执行渠道

2. 违反保护令惩罚力度不足

在签发的959份保护令中,被申请人的自觉履行率高达99.58%。整体成效固然可喜,但是,我们也应当看到被申请人再次施暴的现象。以"邓某某申请人身安全保护令案"为例,法院于2020年3月10日作出民事裁定,禁止被申请人董某殴打、威胁、骚扰、跟踪申请人邓某某及其相关近亲属。时隔半年,被申请人董某带人对申请人邓某某父母进行谩骂并更换门锁,之后董某再次向申请人的父亲发送威胁短信。

家庭暴力的实施者无视法院裁定,根源在于违法成本过低、惩处力度不足。《反家庭暴力法》第34条明确规定违法者需要承担的责任后果。对于训诫,前述案例已充分阐明该法律责任显然不足为惧。较有力度的措施应为拘留,但其极少被采用,一则司法拘留须由主管院领导批准,程序烦琐;二则人民法院缺乏可以关押被申请人的场地。再者,《刑法》中并未将违反保护令行为作为罪名予以规定,能否认定为拒不执行判决、裁定罪也存在广泛争议。基于此,本文认为保护令制度存在法律责任畸轻、威慑力不足的问题。

五、解决方法与政策建议

(一)完善相关规定,细化部分规则

1. 明确家庭暴力

《反家庭暴力法》第2条采用列举加之兜底性条款的方式明确了家庭暴力的内容,具体包括殴打、捆绑、残害、限制人身自由以及经常性谩骂、恐吓等身体和精神上的侵害行为。最高法在《人身安全保护令规定》中将概念进一步细化为家庭成员之间的冻饿以及经常性侮辱、诽谤、威胁、跟踪、骚扰等行为。从调研数据中可知,前述规定已较为充分地涵盖了现有家庭暴力的多发形态,但实践中展现出的新型的暴力行为依然不容忽视。结合各地市有关规范及现有学术观点,本文认为应当将"性暴力及其他违背当事人意愿的性行为"及"实施经济控制等侵害他方财产权益的行为"纳入家庭暴力的范围内。

2. 扩大适用范围

关于保护令的适用主体,《人身安全保护令规定》第4条对《反家庭暴力法》第37条中"家庭成员以外共同生活的人"予以细化,将具有姻亲关系的共同生活成员明确列入,为法院提供了裁判的依据,值得肯定。但上述主体依然与申请人存在亲属关系,未能由亲属关系突破至情侣间、前配偶、前姻亲之间的关系,导致法院将此类案件排除在保护令的适用范围外。实践中申请人因分手或解除婚姻关系后的遭受骚扰或暴力的现象屡见不鲜,若仅因申请时不符合物理空间上的"共同生活"条件而无法成为适格的主体,无法充分保护此类受害者的权益,也与现实情况不符。本文认为,应当在司法解释中扩大保护令的主体范围,针对社会关系的多样性,除空间上的共同外,充分考虑申请人与被申请人现在及曾经具有的情感联结与亲密关系,扩大法律保护的主体类型。

3. 增设救济措施

现有保护令的救济措施主要涉及受害者的人身权益,针对的暴力行为集中表现为"殴

打、威胁、谩骂、跟踪、骚扰和接触”。尽管立法同时规定了兜底条款，但实践中它的应用极其有限，因此对部分保护性措施加以明确列举具有现实上的必要性。本文认为诸如“性暴力”“冷暴力”“精神控制”等关涉人身权益方面的侵害可以通过完善“家庭暴力”的认定加以解决，现有规范应当增强对受害者财产性权益的保护。具体而言，在婚姻家庭内部，若出现一方主体通过掌控经济大权来实施精神控制时，法院应当签发保护令，允许各主体依法平等使用共同财产，或强令施暴方给予受害者一定的补偿金和赔偿金，以此保障弱者的生存权，避免其因经济因素受到钳制。

4. 健全证据规则

由于保护令并未建立起专属的证据规则，法院与当事人都深受其扰，考虑到《反家庭暴力法》保护弱势一方的价值倾斜，急需明确相关的证明标准以期申请人救济有方、法院裁判得当。对于禁止令而言，事实上并未对被申请人施加其他的法律义务，仅要求其遵守一般的行为准则。而迁出令则可能对被申请人的生活造成影响，可以对不同内容的保护令分别进行考量，前者的证明标准应当低于后者。① 结合《人身安全保护令规定》，法官应当综合被申请人过往家暴史、事件紧急程度等因素，根据内心确信作出判断。② 另外，在举证责任的分配上，应当充分考虑到申请人因客观原因造成的提供证据有限，在仅能提供口头陈述、伤情照片等间接证据时，经人民法院认为存在家暴可能时，可以将举证责任转移至被申请方。实践中部分地区已出台相应规定，但囿于法律效力不高，未能在法院审理中被广泛采纳，应当在司法解释层面予以确立。③

5. 提高违令成本

为实现阻却暴力、保护弱者的立法目的，完善保护令的惩戒机制、提高施暴者违法成本势在必行。其一，提高罚款金额上限，规定人民法院可视情节轻重处以5万元以下的罚款。随着经济的快速进步，人们的收入水平不断提高，法条规定1000元以下的罚款难以充分发挥制度应有的威慑作用。其二，加大刑事打击力度，明确违令刑事责任。有学者指出依据《最高人民法院关于审理拒不执行判决、裁定刑事案件适用法律若干问题的解释》，违反人民法院限制高消费及有关消费令等的行为，可以以拒不执行判决、裁定定罪量刑。④ 举重以明轻，因违反保护令被罚款或拘留后仍拒绝履行的也可以此定罪。本文认为该观点具有合理性，应当予以采纳。其三，拘留措施的完善可以通过法院与公安机关的联动执行加以解决，故此处不再多加赘述。

(二)强化多方参与，明确机构权责

1. 主要机构的法定职责

《人身安全保护令规定》《保护令实施意见》中均明确传达了明晰各部门职责、加强协同

① 肖建国，丁金钰.人身安全保护令中的证据问题研究[J].法律适用，2022(7):22-33.

② 重庆市高级人民法院发布人身安全保护令工作指引[EB/OL].(2019-11-27)[2023-11-06].http://cqgy.cqfygzfw.gov.cn/article/detail/2019/11/id/4692907.shtml.

③ 广东省高级人民法院.广东法院审理离婚案件程序指引[EB/OL](2018-10-03)[2023-10-15].http://www.gdcourts.gov.cn/gsxx/quanweifabu/content/post_1048237.html.

④ 王丹.人身安全保护令制度若干实践问题探析[J].法律适用，2022(7):11-21.

联动的精神要旨，结合调研结果中暴露的保护令制度存在相关部门职权不明确、行权不落地、协作不到位等问题，本文主张应当构建以“公安法院为核心，其他部门为辐射”的协同联动机制，走好从接手求助到落实救助的“最后一公里”，具体意见如下：

(1)构建申请前的义务体系。家庭暴力具有隐蔽性，且存在当事人羞于或无法主动求助的情形，故保护令的申请绝不能发展成为单纯的“亲告令”，各机关应有效协助被害人进行申请，现有制度中已规定较为详尽，但是落实有失，原因如下：一则缺乏法律效力，较难受到基层组织重视；二则普及与贯彻程度不高，基层中尚且存在涉及机关不知该文件存在的情形，更何谈构建与此适配的工作机制。据此，在有关规定未能写入更高效力的法律文件之前，发布机关(最高人民法院、全国妇联、教育部、公安部、民政部、司法部、卫生健康委)应当组织下属各部门机关学习该文件，宣传学习的触角应深入各县区街道。同时，各部门应细化内部职责，具体包含是否履行主动告知、强制报告与代为申请的义务，内部定期审查并以此作为工作考核标准。此外，针对医疗机构，卫健委应当在医疗系统中加强保护令制度的普及。重点为各级医院接诊后涉及的主动告知义务、强制报告义务与搜集、固定证据义务，尤其针对隐秘性较强、当事人不愿声张的家庭暴力行为，医疗机构往往会成为第一知情主体，亦能够固定证明力较强的诊疗记录作为证据。

综合法律法规及相关规范性文件，本文梳理总结了保护令申请前各部门所承担的义务，如图 25 所示。

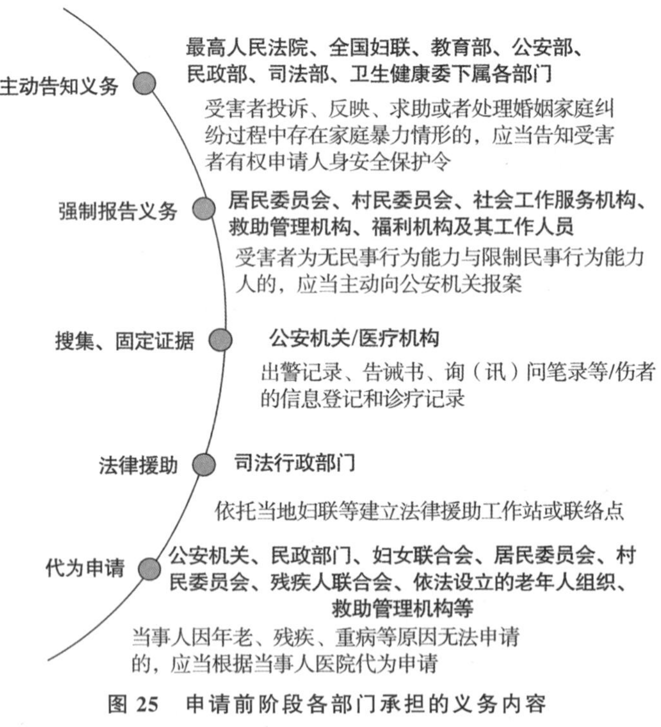

图 25　申请前阶段各部门承担的义务内容

(2)打通申请中的“保护快车道”。申请保护令代表申请人处于遭受暴力的较大危险中，此时尽快受理、核发为首要之义。《人身安全保护令规定》明确法院审查期限不得超过 72 小时，情况紧急的不得超过 24 小时。如何提高核发效率，又不会因为过分压缩审查时间而产生问题，关键有二：一是加强各部门同法院的协同互助；二是各机关事前较好地固定证据，并可迅速为法院提供。各地法院可效仿重庆首创的“一站式”保护令申请机制，实践中重庆最快可1～2天发出保护令①，本文将于下文提出实施方案。同时，法院应当加强依职权调取证据，并尽快进行调取，尤其针对存储于公安机关与医疗机构的相关记录，亦可依托本文下述方案。最后，法院应当提高送达效率，并保证“有效”送达。法院应优先选择直接送达，并且在送达之时对被申请人进行说明教育，必要情况下可以联合被申请人所在地区的村居委会、妇联等进行法律法规教育与心理疏导。

(3)完善申请后的执行机制。①重新划分执行主体。《反家庭暴力法》将人民法院作为保护令的执行主体，但基层法院本承担繁重的审判职责，且司法警察力量薄弱，实践中大多仅能在申请人申请强制执行之时履行义务，与立法本意相差千里。本文主张通过立法形式将公安机关从协助执行主体提升至执行主体：首先，公安自保护令送达之时开始执行。其次，公安牵头构建专档专案，作为辖区内保护令执行的核心。再次，立法赋予公安机关具体权力，应当明确与不同类型保护令对标的执行手段，例如被申请人违反远离令或迁出令的，公安有权将其强制带离与迁出等。同时，该职权应当下放到最基层的派出所，贯彻到接警最前线。值得强调的是，此种赋权并非为保护令搞特殊，而是与我国基层司法执行一脉相承。与针对犯罪分子的禁止令由社区矫正机构执行相比，人身安全保护令由第一接警方的公安执行更加符合司法经验。②

②明确并落实协助执行。为避免家庭暴力的现实危险，应当由协助义务主体承担事前预防职责，其中以日常监督为主要内容。其一，明确协助义务的主体，公安辖区内的相关社会组织均负担该义务，包括但不限于民政部门、村居委会、妇联、学校、残联与救助管理机构，上述均应当设置相关部门或由专人负责保护令协助执行工作，统一学习保护令制度，并形成严格通畅的内部流程。其二，落实专档专案模式。公安接收保护令后立即建档，并立即通知相关机关，形成保护令执行联合工作团队。其三，以立法形式明确协助主体的权利与义务。应当仿照《社区矫正法》相关规定，制定具体规则：(1)定期跟踪与回访，结合家庭暴力的现实危险性，以1月或2月为期，以村居委与妇联工作人员联合对保护令的执行情况进行了解，发现问题提早解决，同时在申请人同意的情况下对其进行心理辅导，帮助其走入新生活；(2)迅速反馈机制，一旦申请人再度向协助机关求助，应当协助其迅速联络公安机关，并配合执行；(3)对被申请人的法治教育与心理辅导，与社区矫正不同，保护令为民事禁令而更具人性色彩，执行主体应当保证对被申请人至少一次的法治教育与心理辅导，最好法院应当在诉讼前通知执行机关，由执行机关陪同送达，在送达同时向被申请人进行说明教育，既有利于提高送达效率和质量，更有助于从源头避免被申请人违反保护令。

2. 配套职责

保护令制度不可剥离反家庭暴力工作，除去核发执行等主要工作，应当不断融合到临时庇护、法律援助、法律法规宣传、人民调解、司法协助、社会工作和心理疏导等工作之中，实现“多层次、多样化、立体式的救助体制”。

---

① 重庆全国首创缩短人身安全保护令申请和签发时间，最快1至2天可发出[EB/OL].(2021-01-12)[2023-10-14].http://www.lifeforever.cn/index.php? m=&c=newsdetail&a=index&id=839324&nowCat=163.

② 季凤建.刍议人身安全保护令的执行[J].人民司法(应用),2016(10):12-16.

(三)加强普法宣传,增强公众认知

从调研结果看,加大《反家庭暴力法》的宣传力度势在必行。主要有以下措施建议:

首先,在传播主体的创新上,以官方媒体为主导,鼓励与引导自媒体参与法律宣传。官方媒体一方面可以通过宣传作品征集、举办比赛等形式激励自媒体创造并发布面向不同群体的宣传作品,另一方面也可以采取与自媒体共同创造普法作品的形式,如利用好 B 站推出联合投稿功能,发挥各自不同的传播优势。

其次,在传播手段的创新上,结合 VR/AR 技术,借助网络游戏、展馆互动等渠道构建直观体验的虚拟场景,增强法律传播的生动性、真实性。聚焦家庭暴力题材,采用缝合叙事与情感转喻策略拍摄电影、网络短剧也是普及保护令制度的有效途径。同时,对于较少使用电子产品的老年人、未成年人群体,仍需联动线上线下,在社区、校园中开展宣传活动,以文艺节目、发放传单、传播课堂、开展知识竞赛、展板讲解和案例剖析等形式,吸引更多人社区参与,向民众面对面讲解反家暴知识。

最后,在传播学的框架内,传播内容的创新不仅要紧跟时事热点,更需结合信息传播的生命周期进行有策略的宣传。在舆情上升期,政法机关应迅速回应,针对案件具体情况发布相关法律措施,引导舆论走向理性与公正。而在舆情的衰退期或平稳期,可以释放更为深入的、专业性的法律解读,借由“从案例到法理”的方法,逐步深化法治教育,打造类似“法治公开课”的系列传播。在法律信息的传播中,应细致平衡大众化与专业化的内容,注重揭示事件背后的法律原理,而非过分追求事件的戏剧性和情感化表达。同时,宣传内容应有明确的目标受众定位,并坚持原创性,避免大量重复信息导致公众产生信息过载或视觉疲劳。

(四)构筑一站式网络平台,完善多部门合作机制

本文认为,欲解决人民法院在接受申请、监督执行中存在的困境和其他部门在配合履职上的缺失等问题,需要建立一个多部门参与的工作机制,这种工作机制可以采用互联网平台的形式,一站式完成各部门协办申请、转介、督办、通报、信息共享、证据上传和固定、保护令监督执行等工作。

1. 构建该平台的依据

首先,与人民法院相比,妇女联合会、公安机关、居(村)民委员会、法律援助中心等机关、单位更加贴近于公民的日常生活,能够第一时间到现场了解情况、固定相关证据。调研问卷也显示,大多数受访者遇见家庭暴力时首要求助的对象并非人民法院,而是公安机关、社区等。因此,多部门的联合参与是有现实需求的。

其次,《反家庭暴力法》规定,县级以上人民政府负责妇女儿童工作的机构应当负责组织、协调、指导、督促有关部门做好反家庭暴力工作。在一些省市的细化规则也提出,应当探索联合工作的机制,例如山西省提出,要建立“家庭暴力处置会商、协办、转介、督办、通报等工作联动机制”“预防和处置家庭暴力信息共享机制”①,要求各职能部门在县级政府领导下,在会商、协办、信息共享等方面进行合作。因此,建立这样的联合工作平台,有着上位法

---

① 山西省家庭暴力预防和处置办法[EB/OL].(2021-01-15)[2023-11-06].https://flk.npc.gov.cn/detail2.html?ZmY4MDgwODE3N2U3NWY4ODAxNzg1OGRhNDliZDc5MDc.

的依据。

最后，从技术条件上看，重庆市已经建立“一站式”保护令申请机制，以重庆市网上智能法院为依托，建立婚姻家庭纠纷预防化解、反家庭暴力多部门联动工作机制。而在线警务平台、在线政务平台等也已是各地普遍存在的做法，建立一个多部门共同参与的互联网工作平台，技术条件是成熟的。

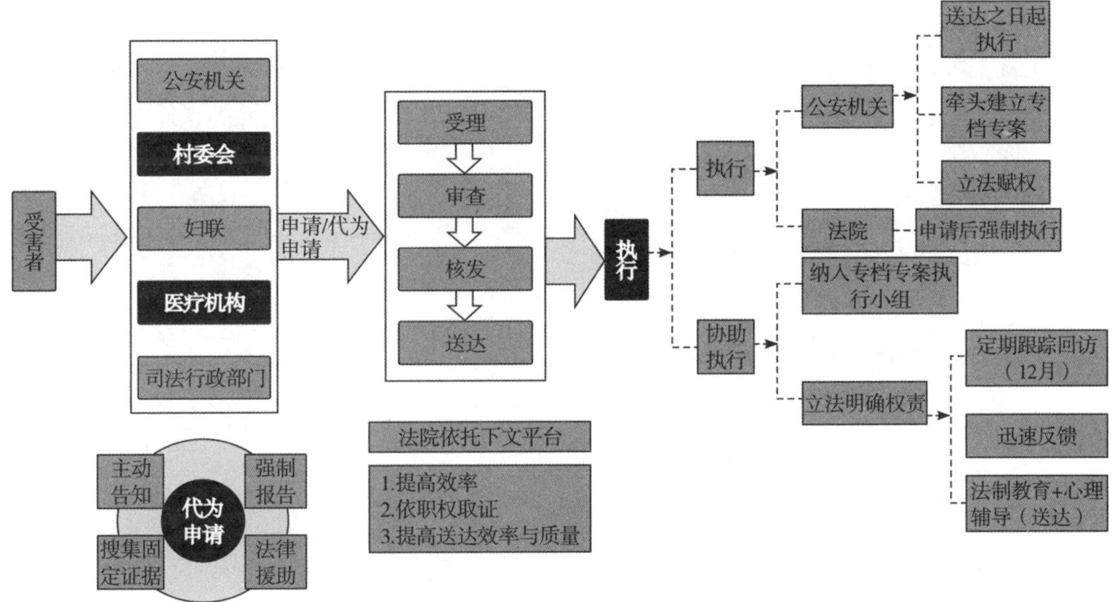

图 26 “一站式”保护令申请机制

2. 建立一个各部门共同使用的平台系统

参考现有的技术能力，可以搭建如图 27 所示的平台：

(1)用户页面：普通民众通过身份证绑定注册账号，使用该平台。该平台可以提供以下功能：

①一站式报警选项，通过该选项当事人可以选择自己想要求助的单位部门。

②遇见家庭暴力时的法律指引选项，通过该选项向用户介绍遇见家庭暴力时可采取的法律途径和可求助的部门，普及相关法律知识。

③已申请保护令案件的办理情况。通过该选项调用自己相关的案件信息，查询目前案件的办理情况。

④证据收集与固定、上传的选项。通过该选项，用户可了解证据如何进行保存、应当掌握哪些证据，对于可以电子化的证据进行上传予以记录。

⑤请求其他机关代为申请保护令的选项。在这个选项中，可以通过该平台发布申请，平台分配相应机关单位进行核实并代为申请。

(2)实现各部门协作的后台，该后台为各部门协作提供多种功能选项：

①报警信息共享。针对不同部门受理的家庭暴力案件，都应将家庭暴力信息及时上传至该平台与其他机关、单位共享，并提出联合工作的申请。例如，在公安机关接受报警时，可以申请法律援助中心人员、社区工作人员等共同前往，提供人身保护、社区调解、法律援助服

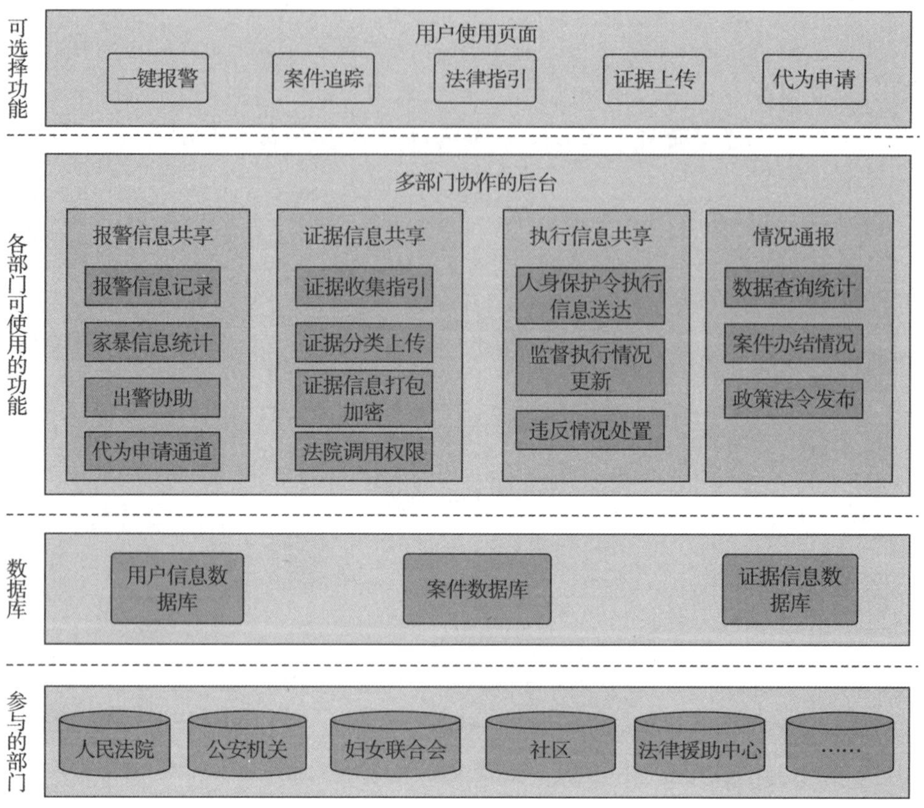

图 27　一站式网络平台示意图

务，其他机关、单位不必再单独接受报警或求助。同时，具有强制报告义务的单位也可通过这个平台履行其报告家庭暴力现象的义务。

②证据信息共享。在平台中安排证据收集指导单元，在特定某单位接受求助后，可以根据平台的证据收集指引，引导当事人收集和固定证据，并将自己所掌握的证据信息上传至平台。这些证据信息通过加密打包后与特定案件绑定，进入证据信息数据库，方便人民法院等其他单位调取。

③执行信息共享。法院通过该平台将做出的保护令裁定送达各协助执行的机关、单位。对于裁定执行情况，也由协助执行的机关单位进行更新通报，避免重复回访，降低效率。在发现违反保护令的情况时，可以一键报警请求其他部门协助，并将信息反馈给法院。

④信息通报。一方面，依据于平台的数据库，可形成家庭暴力数据统计周报、月报，了解家庭暴力案件发生情况。另一方面，通过对案件数据库的调用，对办结情况进行追踪，督促相关部门及时履职。对于一些案件办理的新立法，新规定也可通过该平台进行发布，提升各部门协同工作能力。

(3)可调用的数据库。首先，该平台可以建立用户信息数据库和案件信息数据库，统计报警信息、访问数据、案件办理情况，将用户信息与案件信息进行匹配，及时查询和反馈案件情况；其次，可建立证据信息数据库，将当事人与各部门提供的证据信息以当事人或案件为分类进行打包，为当事人固定证据、法院调取证据提供便利。

六、结论与建议

根据以上调研总结，人身安全保护令制度在申请前存在宣传不足、各职能机构权责不明配合较差的问题，在申请中面临着证据搜集困难、核发标准不明确、救助手段单一等问题，在申请后的执行阶段则面临着缺乏执行力量、各执行主体配合衔接不顺畅等困境。为解决以上问题，本文建议可以从以下方面入手：一是要进一步细化制度规则，明确核发标准和举证责任；二是强化多方参与，明确各部门权责；三是加强法律宣传，增强公众认知；四是构建一站式平台，完善多部门合作机制。

Investigation on Domestic Violence and Its Judicial Intervention Practice ——Taking the Personal Safety Protection Order System as the Object

Li Enmin　Tong Yao　Xu Weining　Chen Linrong
Li Zhihong　Liu Hongyan　Yang Yige　Xue Zhaoqin
(Xiamen University, Xiamen, 361005)

Abstract: It has been six years since the introduction of the Personal Safety Protection Order System. However, instances of domestic violence still emerge in an endless stream. Survey results collected from channels including questionnaires, statistics of relevant judicial documents and field visits by competent authorities show that the Personal Safety Protection Order System has encountered problems at specific implementation level. These problems are insufficient publicity, lack of cross-functional collaboration, difficulty in evidence collection and inadequate enforcement, which have obviously impaired the effectiveness of the System. In order to solve these problems, four countermeasures must be taken. Firstly, rules related to the System must be further refined; secondly, roles and responsibilities of competent authorities must be clearly defined; thirdly, legal publicity must be strengthened; and fourthly, a one-stop platform must be put in place to improve cross-functional collaboration.

Key Words: personal safety protection order; application effectiveness; insufficient application; improved countermeasures

附录一　访谈提纲

1. 司法机关平时工作强度如何？

2. 日常处理的主要是哪些方面的案件？

3. 申请人身保护令或者法庭核发人身保护令需要经历哪些步骤？

4. 不同申请原因的人身保护令的占比有具体的数据吗？

5. 在人身保护令申请案件中，证据的审核标准和传统民诉法上的审核标准，有什么出入？

6. 衡量人身危险性有什么量化标准吗？

7. 对冷暴力或者经济暴力比较难判断的话，有遇到过相关的案例吗？

8. 申请主体可能有未成年人或者是妇女或者是老人，一般是以哪种主体类型为主？

9. 一般会颁发哪些类型的保护令？哪个频率高一些？

10. 禁止令在现实中是否可以起到应有的作用？

11. 法院会有配套的后续追踪措施吗？

12. 申请人申请后，法院也打算给他发人身安全保护令，他却因为受到另一方的威胁或胁迫而没有接受，法院是否会对这种现象加以关注？

13. 在颁发人身安全保护令以后，法院会将保护令抄送给哪些机构呢？比如公安、妇联、社区之类的吗？各个机关的配合度如何？

14. 法院与妇联有什么沟通和联系吗？妇联没有明确在这个问题上的具体职责吗？

15. 在实践的过程中，还有什么落实的问题吗？整个福建都没有人身保护令的细则，有没有想过参考其他地方的细则来解决这样的问题？

16. 您作为司法工作者，希望在什么方面对立法有所改进？

附录二　调查问卷及结果

第 1 题　请问您是否了解过《反家庭暴力法》？　[单选题]

选项	小计	比例
非常了解(能够知道基本的内容)	74	10.85%
较为了解(能够知道部分的内容)	139	20.38%
一般了解(仅限于知道这部法律的存在)	360	52.79%
完全不了解(没听过)	109	15.98%
本题有效填写人次	682	

第 2 题　请问您是否听说/亲身经历过家庭暴力事件？　［单选题］

选项	小计	比例
没有听说过	82	12.02%
偶尔听说过	465	68.18%
经常听说过	135	19.79%
本题有效填写人次	682	

第 3 题　请问您认为以下哪些行为属于家庭暴力？　［多选题］

选项	小计	比例
抓胳膊，挠人，推搡	317	46.48%
打耳光，揪头发	466	68.33%
拳打脚踢	492	72.14%
伤害对方自尊心和人格尊严：例如指责、辱骂	421	61.73%
恐吓威胁：以自残、自杀威胁	437	64.08%
冷暴力：例如不理睬、不说话	356	52.20%
经济控制：例如不给生活费	349	51.17%
性暴力：例如婚内违反意愿，试图强行发生关系	439	64.37%
以上都属于	430	63.05%
本题有效填写人次	682	

第 4 题　您在遭受到以下哪些类型的家庭暴力时会选择离婚？　［多选题］

选项	小计	比例
暴力殴打	642	94.13%
言语辱骂	417	61.14%
长期冷暴力	525	76.98%
威胁恐吓	530	77.71%
经济控制	429	62.90%
本题有效填写人次	682	

第 5 题　遭受家庭暴力时,您选择向哪个部门/机构求助的先后顺序会是怎样的?[排序题]

选项	平均综合得分
派出所	4.24
妇联	2.91
村委会或居委会	2.39
法院	1.82
民政局	1.40

第 6 题　请问您是否了解过人身保护令?　[单选题]

选项	小计	比例
申请过	8	1.17%
听过,且较为了解	91	13.34%
听过,但不太了解	343	50.29%
完全没有了解过	240	35.19%
本题有效填写人次	682	

第 7 题　请问您是通过什么渠道了解到人身保护令?　[多选题]

选项	小计	比例
网络或者媒体宣传	319	72.17%
亲朋好友	60	13.57%
相关部门的宣传	169	38.24%
其他	86	19.46%
本题有效填写人次	442	

第 8 题　您认为人身保护令现在存在哪些问题?　[多选题]

选项	小计	比例
举证难度大	253	57.24%
宣传力度不够,不知道这个政策	234	52.94%
难以真正地解决问题,之后的生活难以保障	288	65.16%
程序太过于烦琐	180	40.72%
其他	13	2.94%
不了解	71	16.06%
(空)	1	0.23%
本题有效填写人次	442	

第 9 题　对制度有基本了解之后，在遭遇家庭暴力时，您会选择去申请人身安全保护令吗？　[单选题]

选项	小计	比例
会	471	69.06%
不会	22	3.23%
看具体遭受的伤害情况	189	27.71%
本题有效填写人次	682	

第 10 题　您认为人们不申请人身安全保护令的主要顾虑是什么？　[多选题]

选项	小计	比例
不敢申请：怕被报复	335	49.12%
不想申请：家丑不可外扬	377	55.28%
不愿申请：认为保护令效果有限，不如私力救济	374	54.84%
不愿申请：程序烦琐，难以举证	462	67.74%
不了解该制度	380	55.72%
本题有效填写人次	682	

第 11 题　您对反家庭暴力政策法律或者人身安全保护令，有什么建议？

选项	小计	比例
无建议	567	83.14%
建议	115	16.86%
本题有效填写人次	682	

第 12 题　请问您的性别是？　[单选题]

选项	小计	比例
男性	229	33.58%
女性	453	66.42%
本题有效填写人次	682	

第 13 题　请问您的婚姻状况是？　[单选题]

选项	小计	比例
未婚	409	59.97%
已婚	273	40.03%
本题有效填写人次	682	

第 14 题　请问您的年龄段是？　　[单选题]

选项	小计	比例
0～17 周岁	9	1.32%
18～25 周岁	360	52.79%
26～35 周岁	97	14.22%
36～45 周岁	85	12.46%
46 周岁及以上	131	19.21%
本题有效填写人次	682	

第 15 题　请问您的文化水平是？　　[单选题]

选项	小计	比例
小学及以下	16	2.35%
初中	47	6.89%
高中(职高、中专)	77	11.29%
大专(高职)	65	9.53%
本科	255	37.39%
硕士研究生及以上	222	32.55%
本题有效填写人次	682	

性别与文史哲

Gender and Literature, History, & Philosophy

明清岭南闺秀文化交流圈的建构

乔玉红*

内容摘要：文化交流是文人生活中不可或缺的部分，明清时期岭南的闺秀同样拥有类似的交流与互动。与想象中封闭、沉闷的生活模式不同，岭南闺秀在现实文化生活中有着一定程度上的自由交流空间。本文以明清时期岭南闺秀文化交流圈的建构为研究对象，通过她们的诗作来分析闺秀日常文化生活的交流对象与交流方式：首先是与女性亲属、朋友的交流，她们互赠礼物、写诗唱和，这成为岭南闺秀生活中最基础也最为重要的一个文化交流圈；其次是向家中男性长辈学习和沟通、与族中兄弟共读赋诗，构成她们的第二个文化交流圈，它与第一个交流圈共同构成闺秀日常生活和文化交流的主体；最后，与亲属之外男性士人的交往，则是在第二个交流圈基础上的拓展，它形成女性第三个文化交流圈。借助这三种不同层级却有着紧密联系的文化交流群体，明清时期的岭南闺秀主动或者被动地建构起自己的人际关系与文化交往模式，使闺阁生活变得丰富多彩起来。

关键词：明清；岭南；闺秀；文化交流圈

一、学术背景

现今学界对闺秀文化和闺秀书写的研究投入极大关注，搜集并影印出版了大量的闺秀著作①，从时间和地域上看，多聚焦于明清的江南地区。② 然而在同时期的岭南，有赖于家庭

* 乔玉红，女，天津师范大学历史文化学院副教授，硕士生导师，天津师范大学性别与社会研究发展中心主任，主要研究方向为明清史、性别史。

① 如：方秀洁，伊维德.美国哈佛大学哈佛燕京图书馆藏明清妇女著述汇刊[M].桂林：广西师范大学出版社，2009；王英志.清代闺秀诗话丛刊[M].南京：凤凰出版社，2010；肖亚男.清代闺秀集丛刊[M].北京：国家图书馆出版社，2014；李雷.清代闺阁诗集萃编[M].北京：中华书局，2015；肖亚男.清代闺秀集丛刊续编[M].北京：国家图书馆出版社，2018.

② 此类学术成果有不少，如：钟慧玲.清代女诗人研究[M].台北：里仁书局，2000；黄嫣梨.清代四大女词人：转型中的清代知识女性[M].上海：汉语大词典出版社，2002；高彦颐.闺塾师：明末清初江南的才女文化[M].李志生，译.南京：江苏人民出版社，2005；曼素恩.缀珍录：十八世纪及其前后的中国妇女[M].定宜庄，等译.南京：江苏人民出版社，2005；曼素恩.张门才女[M].罗晓翔，译.北京：北京大学出版社，2015；魏爱莲.晚明以降才女的书写、阅读与旅行[M].赵颖之，译.上海：复旦大学出版社，2016；李惠仪.明清文学中的女子与国难[M]，台北：台大出版中心，2022.

对女性的教育和培养、家中男性对女性才华的推介、社会环境对女性读书的认可以及男性文人对才女文化的推波助澜，明清时期的岭南也出现了大量闺秀诗人，她们在社会和家庭的相辅相成下走出了自我实现的才名之路。[①] 如此兴盛的才女文化现象引起了学者的注意，早在 20 世纪 40 年代，岭南学者冼玉清就在自己的目录学著作《广东女子艺文考》中记录了明清岭南近百家女性所著 106 种书。[②] 在针对岭南闺秀群体的研究上，当代学者魏爱莲的《18 世纪的广东才女》[③]、乔玉红对岭南闺秀和顺德才女的研究也初具规模。[④] 对岭南闺秀著作的整理出版同样有了一些成果，如刘正刚整理的《李蓑猗女史全书》[⑤]等。

与同时期的江南闺秀相比，岭南闺秀具有自己的特色。首先，学者认为，明清时期江南的才女群体中出现结社等团体性的交流活动，如蕉园诗社等，但在岭南才女群体中却没有类似大型结社的文化交流活动，她们的交流始终在一个较小的范围内进行。其次，江南才女文化的繁盛期在明末至清中前期，在 18 世纪时开始走向衰落，而岭南才女文化在 18 世纪之后仍然处于颇为繁荣的局面，这和当地文化的兴盛、交流分不开。最后，明末清初时江南地区已出现以教授女学生为业的闺塾师，而岭南直到清乾隆年间，记载中才发现闺塾师的存在。[⑥] 这些都是江南与岭南闺秀文化发展的不同之处。同时，通过对明清时期岭南闺秀著作进行考察和研究能发现，在日常生活中，尽管她们没有像江南闺秀一样成立较大规模的诗社等交流团体，却也拥有自己较为成熟的文化交流圈。

对岭南闺秀而言，她们的生命轨迹同样按照出生、脱离乳齿、受教成长、嫁为人妇、生育子女、养老助夫、度过晚年、走向死亡这一模式进行。看似平淡的生命历程中，身为主体的女性不得不转换生存空间，离开原本的生活环境并融入新的家庭，以夫家为中心重新建构伦理关系，在新的社区结交新的伙伴。在生活场域的改变中，父母与幼女、丈夫与妻子、母亲与子女的关系构成精神和文化交流的主线。但她们的交流对象并不限于此，除了亲人之外，她们亦突破性别的界限，通过文字与亲友外的其他男性进行诗作交流，从而建构了三个不同却紧密相关的文化交流圈。

在日常语言习惯中，人们常将“才女”和“闺秀”混用，均代指那些有才华的女子，由此又分别引出“才媛”“闺媛”“知识女性”等词。

---

① 关于明清时期岭南闺秀文化为何会出现兴盛的局面，目前已有学者对此进行过较为详细的探讨，详见乔玉红.明清时期顺德及周边的才女文化[M].广州：广东人民出版社，2019：66-99.

② 乔玉红.冼玉清与岭南女性及文化研究[J].山西师大学报(社会科学版)，2013，40(3)：134-137；冼玉清.广东女子艺文考[M].上海：商务印书馆，1948.

③ 魏爱莲.18 世纪的广东才女[M].赵颖之，译.中山大学学报(社会科学版)，2009，49(3)：40-46.

④ 乔玉红，高威.从《广东女子艺文考》看明清时期岭南才女文化[J].澳门文献信息学刊，2016(3)：95-104；乔玉红.古代岭南女性社会形象研究[M].济南：齐鲁书社，2017；刘正刚，乔玉红.明清珠江三角洲女性形象建构研究：以吴妙静、黄惟德、李晚芳为例[M].北京：社会科学文献出版社，2019；乔玉红.明清时期顺德及周边的才女文化[M].广州：广东人民出版社，2019；乔玉红.闺秀诗中主体意志和情感的表达：以明末岭南才女刘兰雪为例[M]//纪德君，曾大兴.广府文化：第 7 辑.北京：中国社会科学出版社，2021：295-316；乔玉红，田帅虎.闺秀的自我书写与士人塑造：以明代岭南闺秀刘兰雪为例[J].澳门文献信息学刊，2023(1)：83-96.

⑤ 李晚芳.李蓑猗女史全书[M].刘正刚，整理.济南：齐鲁书社，2014.

⑥ 关于江南的相关论述在钟慧玲、高彦颐、曼素恩及魏爱莲等学者的著作中多次出现，关于岭南的相关论述在刘正刚、乔玉红等学者的研究中亦有多次体现，不再一一举例。

与“才女”相同的是“才媛”，与“闺秀”相同的是“闺媛”，若对两者进行辨析，按《现代汉语词典》中的解释，“才女”的含义是“有才华的女子”；闺秀则是“旧时称富贵人家的女儿”。[①]细品之下两者还是有差别的。“才女”的指称范围略广，可指那些有才华、有学问、有智慧的女子，也可指在某方面有突出才能的女子。“才女”更注重的是“才”，并未限制女性的身份、地位、出身等背景。但“闺秀”却更强调“闺”，即女性是出身于名门望族，处于闺门之内，在身份和道德上均没有瑕疵。按此分析，“才女”的身份地位可能会多样性、复杂化；闺秀则较为单一，专指大户人家中精通琴棋书画，才貌双全、品行优良的女子。故而，有人将“闺秀”解释为“大户人家有才德的女儿，多指未婚者”[②]。

“知识女性”则是近代才出现的词语，被认为是具有一定程度的文化和科学知识的女性群体[③]，其含义更具近现代语境，网上的解释甚至将“知识”与“知性”对等，强调女性内在的气质、性格、修养等。

本文语境中的“闺秀”一词指出身于士人之家的女性，并不限于她们是否结婚。这些女性因为出身优渥，有机会接触儒家文化，在家庭的熏陶之下从小读书习字，能写诗著述。正因为她们拥有书写的能力，才能借诗作和文字建构起与他人进行精神和文化交流的平台。

二、第一个文化交流圈：同性亲朋

明清岭南闺秀的日常生活并非深锢闺门之内，实际上外表沉闷的闺阁生活同样充满活力，她们同男性一样在文化旨趣上拥有志同道合的朋友和交流对象，同性间的诗文交换、诗歌互答使得闺阁内的互动生动而自然，构成岭南闺秀文化交流圈中最核心、最重要的部分。这个交流圈包括两个层面：

(一)与女性亲人的文化交流

因为能够拥有较长时段且稳定的共同生活经历，闺秀们与女性亲人，尤其是母女、姐妹之间的文化情感交流最为便利，大量文化和知识的传承在陪伴过程中进行。如戴肇辰《光绪广州府志》卷147《列女六》中记载，清乾隆年间顺德闺秀陈广逊[④]从小跟随母亲罗临学习声律，“诸体皆工”。在母亲的某个忌日，陈广逊写下《先妣罗太孺人讳日》，追忆母亲一生的同时回想自己跟随母亲学习音韵曲律之事：

吾母温且惠，旧宅粤山麓。颖悟观群书，女诫早佩服。骚雅绍家风，幽闲远尘俗。二十归严君，篝镫长佐读。裁诗见性情，弹琴理幽独。抱节对寒松，怡颜在修竹。铁城

① 中国社会科学院语言研究所词典编辑室.现代汉语词典[M].7版.北京：商务印书馆，2016：118，491.

② 赵应铎.汉语典故大辞典[M].上海：上海辞书出版社，2007：310.

③ 乔晶晶.论《直觉》中知识女性的困境[M]//刘文松.美国犹太文学研究论集.厦门：厦门大学出版社，2019：121.

④ 陈广逊，字素恭，号静斋，生于乾隆初年，海阳训导陈经世即陈次文之女，羊额布衣何文宰妻，画家何笔江之母，著有《静斋小稿》。

到官署，堆盘怜苜蓿。绛纱韦母风，桃李归乐育。瞻依忆髫年，出入劳顾恍。口授二南诗，音传广陵曲。勉为史册光，无作门楣辱。至今言在耳，抚念泪相续。风木无静枝，俯仰如转烛。一日□难追，百身嗟莫赎。有梦尚能通，含愁安可告。未报三春晖，寸草心烦促。和泪写哀歌，徒然溯芳躅。[①]

康雍年间的顺德龙江闺秀李晚芳[②]，从小跟随其姊学习，行为处事深受姐姐的影响。顺德本地士人梁景璋在为李晚芳所作《叔母李孺人墓志铭》中写道：

孺人五兄一姊，皆读父书，姊尤淹博，为碧江苏门贞妇。孺人幼清猝，有至性，事亲尤谨，六岁受学于姊，姊即苏门贞妇也，授以书，过目成诵。[③]

乾嘉时期号称诗书画"三绝"的顺德才子黎简有两个女儿：黎琼和黎芸。黎简在诗作中提及，小女儿黎芸学习认字便是在姐姐黎琼的带领下进行的：

阿琼生小检形骸，九岁镌花自绣鞋。便拉阿芸学点字，不防慈母佛前斋。[④]

闺秀及其姐妹之间因年纪相近，更容易成为相知相伴、思想沟通和诗作交流的对象。明代顺德容奇闺秀刘兰雪[⑤]的《观蕙若表妹姐妹晓妆》一诗，便将早晨少女们聚在一起梳妆并互比妆容的日常生活场景用诗作记录下来[⑥]。儿时的相伴玩乐随着年纪的增长离她们远去，姐妹们也因种种原因而分离，多年后与表妹蕙若的相逢令刘兰雪恍如身在梦中，姐妹相见的感慨唏嘘借助诗文的互赠在笔下显现：

手谈心力拙，耳语口脂香。以旧相思告，将新嘉会忘。乡音方半改，卷发尚前妆。既见终疑梦，悬心犹未降。[⑦]

这种带有血缘和亲缘关系的文化交流在岭南闺秀的作品中有许多。清乾隆年间陈广逊

① 陈广逊.静斋小稿[M]∥肖亚男.清代闺秀集丛刊：第14册.北京：国家图书馆出版社，2014：145-146.

② 李晚芳，清康雍乾时人，顺德龙江处士李心月女，碧江梁永登妻，子梁炜，著有《女学言行纂》《读史管见》《乡俗居丧辟谬》《续女诫》《释古周礼》等。

③ 李晚芳.李菉猗女史全书[M].刘正刚，整理.济南：齐鲁书社，2014：317.

④ 黎简.五百四峰堂诗钞：卷9乙亥年：杂记[M].广州儒雅堂陈氏版，1796(清嘉庆元年).

⑤ 刘祖满，字兰雪，一字畹卿，其先祖刘魁入粤，占籍番禺，后徙居顺德容奇乡石阁坊，嫁与大宗伯何维柏之后裔、生员何允衎为妻，著有《丛桂剩稿》《梅妆阁诗》。她去世后，何允衎于顺治二年(1645)将其著作编纂成集，惜佚，现存《刘兰雪女史诗钞》或为清代胡文楷抄本。陈永正认为刘兰雪生于万历三十五年(1607)，殁于崇祯四年(1631)，见陈永正.岭南诗歌研究[M].广州：中山大学出版社，2008：444.

⑥ 刘兰雪.刘兰雪女史诗钞[M]∥肖亚男.清代闺秀集丛刊：第3册.北京：国家图书馆出版社，2014：516-517.

⑦ 温汝能.粤东诗海：卷96与表妹蕙若舍奕话旧[M].吕永光，整理.李曲斋，陈永正，审定.广州：中山大学出版社，1999：1792.

和表妹叶澧兰在仙城分别一年后，曾在某个秋日写诗遥寄以表思念：

握别仙城又一秋，鱼书难寄路悠悠。月沉竹榻三更梦，叶落台阶一片愁。九日有花空对酒，孤村无伴独登楼。闺中未卜相逢处，露滴丹枫似泪流。①

又如顺德龙山闺秀邱掌珠②，未嫁时曾与诸姐在梨云小榭赏花，她即兴作诗一首云：

邀月梨云榭，梨花澹可人。飘来帘外雪，清入瓮头春。妆靓花无色，筵开月满身。溶溶迷院落，虚白照西邻。③

后来邱掌珠因故不得不与诸姊分离，只能借赠诗以表达对诸姊的惜别：

欲倩桥西柳，飞花代送行。临歧增别恨，流水带离声。酒冷肠犹热，风回棹转轻。攀条重握手，不尽故人情。④

闺秀刘慧娟⑤也有不少与族中姊妹交流的诗作，可见家族中和她一样能够识字读书的闺秀不在少数。小小的闺阁空间内，闺秀们借由血缘便利成为无话不谈的文化和精神良伴。

（二）与同性朋邻的文化感情交流

除血缘和亲缘间的交流，朋邻闺秀间的来往同样不可或缺，她们常借赠送礼物、节令时的走动进行文化感情上的沟通，借以建构自己的交流圈。陈炎宗编写的《佛山忠义乡志》卷6《习尚》中记载，每年七月十五日，“闺中妇女以彩丝结同心缕，镂菱藕为花鸟形，辅以龙眼、青榄，互相馈遗，曰：结缘。婢仆络绎于道。今此风稍希矣”。互赠礼物成为女性内部通行的情感交流方式之一，她们借此构建起广阔的同性文化交流空间。如刘兰雪喜临池学书，李家小姐李郁李便以古砚相赠，以砚来比喻刘兰雪不屈不挠的气概，兰雪作诗以谢⑥。一个夏

---

① 陈广逊.静斋小稿：秋日寄怀叶澧兰表妹[M]//肖亚男.清代闺秀集丛刊：第14册.北京：国家图书馆出版社，2014：168.

② 邱掌珠，字匊月，龙山诸生邱士超女，生于嘉庆己未（1799），卒于道光甲辰（1844）。她出身于诗书世家，从小学习儒家经典，6岁即谙丝竹，庭训诗书，悉能洞晓大义，尤工吟咏，兼擅绘画。20岁嫁与同县陈虹为妻，安贫守俭，孝事舅姑，著有《绿窗庭课吟卷》。其父邱士超博学多才，所作书的校雠多出于邱掌珠之手。未嫁前辑有《岭南名媛集》，已佚。

③ 邱掌珠.梨云小榭与诸姊赏梨花[M]//绿窗庭课吟卷.龙山邱园刊本，1896（清光绪二十二年）.

④ 邱掌珠.赠别诸姊[M]//绿窗庭课吟卷.龙山邱园刊本，1896（清光绪二十二年）.

⑤ 刘慧娟，香山人，字湘舲，晚号幻花女史，道光十年（1830）生于香山溪角乡，21岁嫁与顺德梁有成为妻，进士梁荣熙、廪生梁步云之母。工诗词，善作赋，精术数，小时尝刲股疗亲，嫁为人妇后，孝舅姑，和妯娌，教子严而爱，持家井井有条。著有《昙花阁诗钞》初、二、三集。如其《留别诸姊妹》《哭二妹》《半月后又哭》等诗，见刘慧娟.昙花阁诗钞[M].刻本.1890（清光绪十六年）//方秀洁，伊维德.美国哈佛大学哈佛燕京图书馆藏明清妇女著述汇刊：第3册.桂林：广西师范大学出版社，2009：171，175.

⑥ 刘兰雪.刘兰雪女史诗钞：谢李郁李古砚[M]//肖亚男.清代闺秀集丛刊：第3册.北京：国家图书馆出版社，2014：537-538.

末，刘兰雪将成熟的莲蓬送与相交甚笃的周小姐品尝，随物而至的还有诗笺一首：

粉坠红销水殿香，西风摇动绿蜂房。也知心苦难成蜜，寄与云英捣玉霜。[①]

闺秀间除互赠礼物、写诗互答等主动的交流活动外，她们也会借助长辈的组织和介绍，被动地建构闺阁间的文化交流圈。在这个过程中，一些长辈女性的作用最为重要，如刘兰雪笔下的"朱叔母"即"明末三忠"之一陈子壮[②]之母。朱叔母与刘兰雪家非亲即友，不仅李郁李姐妹因她与兰雪关系笃亲，她还经常招一众闺秀到家中宴集，一起外出游览北园[③]和海珠石[④]等地。朱叔母的身份有点类似于高彦颐笔下的商景兰、顾若璞等人[⑤]，以自己不平凡的身份为身边的闺秀们搭建起交流的平台。在这一过程中，闺秀们得以相识相知、共同唱和、互换诗作，形成文化和感情上的共鸣。同时，这种宴饮和出游在一定范围内也是被允许的，明末清初的江南女性中就大量存在为享乐而进行的旅行。岭南闺秀与江南闺媛一样，在隔绝的女性理想以及对其流动性和可视性的某种程度的事实接受之间，存在着一个差距。在这一空隙中，妇女享受着一定的自由。[⑥]

因亲情和地缘关系造成的接触帮助闺秀们建立起亲密的感情，但由此而建立的关系网并不稳定。如高彦颐所说，因为它们的成员身份是伴着女性随父、随夫的离去而改变的。[⑦]女性朋友间的分别随着父亲或丈夫所处环境的变化而发生，这些变化表面会使女性之前建立的关系网趋于薄弱。但身体的距离并未削弱、割断这些联系，她们通过送别或遥寄特产进行感情与近况的交流，极大拓展了思想沟通的空间。如刘兰雪有《送黄嫂从宦中州》云：

杨柳千条复万条，断肠攀折在今朝。剩枝不许黄莺坐，留结同心寄洛桥。[⑧]

虽然黄嫂随着到中原做官的丈夫离开岭南，但和刘兰雪的联系却并未断绝。黄嫂到中

---

① 刘兰雪.刘兰雪女史诗钞：馈周小姐莲蓬却寄[M]//肖亚男.清代闺秀集丛刊：第3册.北京：国家图书馆出版社，2014：540.

② 陈子壮，号秋涛，曾于天启四年(1624)抗疏魏忠贤被罢官回到原籍。崇祯九年(1636)，陈子壮再度上书言事被入狱除名，后减死放归。在陈子壮下野的这段时间内，尚在垂髫的刘兰雪在陈母即朱叔母的邀请下去家中赴宴，应陈母的要求当场写下《靖节堂竹陈太夫人限韵命赋》一诗以赞扬陈子壮的气节。

③ 温汝能.粤东诗海：卷96：朱叔母招同李郁李诸姊妹游北园[M].吕永光，整理.李曲斋，陈永正，审定.广州：中山大学出版社，1999：1793.

④ 罗天尺.五山志林：卷3谈艺：陪陈太夫人游海珠诗[M].顺德：顺德县志办公室，1986：55.

⑤ 商景兰(1605—约1676)，是忠明烈士祁彪佳(1602—1645)的孀妻，她教授女儿、儿媳诗歌，结成诗社，并为其他女性的作品书写序跋。顾若璞，杭州人，1606年嫁黄茂梧为妻，13年后守节。她是一位母亲兼教师，利用自己在家庭中的领导作用，为女性亲友们提供了一个相互交流的平台。此后蕉园诗社中的女诗人就多是出自她的家族或者是她的精神后人。见高彦颐.闺塾师：明末清初江南的才女文化[M].李志生，译.南京：江苏人民出版社，2005：227-256.

⑥ 高彦颐.闺塾师：明末清初江南的才女文化[M].李志生，译.南京：江苏人民出版社，2005：237.

⑦ 高彦颐.闺塾师：明末清初江南的才女文化[M].李志生，译.南京：江苏人民出版社，2005：229.

⑧ 刘兰雪.刘兰雪女史诗钞：送黄嫂从宦中州[M]//肖亚男.清代闺秀集丛刊：第3册.北京：国家图书馆出版社，2014：522.

州后即远寄茶叶，兰雪赋诗以谢[①]，感情在惠赠中保温。

只是同性间文化上的交往联络并非都能达到双方愉悦或加深友谊的效果，交流过程中也会出现不快甚至口角，刘兰雪便曾遇到这样的情况。某次她向一位李孺人借阅梅谱却遭到拒绝，双方估计在言辞上都没有克制，最终爆发了一场小小的争吵，刘兰雪气得当即赋诗讽刺以表达不满：

> 霜净粤天长，猿声清嗷嗷。顾瞻竹篱间，嫣然一枝峭。赏此物外姿，移根自圆峤。曾点寿阳妆，广寒传其妙。清馨吐芳林，明月间相照。人世何营营，冰肌长窈窕。岁见雪花新，未闻苍颜少。致语惜花人，休被梅花笑。[②]

明代岭南另一位闺秀余玉馨[③]未嫁时随父亲余经北上京城，与侍御林士元之女林瑞鸾成为同学。余经失官回乡，余玉馨随父归粤，两人天各一方，十年后林瑞鸾写诗以寄昔日同窗：

> 往年同学换鹅经，冰镜无尘玉有馨。织锦才高推独步，落梅妆好对双清。春朝携手看花发，秋夜凭肩待月明。别后相思烟水隔，海棠红绽想仪型。[④]

余玉馨步韵和答曰：

> 忆昔分携共玉京，至今罗袂有余馨。才如池草争春绿，人似梅花对雪清。为别十年天共远，相思千里月同明。夭桃一树临窗发，犹向枝头想旧形。[⑤]

通过同学、邻里之谊，闺秀的交际圈得以扩大，从亲属拓展到其他女性。这种交流不仅表现在岭南闺秀的走出，也表现在外地女性的走入。她们借家中男性宦游、客居的机会与岭南闺秀结识并建立友谊，清代的陈广逊与随父宦游到粤的闺秀谢菩英便是如此。谢菩英送广逊笔、茗、香、香钏等物，广逊以此为题赋诗相谢。[⑥] 两人订交后，谢菩英曾有憾为女身之

---

① 刘兰雪.刘兰雪女史诗钞：谢黄嫂惠茶[M]//肖亚男.清代闺秀集丛刊：第3册.北京：国家图书馆出版社，2014：526-527.

② 刘兰雪.刘兰雪女史诗钞：与李孺人借梅谱不得，赋此贻之[M]//肖亚男.清代闺秀集丛刊：第3册.北京：国家图书馆出版社，2014：534.

③ 余玉馨，顺德白藤人，正德十六年(1521)进士瓯宁令余经女，举人许炯室。博闻强识，娴于词翰并淹通经史，尝著史论多篇，著有《箧中集》十卷行世。

④ 罗天尺.五山志林：卷3谈艺[M].顺德：顺德县志办公室，1986：51.此诗在《粤东诗海》中称是玉馨表姐陈云仙所作，见温汝能.粤东诗海：卷96[M].吕永光，整理.李曲斋，陈永正，审定.广州：中山大学出版社，1999：1796.

⑤ 罗天尺.五山志林：卷3谈艺[M].顺德：顺德县志办公室，1986：51.此诗韵脚中首韵为"经"字，是余经名讳，所以余玉馨更韵为"京"。

⑥ 陈广逊.静斋小稿：寄谢谢菩英四首[M]//肖亚男.清代闺秀集丛刊：第14册.北京：国家图书馆出版社，2014：173-174.

叹，广逊亦回诗宽慰于她。[①]

当外来者的宦游生涯结束，女性间的友谊亦不得不随之告一段落，此后的沟通就变得困难起来。清代山阴的刘三妹随祖父来到岭南，其祖父任职将满时，她与诸生黄沃棠的妻子、香山人杨如梅成为邻居。两人相处半年有余，结下深厚情谊。后刘三妹随祖父返回家乡，二十年间两人仅有三次书信交流。直到刘三妹之弟游历岭南，才再次向杨如梅转达问候，杨如梅赋诗六首以赠，其序为：

> 浙粤各天，离群南北。有怀欲寄，云山间之。曩者尊大父宦游将归，幸接孟邻，叨陪谢女。半载谈心，乐数晨夕。自谓个中缘份，寸心千古矣。既而仙槎返后，云散风流。忽忽廿年，星移物换。雁书三至，附锡琼琚。采蘋报复，都属浮沉。嗟乎，千里云遥，百年易逝。秋水伊人，几堪溯洄耶。今年孟夏，令季来游。远怀珍重，慰我实深。悲喜之余，用赋小诗，题之便面。亦凭天末而写心，望湘君而如赠耳。时丁巳孟夏中浣。[②]

在社会风气的推动下，女性有机会学习儒家文化，共同学习使她们建立起同窗之谊，明代余玉馨和林瑞鸾就是一例。在清代这种事例更多，如阳春闺秀梁文娴在与谢方端[③]同窗三年即将远行时写诗以赠：

> 大家风度世间稀，文藻妆台肯让谁。诗压谢姬吟柳絮，才欺卓氏画蛾眉。竹松雅操无双调，兰桂馨香第一枝。三载同窗今远别，闺中翰墨会何时。[④]

十年后，谢方端翻检旧物时无意中发现梁文娴的赠诗，谢方端感慨世事变幻，不由悲从中来，挥笔写道：

> 少从严君游，不识愁与苦。涉猎翰墨场，雕镂花月圃。所学都无成，谁敂谬推数。鲤鱼海上来，瑶函达江浦。柳絮风已微，猥云敢接武。感此十数年，人事况非故。花落泪同零，燕归愁独处。日蹙新愁眉，长抛旧乐府。今触故人诗，往事杳难睹。茫茫伤余心，寒风惨庭树。[⑤]

---

① 陈广逊.静斋小稿：寄赠谢菩英[M]//肖亚男.清代闺秀集丛刊：第14册.北京：国家图书馆出版社，2014：146-147.

② 温汝能.粤东诗海：卷97寄山阴刘三妹[M].吕永光，整理.李曲斋，陈永正，审定.广州：中山大学出版社，1999：1824.

③ 谢方端，字小楼，阳春人，父谢仲埙，雍正元年(1723)解元，丈夫贡生刘宗衍，儿子为和平县训导刘世馨。谢方端从小随父亲谢仲埙宦游于外，父亲对她颇为钟爱，授以书，聪颖强记，通鉴史，工诗词。曾至惠州游丰湖，至博罗、海口、梅菉、崖州、恩平等地，所至有诗。方端夫宗衍亦能诗，初好填词，后专学诗，得性情之正。著有《小楼诗草》。

④ 温汝能.粤东诗海：卷97：寄赠闺秀谢方端[M].吕永光，整理.李曲斋，陈永正，审定.广州：中山大学出版社，1999：1822.

⑤ 温汝能.粤东诗海：卷97：偶检旧箧得闺秀梁文娴旧所赠诗感而有作[M].吕永光，整理.李曲斋，陈永正，审定.广州：中山大学出版社，1999：1818-1819.

闺秀或主动或被动地与女性亲友建立起精神和文化的交流，这是她们交际圈中最为重要的构成部分。她们凭借这个最容易建构的同性交流圈在看似狭窄、密闭的家内环境中建立起属于自身的文化活动空间。女性在这个有限的空间里极大地发挥了能动性，放纵自己的天真与欢乐、彰显才华与个性，从而构成一幅活泼多彩的闺中女性生活画卷。

三、第二个文化交流圈：异性亲属

胡晓真曾指出，盛清时期“社会对妇女‘投资’的意愿也随之提升了，有才之女甚至成为上层阶级的象征资本。妇女教育在盛清成为婚姻的重要条件，代表女家的门第修养，也成为夫家的炫耀资财”。[①] 这导致女性的才华成为家族文化的有力标志，成为传承儒家文化、成功教育子女的关键环节。因此，才华横溢的女性在男性士大夫的眼中，不再仅仅是持家有方的妻子，其诗人身份使她们集儒家正统模范和贤妻这两种身份于一体，成为一种具有“凸显道德规范的陪衬”。[②] 于是社会整体环境慢慢形成了表面纠结、实际赞许，推崇女性学习和文学创作的风潮，此风不独在清代出现，明代亦是如此。对女性的开蒙教育往往落在家中长辈如母亲、父亲或者其他亲属身上。随着对儒家文化和读写能力的掌握，除了同性亲友外，女性也会和家中以读书为业的男性进行互动，这成为闺秀学习和交流的另一个重要群体。

（一）与父家男性的文化感情交流

女子未嫁时与父亲或兄弟接触频繁，且极有可能因性别因素而得到父亲珍爱并亲自教导。明代余玉馨便极受父亲余经疼爱，按其丈夫许炯所言：“予妇余氏，承石龙公之教，颇通句读，学声律，公酷爱之。”[③]可见余玉馨最初学习的声律知识便是由父亲传授的。闺秀陈广逊的父亲陈次文也对女儿宠爱有加。陈广逊十二岁时，恰逢陈次文因父母年迈而返家，看到女儿性嗜读书，他就亲自教导女儿，为她讲解《史记》《汉书》《后汉书》等经学和史学书籍。即便在女儿出嫁后，陈次文任香山县教谕，后改任东莞和归善期间，也把女儿、女婿带在身边陪伴。乾隆四十年(1775)，陈次文将到海阳为官，陈广逊原拟随行，但因姑老而不得不“怅然别去”。广逊与父亲在宝安学署相别时，陈次文赠诗以劝慰女儿：

> 爱女胜如珠，冰衡别老夫。但能行所诲，不用泪潜枯。知命安贫困，和衷悦舅姑。鹿车光史册，岂必仗华膴。[④]

---

① 胡晓真.《兰闺宝录：晚明至盛清时的中国妇女》导论[M]//曼素恩.兰闺宝录：晚明至盛清时的中国妇女.杨雅婷，译.台北：左岸文化出版，2005：11.《兰闺宝录：晚明至盛清时的中国妇女》与曼素恩著、定宜庄等译的《缀珍录：十八世纪及其前后的中国妇女》是同一书的不同译本，翻译的具体内容亦有差别，所以在引用时两个版本均会参考。

② 曼素恩.缀珍录：十八世纪及其前后的中国妇女[M].定宜庄，等译.南京：江苏人民出版社，2005：7-8.

③ 冼玉清.广东女子艺文考[M].上海：商务印书馆，1948：13.

④ 桂洲何孝思堂初版.顺德诗征[M].出版社不详，1997：236.

与父亲的感情和文化交流成为闺秀诗作的重要内容。因为对父亲的思念，陈广逊将自己所作诗歌集为一卷远寄给父亲以聊慰父怀。陈次文满含自豪之情地为女儿的诗作写序，又将诗集寄与同僚为女儿求序。[①]

嘉道年间的南海学者吴荣光[②]不仅亲自指点女儿吴尚憙[③]的书法，宦游所至往往也挈女同行。当两地分隔收到女儿家书时，四十三岁的吴荣光欣喜地写下《满江红》一词，表达对爱女才华不让诸兄的骄傲：

恩许归来天涯路，迢迢闽粤。频念汝，三山烟雨，正逢秋热。四十三年前夕梦，五千余里今宵月。待家书，一纸万金来，心如结。

检初服，收残帙，锦囊贮，青箱物。报清风，两袖几行芳札。南北东西随侍处，陕黔湘浙承欢日。笑群钗，原不让诸兄，吾何歉。[④]

除父亲外，闺秀在生活中也会同兄弟或父族中的其他男性交流。如陈广逊在懒堂叔舅过寿及赴杭州官署之时均赋诗以赠[⑤]。出身于大良清晖园龙氏的清末闺秀龙唫芗[⑥]，其诗作中有不少与族中男性亲属的交流：长辈或同辈男性外出应考时，龙唫芗为他们写诗送行[⑦]；当长辈考取功名后又为他们作诗祝贺[⑧]。

在岭南闺秀的作品中有不少和兄弟共同学习、诗作唱和或指导弟弟学业的诗作。如明代闺秀刘兰雪的幼弟极喜围棋，甚至成痴，她便训诫弟弟不能沉迷棋局而耽误对儒家经典的学习，鼓励他通经致仕。[⑨] 某个春天，兰雪赋诗之后正准备小憩，恰逢诸弟前来问询学业，她便把刚作之诗拿出为诸弟讲解，同时发表了自己对用典的独特见解，强调写诗不可因拘泥出处而有碍诗意：

脱稿闭阁小憩，适诸弟剥啄问业，因出读之。至燕庐之句，咸辍声潜复，若欲征其从出。因移席以语曰：今人解杜诗，但寻出处，不知少陵之意。初不如是，且如《岳阳楼诗》："吴楚东南坼，乾坤日夜浮。亲朋无一字，老病有孤舟。"此可以出处求哉？纵使字

---

① 陈广逊.静斋小稿：陈次文序、李文藻序[M]//肖亚男.清代闺秀集丛刊：第14册.北京：国家图书馆出版社，2014：127-139.

② 吴荣光（1773—1843），广东南海人。嘉庆四年（1799）进士，官至湖南巡抚。精鉴金石，工书，能画。著《历代名人年谱》《吾学录》《绿伽楠馆诗稿》《帖镜》《辛丑销夏记》等。

③ 吴尚憙（1808—1850以后），吴荣光女，字禄卿，一字小荷，太守叶应祺室，著有《写韵楼词》。

④ 许玉彬，沈世良.粤东词钞：第四册：吴荣光[M].羊城学院前艺芳斋刊，1849（道光二十九年）：8.

⑤ 陈广逊.静斋小稿：次和叔舅懒堂乙未闰十月生日元韵、送懒堂叔舅之杭州官署四首[M]//肖亚男.清代闺秀集丛刊：第14册.北京：国家图书馆出版社，2014：162-163，136-137.

⑥ 龙唫芗，龙景灿女，龙令宪四姐，其词多隽逸，光绪三十年（1904）去世，著有《蕉雨轩稿》。

⑦ 龙唫芗.蕉雨轩稿：送竹陔、刁之两叔北赴礼闱[M].刻本.1908（清光绪三十四年）.

⑧ 龙唫芗.蕉雨轩稿：贺瑶舫业师秋闱报捷[M].刻本.1908（清光绪三十四年）.

⑨ 刘兰雪.刘兰雪女史诗钞：戒弟耽奕[M]//肖亚男.清代闺秀集丛刊：第3册.北京：国家图书馆出版社，2014：513. 该诗题目中"奕"疑为"弈"，或为钞本抄写笔误。

字寻得出处，去少陵之意益远矣。因并书之以贻群从。[①]

又如某年中秋，乾隆年间的闺秀谢方端与家人旅居广州旅馆，一家人在父亲带领下赋诗为乐，她就用父亲之韵和兄长方铠。[②] 清代的邱掌珠也曾勉励、训诫弟弟家驹的学习与交友，体现了长姐对家庭的责任与担当。[③] 清代闺秀黎春熙[④]的《静香阁诗存》中也出现不少族中兄弟的名字[⑤]，说明黎春熙与族中兄弟在诗文上的交流有很多。清代刘慧娟的诗作中出现的男性亲友也不少，如《过晓山弟书屋偶作》[⑥]《送兰纕弟随家大人赴任琼州》[⑦]，均传达出姐弟间的手足深情。顺德大良的龙景灿亦为子女营造了宽松的共读环境：闺秀龙唅芗与兄长纵横开阖、高谈阔论后回到闺中后仍意犹未尽，即兴提笔作诗以呈其兄[⑧]，同时她还多与弟弟龙令宪及族弟龙锡镛唱和[⑨]。

类似大量与男性亲人间的交流在明代岭南闺秀的诗作中并不多见，说明和明代女性诗作多限于同性间的交往相比，清代尤其清末闺秀日常交流的范围发生了变化。

（二）与夫家男性的文化感情交流

一旦女子出嫁，她们的监管权由父亲移交给丈夫，女性与丈夫的交流自然成为另一主题。李国彤在谈到明清女诗人的寄外主题时说，寄外主题所反映的女诗人对离愁别绪的压抑，表明她们有意识地通过牺牲个人情感来认同女教妇德赋予的家庭留守角色，以赢得社会舆论的好评。女诗人寄外作品中的“彤管箴言”一方面表达了她们相夫持家的责任意识和自豪感；另一方面也透露出妇女在认同留守角色过程中为社会和家庭所做的牺牲[⑩]。除去分离，闺秀与丈夫的日常相处才是婚姻生活的常态，此类写作更能体现她们的内心世界。

明代闺秀余玉馨出嫁后，因子嗣艰难，她几乎放弃了文学创作。直到连生两子后，她才又重新拿起笔墨开始书写。按其丈夫许炯在删定妻子作品时所说，她此后至少有诗二百余首、史论几百篇问世，这些作品的第一个交流对象便是自己的丈夫：

---

① 刘兰雪.刘兰雪女史诗钞：春日翠坳漫成[M]//肖亚男.清代闺秀集丛刊：第 3 册.北京：国家图书馆出版社，2014：531-532.

② 温汝能.粤东诗海：卷 97 广州七夕同方铠兄赋用家大人韵[M].吕永光，整理.李曲斋，陈永正，审定.广州：中山大学出版社，1999：1820.

③ 邱掌珠.绿窗庭课吟卷：勉弟家驹、勖弟慎交[M].龙山邱园刊本，1896（清光绪二十二年）.

④ 黎春熙，字文绮，昌教黎兆堂女，嫁与大良龙氏副贡龙泽鋆，生于咸丰元年（1851），卒于光绪十三年（1887），享年 37 岁。著有《静香阁诗存》。

⑤ 黎春熙.静香阁诗存：秋夜共读示弟国康、与诸昆有约，中秋乡园赏月，余以事十一日先返郡城，留诗柬锡田兄、福田、君乐二弟、和璧侯兄桂花未开[M].刻本.顺德龙氏螺树山房刊，1898（清光绪二十四年）.

⑥ 刘慧娟.昙花阁诗钞[M]//方秀洁，伊维德.美国哈佛大学哈佛燕京图书馆藏明清妇女著述汇刊：第 3 册.桂林：广西师范大学出版社，2009：174.

⑦ 刘慧娟.昙花阁诗钞[M]//方秀洁，伊维德.美国哈佛大学哈佛燕京图书馆藏明清妇女著述汇刊：第 3 册.桂林：广西师范大学出版社，2009：176.

⑧ 龙唅芗.蕉雨轩稿：与蘅湘兄夜谈别后作[M].刻本.1908（清光绪三十四年）.

⑨ 龙唅芗.蕉雨轩稿：次子惠棣原韵、合子惠棣南园酬唱、赠谏韬弟[M].刻本.1908（清光绪三十四年）.

⑩ 李国彤.明清妇女著作中的责任意识与“不朽”观[J].燕京学报，2006（20）：55-77.

予妇余氏……既归予室，屡产弗育，憔悴无聊，旧学几废。迩来连举二子，稍温习之，补级之余，时传笔砚，先后缕绩得诗二百余首，史论几百篇，间以求正……[①]

明末刘兰雪出嫁后同样常与丈夫何允衎互相唱和。当两人共同的小家落成后，两人纷纷赋诗以表达欣喜之情，刘兰雪就用丈夫之韵和用韵次序写诗多首，如《沼成与夫子分赋》[②]《小筑落成喜外杜门次韵》[③]等，为丈夫能够杜门读书而欢欣。夫妻两人曾经一起吟咏梅花，刘兰雪亦按丈夫的韵脚写下《梅花诗次夫子韵》[④]。深谙妻子才华的何允衎甚至经常出题命她赋诗，兰雪往往欣然而作。[⑤]

明末清初屈大均的妻子黎绿眉也是位独具才情的闺秀。据刘正刚教授研究，她是东莞人，著有《道香楼集》，嫁与屈大均后两人常以诗唱和，[⑥]可见夫妻间的交流是普遍模式。

乾隆年间的陈广逊在嫁入何家后，甚得舅姑欢心，"舅古巢公以诗学传家，间命赋诗，辄击钵而就，以故得古巢公欢心"。[⑦] 她与丈夫何文宰的感情颇为深厚，常一起弹琴饲鹤，吟诗互答。夫妇两人与才子张锦芳、黎简皆是好友，黎简诗中有"谙诗闻女弟，小稿问何郎"之语[⑧]，可见广逊夫妻两人闺房唱和之乐。乾隆二十八年(1763)秋两人移居莲塘，何文宰写诗以记，广逊以同韵和诗三首以表达幽居生活的惬意。[⑨]

清代刘慧娟嫁与梁有成后夫妻琴瑟相得，丈夫远赴京城参加考试，她赋诗两首以表达难舍之情及对丈夫的信心。[⑩] 不负妻子厚望，梁有成礼闱高中。消息传来举家欢庆，刘慧娟又赋诗两首为贺。[⑪] 当丈夫有心事时，妻子就成为最佳倾诉对象。梁有成因助人却反受其怨，写诗给妻子诉说心中苦闷，刘慧娟回诗开导于他。[⑫] 刘慧娟有一只白鹦鹉，聪明善言且豢养

---

① 冼玉清.广东女子艺文考[M].上海：商务印书馆，1948：13.

② 刘兰雪.刘兰雪女史诗钞：沼成与夫子分赋[M]//肖亚男.清代闺秀集丛刊：第3册.北京：国家图书馆出版社，2014：516.

③ 刘兰雪.刘兰雪女史诗钞：小筑落成喜外杜门次韵[M]//肖亚男.清代闺秀集丛刊：第3册.北京：国家图书馆出版社，2014：536-537.

④ 刘兰雪.刘兰雪女史诗钞：梅花诗次夫子韵[M]//肖亚男.清代闺秀集丛刊：第3册.北京：国家图书馆出版社，2014：520.

⑤ 刘兰雪.刘兰雪女史诗钞：外命题媵女红叶钥题里[M]//肖亚男.清代闺秀集丛刊：第3册.北京：国家图书馆出版社，2014：522.

⑥ 刘正刚.屈大均的女性观：基于其家庭生活考察[J].广东社会科学，2013(6)：116-126.

⑦ 陈广逊.静斋小稿：陈次文序[M]//肖亚男.清代闺秀集丛刊：第14册.北京：国家图书馆出版社，2014：136.

⑧ 黎简.五百四峰堂诗钞：卷8戊戌年：重寄陈征士元则得十二韵，兼寄何勤良(文宰)[M].广州儒雅堂陈氏版，1796(清嘉庆元年).

⑨ 陈广逊.静斋小稿：癸未秋移居莲塘次外韵三首[M]//肖亚男.清代闺秀集丛刊：第14册.北京：国家图书馆出版社，2014：169-170.

⑩ 刘慧娟.昙花阁诗钞：送外入都[M]//方秀洁，伊维德.美国哈佛大学哈佛燕京图书馆藏明清妇女著述汇刊：第3册.桂林：广西师范大学出版社，2009：174.

⑪ 刘慧娟.昙花阁诗钞：外子礼闱报罢感而有作[M]//方秀洁，伊维德.美国哈佛大学哈佛燕京图书馆藏明清妇女著述汇刊：第3册.桂林：广西师范大学出版社，2009：179.

⑫ 刘慧娟.昙花阁诗钞：夔谱夫子示诗次韵谢之[M]//方秀洁，伊维德.美国哈佛大学哈佛燕京图书馆藏明清妇女著述汇刊：第3册.桂林：广西师范大学出版社，2009：175-176.

数年，备受喜爱。有一次鹦鹉脱锁飞走，刘慧娟极为担心失落。幸运的是，三日后鹦鹉又飞了回来。[①] 感受到妻子对鹦鹉的喜爱，梁有成爱屋及乌，购买豢养鹦鹉的床仁作为礼物送给爱妻，[②]展现了夫妻感情的融洽。梁有成在刘慧娟五十余岁时病逝，她悲痛不已，决意身殉，取瓷枕碎首，鲜血淋漓，经女妇环跪苦劝后才打消这个念头。此后她郁郁寡欢，"余今将迟暮，愁城已筑，虽生不久"[③]，遂将此后所作名为《余生恨草》。

对于闺秀而言，除女红、女德、琴棋书画等必修课外，她们与父亲、兄弟、丈夫等异性亲人进行的文化交流成为其生活中的另一重要活动，这构成岭南闺秀的第二个交流圈。

四、第三个文化交流圈：异性文人

明清时期珠三角闺秀文化兴盛，她们的作品被家人或士人记录，又或借结集出版而得以传世。不过明代岭南闺秀的作品虽然也有像明末名妓张乔的《莲香集》[④]一样辑佚成集，但由于各种原因，大多都已亡佚。从清代开始，随着岭南闺秀数量增加，遗留的作品多了起来，这可能与经济发展、书籍印刷的增多有关，尤其是清代岭南的刻书业、造纸业盛行，为闺秀著作的刊刻奠定了外部条件。[⑤] 同明代闺媛一样，清代岭南闺秀除了与家内外的女性亲友交流外，她们的笔下开始出现父亲、兄弟、丈夫等男性亲属。同时，诗作中也出现了无血缘、亲缘关系的男性士人，他们或因女性的父亲、丈夫，或因邻里关系与女性相识。

(一)明末清初以前岭南闺秀与男性士人的交流

事实上，在岭南历史中，女性与非亲属关系异性的交流早就存在。南汉时期的庙堂之上便活跃着数位颇富学识的女侍中。据屈大均记载，南汉时广州城北有芳春园：

> 一名甘泉苑，其桥曰流花，𬬮与女侍中卢琼仙、黄琼芝、蟾姬、李妃、女巫樊胡子及波斯女，为红云宴于此，雨后往往拾得遗钗珠贝，知为亡国之遗物也。[⑥]

红云宴上的女侍中与男性文人一起宴饮赋诗，从多年后仍能拾得珠钗遗物的情形来看，足见当时享乐荒淫的香艳场面。她们利用美貌与心计，笼络了作为最高掌权者的南汉帝王，甚至将他们作为自己的傀儡来发号命令，对地方政权和局势予以操纵。[⑦] 随着中原礼教文

---

① 刘慧娟.昙花阁诗钞：白鹦鹉、鹦豢数年一日脱锁飞去、鹦鹉三日复还喜而志之[M]//方秀洁，伊维德.美国哈佛大学哈佛燕京图书馆藏明清妇女著述汇刊：第3册.桂林：广西师范大学出版社，2009：172.

② 刘慧娟.昙花阁诗钞：外子赐白鹦鹉床仁俚句奉谢[M]//方秀洁，伊维德.美国哈佛大学哈佛燕京图书馆藏明清妇女著述汇刊：第3册.桂林：广西师范大学出版社，2009：180.

③ 冼玉清.广东女子艺文考[M].上海：商务印书馆，1948：50.

④ 张乔.莲香集[M].西城草堂藏版，1765(乾隆三十年)重镌.

⑤ 乔玉红.明清时期顺德及周边的才女文化[M].广州：广东人民出版社，2019：32-37.

⑥ 屈大均.广东新语：卷17 宫语[M]//屈大均.屈大均全集：第4册.北京：人民文学出版社，1996：427.

⑦ 乔玉红.南汉国女官研究[J].中华文化论坛，2014(7)80－83＋192.

化对岭南的强势入侵，以广州周边为主的士大夫集团开始崛起。“被纳入统治阶层的士大夫，不遗余力地在社会上推行礼教，倡导女性的忠贞。女性的生存空间变得越来越狭小，她们原先的豪气与功绩逐渐被隐去，声音也开始缺失，成为男性社会点缀的花边。”[①]于是女性的生活和交流空间开始不断被压缩。

明末清初之时，以柳如是等秦淮八艳为代表的名妓文化兴起。这些名妓凭借美貌与才华与当时士林名士交往。他们之间经常或小坐，或宴饮，诗酒酬酢，信札往来，情同至交，关系十分亲密。[②] 类似同时期的江南，明末岭南的名妓文化也有一定发展，最具代表性的是广州名妓张乔：“字二乔，美而工诗。明季陈文忠子壮复结南园社，集名流十二人，乔每侍公弄笔墨赋诗，善画兰。公尝为题云：‘谷风吹我襟，起坐弹鸣琴。难将公子意，写入美人心。’其眷之如此。”[③]据说张乔本苏州人，随母流落至岭南：“其母吴倡也，以善歌转籍入粤。生丽人。”[④]张乔长大后聪慧知书，颇受岭南著名文人陈子壮、邝露、黎美周、彭孟阳等人青睐，常与他们一起弹琴作画、园中观雨、外出游历。[⑤]

名妓借由自身与妻室定位的不同，得以通过风月和饮宴进入公众领域和男性世界。虽然祖籍苏州，但张乔却长于粤地，与明末江南的名妓一样，她与男性的交往和社交关系僭入了社会性别界限的自由，与男性士人建立联系和渗入男性上流关系网的能力是这一行的成功标志。[⑥] 这种成功使得名妓成为男性竞相追捧和赏玩的对象。张乔早逝后，大批士人为其撰写悼诗，如“牡丹状元”黎美周。[⑦] 与黎美周同乡的番禺女子徐婉卿亦和黎诗悼念这位名妓：

燕语莺啼又夕阳，闲愁黯黯入年芳。何人系马哀瑶瑟，有客题诗忆靓妆。泛水芙蕖生带艳，浴汤豆蔻死留香。风人面对空城恨，寂寞飞花过短墙。

幽恨多关旧日欢，沿溪碧水暮生寒。香销芍药何堪赠，肌薄芙蓉不耐看。四韵新诗吹白凤，一缄残字断青鸾。贞元花下人如玉，惆怅雕栏十二杆。[⑧]

徐婉卿的身份因材料所限难以考察，不排除她同张乔身份一样的可能。但若为士家女

① 乔玉红.古代岭南女性社会形象研究[M].济南：齐鲁书社，2017：135.

② 柳素平.晚明名妓文化研究[M].武汉：武汉大学出版社，2008：18.

③ 任果，常德主修，檀萃，凌鱼纂修.番禺县志：卷5古迹[M].广州：岭南美术出版社，2007：53.

④ 仇巨川.羊城古钞[M].广州：广东人民出版社，2009：487.

⑤ 如《夏日黎美周招同何石间、马景冲、彭孟阳、黄虞六、罗子开山园宴集，雨后品茶》《游七星岩同黎美周、梁渐子、何景玮诸子赋》《卢给谏、梁侍御招同胡太史、王比部夜饮陈学士山院，听蕊芝小姬歌》。这类诗作较多，不一一举例。见温汝能.粤东诗海：卷97张乔[M].吕永光，整理.李曲斋，陈永正，审定.广州：中山大学出版社，1999：1832-1839.

⑥ 高彦颐.闺塾师：明末清初江南的才女文化[M].李志生，译.南京：江苏人民出版社，2005：295.

⑦ 黎美周，讳遂球，字美周，番禺人。举乡荐，上公车，不第。南还过扬州，适遇进士郑元勋集四方才士于其影园赋黄牡丹诗。钱谦益品其高下，悬金罍为赏。黎美周即席立成十首，竟冠通场，共呼为“牡丹状元”。

⑧ 温汝能.粤东诗海：卷97和美周黎先生过张二乔故居[M].吕永光，整理.李曲斋，陈永正，审定.广州：中山大学出版社，1999：1799-1800.

性，她的态度就颇耐人玩味。也许就像高彦颐认为的，在明末清初的社会性别体系中，闺媛与名妓、歌女间的友情并未引来其良家身份读者的公开评论，女性间的相互吸引本身也是能够被人接受的。[①]

又有明末清初士人张在瑗家的侍儿温鸿[②]，十四岁时在主人张在瑗的教授下开始学习作诗并迅速成长，士人称之为一时美谈，不仅常与她诗作唱和，更广为传播。据温汝能《龙山乡志》卷13《艺文·杂志》中的记载：

通岸上人尝次其韵，命其字曰"清郎"。复见许于关中刘学士湘容、温仪部溥知、公安袁总宪彭年，佥曰："清郎殊多逸致，岂康成泥中人所敢望哉！"许少参汝都、关吏部捷先尤雅重之。少参和其诗曰："酌遍千山水，朝来获异泉。绝尘清抱石，冒叶绿为天。渊静谁知汝，澄泓不计年。酣余聊一漱，遗味自元元。"又曰"盗贼纵横日，羽毛动损时。安愚清壑卧，近废懒云知。治忽循天路，居贞只自怡。何当烟水客，邀去种仙芝。"关吏部每极诵其"五湖君一别，汉月照谁家"之句。怡谈竟日，许录其前后所作诗，相与序而传之，其见赏于名流如此，鸿亦厚幸矣哉。

与名妓相似，温鸿因其侍儿的身份得以跻入士大夫的视域，成为他们赏玩的对象。事实上，男性士大夫对于名妓、侍女之类女性的提携与扬名除了欣赏因素之外，多少带有一丝居高临下的意味，并没有真正将她们放在同等阶层来看待。从这一点来说，此类女性并非闺秀而是才女，这从同时期士大夫家庭出身的闺秀鲜有与家外男性士人交流的诗作出现能够推测。因此，闺秀们文化和感情交流对象基本上是同性或者是家中的男性亲属。

(二)清以后岭南闺秀同男性士人的文化交流

清代之后情况发生了变化，从大量闺秀诗中可看到一个现象：诗中出现的异性开始增多。但这并不意味着闺阁间的交流减少了，事实上闺中良伴依然不可或缺，它与同男性亲友的交流一起成为闺阁女性的两个重要的文化和感情交流圈。不但如此，闺秀的交流圈甚至得到极大拓展并出现第三个：男性亲友之外的异性。

岭南三大家之一的南海人梁佩兰，有一封指导番禺闺秀王瑶湘[③]读书的信札，强调对王瑶湘读书的厚望：

闻瑶湘读书，余甚喜。余与汝祖若翁交，凡两世矣。视汝一如己出，故甚望汝之成也。余有女龙端，小汝一岁，颇聪慧，余授以诗，上口即能背诵。而余性懒不能常授，以此龙端之学不及汝。闻汝近读漆园《南华》，《南华》之文章善幻，而其言道也，必溯乎未始有道；其言物也，必主乎齐，而列以不齐之状。总归于化，善读《南华》者当知之。又读

① 高彦颐.闺塾师：明末清初江南的才女文化[M].李志生，译.南京：江苏人民出版社，2005：285.

② 温鸿，年十四尚未识丁，然性慧悟，学为韵语，数年功益深，著有《耕云集》。

③ 王瑶湘，生活于康熙年间，隐士王隼（1644—1700）之女，能诗。王隼将女儿王瑶湘许配与故人子李孝先。隼性嗜音，常自度曲，孝先倚而和之，瑶湘吹洞箫以赴节，听者有月笙云璈之想。可没过多久李孝先卒，瑶湘怡然矢节，自称逍遥居士。其父王隼为女儿刻《逍遥楼诗》。

《礼经》。《礼经》，汉白虎诸儒之所著也。《二戴》，大小夏侯各师其传。然不越天下国家朝会燕飨，嘉劳赠答仪文缛节。至言闺门，则礼之节盖谨矣。更读《离骚》，楚臣屈原不得于君，发为奇文，香草美人，芳兰君子，三湘九嶷之间，左倚桂旗，右揽揭车，汝诵之。倘亦有恍焉如见者乎。余何时得来汝父西山，见汝于滦庐，使汝将所读之书，各诵一遍，俾我泠然称善也。[①]

此外，通过考察女性诗作中出现的男性名单，也能找到同样的规律。陈广逊《静斋小稿》中就出现不少男性友人如胡同谦[②]、张锦芳[③]等。胡同谦曾写信请广逊为自己母亲撰写贺寿诗[④]；张锦芳在胡同谦去世四年后与何文宰定交，之前多次听胡提及广逊夫妻并为《静斋小稿》作跋[⑤]；黎简[⑥]有专门寄与广逊的诗作《舟中柬静斋》[⑦]。又因陈广逊“善画兰竹草，草有生致”[⑧]，张锦芳有《题陈静斋画二首》，即《墨梅》和《墨竹》[⑨]。又有欧阳慎思、潘景最、梁一峰等人，他们与陈广逊或为邻居，或为陈次文之友，又或与何文宰相熟。其中欧阳慎思多次接济广逊夫妇，给他们送布、送酒。欧阳慎思过寿、过世之时，广逊均有诗作。[⑩] 潘景最即潘泰上，字景最，擅写草书，[⑪]作为陈次文的老友，他不仅赠送广逊笔、墨、笺、阿胶、竹篦等物，还资助《静斋小稿》刊行，广逊家中亦收有他的草书作品。[⑫] 梁一峰也是位长辈，曾拜访何文宰并谈论文章，广逊应该参与了讨论。[⑬] 郭汝诚所著咸丰《顺德县志》卷29《列传九·列女二》中记载，陈广逊夫妇晚年嫁女与伦教梁章锡之子，“梁亦喜吟咏，性不羁，所居相去不二里而近。广逊每持巨葵扇访梁，不入室，至即呼使出。门有石二，各据而坐谈诗，竟即去。梁妇延

① 广东文征编印委员会.广东文征：第五册[M].香港：香港中文大学出版社，1978：11.

② 胡同谦(1743—1773)，即胡亦常，字同谦，号豸浦，均安人。清乾隆三十六年(1771)中举，负诗名，以五言最为出色。与同县张锦芳、钦州冯敏昌并称“岭南三子”。著有《赐书楼诗集》二卷。

③ 张锦芳(1747—1792)，字粲夫，号药房，龙江人，乾隆间人。通《说文》，识籀、篆分隶。与钦州冯敏昌、同县胡亦常称“岭南三子”，又合黄丹书、黎简、吕坚为“岭南四家”，著有《南雪轩文钞》二卷、《逃虚阁诗钞》六卷、《南雪轩诗余》。

④ 陈广逊.静斋小稿：张锦芳跋、寿何宜人[M]//肖亚男.清代闺秀集丛刊：第14册.北京：国家图书馆出版社，2014：150-151.

⑤ 陈广逊.静斋小稿：张锦芳跋[M]//肖亚男.清代闺秀集丛刊：第14册.北京：国家图书馆出版社，2014：181-183.

⑥ 黎简，字简民，尝往来东西两樵间，自号“二樵”，顺德弼教人，乾隆间著名诗人兼书画家。著《五百四峰堂诗钞》《五百四峰堂续集》。

⑦ 黎简.五百四峰堂集外诗一[M].梁守中，校.广州：中山大学出版社，2000：417.

⑧ 戴肇辰，苏佩训修，史澄，李光廷纂.光绪广州府志：卷147列女六[M].上海：上海书店出版社，2003：570.

⑨ 张锦芳.逃虚阁诗集：卷3[M].刻本.1801(嘉庆六年).

⑩ 陈广逊.静斋小稿：谢欧阳丈慎思惠酒、寿欧阳丈慎思、挽欧阳丈慎思[M]//肖亚男.清代闺秀集丛刊：第14册.北京：国家图书馆出版社，2014：158-159，154-155，162.

⑪ 乔晓军.中国美术家人名辞典(补遗一编)[M].西安：三秦出版社，2007：537.

⑫ 陈广逊.静斋小稿：谢潘丈景最五首、草书歌赠潘丈景最[M]//肖亚男.清代闺秀集丛刊：第14册.北京：国家图书馆出版社，2014：177-178，151-153.

⑬ 陈广逊.静斋小稿：梁丈一峰访外论文留诗而去次元韵[M]//肖亚男.清代闺秀集丛刊：第14册.北京：国家图书馆出版社，2014：157-158.

之人，不顾。当时以为有名士之风”。对她走出闺阁与家属之外的男性交流畅谈，时人不仅没有批判，还将之誉为“名士之风”，不仅彰显其性格的豪迈与独行，亦可见社会环境的宽容。

在刘慧娟的诗作中出现的家人之外的男性也较多。刘慧娟与丈夫梁有成的门生梁煦南、戴鸿慈、郑竹居、吴棣生等接触颇多：她曾为梁煦南点评命理，有“命不逮才之憾”即例证；戴鸿慈和梁煦南则为师母的《昙花阁诗钞》作序。①

又有光绪间顺德人黎素心，号容城女士，二十岁嫁与同知麦凤华为妻，著《莲须阁楹帖》。麦凤华，字蓉磵，嗜楹联，凡出游、访友所闻见楹联回家后都会告诉妻子，两人常于闺中切磋唱和。② 夫妻对楹联的共同爱好促使黎素心将平日丈夫转述的联句记录下来。二十余年后她检点竹箱，发现所录文字将为虫所蠹蚀，不忍弃置，于是谋付梓人。因莲须阁是她未嫁时梳妆之地，偶与明末遗臣“牡丹状元”黎美周的旧阁名相同，故将书名曰《莲须阁楹帖》，并自为之记。该书刻成时麦凤华客游未归，黎素心邮寄一本请他订正。书中误将善化卢尚书之姓错印为罗，肇庆一位梁姓朋友发现后告诉麦凤华，遂得更正，黎素心为此写绝句六首以谢梁君。③ 可见她的交流圈借丈夫的关系得到了很大拓展。

对清代闺秀而言，其文化交流范围较明代有所扩大，突破了同性和男性亲属的范围，拓展到家人之外的男性士人。虽然这些男性多借由父亲、丈夫的关系相识，但相识之后文化交流的主动权却掌握在闺秀手中，从而建构起第三个层次的文化交流圈。

五、结语

明清时期岭南的闺秀除日常生活中与同性的交往外，异性亦开始成为她们接触的对象。通过对一些闺秀作品的考察，能够看到她们的三个文化交流圈：

第一个最核心、范围最大的文化交流圈是闺秀与女性亲友的互动，包括女性亲人、朋友。她们以同性之便一起学习、生活成长，结下情谊，是其人际交往的重要部分。即便女性所处空间因各种原因发生变动，她们也能借通信或互寄礼物等手段保持文化和感情的交流。

第二个是与家中男性亲人的交流。出嫁前她们会由父亲或其他男性长辈教授知识，出嫁后则与丈夫交流问学，这成为她们获取知识的重要途径。同时，她们还与兄弟、叔伯等男性亲属交流，极大活跃了思想。闺秀对政治、时事和社会的了解认识可能便来源于此类男性。

第三个是闺秀与非亲属男性的交流。这些男性可能是父亲或丈夫的朋友，也可能是邻居、同乡，甚至包括借此结识的其他异性。因闺秀与这类男性接触有限，所以这个层面的交流与前两个相比要少，直到清后期才有一定扩大。然而与同时期的江南才女相比，岭南才女中始终未出现江南那样、大规模从学于男性师长，如袁枚、陈文述、沈大成、毛奇龄的现象。

对于明清时期的岭南闺秀而言，上述三个文化交流圈中，与同性的交流最为基础，它深

① 刘慧娟.昙花阁诗钞：梁煦南序、戴鸿慈序[M]//方秀洁，伊维德.美国哈佛大学哈佛燕京图书馆藏明清妇女著述汇刊：第3册.桂林：广西师范大学出版社，2009：147-150.

② 冼玉清.广东女子艺文考[M].上海：商务印书馆，1948：72.

③ 余祖明.广东历代诗钞：卷5：题莲须阁楹帖并序[M].香港：能仁书院.1980：492-493.

融在闺秀从幼小到死亡的整个生命历程中，是她们学习知识、建构精神世界和人际关系的首要媒介。第二个与男性亲人的交流圈与第一个同性交流圈并重，除父兄外，丈夫的出现和与闺秀的交流意味着她们生命历程和生活场域的变化，使其交流圈得到拓展，它不仅是闺秀文化知识的另一重要来源，亦是闺秀获得外界信息最主要的途径。第三个与异性文人的交流圈是在第二个交流圈的基础上建构而成的，闺秀通过家中男性亲人得以与其他异性相识并进行文化上的交流，是第二个交流圈的外扩。

随着朝代不同，上述三个文化交流圈也存在一定变化。尽管早在南汉时期女性的第三个交流圈，即与非亲属男性的交流已经比较活跃，但具有更多政治意味且在明代明显衰落。岭南历史上丰富多彩的女性形象在士大夫的塑造之下，完成了由“贞”“孝”向“节”“烈”的转变。这导致在传世的闺秀诗作中，描述明代闺秀与亲属之外异性交往的诗作几乎没有，其交流重心在前两个圈子，甚至第二个交流圈都不够丰满。虽然明末清初之时一度出现张乔、温鸿等女性，她们借机建构的第三个交际圈开始活跃，但也仅见于拥有特定身份的名妓、侍婢身上，在拥有正常身份的闺秀身上却难以得见。这种情况到清中后期发生改变。清中后期闺秀的文化交流圈得到极大的扩展：除第一和第二个交流圈外，更体现在第三个交流圈的发展与扩大。正是这些亲人之外的、隶属第三个交流圈的男性文人的鼓励与提携，通过点校、撰写序跋、资助出版等行为，才将岭南闺秀文化推向顶点，造就了清后期岭南地区闺秀文化的兴盛。①

The Construction of Cultural Exchange Circle of Lingnan Talented Girls in Ming and Qing Dynasties

Qiao Yuhong

(Tianjin Normal University, Tianjin, 300387)

Abstract: Cultural exchange is an indispensable part of literati's life, and the talented girls of Lingnan in the Ming and Qing Dynasties also had similar exchanges and interactions. It was different from the closed and dreary life in the imagination, the talented girls of Lingnan had a certain degree of free communication space in their cultural life. This paper takes the construction of the cultural exchange circle of the girls in Lingnan in the Ming and Qing Dynasties as the research object, analyzes the objects and ways of communication in the daily cultural life through their poems. Firstly, the communication with female relatives and friends. They exchanged gifts, wrote poems, which became the most important cultural exchange circle of the lady. Secondly, they learn and communicate with the elder male members of their family, read poems with their brothers, forming their second cultural exchange circle, it constituted the main body of the daily life and cultural communication of the talented girls. Thirdly, the

① 乔玉红.明清时期顺德及周边的才女文化[M].广州：广东人民出版社，2019：237.

communication with male scholars outside their relatives formed the third cultural exchange circle, it was based on the second circle of communication expansion. With the help of these three closely connected cultural communication groups of different levels, the talented girls in the Ming and Qing Dynasties actively or passively constructed their own interpersonal relations and cultural communication patterns.

Key Words: Ming and Qing Dynasties; Lingnan; talented girls; cultural exchange circle

历史视域下中国身体观演变对女性体育参与的影响

舒馨煜　胡国鹏*

内容摘要：身体观一直对人们的社会行为起着导向、规范和内在推动作用，女性体育参与正是女性在所处社会中身体观的影响推动下才逐渐得以形成的。在中国几千年的历史长河中，不同时期的身体观使得人们对待身体有着不同的认知，女性体育参与的形式也大不相同。本文通过分析对比中国不同历史时期女性的身体观与体育参与，进一步探讨身体观与女性体育参与之间的联系，分析特点并总结原因，为中国女性体育研究提供文献支撑，推动新时代女性体育事业发展。具体地，本文通过文献研究与逻辑分析，梳理古往今来身体观的演变过程与女性体育参与的不同形式。经研究发现，女性身体观的发展受认知水平、社会变革和文化变迁等因素的影响，并对女性体育起着导向、规范和推动作用。现代化的思想引领女性追寻独立、自信，女性普遍不再以男性的视角审视自己，而是由内而外地重新认识自己。通过体育参与，女性能深入了解和掌控自己的身体，在运动中将身体与体育竞技相结合，打破社会的陈旧观念，实现自我价值，建立女性在体育领域的话语权，实现思想解放，追寻平等权利。因此，中国女性身体观的演变，不仅是体育参与的进步史，更是思想解放的重要标志。新时代女性拥有了身体的掌控权，可以出现在竞技场上并享有平等的权利，展现出新时代女性独有的魅力。女性身体观的不断进步，是国人思想的进步，这一进步将为我国推进体育强国建设添砖加瓦，为增强全民族的身体素质保驾护航，将带领我们早日实现健康中国和体育强国双重战略目标。

关键词：女性发展；身体观；女性体育参与

一、前言

在漫长的历史岁月里，中西方有关身体的认识与讨论都经历过不同程度的演变过程。西方从受宗教制度笼罩的黑暗中世纪，到文艺复兴、启蒙运动吹响自由的号角；中国从被封建制度约束的礼制社会，到新文化运动进行思想上的救赎与解放，人们对于身体的认识在变革与推翻中逐渐明朗。认识决定态度，人们对于身体的认识决定其对待身体的态度，即身体

* 舒馨煜，女，华侨大学体育学院在读硕士生，主要研究方向为运动与健康促进、女性体育；胡国鹏，男，华侨大学体育学院教授，博士，主要研究方向为运动与健康促进。

观，身体观可以通过行为活动表达出来，而体育参与正是其形式之一。女性体育参与是女性在所处社会中的身体观的推动下才逐渐形成的，在中国几千年的历史长河中，不同时期的身体观使得人们对待身体有着不同的认知，女性体育参与的形式也大不相同。广义的体育参与是一种社会文化形式，狭义的体育参与指参与体育活动，本研究论述的体育参与为后者，主要探讨身体观如何影响女性参与体育活动。通过分析对比中国不同历史时期的身体观与女性体育参与，本研究深入探讨身体观演变对女性体育参与的影响，以及不同时期的女性如何在身体认识中决定身体态度、表现身体行为。在梳理古往今来身体观的演变过程与女性体育参与的不同形式的基础上，分析特点并总结原因，为中国女性体育研究提供理论支撑，推动新时代女性体育事业发展。

二、中国古代身体观演变对女性身体观及体育参与的影响

（一）约束的身体

1. 以“礼”为主的身体观

中国古代文化受先秦儒家思想影响颇深，在儒家学派对政治、经济、思想文化的建构下，身体是一块主要的实践场域。① 认识决定态度，身体观可以通过行为活动表现出来，并且极具文化实践与示范性意义。中国古代强调“礼”的重要性，儒家所推崇的社会道德伦理其根本目的是维护儒家理想中的社会秩序。孔子的着眼点在于以礼正身，孔子主张“君君，臣臣，父父，子子”这种合乎“礼”的等级制度，也是维护身体的阶级差等性。②《左传・隐公十一年》提到“礼，经国家，定社稷，序民人，利后嗣者也”，意思是说遵守礼制，可使国家长久，使社稷安定，让人们尊卑有别，上下有序，对后代是有益处的。“礼”在整个社会中所发挥的作用可谓巨大，是国家对社会的要求，社会对百姓的规训，百姓对后嗣的约束。“礼”成为一把尺子，衡量着人们的思想与行为，“礼”融入生活里，由内而外被“身体力行”着。③

“礼”体现在女性身上就是教育内容开始对女性的思想和行为进行约束与规范④，女性对待身体的态度服从于中国封建伦理道德观念。男女的性别差异被社会文化内化为社会地位、文化地位的高低，男女的社会分工也从他们出生的一瞬间就被社会分化，并且严格执行，女性自觉地被社会性别文化不断训练和培养成男性的附属角色。⑤ 中国古代的社会秩序是“男主外，女主内”，要求女性在性格上要温柔贤惠，道德上要忠诚清白，生活上要勤劳朴实，感情上要宽容大度。根据“男耕女织”的农业生产模式，女性在辛苦劳作之余还需要将许多精力奉献给“相夫教子”。

---

① 李有强.先秦儒家身体观及其体育思想的阐释与反思[J].体育科学，2014，34(9)：3-10.

② 刘媛媛.先秦身体观语境下的中国古代体育文化研究及其现实意义[J].体育科学，2012，32(1)：81-87.

③ 张艳艳.先秦儒道身体观及其美学意义[D].上海：复旦大学，2005.

④ 高瑞琴.秦汉妇女社会活动研究[D].兰州：西北师范大学，2021.

⑤ 赵宁红.先秦历史散文中的女性形象研究[D].西安：陕西师范大学，2013.

2. 矩步方行的女性体育参与

秦汉时期，儒家思想和现实政治紧密结合，汉朝以德立国，以孝为先，体育文化的重点突出在道德教化上；魏晋时期由于特殊的历史背景，体育文化更是以"清淡、养生"为基本特点，失去了竞技、勇猛的刚强之气。[①] 礼是中国传统文化的核心，孔子曰："不学礼，无以立。"意思是说学礼则品节详明，而德性坚定，故能立。礼教恭俭庄敬，此乃立身之本。有礼则安，无礼则危。故不学礼，无以立身。人们的社会生活都深深印刻着"礼"的烙印，中国古代体育作为传统文化的一个组成部分，必然要受到"礼"的约束。[②] "君子力如牛，不与牛争；走如马，不与马争"，意思是说君子力大如牛，但不能与牛竞赛力气的大小，奔跑像马一样快，却不能与马去比赛，告诫人们不要与人争强斗胜，而要保持谦虚的态度。儒家学派在"礼"的规训下，提倡重德轻力，"礼"使得体育参与的内涵有所提升，但也降低了体育参与的竞技性。[①] 汉晋时期，社会环境相对较稳定，汉代女性的社会地位也高于封建社会后期，汉代杰出的女性人物有吕后、窦太后等政坛女杰，也有在文学艺术领域取得傲人成绩的如班昭、蔡琰等。[③] 女性较高的社会地位使得汉代女性拥有相对较高的身体话语权，女性体育参与和体育文化有所新发展。古代由于战争所需，妇女可以作为预备或协助力量参与到军事活动当中，由此参与到骑射、行军、角力等相关军事体育活动。[④] 但在"礼"的加持下，女性体育参与大多以休闲体育为主，于是诸多体育竞技项目和娱乐项目都在此时诞生并发展，例如毽子、丢手绢、跳绳、六博、秋千、蹴鞠等。这些体育项目有的流传至今，有的改头换面，仍可寻得踪迹。汉代女性体育参与特点有：性别意识不强、娱乐意识较强、社会阶级在体育参与中表现不明显。[⑤] 在思想文化约束下的女性体育参与呈现出矩步方行之态。

（二）自由的身体

1."天人合一"的身体观

唐朝时，中国的经济文化生活正处于热烈蓬勃、自由高涨的黄金发展时期。农耕文化、游牧文化交相辉映，丝绸之路、多民族文化相互融合，东西方各种文化语言、宗教、艺术形式、民族礼仪和文化习俗等彼此影响，相互碰撞。唐朝灿烂的民族文化俨然成为当时东方先进文化的优秀代表。唐初，统治阶级便确立了以儒为主、儒释道三教并重和多教共存的文化政策。[⑥] 受儒家思想影响，唐朝各种生活娱乐和体育活动也逐渐互相影响、融合并呈现出"天人合一"的身体观[③]，强调人与自然、人与社会、人与自身和谐、统一、稳定的关系。唐朝统治者不再以单一的思想理念规训百姓，而是采取兼容并包、求同存异的治理政策，接纳了不同民族、不同地域的宗教信仰与文化。不同的民族文化、宗教习俗都有其自己的自然崇拜，虽然崇拜的具体对象有差异，但所表达的敬畏自然、祈求人与自然和谐相处的观念却有一致的

① 陈碧述.春秋战国至秦汉时期的体育思想演变[J].成都体育学院学报，2010，36(5)：48-50.

② 贺业志，惠萍.略论先秦礼制中的体育活动[J].山东师范大学学报（自然科学版），2008(3)：157-158.

③ 高瑞琴.秦汉妇女社会活动研究[D].兰州：西北师范大学，2021.

④ 樊六东.汉代女性体育研究[J].体育文化导刊，2010(11)：119-121.

⑤ 樊六东.汉代女性体育研究[J].体育文化导刊，2010(11)：119-121.

⑥ 王永平.论唐代的文化政策[J].思想战线，1999(3)：98-103.

相似性，这也与儒家“天人合一”的观念不谋而合。[①]

唐朝时期经济文化极为繁荣，思想较为自由，社会开放程度较高，使得禁锢人性的封建礼教变得相对松弛，“天人合一”强调和谐、统一的身体观使得妇女拥有较多的人身自由和相对独立的人格意志，生活氛围比较宽松，在家庭和社会生活中均享有一定的权力和地位，这一时期女性地位较高，服饰、妆发都有很大的不同，身体观念没有完全受制于男权，自身价值也能够在一定程度上得以实现。[②] 并且由于唐初期统治者带有北方鲜卑族的血统，而在鲜卑族里女性的地位较高[③]，在这一民族习俗下唐朝女性拥有较高的社会地位。正是在这种特定的社会环境下，唐朝女性身体观不仅是历史的缩影更是社会发展的见证，该时期女性地位提升，社会风气和谐，在男女性别差异上更是出现了性别平等的萌芽。

2. 兼容并包的女性体育参与

唐代国力强盛，民族繁荣，国内外文化交流的背景下，唐代的体育活动也画出绚烂的一笔，百姓思想更加自由，社会民风日益开放，在当时的娱乐活动中并未设置性别要求，男女都可以参与其中。[④] 唐朝建立在南北胡汉融合的基础上，唐代皇室带有鲜卑族的血统，因此唐代对异民族采取了包容与吸收的态度，在唐代前后，古代大多数时期以女子纤细柔弱为美，唯独唐朝受胡风影响，崇尚健美丰满的女性美，这样的审美意识对于女性体育参与也是一种鼓励与促进。[⑤] 女性对待身体的态度可以通过身体行为活动表达出来，这一时期的女性地位较高，没有完全受制于男权，体育参与呈现出一片兼容并包的美好景象。唐代重视军事训练和实行武举制推动了武艺的发展，推进了马球、蹴鞠等体育活动的传播，当时不仅体育项目种类丰富，体育参与的人群数量也相当庞大，唐朝宫廷贵族乃至民间广大百姓都广泛参与其中。[⑥] 许多带有竞技性特点的体育项目女性都能参与其中，如马球、赛马等。唐朝女性体育参与归纳起来主要有球类、百戏、骑射、游戏娱乐、户外休闲、水冰嬉、博弈类几大类别，项目数量可达上百种。[⑦] 唐代种类众多的身体活动在我们看来是具有消遣、休闲、娱乐性质的活动，不同形式的宗教祭祀也是当时重要的体育活动。与同时期的欧洲社会相比较，唐朝中国文化正处于高涨时期，是各国经济、文化交流的中心，在各国之间的交往中发挥了重要的纽带作用。[⑧] 唐朝雄厚与强大的实力是唐朝女性体育参与良好发展的必要客观条件和物质基础，包容、开放的社会氛围是唐朝女性体育参与良好发展的精神基础。[①] 唐朝女性体育参与特点有：体育参与项目丰富、体育参与形式多元，体育参与人数众多。这一时期的女性体育参与展现出兼容并包的姿态，是整个中国女性体育参与历史中都极为罕见的。

---

① 朱亚伟.唐代娱乐文化中的身体观研究[J].体育与科学，2021，42(5)：66-71+109.

② 贾淑荣.唐宋妇女的社会经济地位之研究[J].内蒙古农业大学学报(社会科学版)，2008，10(6)：3.

③ 张宝强，陈小龙，鲁江.唐代中外体育文化交流及其历史意义[J].西安体育学院学报，2009，26(4)：452-455.

④ 贾淑荣.唐宋妇女的社会经济地位之研究[J].内蒙古农业大学学报(社会科学版)，2008，10(6)：213-215.

⑤ 仝仕胜.唐代女子体育较高的历史地位及社会影响[J].兰台世界，2015，494(36)：123-125.

⑥ 薛廷利，李金梅.论唐代多元化女子体育[J].北京体育大学学报，2010，33(4)：31-34+75.

⑦ 王永平.论唐代的文化政策[J].思想战线，1999(3)：98-103.

⑧ 朱亚伟.唐代娱乐文化中的身体观研究[J].体育与科学，2021，42(5)：66-71+109.

(三)压迫的身体

1. 重垣叠锁的身体观

清朝作为最后一个封建朝代，封建思想被推上顶峰。清初，为尽快完成社会重建，程朱理学被确立为独尊地位，具有政治性和学术性的双重性质，所起的历史作用无疑是巨大的。程朱理学不仅历史悠久，而且社会覆盖面极为广泛，涉及政治、教育、道德、学术、思想、文艺，乃至社会生活、风尚习俗等诸多方面，为其他学说所难以企及。① 为使女性身体观重回传统要求的轨道，无论中央还是地方都主张加强对女性身体的管控，重塑女性身体。为此不断重申程朱理学"存天理，灭人欲"、查禁书籍、整顿社会风俗、旌表节妇、广立贞节牌坊等，加强对女性身体的管理。另外，编辑与修订了一批女教箴书，以提倡传统女德，加强女子教育，控制女性身体的发展。② 受宋、明两朝影响，清代女性必须无条件遵从"三纲五常""三从四德"等道德规范，被动地维护男性社会秩序，女性的身体只注重实用性，变为传承生命的工具和男性审美对象的载体。③ 理学贞节观的提出亦是封建礼教对妇女进行专制的具体体现。④

自宋朝起，社会不再追捧唐代开放明朗的格调，转而变为萎靡纤弱、病愁瘦削的气韵情态，男性"以瘦为美"的审美意识开始以"衣裳淡雅，看楚女纤腰一把"的纤细孱弱美为女性美。清朝女子缠足现象普遍存在于社会各阶层⑤，缠足本身是女性社会地位下降的结果，而这一结果又进一步加剧女性地位不断下降。这一时期的女性地位不复从前，大有"楚王好细腰，宫中多饿死"之意，不断改造自己的身体与心灵来迎合主流，女性在重垣叠锁中被社会规训限制住思想，被缠足陋习禁锢住身体。

2. 夹缝生存的女性体育参与

宋代由于经历了五代十国的战乱，统治者为了稳固皇权，便实行了"重文轻武"的政策，朝廷一派文弱之气，再加上战事不断，又多采取求和苟安的政策，整个社会笼罩着文弱的氛围；因程朱理学的影响，对女性行为规范加深，女子受到苛刻的贞操观念的束缚，女性改变自身向主流审美靠拢在当时已经成为一种常态。审美由唐朝的丰满健美开始向纤细婀娜转变，当时宋代审美以清瘦、柔弱为主。⑥ 宋朝为女性体育参与的一大转折点，虽然继承保留了大量唐朝女性参与群众性体育活动的优秀风俗，但是到宋朝后期却受到当时封建思想禁锢，开始推行女子裹足，这无疑使身体机能上出现许多不便，女性参与各类体育活动的现象越来越少，甚至在一些活动项目中很难再发现女性的身影。⑦

---

① 史革新.略论清前期理学的复兴、作用和影响[J].徐州师范大学学报(哲学社会科学版)，2008(4)：84-92.

② 陈胜，李敏.清代中前期女教箴书中的身体规训：以《五种遗规》为中心[J].教育史研究，2021，3(3)：131-138.

③ 方萍，史曙生.晚清女性身体观的变迁对女性体育的影响[J].体育文化导刊，2018(2)：137-142.

④ 高丽，张选惠.中国古代女性观的嬗变与女子民间体育的历史回顾[J].武汉体育学院学报，2010，44(3)：16-20.

⑤ 陈筱娇.足之殇：论满清禁而不止的缠足令及其影响[J].大众文艺，2019(2)：227-229.

⑥ 李娜.唐宋仕女雕塑形象研究[D].景德镇：景德镇陶瓷大学，2019.

⑦ 李秀瑶，黎明华.宋代女性参与体育活动项目的研究[J].内江科技，2016，37(7)：96-97.

清朝时，女性体育与孩童游戏大同小异[①]，女性在这一时期因“三寸金莲”大部分时间都深居内宅。当时的女性由于身体的不便，再加上社会风俗不允许女性抛头露面，很少再有机会像现男性一样进行这些体育活动，因而女性体育参与以娱乐、休闲的体育活动为主，少数伴随着祭祀活动。平民女子在节庆时期可以通过休闲娱乐的体育活动放松身心，权贵女子深居闺阁可以通过休闲娱乐的体育活动修养身心，出于对精神生活的追求，她们选择一些既能增添娱乐、丰富生活又能排遣寂寞的体育活动。[②] 中国传统的体育项目竞技性弱、对抗强度低，《红楼梦》中对女性体育项目的描述主要有棋牌、风筝、垂钓和舞戏等这些具有娱乐性、节令性的体育项目。

三、中国近现代身体观演变对女性身体观及体育参与的影响

(一)运动的身体

1. 奋起反抗的身体观

晚清第一次鸦片战争爆发，国人逐步将无处安放的身体与民族意识以及兴国抱负寄托于通过体育运动，使广大国民保持身体健强，于是逐渐衍生与发展出身体改造与自我锻炼并重的健身强种保国的身体意识[③]，鼓励女性进行身体锻炼，唤起女性在家国危机里承担起责任，便出现了三元里抗英妇女、太平天国女军等骁勇善战的女性形象。清代的审美观由最初柔弱为美转变为强健为美，也体现出了身体观的转变。这一时期虽然身体观与现代提倡的健康观念一致，但身体观是迫于当时的社会现实而被动转变的。

公元前6世纪古希腊女子举办了自己的奥运会——赫拉运动会，斯巴达是组织“赫拉运动会”的主要城邦，而斯巴达的妇女则是参赛主体。据文献史料记载，“赫拉运动会”举行了近400多年，直到公元前146年罗马帝国入侵希腊才中断。[④] 女性身体观的转变与思想进步离不开关系。几千年来，除了社会文明在不断进步，女性的思想也随着社会发展在不断进步，第一波女性主义与第二波女性主义将女性解放的思潮推向至体育领域。她们不断与传统思想抗争，通过自身的努力在奥林匹克运动中拥有了举足轻重的地位。随着人类社会的进步，社会上女性地位提升，女性运动员逐渐开始有资格参与到奥运会中。女性进入奥林匹克是历史发展的必然结果，也是女性寻求解放的必然结果，更是人类文明的重要组成部分。[⑤] 马克思曾说过，在任何社会，妇女解放程度是衡量普遍解放的天然尺度。[⑥]

女性在体育领域的思想解放体现在20世纪70年代崛起的体育女性主义，其理论的主

---

① 杨海东，张矛矛.从诗词看我国古代女子体育发展[J].体育文化导刊，2018(12)：125-130.

② 崔宗祥，赵晚霞.从《红楼梦》看我国清代妇女体育活动项目及其特点[J].湖北体育科技，2004(3)：309-310.

③ 方萍，史曙生.晚清女性身体观的变迁对女性体育的影响[J].体育文化导刊，2018(2)：137-142.

④ 李慧宏.古希腊的“女性奥运会”：赫拉运动会[J].世界文化，2016(9)：56-57.

⑤ 先小平.女性在奥林匹克运动中地位变迁的特征[J].山西师大体育学院学报，2010，25(2)：23-26.

⑥ 马克思恩格斯文集：第9卷[M].北京：人民出版社，2009：276.

要目的是研究在体育中的性别关系，批判以男性主导的体育霸权，寻求女性在体育中身体的解放。在历史长河中，不管是在挽救民族危亡的革命运动中，还是自由思想解放的文化运动中，中西方女性运动的身体都在奋起反抗。[①]

2. 柳暗花明的女性体育参与

伴随西方女性主义思想传入中国，性别平等在中国的女性体育中兴起。1949 年后，随着社会主义改造的完成，中国基本确立了社会主义制度，性别平等思想也在中国落地生根。[②] 国民体育得到了普及与提高，在性别平等思想的广泛宣传中，女性体育参与成为消除传统性别歧视、促进国民体质整体提升的重要途径。[①] 1949—1978 年，女性体育参与进入起步发展阶段，女性参与各项体育处于依靠国家推动状态，此时女性意识缺乏自主性；1978—2000 年，我国开始实行以竞技体育为先导带动体育各项事业全面发展的体育发展战略，女性在竞技体育领域取得了优异的成绩，并开始感知到自己参与体育运动方面的权利。[③] 女性体育参与使得身体与自我的联系更加紧密，并且获得了一个具有强烈竞争意识的身体，健康的形象、独立的思想以及自由的态度，使得女性身体不再仅靠男人进行定型与支配，得到了更多的社会尊重与地位。[④] 这一时期，在我国不少体育项目中都能看到女性的身影，女性身体观的转变，使得女性体育参与情况也由休闲娱乐转变为体育竞技。反映到竞技体育中，便是女性体育的参赛人数、参赛项目逐渐增加，且取得了不逊色于男性的竞技成绩。1957 年中国女运动员郑凤荣打破了女子跳高世界纪录；1961 年邱钟惠荣获世界乒乓球锦标赛女单冠军；1981 年巫兰英成为中国第一个女射击冠军；1983 年李荣荣成为中国第一位女跳伞世界冠军。[⑤] 女性通过体育参与得以重新审视自己的身体，女性对待身体的认识和态度在摆脱传统文化观念的束缚中得以解放，形成了新的身体观，女性在体育领域的卓越成就也鼓舞着全国人民，我国女子排球队在第 13 届世界锦标赛当中以 11 连胜的成绩卫冕，女排精神从 20 世纪 80 年代诞生之后又一次被点燃，成为激励我国体育行业积极发展的精神动力，也成为我国体育领域耀眼的精神旗帜。[⑥] 女性身体力行地以自己的努力影响着社会对待女性的看法。

不同于传统时期对女性体育参与的排斥，随着社会发展，新时期融合了多元女性主义思想的中国社会女性主义下的女性体育参与，一直鼓励女性积极参与不同形式的体育活动。

---

① 熊欢.身体、权力与性别：女性主义体育理论发凡[J].体育科学，2010，30(8)：14-26.

② 陈亨明，杨冠强.从性别平等到论域转换：社会主义女性体育观的嬗变[J].体育与科学，2021，42(3)：21-25＋34.

③ 邓玉婷，邓玉娉.从体育文化变迁看我国女性意识由沉潜到觉醒[C]//国家体育总局体育文化发展中心，中国体育科学学会体育史分会.2020 年体育史年会论文摘要集.[出版者不详]，2020：206-207. DOI：10.26914/c.cnkihy.2020.052677.

④ 陈静姝，闵健.女性主义视角下的身体、权力和体育参与[J].体育科学，2014，34(7)：12-14＋48.

⑤ 熊欢.身体、权力与性别：女性主义体育理论发凡[J].体育科学，2010，30(8)：14-26.

⑥ 李淑玲，边永红.女排精神在体育文化建设中的价值及影响[J].内蒙古民族大学学报(自然科学版)，2023，38(4)：382-384.

(二)进步的身体

1. 文明开放的身体观

"现代奥运之父"顾拜旦曾说:"奥运会应是神圣的周期性的男子体能和力量美的大展示……妇女们则将为领奖台上的勇士而欢呼。"①夏季奥运会在最初之时,将性别视为强制性要求,女性被长期排除在男性所参与的各类运动项目之外。在这种与"唯男独尊"的观念顽强斗争下,在首届现代奥运会上,一位名叫梅尔波门尼的希腊女子报名参加马拉松比赛,虽然未获官方准许,但她却以非官方身份独自跑完了马拉松比赛。② 1900 年在巴黎举行的第二届奥运会上,第一次允许女性运动员参加,尽管只有几个女子项目,但这无疑是一次伟大的胜利,燃起了女性追求平等与自由的希望,为在体育场上推进性别平等迈出了坚实的一步。除了赛场上的性别平等化,竞赛组织中也逐渐增添了女性工作者。国际奥委会自 1894 年成立到 1981 年,在 87 年的时间中未曾出现过女性角色。直到 1981 年 10 月 2 日,来自芬兰和委内瑞拉的两名女性进入了国际奥委会,改写了国际奥委会由男性一统天下的历史。③ 女性体育从参加体育的人数、参加体育项目发展到参与体育的领导决策。在这个发展过程中,不仅体现了女性身体观的影响作用,也促进女性身体观朝向女性解放的方向发展。④

同西方女性地位提高的路径相类似,中国女性解放的深层任务同样是在文化上破除束缚和限制女性的思想意识、社会观念和文化结构,以追求平等权利为目标。⑤ 女性对待身体的认识通过体育参与展现出来,女性体育参与也推动了女性身体观的进一步演变。对于社会主义女性主义来说,女性要真正享受到体育给她们身心所带来的愉悦才能自由地追求在体育中的平等权利。因此,她们倡导:一是为那些愿意成为职业运动员的女性建立一个平等的机会,包括平等的体育设施、训练、经费以及服务;二是要创造一个平等的体育文化,使所有的女性可以自由地享受体育运动,而不受任何约束。⑥ 女性通过自己的努力,打破了男性统一全局的现象,这也让更多的女性运动员可以参与到奥运中来,让更多的妇女有机会深入接触体育运动。回顾奥运发展历程,女性由最初被"拒之门外"到"逐渐参与"再到"撑起半边天",女性进步的身体,在述说着当今世界的文明与开放。

2. 多元丰富的女性体育参与

冰雪象征着"纯洁""坚强""超越",冬奥女性已经不仅是单纯的女性冬季竞技类体育参与者,更重要的是传达出一种女性全新的人生态度与生命价值信念。⑦ 冬奥女性为什么能在北京冬奥会中脱颖而出,并且能做到与大多数的男性运动员平分秋色,甚至更为出众,这

---

① 张翠.论奥运历程中女性角色的变迁[J].学术论坛,2008(3):72-76.

② 熊欢.身体、权力与性别:女性主义体育理论发凡[J].体育科学,2010,30(8):14-26.

③ 张翠.论奥运历程中女性角色的变迁[J].学术论坛,2008(3):72-76.

④ 任玉梅.试论女性身体观对女性体育的影响[J].当代体育科技,2015,5(22):22+24.

⑤ 王丹宏.女性主义与女性政治参与:从社会思潮到政治实践[D].长春:吉林大学,2016.

⑥ 熊欢.身体、权力与性别:女性主义体育理论发凡[J].体育科学,2010,30(8):14-26.

⑦ 方萍,史曙生.看见她力量:新女性主义视角下冬奥女性的自我身份建构[C]//国家体育总局体育文化发展中心,中国体育科学学会体育史分会.2021 年文化资源助力北京冬奥文化传播与冬奥文化遗产开发学术大会论文摘要集.[出版者不详],2021:115. DOI:10.26914/c.cnkihy.2021.017431.

无疑与目前不断进步的思想文化和精神内涵层面的持续深化有密切联系。我国的花滑名将申雪、李子君，速滑金牌得主杨扬、王濛，和自由式滑雪双金选手谷爱凌，女运动员们身体力行地表达出奥运场上的“她力量”。冬季奥运会自1994年起与夏季奥林匹克运动会相间举行，每四年一届，2022年在北京举办的第24届冬季奥运会向世界呈现了一场精彩、非凡、卓越的奥运盛会，新增女子小项、男女混合项目也反映出国际奥委会长期致力于设立性别均衡的奥运项目。[⑥]1924年在法国夏蒙尼举行的首届冬奥会上，女性运动员的比例不到10%。而在2022年北京冬奥会中女性运动员的比例达到45%，冬奥的近百年历史也是“她力量”的成长史[①]，北京冬奥会成为历史上女性运动员比例最高、性别最趋于平衡的一届冬奥会。

在杭州亚运会举办之际，世人也看到众多优秀、健康、充满活力的女性运动员，游泳运动员张雨霏、跳水运动员全红婵、乒乓球运动员孙颖莎、短跑运动员林雨薇、射击选手黄雨婷，这些在各个领域取得傲人成绩的运动员不仅展现出顶级实力，更展现出女性魅力。

丰富多元的体育参与是现代女性身体观的表现形式之一，在未来会有更多的年轻女性参与到体育运动中，以健康美为目标，不断追求卓越。在其他领域中，现代女性也能因为文明开放的身体观取得新的突破。

四、结论与启示

(一)结论

关于女性的身体，古代西方曾认为女性是发育畸形的人类[②]，法国作家西蒙娜·德·波伏娃指出女性的身体和心理是被男权社会建构出来的[③]，女性对身体的认识是通过以男性为主导的社会文化所构建出来的，男人定义女人美的标准，女人丧失自由选择的权力，只能顺从男人获得生存空间[①]，中国古代女性的身体观是基于父权社会要求下的身体观，身体观决定了体育参与的形式如何，体育参与也在一定程度上表达出对身体的态度。女性身体观的发展受认知水平、社会变革和文化变迁等因素的影响。[④] 在社会闭塞、思想陈旧、经济萎靡时期，女性主要角色是生命的哺育者、男性的审美载体，父权角色的附庸，身体受到各方约束，女性体育参与以娱乐、休闲、不成体系的体育活动为主；在社会开放、思想融合、经济繁荣时期，女性拥有更多样的角色，女性的社会属性愈加明显，伴随着女性社会地位的提升，女性对自己的身体拥有了更多话语权，身体观便不那么受父权礼法牵制，女性除了参与娱乐休闲的体育活动外，还能参与竞技类型的体育活动。

女性身体观对女性体育起着导向、规范和动力的作用[③]，中国女性身体观的演变，不仅是体育参与的进步史，更是思想解放的重要标志。现代化的思想引领着女性追寻独立、自信，女性普遍不再以男性的视角审视自己，进步的思想文化指引着女性由内而外地重新认识

① 孔一涵.体育的力量让女性发现更好的自己[N].中国妇女报，2022-02-15(1).

② 王棋，范文杰.女性身体观与女性体育参与的研究[J].文体用品与科技，2019(22)：178-179.

③ 徐颖.波伏娃女性主义思想及其对我国女性解放的启示[D].南充：西华师范大学，2020.

④ 任玉梅.试论女性身体观对女性体育的影响[J].当代体育科技，2015，5(22)：22，24.

自己。通过体育参与,女性能深入了解和掌控自己的身体,在运动中将体育竞技与身体结合,打破社会的陈旧习俗观念,实现自我价值,建立女性在体育领域的话语权。①

(二)启示

中国女性身体观的演变,不仅是体育参与的进步史,更是思想解放的重要标志。当今社会,女性运动员的热度居高不下,相关话题在各大网络平台中受到的关注越来越多,体现出新时代对女性体育参与的支持,与古代女性体育参与形成对比。女性获得身体自由,拥有身体的掌控权,可以出现在竞技场上并享有平等的权利,是新时代发展的必然结果。在新时代,女性的自我发展从未停下脚步。孩子们写给张桂梅校长的诗中说道,“从此我下定决心,不再做依附他人的藤蔓,我要拼命生长,长成一棵树,把鲜花开满树冠”,女性身体观的不断进步,是国人思想的进步,这一进步将为我国推进体育强国建设添砖加瓦,为增强全民族的身体素质保驾护航,将带领我们早日实现健康中国和体育强国双重战略目标。相信在未来更多的领域中,女性都能展现出不凡的实力,展现出新时代女性独特的魅力。

The Influence of the Evolution of Chinese Body View on Women's Participation in Sports from a Historical Perspective

Shu Xinyu　Hu Guopeng

(Huaqiao University, Quanzhou, 362021)

Abstract: Body view has always played a guiding, regulating and inner promoting role in people's social behavior. Female sports participation has been gradually formed under the influence of body view in society. In the long history of China for thousands of years, people have different perceptions of the body in different periods, and the forms of female sports participation are also very different. By analyzing and comparing women's body view and sports participation in different historical periods in China, this paper further explores the relationship between body view and women's sports participation, analyzes the characteristics and summarizes the reasons, so as to provide literature support for Chinese women's sports research and promote the development of women's sports in the new era. Specifically, through literature research and logical analysis, this paper combs the evolution process of body view and different forms of female sports participation from ancient times to modern times. We find that the development of female body view is influenced by cognitive level, social change and cultural change, and plays a guiding, regulating and promoting role in female sports. Modern thinking leads women to pursue independence and self-confidence, and women generally no longer look at themselves from a male perspective, but re-understand themselves from the inside out. Through sports participation, women can deeply understand and control their own bodies, combine the

① 陈静姝,闵健.女性主义视角下的身体、权力和体育参与[J].体育科学,2014,34(7):12-14+48.

body with sports competition in sports, break the outdated concepts of society, realize self-value, establish women's right to speak in the field of sports, realize ideological liberation, and pursue equal rights and interests. Therefore, the evolution of Chinese women's body view is not only a progressive history of sports participation, but also an important symbol of ideological liberation. Women in the new era have the right to control the body, can appear in the arena and enjoy equal rights, and show the unique charm of women in the new era. The continuous progress of the female body view is the progress of the Chinese people's thoughts, this progress will contribute to the construction of China's sports power, to enhance the physical quality of the whole nation escort, will lead us to realize the dual strategic goals of healthy China and sports power as soon as possible.

Key Words: women's development; body view; women's sports participation

两种生产理论中国化时代化进程中的发展、构建与反思

李思倩　柳雨春*

内容摘要：20 世纪 70 年代末以来，国内学术界对两种生产理论的研究呈现出两大特点。一是拨乱反正，批驳国外对两种生产理论的种种非难，捍卫历史唯物主义的地位，明晰两种生产理论的内涵并确认其在我国人口学界的地位；二是深化拓展，进一步拓宽引申两种生产理论，构建具有中国特色的人口学体系。这对深层次挖掘两种生产理论的时代意义与实践价值，全面掌握历史唯物主义、完善我国人口理论和政策、指导我国人口实践具有重要意义。

关键词：两种生产理论；历史唯物主义；人口；妇女

关于两种生产理论，马克思、恩格斯在《德意志意识形态》中作了初步阐发，之后恩格斯在《家庭、私有制和国家的起源》(以下简称"《起源》")第一版序言中进行了完整概括和清晰阐释，即两种生产"一方面是生活资料即食物、衣服、住房以及为此所必需的工具的生产；另一方面就是人自身的生产，即种的繁衍"①，一般指物质资料生产和人类自身生产，自此，两种生产理论便备受关注和讨论。两种生产理论在中国的传播肇始于 1908 年，其标志为《起源》首次以片段摘译的形式发表在《天义报》上。此后，恽代英、李膺扬、张仲实等人先后将此文的片段或全文译成中文，为唯物史观在中国共产党人和先进人士间的传播提供了有利条件。习近平在党的二十大报告中指出"推进马克思主义中国化时代化是一个追求真理、揭示真理、笃行真理的过程"，两种生产理论作为马克思主义理论的重要组成部分在国内学术界的大讨论是从 1978 年 12 月十一届三中全会后正式开始，至今已有 40 余年。在讨论、研究、反思、发展的过程之中，两种生产理论呈现出鲜明的中国特色、时代特色、大众特色，并在其中国化时代化进程中始终坚持理论与实践相结合，丰富发展内涵以回答时代提出的新问题，不断焕发蓬勃生机与旺盛活力。因此，本文将对我国近 40 年来的关于两种生产理论的研究进行梳理，以期为深入探讨这一问题提供有益借鉴。

---

* 李思倩，女，武汉科技大学马克思主义学院 2020 级硕士生，主要研究方向为马克思主义中国化、性别研究；柳雨春(通讯作者)，女，武汉科技大学马克思主义学院副教授，主要研究方向为妇女史、宋史、马克思主义中国化。

① 恩格斯.家庭、私有制和国家的起源[M].北京：人民出版社，2018：序 4.

一、我国关于两种生产理论研究学术论文统计分析

笔者以这一时间段为节点，选取中国学术期刊网络出版总库（以下简称知网）所刊载的1979年1月1日至2022年12月31日两种生产理论相关的文章进行统计分析。以“主题”为检索途径，以“两种生产理论”为检索词，以文献质量和专业特色为筛选标准，进行检索并排除一稿多发和非研究性文献后，获得有效文献数量为327篇。各年度文章数量分布见表1。

根据表1的文献分布情况和图1的发文趋势可知，关于两种生产理论的研究大致分为两个阶段。第一个阶段为20世纪80—90年代即两种生产理论的大讨论和大普及阶段（繁荣发展阶段），该阶段文献总量为100篇，年平均发文量为10篇，在1982年甚至达到了高峰26篇。造成这一现象的主要原因为十一届三中全会后受实践是检验真理的唯一标准精神的鼓励和1982年计划生育被定为基本国策的影响，学术界开始重视我国物质资料生产与人类自身生产不相适应的问题，至此人口学界便提出要重新理解两种生产理论并开启了一场争论，随后马克思主义、哲学、经济学等相关领域的学者也加入了这场争论之中。第二个阶段为20世纪90年代初至今即两种生产理论的反思、拓展和新构建阶段（再认识阶段），20世纪90年代中后期，有部分学者开始关注到中国人口实际情况的转变，认为我国的人口理论已经落后于人口实践，需要对两种生产理论进行新的概括与构建以适应新的人口形势。

表1 1979—2022年我国两种生产理论研究相关文献分布（篇）

年份	1979	1980	1981	1982	1983	1984	1985	1986	1987	1988	1989
篇数	1	5	16	26	16	9	5	11	4	3	5
年份	1990	1991	1992	1993	1994	1995	1996	1997	1998	1999	2000
篇数	7	2	4	1	3	3	9	6	4	3	4
年份	2001	2002	2003	2004	2005	2006	2007	2008	2009	2010	2011
篇数	5	13	7	9	7	8	9	14	8	7	5
年份	2012	2013	2014	2015	2016	2017	2018	2019	2020	2021	2022
篇数	7	6	8	8	5	6	9	8	7	7	17

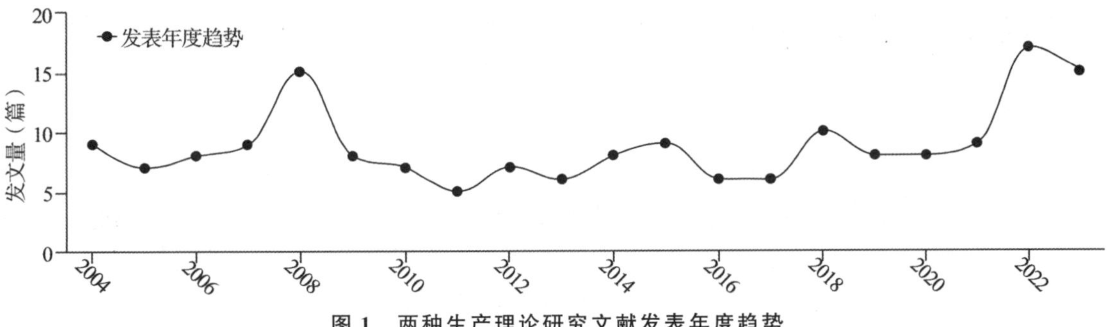

图1 两种生产理论研究文献发表年度趋势

通过表2不难发现，关于两种生产理论的研究主要集中于人口学与计划生育、马克思主义、经济理论及经济思想史、哲学、社会学及统计学这五个学科，涉及这五大学科的文献量在文献总量中占比高达85.22%。

表2　1979—2022年我国两种生产理论研究相关文献学科分布(篇)

学科	文献量	占比(%)	学科	文献量	占比(%)
人口学与计划生育	88	26.91	政党及群众组织	6	1.83
马克思主义	79	24.16	经济体制改革	6	1.83
经济理论及经济思想史	65	19.88	中国政治与国际政治	5	1.53
哲学	60	18.35	宏观经济管理与可持续发展	4	1.22
社会学及统计学	25	7.65	其他	26	7.95

对比分析知网检索结果的题录和文摘，结合主要主题和次要主题，将主题进行梳理归纳，可获得两种生产理论研究排名前六的热点主题及其发文量如表3所示，排名前五的热点主题可归纳为两种生产理论、人口问题、唯物史观这三类，而两种生产理论这一热点主题本身就是由理论名称而来，故本文不作探讨。而作为人类自身生产承担者和物质资料生产者的妇女虽被给予了一定的关注，但对妇女问题的探讨是远远不够的。因此，本文拟从两种生产对社会发展的作用问题、两种生产理论与生育政策的调整、两种生产理论下的女性处境这三个角度出发，以哲学领域的探讨为起点，过渡到人口学，最后落脚到妇女问题这一具体问题上。按照由理性的理论到感性的实践，由抽象的思维到具体的现实问题的逻辑理路对近40年来国内学术界关于两种生产理论的主要研究情况作一综述，以期对深入研究这一问题有所帮助。

表3　1979—2022年我国关于两种生产理论研究相关文献主题分布(篇)

主题	篇数	主题	篇数
两种生产	112	唯物史观	61
物质资料生产	67	人口理论	47
人类自身生产	63	妇女解放	3

二、争论：物质资料生产还是人类自身生产决定社会的发展阶段？

两种生产理论自诞生以来，便在国外学术界招致了许多非难。其中，围绕着恩格斯在《起源》中发表的关于两种生产的观点，国外学术界引发了激烈的争论。最具代表性的争论有两次，第一次是19世纪末与20世纪初俄国的资产阶级社会学家米海洛夫斯基和政论家卡列也夫的观点，他们认为恩格斯将人类自身生产和物质资料生产等量齐观，人类自身生产与物质资料生产在劳动生产率极低的原始社会早期，对历史发展的决定作用是一致的。因此，历史唯物主义一元论的公式便无法成立了。他们的观点受到了列宁和普列汉诺夫的批评。此后，受这一错误思想的影响，20世纪30年代末40年代初马克思主义阵营的内部对这一理论产生了质疑，苏联一部分哲学家和经济学家也认为恩格斯的观点是不确切的，中国和苏联的部分学者则对此予以了回应与批评。而这两次争论的焦点是恩格斯这一论断是否符合历史唯物主义一元论的观点，除了物质资料生产之外是否还存在其他因素决定社会发展。

与国外学术界不同的是，前两次争论均未在国内学术界引起较大的关注。直至1978年十一届三中全会和1982年计划生育被定为基本国策后，在物质资料生产与人类自身生产不相适应的实践中，我国学术界开展了一场关于两种生产理论的争论。争论由人口学界开启，随后马克思主义、哲学、经济学等相关领域的学者也加入了这场争论之中。将这一探讨提升到哲学层面的是我国著名民族学家杨堃先生和王樵先生的论战，二者围绕着马克思主义历史唯物主义的公式在原始社会是否适用这一观点展开了讨论。杨堃认为恩格斯是原始社会发展规律的发现者，劳动生产与种的繁衍在原始社会和阶级社会的作用有所不同。一切阶级社会的发展规律只受劳动生产的制约，种的繁衍不起决定性作用，而原始社会由于生产工具的匮乏和单一，生产力的极端低下，生产力与生产关系尚未完全分化，经济基础仍和上层建筑粘连在一起，因而唯物史观的公式在原始社会尚不适用。① 王樵则认为唯物史观的公式在原始社会同样适用，他指出恩格斯关于种的繁衍是就人与人的社会关系而讲的，血缘关系即生产关系，原始族群也存在生产力与生产关系的矛盾。② 随后，许多学者也加入了这场论争，直至90年代初才偃旗息鼓，其论争的核心在于两种生产对社会发展的作用问题，主要存在两种观点即“两种生产依次决定论”和“两种生产共同决定论”。国内学术界争论的焦点区别于国外学术界，国内学术界多承认恩格斯的观点并为其辩护，只是就人类自身生产对社会历史发展的作用有着不同的见解。随着理论研究和实践的不断深化，“两种生产依次决定论”的观点日渐式微。

一是“两种生产依次决定论”。王贵明(1986)认为人类自身生产是人类社会存在和发展的物质基础之一，不能将人类自身生产同人口和人口生产简单地等同起来，人类自身生产在原始社会中也发挥着重要的历史作用。他指出两种生产对社会发展的制约作用是历史变化着的，最初人类自身生产制约着社会历史的发展，随着生产力的发展，物质资料生产才取代人类自身生产成为制约社会历史发展的物质基础。③ 二是“两种生产共同决定论”。李永泰、马新福(1982)认为两种生产并非孤立地交替地起作用，它们是同时存在、不可分割的，在历史发展的过程中共同起着决定性作用。但两种生产的决定作用存在主次之分，在生产力较为低下的原始社会，人类自身生产相较于物质资料生产来说对社会的决定作用更大，而阶级社会则相反。④

总之，这两种观点都力图说明人类自身生产在社会发展中的作用，承认人类自身生产也

① 杨堃.从摩尔根的《古代社会》到恩格斯的《家庭、私有制和国家的起源》：试论马克思主义民族学和资产阶级民族学的联系和区别[J].北京师范大学学报(社会科学版)，1978(6)：21-33.

② 王樵.也谈原始社会的发展规律与恩格斯的“两种生产说”——与杨堃先生商榷[J].北京师范大学学报(社会科学版)，1980(5)：24-26.

③ 王贵明.试论人类自身生产的历史作用：对马克思主义两种生产理论的探讨[J].探索，1986(5)：24-29.

④ 李永泰，马新福.关于两种生产在原始社会的作用的几个问题[J].吉林大学社会科学学报，1982(1)：24-28.

是经济因素和物质基础,为唯物史观一元论作辩护。而两种观点最大的区别在于两种生产在原始社会中的作用问题,前者认为人类自身生产在原始社会制约决定社会历史的发展,物质资料生产在此时对社会历史发展并不起决定性作用,后者则认为无论是原始社会还是阶级社会,物质资料生产和人类自身生产共同决定社会历史发展。在此处需要进行说明的是,"共同决定"并非等同于将两种生产"同等看待"或"同时起决定性作用",根据马克思恩格斯的观点,物质资料生产和人类自身生产对社会历史发展都起制约作用,但两者绝不是等量齐观的,在不同的历史时期两种生产对社会发展的制约作用是不同的,例如在原始社会时期,人类自身生产对社会发展的制约作用要大于物质资料生产,而在阶级社会物质资料生产则决定人类自身生产。但从"归根结底"的意义上来说,不论在原始社会还是阶级社会抑或是其他历史时期物质资料生产对于社会历史发展决定作用都更为根本、更为终极、更为重大。原始社会中人类自身生产对社会历史发展起支配作用的原因,最终还是因为物质生产的不发达。

三、理论与实践:两种生产理论与生育政策的调整

两种生产理论作为马克思人口理论中的基本内容,为我国人口学发展提供了理论依据,在我国的人口学界产生了巨大影响。与西方人口学不同的是,虽然民国时期我国就开展过人口理论与实证方面的研究,但中国的人口学是在新中国成立以后,特别是改革开放以后才逐步发展起来的,人口学的发展经历了探索、中断、恢复、迈向繁荣的曲折过程。1977 年广东汕头召开的"全国人口理论学习班工作座谈会"意味着我国人口学的恢复重建工作开始了,此后,学者围绕"两种生产理论在国内人口学界的地位"这一问题展开了一系列讨论。1982 年 11 月,广东人民出版社出版了廖田平、温应乾合著的《两种生产理论和我国的人口问题》。这是我国第一本关于两种生产理论的著作,为我国学者研究两种生产理论和人口问题提供了很大的帮助。该著作以广东汕头地区的人口过多,经济落后,影响适龄劳动人口与生产资料结合进而影响生产力进步即人口压迫生产力的实际情况为切入点,指出"两种生产一起抓"是解决我国人口问题的正确方针,两种生产之间要保持恰当的比例关系,以推动人口增长与国民经济发展相适应。① 吴忠观(1989)认为两种生产理论是我国实施计划生育政策的坚实理论基础,十一届三中全会后的十年时间里,两种生产理论经历了一次大发展与大普及为我国研究两种生产理论奠定了良好的基础,由"两种生产"原理到"两种生产一起抓",标志着"两种生产"原理由理论到政策、到实践的发展。②

当然,学术界也有不同的声音,例如杨德清、刘永佶(1982)认为马克思主义并未承认人口生产是社会发展的决定性力量,马克思恩格斯也未对"人类自身生产"进行系统的论述故而两种生产理论并不成立,两种生产理论不能成为"两种生产一起抓"口号的依据。③ 随着

① 廖田平,温应乾.两种生产理论和我国的人口问题[M].广州:广东人民出版社,1982.

② 吴忠观.马克思主义"两种生产"原理的大普及和大发展[J].中国人口科学,1988(6):39-41.

③ 杨德清,刘永佶.人口发展不是社会发展的决定力量:也谈两种生产理论[J].人口研究,1982(1):29-30.

时间的推移、实践的深入、理论体系的完善，国内学术界对于两种生产理论在我国的人口问题上基本达成了一致即两种生产理论是中国计划生育工作的基础，是我国人口政策的重要指导性思想，是中国人口学的理论基石。但是穆光宗(1990)认为，虽然马克思主义两种生产理论已被国内学术界公认为中国人口理论体系雏形的基础，但计划生育被确定为基本国策后两种生产理论在具体的人口实践中的指导作用便日益疲乏与抽象，这一现象迫使我们进一步反思两种生产理论是否能构成中国人口学的基石理论。因此，他认为两种生产理论与其说是具体的人口学原理不如说是人口学研究的一个切入点或出发点，中国若想实现人口理论体系的科学化则必须建设真正的人口学基石。①

随着"两种生产理论是我国人口学的基石理论吗？"这一问题的提出和可持续发展观念的影响，国内关于两种生产理论研究的第一阶段至此基本结束，第二阶段即两种生产理论的反思、拓展和新构建阶段便开始了。在此阶段，陆续有学者对两种生产理论进行反思并提出要进一步拓展、引申、深化两种生产理论以便适应我国因改革开放深入和实施社会主义市场经济体制而变化的人口形势。刘庚常、许彦彬(1996)认为两种生产理论在我国人口学的初创与早期发展过程中被认定为中国人口学的基础理论，但是随着我国人口学的纵深发展和日臻完善以及可持续发展理念的引入，人口学界的学者将研究的重点从经济发展与人口控制的关系更多地转移到人口、资源、环境的协调关系即可持续发展问题和个人全面发展等问题上去了。② 这时，两种生产理论便失去了其原有的在国内人口学中基础理论的地位，转而作为一般哲学理论为人口学研究提供世界观上的指导。在此阶段，学者提出了许多有新意的观点，概括起来主要有以下三个方面：(1)两种生产理论应适应时代变化，扩充与发展为可持续发展理论。如北京大学人口研究所的张纯元、陆杰华(1996)，南开大学人口与发展研究所所长李竞能教授(1996)，王建华(1996)均指出两种生产之间的相互适应关系反映在包含社会、资源、经济、人口、环境等的社会生产大系统中，而非仅仅囿于经济系统，可持续发展观点或理论建基于两种生产理论，是两种生产(相适应)理论的扩充与发展。③ 贾绍凤(1997)则指出两种生产协调论在资源问题上未给予足够重视而在环境问题上则是完全忽视，因此在两种生产协调论基础上提出人地系统生产协调论。强调人口的变化过程和为人所需的所有物品、服务和环境的生产与维持过程中，人口、经济、资源、环境必须相互协调。④ 事实上，人地系统生产协调论其内在本质与可持续发展理论是一致的，其最终目的都在于实现发展的协调与持久。(2)两种生产理论应扩展为多种生产理论。叶文虎、陈国谦(1997)在两种生产的基础上，将环境生产也纳入生产系统之中，认为两种生产理论扩充为三种生产论，物质生产、人的生产、环境生产是可持续发展的基本模型。三者之间的和谐发展和协调运行将推动人和环境组成的整个世界系统的可持续发展。⑤ 崔永和(2009)认为当代社会，由于人与

---

① 穆光宗."两种生产理论"反思[J].人口学刊，1990(6)：1-5.

② 本刊编辑部.两种生产理论的再认识[J].人口研究，1996(4)：34-43.

③ 本刊编辑部.两种生产理论的再认识[J].人口研究，1996(4)：34-43. 李竞能.从两种生产相适应到可持续发展[J].人口与计划生育，1996(5)：15-18+49. 王建华.人口可持续发展研究在中国[J].西北人口，1996(4)：3-5.

④ 贾绍凤.从两种生产协调论到人地系统生产协调论：关于人口学基本理论的讨论[J].人口研究，1997(4)：10-15.

⑤ 叶文虎，陈国谦.三种生产论：可持续发展的基本理论[J].中国人口·资源与环境，1997(2).

自然的矛盾日益凸显，两种生产在不同程度上受到生态环境的影响，要将环境生产置于与物质资料生产和人类自身生产同等重要的位置，两种生产理论理应丰富拓展为三种生产理论。① 黄必富、唐代盛、朱富言(2004)则认为在物质资料生产、人类自身生产、环境生产之外还存在精神文化生产，这是社会生产的四种基本形态，人类自身生产受其他三种生产不同程度的影响。将人类自身生产置于更宽广的环境进行考察，更有利于理解人口和人类社会可持续发展问题。② (3)构建和概括两种生产理论时应重点放在唯物论上，更加重视意识的反作用更加注重人的实践。其中比较有代表性的是中山大学人口研究所的钟逢干教授的观点，自 2000 年起他便提出我国的人口理论研究需要创新，由“两种生产”的哲学原理引出的“两种生产相适应”理论已经不再适应“人口与可持续发展”大课题，需要进一步拓宽与引申。自此，他便于 2000 年和 2009 年相继提出“两方面决策论”③和“两种生产革命实践论”④，认为我国实践与理论的互动共同促成了两种生产理论在我国的构建与发展，随着我国经济发展与人口形势的变化，强调在构建两种生产理论和马克思主义人口理论时应该对“人的实践”予以足够的关注。

同样的，随着经济形势的不断变化以及两种生产理论的延伸与拓展，以两种生产理论为指导的计划生育政策也随之不断进行调整。目前，我国计划生育政策已贯彻执行 40 多年，人口数量得到控制，社会进入低生育阶段，为了更好促使当前及今后较长一段时间内人口增长与社会经济发展相适应，与资源、环境相协调，中国的生育政策因时因势调整，实现了由严格的计划生育向三孩生育政策的转变。

综上所述，实践需要促使理论发展，两种生产理论在人口学界的发展呈现出百花齐放的态势。在此过程中，两种生产理论在人口领域的不同方面的探索虽已经取得了一些成果，但终究莫衷一是，未能形成完整的体系。诚然，这些成果从总体上已显示出中国的人口控制基本破除了“以数为本”的倾向转而将“以人为本”作为标准，为构建具有中国特色的人口学体系推动人口理论的发展提供了可能性。

四、聚焦：两种生产理论视域下的女性处境

两种生产理论是马克思恩格斯分析妇女问题的历史唯物主义基础。在谈到两种生产时，妇女作为物质资料生产者和人类自身生产的主要承担者不可避免地面临着来自公共领域和私人领域的双重压力。1995 年男女平等被定为我国基本国策，是中国的妇女运动发展的重要里程碑，党和国家对妇女问题的高度重视促使以两种生产理论为基础进行女性问题研究的文章逐渐增多。生产力的迅速发展、维护女性权益的法律法规的日臻完善、与女性高度相关的生育政策的出台、女性地位的提高、女性自我意识的觉醒等使得女性问题成为社会

① 崔永和.坚持“以人为本”：从“两种生产”到“三种生产”[J].青海社会科学，2009(6)：119-123.

② 黄必富，唐代盛，朱富言.刍议“四种生产”理论[J].经济论坛，2004(22)：5-7.

③ 钟逢干.“两方向决策”论与可持续发展——关于人口发展与资源环境协调的理论探讨[J].市场与人口分析，2000(2)：41-49.

④ 钟逢干.“两种生产革命实践论”是马克思主义人口理论的更好概括[J].人口研究，2009，33(3)：1-9.

热议话题，学术界研究也开始着眼于此，通过剖析女性在公、私两领域的处境来阐明妇女问题。

1. 妇女的尴尬境地——公、私两领域的冲突

华为（1995）认为在女性在两种生产中扮演着主要（特殊）角色，一方面女性需要满足社会对其的期待，另一方面女性又需满足自身的人生追求，在塑造理想女性与追求女性理想时陷入社会角色与家庭角色的冲突中，面临角色与自我的矛盾。要想解决这一矛盾和冲突就必须使得人口自身再生产同物质资料再生产一样实现社会化。① 贾秀总、倪颖（2000）指出两种生产共同发展的结果、私有制的产生造成了妇女在社会和家庭中受压迫的境况。② 谢江平（2015）认为职业妇女的出现是妇女地位提升的重要表现，但其出现并未能真正实现男女平等。如果妇女依然在家中履行私人服务，那就无法参与社会生产，也就没有经济收入，参加公共事业，就无法履行家庭义务，正是因为家务劳动和公共事业的冲突导致了对妇女就业的歧视。③ 陈培永（2016）指出现代女性担负着家庭劳动和社会劳动的双重压力，对于职业女性来说平衡家庭与工作挑战巨大。④ 董一格（2017）在阐述国外关于我国社会主义时期性别研究现状的基础上指明了国史性别研究的新思路即"交叉性"理论与马克思主义女权主义，并认为马克思主义女权主义"社会再生产"理论很有可能成为分析我国社会主义性别秩序并解释其变迁的适合理论。她提出在社会主义时期，妇女被塑造为社会生产的主体时，必然面临着生产—再生产间的矛盾，妇女所担负的这样一种双重角色及角色间的冲突不仅体现在个人层面也体现在结构层面。在个人层面，妇女在进行社会生产时，她们所需承担的无偿再生产劳动由谁负责；在结构层面，实现男女平等与保障工人生活福利的意识形态与政策在性别化的再生产劳动分工中仍然存在的时候，是否存在冲突。⑤

2. 职业生涯的中断与就业歧视——妇女在公共领域内面临的问题

陈智锟（2012）指出在女性在扮演贤妻良母和女强人时往往分身乏术、疲于奔命，两种生产之间的天平难以平衡，女性在求职过程中往往面临着用人单位对其生育时间上的软性控制⑥。潘萍（2017）认为两种生产主体特定性别化伴随着公、私两领域的分化与等级化，两种生产领域内便存在性别分配不正义的现象。随着二孩政策的实施，物质资料生产领域内的性别偏好色彩与性别排挤力度将被强化，女性将被置于更为不利的就业性别歧视之中。⑦ 秦美珠、吉雨童（2018）认为女性既要从事物质资料生产又需承担生育重任，在全面二孩政策

---

① 华为.从"两种生产理论"看理想女性与女性理想[J].理论学刊，1995(2)：73-76.

② 贾秀总，倪颖."两种生产"理论与马克思主义妇女观[J].理论学刊，2000(5)：65-67.

③ 谢江平.走向公共空间与废除私人领域——恩格斯妇女解放思想与自由主义女权理论比较研究[J].哲学研究，2015(12)：89-94.

④ 陈培永.女性的星空：恩格斯《家庭、私有制和与国家的起源》如是读[M].广州：广东人民出版社，2016.

⑤ 董一格.当代马克思主义：女权主义理论视野下的共和国性别史研究[J].清华社会学评论，2017(2)：43-59.

⑥ 陈智锟.两种生产理论视域下女性社会地位和社会价值探究[J].现代妇女(下旬)，2012(2)：23-26.

⑦ 潘萍.二孩生育政策背景下的性别分配正义：从马克思主义两种生产理论出发[J].中华女报，2017，29(2)：66-72.

下女性就业与生育之间的冲突与矛盾必然加剧。生育导致女性的家庭照料负担加重，女性无法从繁重的家务劳动中抽身，可能会选择暂时离岗甚至辞职回家，这就导致了人力资本的中断与职业生涯的中断。

3. 生育与家务劳动的价值被低估——妇女在私人领域内面临的问题

高虹(1989)认为人类自身再生产的社会价值一直未能得到社会的承认，但与社会物质资料再生产相比，人类自身再生产创造了人，为社会财富生产提供了大量劳动力，与物质资料再生产一样具备社会价值。① 秦美珠(2008)在《女性主义马克思主义》中两种生产、分工与女性问题这一节中指出，自工业革命以来两种生产之间的不平衡日益加剧，随着生产力的发展，物质资料生产的作用超过了人类自身生产的作用。从属于家庭生产和私人领域的人类自身生产，由于自然性和非商品性而被排除在社会总劳动之外，以至于女性即使在人类繁衍上的作用如此重要，家务劳动中的奉献如此之大，也不能逃脱被统治、被压迫、被奴役的命运。② 陈一壮、罗月婵(2013)则认为社会人口生产虽然具有私人性的一面，但不可否认的是妇女人口生产的社会价值。可以尝试通过与社会物质生产相互配合，在人口生产中实行“按需分配”的原则给予妇女一定的补贴，使妇女更好地兼顾两种生产。③ 李楠(2018)在《马克思恩格斯妇女解放思想研究》中指出在马克思恩格斯的著作中，两种生产理论并未得到充分的阐发尤其是对女性生育活动的分析方面，而西方女性主义者则对其进行了补充，认为在两种生产中，种的繁衍更为重要，给予女性生殖功能足够的重视并提出女性生育能力也是一种生产剩余价值的劳动的观点。④ 李洁(2021)将物质资料生产划分到劳动生产领域，将人类自身生产划分到再生产领域，私人领域内的家庭内的劳动被称为再生产劳动，女性作为再生产劳动的主要承担者在私人领域中往往从事着“无酬”“互惠”的劳动。再生产的私人化与个体化必然导致两性间的不平等。⑤

女性由于天然的生育职能，更受生产力发展水平、父权制等因素的影响，往往更多地承担着家庭内部的再生产劳动。如今，女性广泛地参与社会劳动，较大程度实现了经济独立与人格独立，但三孩政策实施可能会加剧女性在家庭领域内的负担，家庭领域与公共领域的双重挤压使部分女性陷入“时间贫困”，如何保证公、私两领域天平的平衡，破解女性生存与发展难题，是学术界应该予以关注的重点问题。

五、回顾与展望

综上所述，20世纪70年代末以来两种生产理论在我国不断迸发新的生命力，且在学术界复杂烦芜的研究态势下透露着一个基本事实，即两种生产理论作为马克思主义的基本观

① 高虹.妇女在人类自身再生产中的社会价值及其补偿问题[J].齐齐哈尔社会科学，1989(6):22-25.

② 秦美珠.女性主义的马克思主义[M].重庆:重庆出版社，2008.

③ 陈一壮，罗月婵.从人口生产的视角看妇女解放的道路[J].湘潭大学学报(哲学社会科学版)，2013，37(1):154-157.

④ 李楠.马克思恩格斯女性解放思想研究[M].北京:经济日报出版社，2018.

⑤ 李洁.重新发现“再生产”:从劳动到社会理论[J].社会学研究，2021，36(1):23-45+226-227.

点无论处于何种境地，始终是具体的、历史的、实践的，是不断顺应时代发展的，是不断解决时代问题的，其理论旨趣和最终目标始终是服务于人民的，在研究过程中生发的多种理论形态真正做到了用中国理论解决和回答中国问题，体现了马克思主义理论的中国化、时代化、大众化。

在哲学层面上，20 世纪 70 年代末到 90 年代初，学术界围绕着“两种生产对社会发展的作用问题”展开了一系列讨论。在分析两种生产在原始社会和阶级社会中的历史作用的基础上，证明了两种生产理论并非更正了马克思主义也未背离马克思主义，而是进一步丰富和发展了历史唯物主义，予以国外学术界对两种生产理论非难强有力的回击，捍卫了马克思主义的地位。

在人口学界，自 1977 年人口学恢复重建以来，两种生产理论便一直呈现出繁荣发展的局面。根据人口发展要与经济发展相适应的原则，两种生产理论在中国人口实践的过程中也显示出鲜明的中国特色，经历了“以数为本”到“以人为本”的转变，实现了自身的新发展与新突破，为构建中国特色人口学体系提供了理论基础和坚实支撑。目前，我国“低生育—少子化—老龄化”人口发展态势，急需新的理论指导我国人口实践，提高生育水平。因此，还需在实践的基础上需进一步完善两种生产理论并进一步构建具有中国特色的全面发展的人口科学。

在妇女问题上，1995 年男女平等被定为基本国策后，两种生产理论为我国学者研究妇女问题提供了思路，通过分析公共领域和私人领域妇女面临的问题阐明了女性的尴尬境地。事实上，造成公私领域冲突的主要原因还是附着在女性身上的天然的生育功能和家务劳动的私人化与个体化。就目前的国内人口形势来看，生育问题已成为政府、社会和学术界所关注的热点问题，妇女作为生育的直接承担者，应予以更多的关注。2022 年 10 月 30 日，最新修订的《中华人民共和国妇女权益保障法》在第五章劳动和社会保障权益部分新增了消除就业性别歧视的一般规定、明确就业歧视的一般情形和用人单位对女性职工的生育保障义务、积极建立健全婴幼儿托育服务及其他生育保障制度等内容①，为妇女更好兼顾生育与事业提供支持。因此，两种生产理论在今天仍然对解决我国妇女问题具有指导性的意义。虽然国内部分学者已经开始注意到社会再生产中的不平等，但对妇女问题的考察上仍然存在研究较为分散、研究方法单一、研究视角局限等问题，对妇女问题的考察不应该从生产或者再生产的单一视角入手，而应该从两者并重的历史唯物主义立场科学入手，并结合社会结构、制度变迁、时代发展进行具体分析。

“实践没有止境，理论创新也没有止境。”②任何一种理论不随着时代的需要而发展，终会失去生命力。两种生产理论中国化时代化进程中无论是在哲学层面上的争论，还是人口理论与人口政策上的调整，甚至是分析妇女问题的过程中，均根据时代特征迸发了新的时代活力。新时代，中国社会发生了更为深刻的变革，不断变化的经济和人口发展形势必将催生新的实践任务，而两种生产理论将继续以问题为导向，依托于自身强大的生命力，在其理论

① 中华人民共和国妇女权益保障法[EB/OL].(2022-10-30)[2023-10-14].http://www.gov.cn/xinwen/2022-10/30/content_5722636.htm.

② 习近平.高举中国特色社会主义伟大旗帜 为全面建设社会主义现代化国家而团结奋斗[N].人民日报，2022-10-26(1).

基础上生发新的致思取向和理论形态，在理论的关照中，回应和解决人民大众所关注的时代难题，萌发新的时代意义。

The Development, Construction and Reflection of Two Production Theories in the Process of Sinicization and Modernization

Li Siqian Liu Yuchun

(Wuhan University of Science and Technology, Wuhan, 430070)

Abstract: Since the end of the 1970s, the research on the two production theories in the domestic academic circles has been characterized by two main features. The first one is to set things right, refute all kinds of foreign criticisms of the two production theories, defend the status of historical materialism, clarify the connotation of the two production theories and confirm their status in China's demography. The second one is to deepen and expand the two production theories, further broaden and extend the two production theories, and build a demographic system with Chinese characteristics. This is of great significance for exploring theera significance and practical value of the two production theories, grasping historical materialism in a comprehensive way, improving China's population theory and policy, and guiding China's population practice.

Key Words: two production theories; historical materialism; population; women

本刊征文启事

《妇女/性别研究》(Women/Gender Studies)系厦门大学妇女/性别研究与培训基地创办的综合性学术刊物。本刊本着学术至上原则，刊发在马克思主义理论、哲学、历史学、文学、社会学、法学、教育学、政治学、经济学、公共管理、公共卫生等领域里的妇女/性别研究优秀论文、课研报告和译作，诚挚邀请海内外学者和专业人士惠赐大作。现将相关事项知会如下：

1. 本刊暂定为一年刊，每年10月出版。投稿截止日期为每年的5月31日。投稿后一般在一个月内会接到有关稿件处理的通知。

2. 来稿限用中、英文发表，中文20000字以内，英文15000字以内。

3. 切勿一稿多投，本刊所发论文，以未发表者为宜。来稿务必原创，凡涉抄袭、侵害他人等权利之事，概由作者承担包括法律在内的一切责任。

4. 每篇论文正文前须有300字左右的中文论文摘要，3～5个中文关键词。同时提交英文篇名、作者名、摘要与关键词。

5. 来稿请附作者信息，包括姓名、单位、职称、邮编、通信地址、电话、电子信箱，以便联系。

6. 为实行环保，请作者通过电子邮件提供稿件的电子版。

7. 本刊刊登稿件均为作者研究成果，不代表本刊意见。来稿一经采用，即付稿酬，并寄样刊3册。如果有2位以上作者的，样刊数量适当增加。

8. 联系方式：

地址：中国福建省厦门市思明南路422号厦门大学，厦门大学妇女/性别研究与培训基地《妇女/性别研究》编辑部。

邮政编码：361005

电子邮箱：xdfnjd@xmu.edu.cn

附：本刊注释技术规范

1. 采用页下注(脚注)

2. 注释格式为：主要责任者.题名：其他题名信息[文献类型标识].版本项.出版地：出版者，出版年：引文页码.分类示例如下：

(1)引用古籍：

康熙字典：巳集上：水部[M].同文书局影印本.北京：中华书局，1962：50.

汪昂.增订本草备要：四卷[M].刻本.京都：老二酉堂，1881(清光绪七年).

(2)引用近人著作:

徐复观.中国文学精神[M].上海:上海书店出版社,2005:50-51.

北京大学哲学系美学教研室.西方美学家论美和美感[M].北京:商务印书馆,1980:54.

陈登原.国史旧闻:第1卷[M].北京:中华书局,2000:29.

冯友兰.冯友兰自选集[M].2版.北京:首都师范大学出版社,2008:第1版自序.

钱学森.创建系统学[M].太原:山西科学技术出版社,2001:序2-3.

(3)引用析出文献:

宋史卷三:本纪第三[M]//宋史:第1册.北京:中华书局,1977:49.

李约瑟.题词[M]//苏克福,管成学,邓明鲁.苏颂与《本草图经》研究.长春:长春出版社,1991:扉页.

姚中秋.作为一种制度变迁模式的"转型"[M]//罗卫东,姚中秋.中国转型的理论分析:奥地利学派的视角.杭州:浙江大学出版社,2009:44.

(4)引用近人论文:

王宁,黄易青.词源意义与词汇意义论析[J].北京师范大学学报(人文社会科学版),2002(4):90-98.

李炳穆.韩国图书馆法[J].图书情报工作,2008,52(6):6-21.

(5)引用译作:

米盖尔·杜夫海纳.美学与哲学[M].孙非,译.中国社会科学出版社,1985:52.

(6)引用网络电子文献:

李强.化解医患矛盾需釜底抽薪[EB/OL].(2012-05-03)[2013-03-25].http://wenku.baidu.com/view/47e4f206b52acfc789ebc92f.html.

吴云芳.面向中文信息处理的现代汉语并列结构研究[D/OL].北京:北京大学,2003[2013-10-14].http://thesis.lib.pku.edu.cn/dlib/List.asp? lang=gb&type=Reader&DocGroupID=4&DocID=6328.

3. 标识代码:

(1)文献类型和标识代码:

普通图书 M,会议录 C,汇编 G,报纸 N,期刊 J,学位论文 D,报告 R,标准 S,专利 P,数据库 DB,计算机程序 CP,电子公告 EB,档案 A,舆图 CM,数据集 DS,其他 Z。

(2)电子资源载体和标识代码:

磁带 MT,磁盘 DK,光盘 CD,联机网络 OL。

厦门大学《妇女/性别研究》编辑部

2023年10月